仏教伝来の研究

吉田一彦著

吉川弘文館

目次

緒論　歴史研究と仏教

——その意義と方法——

一　日本の歴史・文化と仏教

日本の仏教の歴史を考えること

日本の歴史や文化をどのようなものととらえるか。二十一世紀をむかえた今日、自らの姿を真摯に見つめなおすことは、現状を正しく自己認識する上でも、将来を構想する上でも重要な課題となる。日本の歴史や文化にはどのような特質があり、どのような経緯を経て今日に至り来たったのか。

一口に日本の文化といっても、その包含する範囲ははなはだ広いが、その中で私は、仏教、およびそれにともなう諸々の文化を考察することが、日本の文化を的確に理解する上で重要な意味を持つと考えている。それは、仏教が、学問、思想、芸術といった狭義の文化に深く浸透しているばかりでなく、行動規範やものの考え方といった、広義の文化、生活文化の方面にも広く影響をおよぼしていると考えるからである。

ただし、ここでいう仏教とは、インドにおいて紀元前五世紀頃にシャカが説いたという仏教とは少しく異なるもので、それが時間的にも空間的にも幾重にも変化を遂げ、新しい要素を多分に含みこむようになった仏教であった。仏教は、シャカの後、インドにおいて部派仏教へと展開し、その後、他の信仰、宗教と融合して大乗仏教が誕生した。さらに、ヒンドゥー教と融合して密教も生まれた。仏教は時間の進展とともに大きく変化し、多様化を遂げていった。仏教は、また、その発祥地から他の地域へと展開し、アジアの広い地域に流通していった。その間、仏教は各地域においてその地の文化、信仰と融合し、さまざまな変化を遂げていった。そして、それがアジアの東端にある日本に伝来した。

日本に至り来たった仏教は、このように時間的にも空間的にもさまざまな変化を遂げて多様な要素を含みこむものになっていたが、それがまた日本において時間の進展とともに変化を遂げ、他とは少しく異なる、個性あふれる仏教へと変わっていった。しかも、それは日本一国という閉じられた系の中で内在的に変容していったというより、むしろ国外からたえず新しい仏教の波が押し寄せ、その新しい仏教を吸収することと、日本国内における内在的な展開とが溶融することによってその変化が進展していった。

したがって、日本の仏教やそれにともなう諸文化を考究するには、日本一国に範囲を設定するのでは十分とはいえず、朝鮮、中国、中央アジアはもとより、できうる限りアジアの広い地域に視界を広げ、他の地域における仏教の展開と比較しながら考察することが必要になる。仏教史は日本史よりも大きく、広い。それは仏教史の全体を考究する場合にあてはまるばかりでなく、日本という一地域における仏教の展開やそれにともなう諸文化を考究する場合にも妥当する。仏教史を正面から考えることは、日本一国史という限定された枠組を離れて日本の文化を解析する一つの方法となりうるものと私は考えている。

日本の主たる宗教は、現在においてもなお仏教であり、日本は長く仏教国として歴史を歩んできた。仏教は、日本の文化の深化、成熟に大きな役割をはたしたが、そればかりでなく国家や社会の成長、発展にも大きな影響をおよぼした。私は、日本の歴史や文化において、仏教のはたした役割は大変大きいと評価している。だが、こうした考え方に対しては、そうではないと評価する見解が存在する。仏教は日本に伝来し、発展を遂げたが、しかし、仏教の思想の根本は、結局のところ日本には受け入れられず、日本人は仏教の何たるかを理解することなく今日に至ったのであって、日本の仏教文化は、その外皮を一枚はがしてみると、内実は非仏教的な要素によって構築されているとする見方である。

国学、民俗学などを中心に主張されてきたこうした見解に対しては、すでにいくつかの反論があり(1)、私もそうした見方に与する者ではないが、しかし、そうした見解にも一定の説得力があることは認めなければならない。現在の日本の仏教を見渡してみると、僧は戒律を守らず、結婚して家を形成し、子が親の僧の職を継承、相続するというあり方が広く展開している。妻帯世襲仏教である。これは他の仏教国にはほとんど見られない、日本の仏教の最大の特色になっている。また、葬式仏教、葬祭仏教などと呼ばれる形態が広く行なわれていて、人々と仏教との関わりは葬式、法事を中核とするものになり、それ以外には盆、彼岸などにおける墓参りがその中心になっている。その盂蘭盆や彼岸の行事も、根拠になる経典は中国撰述および日本撰述の偽経であって(2)、インドの仏教とは異なる思想から発生した宗教文化と評価しなければならない。そもそも、日本ではインドの仏教の持つ世界観はほとんど理解されず、そうした思想が根づくことはなかった。そうであるなら、日本には、仏教の根源的な思想は受け入れられなかったとすることができるのかもしれない。

しかし、私は、やはり、日本においても仏教のはたした役割は大きく、日本の文化、思想に大きな影響を与えてきたと考えている。今、これについて、先に触れた空間的（地理的）観点と時間的（歴史的）観点の二点から私見を述べたい。まず前者であるが、日本の仏教とインドの仏教とを直接比較すると、多くの違いがあって、両者に大きな差異があることは明らかである。だが、日本が導入した仏教は朝鮮半島の仏教であり、また中国の仏教なのであって、それらと日本の仏教とを比較してみると、差異もあるが、共通性も数多くある。中国の仏教については、インドの仏教とは大きく異なるもので、真の仏教とはいいがたいとする評価も一方にあるが、私はそれが仏教か仏教でないかという問題設定よりも、むしろ中国において独自の個性を持つ中国仏教が形成されたことを重視して問題を考察すべきだと考えるし、それが日本にも導入、受容されたという事実を重く受けとめるべきだと考えている。インドの仏教と日本の仏教の二つだけを取り出し、両者を比較して、日本の仏教の異質性を論じるというのではなく、中央アジア、中国、朝鮮、さらにはアジアの各地に展開した仏教と日本の仏教とを比較して、その共通性と差異を明らかにし、日本の仏教の特質、個性とその成立過程を解明することが重要になると考えている。

次に後者であるが、日本の仏教は、現在と過去とでは大きく異なる。飛鳥、奈良、平安時代の仏教は、朝鮮半島の仏教、次いで中国の仏教を導入、模倣するところからはじまった。それは、今日の日本の仏教よりずっと国際的共通性を有する仏教であった。また、中世の仏教にしても、今日の日本の仏教とは異なる側面を多々有する仏教であり、なお中国などアジア東部の仏教との共通性を多く有していた。日本において、仏教は、古代、中世、近世、近代と歴史の中で大きく変化し、しだいに「日本化」を遂げていったのであって、歴史の進展の中で他とは異なる個性を明確化させていった。そうであるなら、日本の仏教がしだいに日本化していき、他とは異なる個性を成長させていった過程を明らかにすることは、日本の歴史や文化の特質を解明する上で、重要な研究課題の一つとなるであろう。

さらに言うなら、仏教は、日本の人々が自らの文化を表現する際、その枠組、形式の役割をはたした。人々は仏教を表現形式として用いて、その思想を語り、文学をつづり、宗教的心情をあらわした。この表現形式という点においても、仏教は日本の文化の成長、発展に大きな役割をはたしたと私は考える。

以上、私は、日本の文化の形成に仏教のおよぼした影響は極めて大きいと評価している。ヨーロッパの歴史や文化を理解する上でキリスト教の成立と展開について考察すること、あるいは西アジアの歴史や文化を理解する上でイスラム教の成立と展開を考察することが欠かせないように、アジア東部の歴史や文化を理解する上で、仏教の問題を小さく評価することはできないと考える。日本における仏教の展開、個性化の姿を具体的かつ構造的に明らかにすることは、日本の文化の歴史的展開やその特質を考究する上で、重要な視角を与えてくれるものと考える。

二　仏教史の史料の形式

説話として語られる仏教の歴史

しかしながら、仏教の歴史を明らかにするのは容易なことではない。いや、はなはだ困難と言わねばならない。なぜなのか。それは、仏教という分野においては、歴史に関連する言説が多く独特の形式、すなわち説話という形式で語られてきたことによるからだと私は考えている。歴史を知るには、それに関する史料を集め、解析しなければならない。しかし、仏教史の場合、史料の数自体は決して少なくはないのだが、それらの多くは、過去の出来事を率直に記録したり、描写したりするようなものになっておらず、説話として過去を物語るものになっている。そこに仏教史研究の困難がある。

仏教の説話というのは、そもそも、事実を記録したり、歴史を明らかにしたりすることを目的に語られたものではない。それは、仏教の教えを、説話という形式を用いて一個のドラマとして語り、人々を教化することを目的に語られたものである。したがって、そこで触れられる歴史的な事柄も、多くの場合、過去の事実を客観的に叙述して、事実に基づく歴史を語るというようなものになっておらず、仏教の教え、あるいは当該団体の主張を人々に説き、教化することを目的とする言説になっていると評価しなければならない。そうした説話史料を題材にして仏教の歴史を解明するという営みは、したがって、そう簡単な作業にはならない。もちろん、説話から歴史を復元することは、困難とはいえ、不可能なことではなく、論理的に言って断念するのが適切だということになるわけではない。むしろ、仏教の歴史を解明するためには、説話史料の解析に積極的に取り組んでいく必要があると考えるが(3)、それを実施するには、説話に対する深い読解力と効力のある解析方法論を準備、確立しなければならないだろう。

仏教の歴史に関する言説はどのように語られてきただろうか。たとえば、一宗一派の祖と位置づけられるような祖師たちの伝記の類を見ていくと、そこには、近代的知からすると、とうてい歴史的事実とは認められないような不合理な行実が多く説話の形式で述べられているし、寺院の縁起をひもといても、真偽未定と言わざるをえないような創建説話や再興説話が数多く述べられている。本書が問題とする「仏教伝来」(仏教初伝)についての言説も同様で、関係史料は複数存在するのだが、いずれもが仏教の初伝を説話的に述べるものになっており、その記述の評価には一定の学問的手続きが必要になってくる。

そうした傾向は、何も日本の仏教に限ってのことではない。中国史料を見てみても、寺院や仏像の由緒や僧尼の伝はしばしば説話的に述べられている。また、中国への仏教初伝については複数の史料があるが、その何れもが仏教の初伝を説話として語るものになっている。さらにインドに目を転じても、シャカの行実は種々の経典において多く説話として語られているし、シャカの前生譚(ジャータカ)なるものも多数作成されている。したがって、説話という形式で物事を語り、歴史に関わる言説もそのような形式で述べるというのは、仏教一般に当てはまることと理解してよい。さらに、キリスト教など他の宗教を参照してみても、そうした傾向は多く妥当するだろうから、それは宗教一般に当てはまることと言ってよいのかしれない。

それら仏教の説話にとって、第一義的に重要なことは宗教的な意味であって、その説話が歴史的事実に基づく言説なのかどうかということは第一義的に重要なことにはならない。しかし、歴史を研究する私たちの前には、そうした説話史料が多数待ち受けており、それらを無視、除外しては歴史の深奥にたどりつくことはできない。では、どうすればそうした史料を的確に読解し、歴史を復元する史料として活用することができるのか。

説話としての仏教伝来史料

先に述べたように、日本の文化の形成過程を考察する上で、仏教の受容やその歴史的展開は解明すべき重要テーマの一つとなる。そうであるなら、その歴史の最初にあたる仏教伝来の問題は、重要な研究課題になると言ってよい。だが、それを解明することは、やはりそう容易なことではない。日本への仏教伝来について記述する史料も、それを説話（それも説話の中でも創作史話とでも呼ぶべきものになっている）として語っているからである。

たとえば、『日本書紀』の仏教伝来記事およびそれに続く一連の記事はどうであろうか。そこでは、仏教の伝来は、その直後に巻き起こされたという仏法興隆派と仏法受容反対派（廃仏派）の対立の話、および廃仏派による廃仏の断行の話と一連のこととして語られている。廃仏派の行為に対しては、火災、そして「瘡」といった仏罰が下されたとする記述も見える。やがて蘇我馬子、厩戸皇子らが廃仏に対して立ちあがり、若き厩戸皇子が四天王の加護を得て大活躍して廃仏派を打ち倒し、飛鳥寺や四天王寺を造立して、ついに三宝興隆が成し遂げられたと話は進んでいく。しかも、仏教伝来の年は、仏法が末法に入る年にかけられている。これは仏教説話と言わなければならないだろう。

では、もう一つ仏教伝来について語る史料「元興寺伽藍縁起幷流記資財帳」はどうであろうか。この史料の真の成立年代については再検討が必要だと私は考えているが、そのことを論じる前に、まずこれが寺院縁起という形式で語られる史料であることを忘れてはならない。仏教の伝来は、元興寺という寺院の縁起の一部として述べられているのである。寺院縁起は、多くの場合、寺の歴史を客観的に語るようなものになってはおらず、寺の由緒を宗教的に飾ったり、所蔵の物品の神異霊験や特別性を説話的に語るものになっており、あるいは経済的権益に関する寺の言い分を説話的に主張するものになっている。しかも、この縁起では、仏教の伝来が欽明七年（五三八）戊午のこととされているのに、時代の異なる推古が主人公として活躍する話が語られ、さらには元興寺が善信尼ら三人の尼が活躍した尼寺として描かれている。これは、時代を超えた複数の話が組み合わされた複合説話になっていると読解しなければならない。

『日本書紀』仏教伝来記事にしても、「元興寺伽藍縁起幷流記資財帳」にしても、その読解はそう容易なことではないが、まず重要なのは、これらが説話史料であることを的確に認識することだと私は考える。説話には説話の読み方があり、説話を説話として正しく読解できたなら、史料として活用する道も開けてくる。

『今昔物語集』や『日本霊異記』に親しんだ者にはよく知られていることであるが、説話には先行するほぼ同内容の説話が存在する場合があり、話の全体ではなくても、その構成要素が他の説話と同一、もしくは近似している場合もある。また、キーワードになる文言や数文字にわたる文章表現が、先行する説話類の文言、表現を継承あるいは模倣している場合もある。さらに、複数の先行する説話の要素が組み合わされて、話が再構成されている場合もある。説話研究においては、そうした先行説話や類話、あるいは典拠となる文言や特徴的な文章表現などを広く収集、検討して、対象とする説話の歴史上の位置を見極めることが重要な基礎作業となる。その際、日本の説話ばかりに目配りするのでは十分ではなく、インド、中国、朝鮮の説話にもできる限り目配りし、特に仏教説話の場合、仏典や仏書に広く目配りすることが重要な基礎作業となる。(4)幸い、日本には大正新修大蔵経があるし、最近ではその電子化テキスト(5)が容易に検索できるようになっている。

説話史料を的確に読解するには、文学研究や仏教学の分野などで培われてきた研究方法を吸収して、その成果を十分に活用することが重要になる。私は、日本への仏教伝来について記述する史料を解析するには、それらが説話史料であることを正しく認識し、その上で説話にふさわしい研究方法を援用して史料を読解することが肝要だと考えている。

史料批判の重要性

そうした作業は、近代歴史学がこれまで培ってきた研究方法上の概念にあてはめて言うと、「史料批判」ということになる。仏教の伝来を研究するにあたっては、歴史学の文脈にそくして言うなら、仏教伝来関係史料およびその周辺史料について、必要で十分な史料批判を行なうことが重要になる。

研究史を振り返ってみると、『日本書紀』の史料批判に関しては、早く津田左右吉による著名な研究(6)があるし、『日本書紀』仏教伝来記事については、井上薫による史料批判に立脚した研究(7)がある。また、「元興寺伽藍縁起幷流記資財帳」については、早く喜田貞吉による史料批判があり、(8)その後福山敏男によっても史料批判に立脚した研究(9)が発表されている。私たち後学は、そうした先行研究の成果に学び、史料批判の作業をさらに一歩前に進めていかなければならない。だが、残念なことに、近年では、そうした先行研究が看過されがちで、史料批判なしに関係史料を用いて、自論を展開するような研究がまま見うけられるようになっている。繰り返すが、しかし、仏教伝来に関する史料は説話史料とみなすべきものであって、その解析には、説話研究の分野で蓄積された研究方法に学びつつ、十分なる史料批判の作業が行なわれなければならない。

三　仏教伝来とは何か

「仏教伝来」という概念

仏教伝来についてもう一つ考えなければならないのは、そもそも「仏教伝来」とはいかなる概念かという問題である。仏教の伝来は、日本では、古来、国家から国家への国家的伝来として語られてきた。これは「仏教公伝」という考え方で、百済の聖明王が日本の欽明天皇に仏教に関わる物品を献上して、日本にはじめて仏教が伝えられたとしてきたのである。だが、仏教の伝来や流通は、そもそも国家とは別次元で語ることができるはずだろうし、本来的にはそう語るべきものであろう。なぜ、日本では、仏教の伝来が国家的伝来として語られてきたのか。私は、それには二つの理由があると考えている。

一つは、間接的理由であるが、仏教は各地に伝来していく過程で国家と密接な関係を持つことが少なくなく、王の擁護を受けて興隆したということがしばしばあったことである。インドをほぼ統一したというマウリヤ帝国のアショーカ王。あるいは中央アジア〜北インドの遊牧民国家クシャーン帝国のカニシュカ王。中国では、四世紀の非漢人国家である後趙の石勒、石虎、あるいは前秦の苻堅や後秦の姚興。朝鮮半島では、高句麗の小獣林王、百済の枕流王やその子の阿華王、新羅では少し遅れるが法興王。仏教は、こうした仏教を重んじる君主によって興隆を遂げていった。

日本でも、こうした例と同じように、仏教は国家と結びつく形で、その伝来や興隆が語られてきた。

もう一つは、直接的理由であるが、日本最初の国史である『日本書紀』が、仏教の伝来を国家的伝来として語ってきたことがあげられる。『日本書紀』は後世に大きな影響を与えた書物で、後の書物はその記述を継承し、それを祖述するようにして仏教の伝来を語ってきた。国家の史書である『日本書紀』の立場からするなら、重視すべきは仏教の非国家的伝来ではなく、国家的伝来だった。したがって、仏教伝来といっても、それは仏教の最初の伝来という意味ではなく、仏教の最初の国家的伝来という意味で歴史が語られてきた。しかし、仏教の最初の伝来は別に国家的伝来だったわけではないだろう。日本列島には早くから渡来人たちが来ており、その中には仏教信仰を持つ者がいたはずだから、仏教の最初の伝来というのなら、そうした個別的伝来を仏教伝来だと認めなければならない。だが、『日本書紀』にとって、歴史として記述すべきは個別的伝来ではなく、国家的伝来だった。

今日の歴史学の見地からするなら、仏教の個別的伝来も仏教の国家的伝来もどちらも重要事項だから、どちらか一方ではなく、その双方について叙述するのがあるべき歴史の語り方となる。しかし、残念ながら、仏教の個別的伝来については詳しいことがほとんどわかっていない。本書では、仏教の国家的伝来をめぐって、近年の研究成果を積極的に吸収して、今日の学問的水準から再考していくこととしたい。

『日本書紀』の相対化

仏教伝来というと、かつては『日本書紀』の関係部分を抜粋し、それを現代語訳して示すのが一般的な歴史の語り方であった。曰く、仏教は欽明朝に百済の聖明王から日本の欽明天皇に伝えられた。その時、蘇我氏は仏教を信奉したが、物部氏と中臣氏は仏教受容に反対し、廃仏が行なわれた。しかし、その後、蘇我馬子が物部守屋を滅ぼし、仏法興隆派が勝利をおさめ、聖徳太子が活躍して三宝興隆が実現したと。だが、われわれは、そろそろ『日本書紀』の記述を相対化し、それとは別の歴史の可能性を視野に入れて、考察を進めていかなければならないだろう。

『日本書紀』の記述は、仏教の伝来を国家的伝来という枠組の中で語るものにすぎないし、その国家的伝来にしても、幾重にも説話が積み重ねられたものになっていて、創作性、文学性が極めて高いものになっている。そもそも『日本書紀』は、過去の出来事を客観的かつ公正に描いたような歴史書ではなく、天皇制度の成立にともなって、当時の政権が自らの正統性を説くために意図的に過去を制定したという性格を持つ書物であった。それゆえ、その記述は創作、改変に満ちており、記述内容を鵜呑みにするわけにはいかない。これまでは、『日本書紀』とは異なる仏教伝来の歴史を語っても、なかなか受け入れられないところがあったと思うが、われわれはとらわれの心から脱却し、『日本書紀』を相対化して歴史を考究しなければならない。

飛鳥寺の重要性

では、仏教の国家的伝来は何を手掛かりに探求すればよいのか。私は、飛鳥寺の成立を重視してこの問題をとらえるべきだと考える。飛鳥寺では、昭和三十年（一九五五）より発掘調査が行なわれ、その独特の伽藍配置、二重基壇への礎石の設置、舎利容器および舎利荘厳具の埋納の様相などが明らかになった[10]。これによるなら、飛鳥寺は日本の最初期の寺院として創建されたものと見てよく、研究の現段階からするなら、日本最初の本格的寺院と評価してよい。この寺院が成立したことの歴史的意義は極めて大きく、仏教の伝来を考える上でも要の寺院になるものと考えられる。

一方、近年、百済や新羅の寺院の発掘調査が進展して多くの新事実が明らかになり、それらが日本の寺院に大きな影響をおよぼしていることが鈴木靖民などによって活発に論議されるようになっている[11]。飛鳥寺の遺構、遺物を韓国のそれと比較して、その関係性を明確にしていくことは重要な研究課題になっている。そうした近年の研究成果を参勘し、あわせて『日本書紀』の解析的研究の進展をふまえるならば、飛鳥寺を一豪族の氏寺とのみ評価することはむずかしく、その「国家的意義」について考究する必要がある。(12) 飛鳥寺の成立については、すでに大山誠一の指摘がある。大山は先端的技術、文化の贈与という観点から仏教の伝来について再考し、『日本書紀』崇峻元年（五八八）是歳条の、百済からの仏舎利、僧、技術者たちの贈与こそが真の仏教の伝来にあたると論じている。(13) 重要な指摘である。

私は、『日本書紀』の仏教伝来から三宝興隆の詔にいたる一連の記事は、「末法 ⇒ 廃仏 ⇒ 廃仏との戦い ⇒ 三宝興隆」というストーリーのもとに語られており、その記述は中国の北周〜隋の時代の「末法〜廃仏〜廃仏との戦い〜仏法興隆」という歴史を参照し、それを模倣、モデル化して組み立てられているとの読解に達した。そうであるなら、それらは個々の説話を重ねあわせ組みあわせることによって、新たな一つのストーリーを構成せしめるものになっており、説話の中でも「創作史話」とでも呼ぶべきものになっていると読解される。したがって、それらは『日本書紀』の編者によって後世から付加された言説と見ることになろう。それらを除去してあらためて同書の関係記事を再読してみると、百済から仏舎利、僧、技術者たちが贈与されて飛鳥寺が創建されたとする記事が重要記事として浮き出してくる。本書では、飛鳥寺成立の歴史的意義について再考し、そこから仏教の国家的伝来を考察していきたい。

本書の構成

本書は、第一部において、後世に大きな影響を与えた『日本書紀』の仏教関係記事の読解に取り組む。「I 『日本書紀』仏教伝来記事と末法思想」では、同書の仏教伝来記事およびそれに続く一連の仏教関係記事を解析して、その論理構造を明らかにした。そこで重視した視角が二つある。一つは、一条一条の記述を相互に独立した記事として読むのではなく、全体を一つのテキストとして読むことである。『日本書紀』は一つの構想のもとに編纂された史書であって、断片的な記録類を単純に収集、集積して組み立てられたというような書物ではない。仏教関係の記事についても、その全体を貫く構想を的確に把握し、そこから各部分に立ちかえって読解していくという視角が必要になる。私が、それらの記述を説話の中でも個々の説話を複合させた「創作史話」と見るべきだと論じたのは、このような観点からの分析に基づいている。

もう一つは、仏典、仏書を広く検索して、『日本書紀』の文章がどのような文献を参照して作成されているのかを解明することである。『日本書紀』が典拠とした文献を解明することは、江戸時代以来重視されてきた研究視角の一つであるが[14]、仏典、仏書に関してはいまだ十分に明らかにされてはいない。本章では、『日本書紀』出典研究の成果[15]に学びつつ、仏教関係記事が典拠とした文献を明らかにする作業につとめた。

さて、そうした作業を進めていくと、キーパーソンとして浮上してくる人物がいる。道慈である。道慈は奈良時代前期の国家を代表する僧であり、国家の中枢と深く関わりつつ多彩な活動を行なったことが知られている[16]。『日本書紀』仏教関係記事や関係する二、三の記事に道慈が関与していると推定する論は、早く井上薫によって提起され[17]、その後この論点を継承する研究が進められてきた[18]。しかしながら、『日本書紀』が誰によって執筆されたかについては[19]、直接的な記録があるわけではないから、その推定には厳密な学問的考察、検証が必要になる。しかも、『日本書紀』は一人の手によって書かれたものではなく、複数の執筆陣によって長い期間を要して書かれ、完成に至ったものであるから、その推定には大きな困難がともなう。だが、『日本書紀』解明にとって、執筆者たちを推定する作業は決して無意味なものではなく、一歩踏み込んで論及すべき研究課題になっていると私は考える。「Ⅱ　道慈の文章」では、『懐風藻』に残された道慈の文章を解析してその特質を考察し、そこから彼が『日本書紀』の作成に関与したと推定するのが妥当かどうかを再検討した。そして、道慈が『日本書紀』の記事作成に関与したとする見解は十分な蓋然性を持つ推論であると論じている。

次に、第二部では、仏教伝来戊午年説を述べる文献について検討し、その史料としての性格や成立年代を考究する作業に取り組む。具体的には、①「元興寺伽藍縁起并流記資財帳」、②『上宮聖徳法王帝説』、③『建興寺縁起』（逸文）、④『顕戒論』所引「元興縁起」の検討である。①は著名な史料であるが、それ自身に明記される「天平十九年二月十一日」という作成年月日をそのまま認める見解がある一方で、この年月日を疑う見解も存在する。「Ⅲ　『元興寺縁起』をめぐる諸問題――写本・研究史・問題点――」では、①「元興寺伽藍縁起并流記資財帳」を収める唯一の写本である醍醐寺本『元興寺縁起』の実見調査を行なって、それによって得られた知見を述べ、あわせてこれまでの研究史を振り返ってこの史料のどこが問題なのかについて考察した。続く「Ⅳ　元興寺伽藍縁起并流記資財帳の研究」では、その成立過程について再検討し、この文書は九世紀後期に尼寺の建興寺（豊浦寺）の縁起として作成されたものが、のち十一世紀末以降十二世紀中頃以前に改作され、付加、改変によって今見るものになったものであると読解した。したがって、①は後世に作成された偽文書ということになる。

次の「Ⅴ　仏教伝来戊午年説の系譜――『上宮聖徳法王帝説』および『顕戒論』所引「元興縁起」をめぐって――」では、これも著名な史料である②『上宮聖徳法王帝説』の成立年代について考察した。この書は五つの部分から構成されているが、その各部は第一部、第二部、第四部、第五部、第三部の順に成立したものと読解され、そのうちの第二部は『上宮聖徳太子伝補闕記』以降の成立だと考えられる。したがって、この書の成立年代は、従来推定されていたよりもかなり後のことになる。そして、その考察に基づいて、仏教伝来戊午年説を述べる文献の中で、もっとも早くに成立したものは④であり、戊午年説は飛鳥寺の古伝と理解すべきものであると論じている。

なお、①②と万葉仮名（字音仮名）の表記に共通性が見られる天寿国曼荼羅繡帳の銘文については、「付論　天寿国曼荼羅繡帳銘文の人名表記」において二、三の考察を行なっている。この史料についても、銘文が記す通りに推古朝の成立であることを認める見解と、後世に作成されたものだとする見解との両説がある。私は銘文の人名表記を検討して、これは推古朝に書かれたものとは読解できず、後世に成立したものだと論じている。

本書の最終章にあたる「Ⅵ　飛鳥寺成立の歴史的意義――仏教の国家的伝来をめぐって――」では、『日本書紀』読解についての近年の成果や、飛鳥寺の遺構、遺物と韓国の寺院との関連性を重視する近年の研究を参照して、飛鳥寺は国家的寺院と評価すべき寺院であり、その成立をもって仏教の国家的伝来とみなすべきだとする論を述べている。蘇我馬子の権力や、飛鳥寺創建の国家的意義を評価するなら、飛鳥寺成立以前に蘇我氏、あるいはそれ以外の集団に対して仏教に関する何らかの文物、信仰の伝来があったとしても、それらは個別的伝来と評価すべきだと考える。私は、『日本書紀』や「元興寺伽藍縁起幷流記資財帳」などの記述からは距離をとり、飛鳥寺の成立をもって仏教の国家的伝来と位置づけたい。

註

（1）　黒田俊雄は、日本の「神道」をどう理解するかについて、国学、民俗学、さらに丸山真男の「古層」論などが説いてきた神道民族宗教論を批判して、近代以前においては、仏教が神信仰を包摂する形態で宗教史が進展していたと論じ、仏教の役割を高く評価している。同『黒田俊雄著作集　四　神国思想と専修念仏』（法藏館、一九九五年）など。

（2）　『仏説盂蘭盆経』については、岩本裕『目連伝説と盂蘭盆』（仏教説話研究第三、法藏館、一九六八年）、岡部和雄「盂蘭盆経類の訳経史的考察」（『宗教研究』一七八、一九六四年）、同「敦煌本『盂蘭盆経讃述』の性格」（『印度学仏教学研究』一八―二、一九七〇年）、同「『盂蘭盆経』の現在―回顧と展望」（『宗教学論集』二六、二〇〇七年）、入沢崇「仏説盂蘭盆経成立考」（『仏教学研究』四五・四六、一九九〇年）、小南一郎「『盂蘭盆経』から『目連変文』へ―講経と語り物文芸との

間―（上）」（『東方学報』七五、二〇〇三年）などがある。『仏説彼岸神呪成就経』については、直海玄哲「『彼岸神呪成就経』解題」（牧田諦亮監修、落合俊典編『七寺古逸経典研究叢書　四　中国日本撰述経典（其之四）・漢訳経典』大東出版社、一九九九年）。

（3）説話と仏教および歴史との関係については、大隅和雄「説話文学と仏教」（『中世仏教の思想と社会』名著刊行会、二〇〇五年）、同「説話と歴史―中世貴族の意識」（『思想』七三二、一九八五年）などがある。

（4）文学研究の分野において、蔵中しのぶ「大安寺文化圏から文学史の再構築へ」（『水門―言葉と歴史―』二三、二〇一一年）は、日本一国のみを対象とする日本文学史を再考して、新しい文学史を再構築すべきであると論じている。なお、新羅の説話については、小峯和明・増尾伸一郎編訳『新羅殊異伝』（平凡社〈東洋文庫〉、二〇一一年）がある。

（5）大蔵経テキストデータベース研究会編『大正新修大蔵経テキストデータベース』（http://21dzk.l.u-tokyo.ac.jp/SAT/）二〇〇八年。

（6）津田左右吉『日本古典の研究』上下（岩波書店、一九四八年、一九五〇年）。

（7）井上薫『日本古代の政治と宗教』（吉川弘文館、一九六一年）。

（8）喜田貞吉「醍醐寺本『諸寺縁起集』所収『元興寺縁起』について」（『喜田貞吉著作集　6奈良時代の寺院』平凡社、一九八〇年）。

（9）福山敏男「飛鳥寺の創立」「豊浦寺の創立」（『日本建築史研究』墨水書房、一九六八年）。

（10）奈良国立文化財研究所『飛鳥寺発掘調査報告』一九五八年。坪井清足『飛鳥の寺と国分寺』（岩波書店、一九八五年）。

（11）鈴木靖民編『古代東アジアの仏教と王権―王興寺から飛鳥寺へ―』（勉誠出版、二〇一〇年）。

（12）すでに、薗田香融「国家仏教と社会生活」（『岩波講座日本歴史　古代4』岩波書店、一九七六年）は飛鳥寺成立の「国家的意義」について考察している。

（13）大山誠一「仏教伝来年次について」（『アリーナ』七、二〇〇九年）、同『天孫降臨の夢』（NHKブックス、二〇〇九年）。

（14）小島憲之『上代日本文学と中国文学』上（塙書房、一九六二年）、小島憲之他校注『新編日本古典文学全集　日本書紀』（全三巻、小学館、一九九四〜一九九八年）。

（15）近年のものに、池田昌広「『日本書紀』と六朝の類書」（『日本中国学会報』五九、二〇〇七年）、同「『日本書紀』の潤色に利用された類書」（『日本歴史』七二三、二〇〇八年）、新川登亀男・早川万年編『史料としての『日本書紀』―津田左右吉を読みなおす―』（勉誠出版、二〇一一年）などがある。

（16）文学研究の分野から、道慈などによる唐の西明寺の仏教文化の導入について考察したものに、蔵中しのぶ『奈良朝漢詩文の比較文学的研究』（翰林書房、二〇〇三年）がある。蔵中氏の「大安寺文化圏」についての私見は、拙稿「『大安寺文化圏』論の可能性」（『水門―言葉と歴史―』二三、二〇一一年）。道慈についての先行研究は、第Ⅱ章註（1）を参照されたい。

（17）道慈と国分寺国分尼寺との関係についての私見は、拙稿「国分寺国分尼寺の思想」（須田勉・佐藤信編『国分寺の創建　思想・制度篇』吉川弘文館、二〇一一年）。

（18）井上薫註（7）著書。

（19）国語学の視角から『日本書紀』の述作者を推定したものに、森博達『日本書紀の謎を解く』（中公新書、一九九九年）、同『日本書紀成立の真実』（中央公論新社、二〇一一年）がある。森説を批判するものに、井上亘「『日本書紀』の謎は解けたか」（大山誠一編『日本書紀の謎と聖徳太子』（平凡社、二〇一一年）がある。

第一部　『日本書紀』仏教伝来記事の研究

Ⅰ　『日本書紀』仏教伝来記事と末法思想

【要旨】『日本書紀』には仏教の伝来についての記述がある。またそれに続いて、蘇我氏など仏法興隆派と物部氏、中臣氏など廃仏派とが争ったという記述がある。かつては、それらを歴史的事実を伝えるものだと評価するのが一般的であった。しかし、仏教伝来記事には経典や仏書の文章や文言が多数用いられており、『日本書紀』編纂段階における作文であることが明らかである。またそれに続く記事にも歴史的事実とは見なせない記述が多く見られる。これらは『日本書紀』の編者によって作られた創作史話と見るべきものであるが、ではそれはどのような構想のもとに書かれているのか。またそれを書いたのはどのような人物なのか。本章はこの課題の解明に取り組むものである。

【キーワード】日本書紀　末法思想　廃仏と三宝興隆　創作史話　道慈

はじめに

『日本書紀』は、欽明十三年（五五二）十月条に仏教伝来の記事を掲載している。それによれば、この時、百済の聖明王が使者を派遣し、欽明天皇に釈迦仏の金銅仏、幡蓋、経論を献上して、わが国にはじめて仏教が伝えられたという。大変よく知られた有名な記事である。そこには、また聖明王が欽明に宛てた「表」の文、欽明が使者に応えたという「詔」の文も掲載されている。これらが歴史的事実を伝えるものであるなら、仏教は五五二年にわが国の欽明天皇に伝えられたということになるだろう。

しかしながら、早くから指摘されているように、この記事には大きな問題がある。仏教経典『金光明最勝王経』の文章が、一部改変された上で、三ヵ所にわたって用いられているからである。また、そのほかにも経典あるいは中国の仏書に依拠したと見られる表現が見られる。(1)『金光明最勝王経』は、唐の長安三年（七〇三）に義浄が漢訳したもので、その漢文の文章が成立したのは七〇三年である。それが五五二年の上表文や詔の文章に用いられるというのはありえないことである。したがって、仏教伝来記事は、五五二年もしくはそのしばらく後に書きとどめられた何らかの記録が忠実に掲載されたようなものではなく、もし原資料があるのなら、『日本書紀』の編者たちが七〇三年以降にそれに大きく加筆増補したということになるし、そうでないなら、編者たちが全く新しく作文したものとなるだろう。では、誰がどのような意図でそのような作業を行なったのか。また欽明十三年という伝来の年次はどう評価することができるのか。

これについて、井上薫は、いくつかの状況証拠から考えるに、この記事の作文に関わったのは道慈であると論じた。(2)

道慈（六七〇前後〜七四四）は、大宝二年（七〇二）の遣唐使に随って入唐し、長安の西明寺などで留学生活を送って、養老二年（七一八）に帰国した僧である。帰国後は、国家の仏教の中枢で活躍し、長屋王や藤原氏との親交も深く、国家の仏教政策の立案にも関わった人物であった。井上は、唐で新たに翻訳された『金光明最勝王経』を日本にもたらしたのは道慈であろうと推定し、その文章を用いて仏教伝来記事の文を作ったのも道慈にほかならないと説いた。この説は、その後の研究に大きな影響を与え、研究は深化していった。[3]近年、仏教伝来記事を作文したのは、僧の道慈と見るよりも俗人と推定するべきであり、たとえば山田史御方などが想定されるのではないかとする説が提起されたが、[4]別に論じたように（本書第Ⅱ章参照）この説は疑問で、やはり道慈と見るべきだと私は考えている。[5]

五五二年という伝来の年次はどう理解すべきか。私は、かつて田村圓澄や益田宗らが論じたように、[6]これは末法思想に基づいて『日本書紀』編者によって意図的に設定された年次だと考えている。ただ、先行研究は、編者がどのような構想でこの年次に設定したのかを解明できておらず、中国史料との比較検討もはなはだ不十分である。

本章は、そうした研究状況をふまえ、『日本書紀』仏教伝来記事およびそれに続く一連の記事をあらためて検討し、どのような文献が用いられて文章が作られているのか、年次の設定はどのような思想に立脚しているのか、そして一連の記事はどのような構想のもとに書かれているのかを考察しようとするものである。[7]これら一連の記事は、何らかの原資料に基づいて書かれたようなものではなく、『日本書紀』編纂者によって、一定の構想のもとに書かれた創作史話と評価すべきものであるが、ではその作者は、一体どのような思想に立脚してこれらの話を作っていったのか。その読解は、六世紀の歴史の解明ではなく、むしろ『日本書紀』が書かれた八世紀初頭の、政権中枢部の思想を解明する作業となるだろう。それは困難だが魅力的な課題となろうし、『日本書紀』という扱いの容易でない史料を、使える史料として再評価することにもなると考える。以下、読解を試みたい。

一　仏教伝来記事の典拠

『金光明最勝王経』の使用

最初に、『日本書紀』仏教伝来記事にどのような経典、仏書が用いられているかについて検証しておきたい。これについて、これまでも重要な指摘がなされてきたが、ここではそれらに私なりの検索、調査の成果を加えて詳論することとしたい。まず、『日本書紀』欽明十三年（五五二）十月条の仏教伝来記事の全文を掲げておく(8)。

冬十月に百済の聖明王〈更の名は聖王〉西部姫氏達率怒唎斯致契等を遣して、釈迦仏の金銅像一軀・幡蓋若干・経論若干巻を献る。別に表して、流通・礼拝の功徳を讃へて云く、「是の法は、諸法の中に最も殊勝たり。解し難く入り難し。周公・孔子も、尚し知ること能はず。此の法は、能く無量無辺、福徳果報を生じ、乃至は無上の菩提を成弁す。譬へば、人の、随意の宝を懐きて、用うべき所に逐ひ、尽に情の依なるが如く、此の妙法の宝も亦復然なり。祈願すること情の依にして、乏しき所無し。且夫れ、遠くは天竺より、爰に三韓に洎るまでに、教に依ひ奉け持ちて、尊敬せざること無し。是に由りて、百済王臣明、謹みて陪臣怒唎斯致契を遣して、帝国に伝へ奉りて、畿内に流通せしむ。仏の『我が法は東流せむ』と記せるを果たすなり」と。

是の日に、天皇、聞き已りて、歓喜踊躍し、使者に詔して云く、「朕、昔より来、未だ曾て是の如く微妙の法を聞くこと得ず。然れども、朕自ら決むまじ」と。乃ち群臣に歴問して曰く、「西蕃の献れる仏の相貌、端厳にして全く未だ曾て看ず。礼ふべきや以不や」と。蘇我大臣稲目宿禰奏して曰く、「西蕃の諸国、一に皆礼ふ。豊秋日本、豈独り背かむや」と。物部大連尾輿・中臣連鎌子、同じく奏して曰く、「我が国家の、天下に王たるは、恒に天地社稷の百八十神を以ちて、春夏秋冬、祭拝するを事とす。方今し、改めて蕃神を拝まば、恐るらくは国神の怒を致さむ」と。天皇曰く、「情願する人稲目宿禰に付して、試に礼拝せしむべし」と。大臣、跪きて受けて忻悦し、小墾田の家に安置す。懃に出世の業を修め、因りて向原の家を浄捨して寺と為す。

後に、国に疫気行りて、民夭残を致す。久にして愈多く、治療すること能はず。物部大連尾輿・中臣連鎌子、同じく奏して曰く、「昔日臣が計を須ゐずして、斯の病死を致せり。今し遠からずして復さば、必ず当に慶有るべし。早く投げ棄てて、懃に後の福を求むべし」と。天皇曰く、「奏に依れ」と。有司、乃ち仏像を以ちて、難波の堀江に流し棄て、復火を伽藍に縦く。焼き燼きて更余無し。是に、天に風雲無くして、忽に大殿に災あり。

このうち、聖明王の上表文の「是法、於諸法中、最為殊勝、難解難入、周公孔子尚不能知、此法能生、無量無辺、福徳果報、乃至成弁、無上菩提」という文章は、『金光明最勝王経』寿量品の「是金光明最勝王経、於諸経中、最為殊勝、難解難入、声聞独覚所不能知、此経能生、無量無辺、福徳果報、乃至成弁、無上菩提」という文章を用い、これを一部改変して作成されている。『日本書紀』は、「是金光明最勝王経」を「是法」に、また「声聞独覚」を「周公孔子」に変え、「所」を「尚」に、「経」を「法」に変えているが、他は経文と同一である。次に、『日本書紀』の「譬如人懐随意宝、逐所須用尽依情、此妙法宝亦復然、祈願依情無所乏」は、『金光明最勝王経』四天王護国品の長行頌の「如人室有妙宝篋／随所受用悉従心／最勝王経亦復然／福徳随心無所乏」を改変して文章が作られている。さらに、欽明の反応について記す『日本書紀』の「是日、天皇聞已、歓喜踊躍、詔使者云、朕従昔来、未曾得聞、如是微妙之法、然朕不自決」も、『金光明最勝王経』四天王護国品の「爾時四天王聞是頌已、歓喜踊躍、白仏言、世尊我従昔来、未曾得聞、如是甚深微妙之法、心生悲喜、涕涙交流」を用いて文章が作られていることがすでに判明している。

周公孔子

『日本書紀』は、なぜ経文の「声聞独覚」を「周公孔子」と改変したのであろうか。『金光明最勝王経』の文は、この『金光明最勝王経』の教えは諸々の仏教経典の中で最もすぐれており、解しがたく、入りがたく、声聞、独覚のような大乗仏教以外の仏教修行者には知ることのない境地である、といった意味になるだろう。しかし『日本書紀』のように改変すると、この仏法の教えはもろもろの法（真理、教え）の中で最もすぐれており、解しがたく、入りがたく、周公、孔子のような儒教の聖人には知ることのない境地である、といった意味になる。これは仏教の立場から、儒教を低く評価した文章に変えられているのである。

では、この条の作文者はどのような見地からこうした改変を行なったのであろうか。これを考える上で勘案しなくてはならないのは、中国における儒仏道三教の抗争と融和の複雑な歴史およびその文献である。中国では儒教、仏教、道教の三教がしばしば対立し、儒家や道家と仏家との間で、その優劣をめぐる激しい論戦が行なわれた。国家がそれに介入して、三つのうちの一つもしくは二つを弾圧するという出来事も何回か起こった。国家が行なった「廃仏」としては、北魏の太武帝の廃仏、北周の武帝の廃仏、唐の武宗の廃仏、後周の世宗の廃仏が大規模な仏教弾圧としてよく知られている。そうした宗教間の争いについて記述する文献はいくつかあるが、仏教の立場から書かれたものに道宣[9]の『広弘明集』（大正新修大蔵経第五十二巻、以下大正新修大蔵経からの引用は「大正」と記し、巻、頁、上中下〈a b c〉を略記する）がある。[10]その巻五～十一には、仏教に懐疑的、敵対的、弾圧的であった人物たちの言動が詳しく引用、紹介され、また仏教側からの反論の様子も詳説されている。それは、『日本書紀』の仏教伝来記事、およびそれに続く一連の記事を読解する上で、大いに参考になる。「周公孔子」という文言は、そうした論戦の中で書かれた文章に典拠を求めるべきだと私は考えている。

『広弘明集』巻五には、斉の沈約と陶華陽との論争が収められている。その沈約「均聖論」（一二一c）に「周孔の二聖は宗条稍広し。（中略）惑者又云く、若し釈氏の書の如く、咸な縁報の業有らば、則ち禹湯文武も並に刲剔を受け、周公孔子も倶に鼎鑊に入らむと。是れ何ぞ見道に迷ふこと、斯くの若く之れ篤きや」とある。これに対し、陶隠居（陶華陽）は「均聖論を難ず」（一二二ab）において、「周公の言はざるは恐らくは未だ出でざるに由らん」「夫れ立人の道を仁と義と曰ふ、周孔云ふ所の、声を聞きては食はず、斬伐時有りとは、蓋し大いに仁義の道を明かにせむと欲するなり」などと述べている。これに対する沈約「陶華陽に答ふ」（一二二bc〜一二三a）では、「周公孔子の漸く仁惻を弘むること、前論已に詳らかなり」と説いている。このように、中国では、仏教と儒教の優劣が論じられる中で「周公孔子」の評価が取りざたされたのである。

また、同書巻六（一二七a）には、「唐の特進鄭公魏徴が策に百条有り。其の一条に曰く、仏経の興行、早晩の得失を問ふ。（中略）孔子周公安んぞ能く述べむや」とあって、「孔子周公」が仏教と比較対照されている。さらに巻十一の「傅奕の仏僧を廃省する表を上るに箴す」（一六〇a）にもこうした文言が見える。傅奕は唐の廃仏論者で、もと道士。六二一年、十一条にわたって仏教批判を展開するなど、執拗に仏教を攻撃した人物として知られている。その仏僧を廃省する表の「虞夏湯姫は、政、周孔の教に符すと」という文言に対して、「箴に曰く、周公孔子は並びに是国臣なり（後略）」と反論がなされている。

また、同書巻四（一一二a）には、仏教に深く傾倒したことで知られる梁の武帝の「梁の武帝道法に事ふることを捨つる詔」が収められているが（法琳『弁正論』巻八、道世『法苑珠林』巻五十五などにも掲載）、そこには「老子周公孔子等是れ如来の弟子なりと雖も、化迹既に邪なり。止だ是れ世間の善にして、凡を革めて聖となすこと能はず」とあって、仏教の立場から老子と周公、孔子が低く評価されている。同じく、巻四には彦琮の「通極論并序」（一一四b）

が収められているが、そこには「たとひ周公の礼を制し楽を作るも、孔子の易を述べ詩を删するも、予賜が言語も、商偃が文学も、爰に及ばんや」とあって、仏の偉大さがたたえられている。

仏教伝来記事が経文を改変して「周公孔子」という文言をことさらに用い、儒教を仏教よりも下位に評価したのは、こうした中国における論争に影響されたものと考えられる。

我法東流

次に、仏教伝来記事の「仏の『我法東流』と記すを果たすなり」という部分はいかがであろうか。これについては、谷川士清、河村秀根・益根の指摘[11]以来、『大般若経』難聞功徳品（巻三百二、大正六、五三九b）の「甚だ深き般若波羅密多、我が滅度の已後、時後、分後の五百歳に、東北方に於いて、当に広く流布すべし」に依拠する表記だと見るのが通説である。これは仏が舎利子に応えるという形で、完全なる智慧（仏法のこと）は仏滅後五百年ののちに東北方で広く流布すると予言するくだりであるが、仏教伝来記事も、仏が「わが法は東流す」と記したことを果たしたとなっているから、予言と結果とが合致することになり、両者の対応を認めてよいようにも思われる。しかし、私には、仏滅後五百年とする年数が合致しないことが気にかかる。年数の問題については後述するが、この記事を読解する上で重大な論点になると考える。

「仏法東流」あるいは「仏法東漸」「仏法東伝」というのは経典や中国の仏書のきまり文句で、仏法の流通についての根本思想の一つとなっている。仏法は東の方に伝わっていくという思想である。中国では、また、仏法が中国に伝わったこと自体をこれらの文言で表現した。たとえば、道宣『四分律行事鈔』上（大正四〇、二b）には、「仏法東流してより幾んど六百載」とあり、同『続高僧伝』巻十七（大正五〇、五六四a）にも、「仏法東流してより幾んど六百載」とある。また『広弘明集』巻十の任道林の意見書（大正五四、一五四b、一五五b）には、「仏教東伝して時七代過ぎたり」「釈教東伝してより時五百を経」とあり、『法苑珠林』巻九十八（大正五三、一〇一二c）には、「仏法東流してより已来、震旦にて已に三度、諸悪王の為に、仏法廃損せらるることあり」とある。さらに、法琳『破邪論』（大正五二、四八七b、なお同書は『広弘明集』にも収める）には、「後漢の明帝永平十年に始りて已来、仏法東流して、政は十代を経て、年は将に六百」とある。中国では、仏法の初伝をこれらの語で表現したのである。私は、仏教伝来記事は仏法の初伝は「東流」によってもたらされたとするこうした表現に依拠して作文されていると考えている。

西　蕃

仏教伝来記事には、「西蕃」の語が二度にわたって用いられている。これは「帝国」と対照させる語として用いられており（なお「帝国」の語は『日本書紀』ではここにしか用いられていない）、また仏法は「東流」するのだから西の方から伝わったということを述べる表現にもなっている。

中国の仏書には、仏教が「西蕃」に起こり、「西蕃」から伝わったという記述がいくつも見える。たとえば『法苑珠林』巻五十五（大正五三、七〇一ab）には、「仏法、本西蕃より出づる」と見え、その直前に「修多、西蕃より出で、名号周孔に伝ふることなし」とある。後者は修多（経典）は周孔の時代には伝わっていなかったことを述べており、仏教と周公、孔子との対比がなされている。また、『大唐大慈恩寺三蔵法師伝』巻一（大正五〇、二二三a）には、「僧あり、字は玄奘、西蕃に入らんと欲す」とあり、『大唐西域求法高僧伝』巻一（大正五一、一c）には、「是において西蕃を巡り渉りて東夏に至る」などとある。中国から求法の旅に出た僧たちは、「西蕃」に仏法を求めたのである。

仏教伝来記事の表現はこうした観念の影響を受けたものと理解してよかろう。もう一つ注意しなくてはならないのは、『日本書紀』の内部においては、「西蕃」という観念が神功皇后紀の記述を承けており、これに連関していることである。これについては後述する。

相貌端厳

仏教伝来記事には、欽明が「群臣」たちに「西蕃」の仏は「相貌端厳」であってこれまでに見たことがないものであるが、はたして礼うべきかいなか、と問うくだりがある。ここの「相貌端厳」も経典、仏書に依拠した表現だと考えられる。たとえば、『仏説大乗荘厳宝王経』巻二（大正二〇、五五a）には「其の現身するところ相貌端厳にして殊に色は希奇なり」、あるいは『根本説一切有部毘奈耶薬事』巻八（大正二四、三三a）には「威徳は勇猛にして相貌端厳」、また『仏説最上秘密那拏天経』巻上（大正二一、三六〇b）には「然るに一童女の相貌端厳なるを択びて」と見える。

だが、より注目されるのは、『虚空蔵菩薩神呪経』（大正一三、六五七b）に「其堂に皆端厳なる天女有りて」とあり、続けて「所行の相貌を知ること能はず」（六五八a）とあることや、『法華経』巻一の序品に「種々の相貌」とあり、しばらくあとに「身の色は金山の如く、端厳にして甚だ微妙なること」とあることだろう。後者の「甚微妙」という文言は『金光明最勝王経』と共通しており、仏教伝来記事にも用いられている。また類似の表現は、たとえば道宣『集神州三宝感通録』中巻第十四（大正五二、四一七c）に「形相端厳」と見える。[12] 仏教伝来記事の記述はこうした文言を典拠とするものと考えられる。

蕃神、百八十神、奏曰

欽明の下問に対し、蘇我稲目は、「西蕃諸国」はみな仏教を礼っているから、わが国も礼うべきであるとの意見を「奏曰」した。これに対し、物部尾輿と中臣鎌子は「我が国家の、天下に王たるは、恒に天地社稷の百八十神を以ちて、春夏秋冬、祭拝するを事とす。方今し、改めて蕃神を拝まば、恐るらくは国神の怒を致さむ」と「奏曰」して仏教を礼うことに反対したとある。有名な記述である。

この仏教を受け入れるか否かをめぐる議論は、津田左右吉が指摘したように、(13)『高僧伝』「竺仏図澄伝」(大正五〇、三八三〜三八七)に依拠した表現となっている。仏図澄の教化が進展して中国の人民に仏教が信じられるようになり、出家がなされ、寺院が建立されるようになると、後趙王の石虎は中書に対して「仏に事ふることを得べきとなすや否や」と問うた。これに対し、中書著作郎の王度は、「夫れ王者は天地を郊祀し、百神を祭奉す。載せて祀典に在り、礼に嘗饗あり。仏は西域に出ず。外国之神は、功、民に施さず。天子諸華の祠奉すべき所に非ず」と「奏曰」したという。仏教の受容に反対する意見である。また、中書令の王波も王度と同意見であった。これに対し、石虎は、王度の「議」には仏は「外国之神」であるから天子諸華の祀るべきものではないとあるが、自分は「辺壌」(辺地)の生まれであるから「戎神」である仏をまつるべきであると決したという。これ以後仏教が中国社会に広く流通することになったという有名な話である。仏教伝来記事の「蕃神」という表記は、ここの「外国之神」「戎神」という表現を改作して作文されたものと考えられる。「外国」「戎」ではなく「蕃」としたのは、上記の「西蕃」という語と整合させるための工夫と理解すべきだろう。また、「奏曰」という表現も、ここに見える「奏曰」をそのまま模倣したものとしなくてはならない。欽明朝のわが国に「奏」という概念などあるはずがなく、『日本書紀』編纂段階の表現と考えられるからである。

次に、「百八十神」であるが、これが「百神」を改作したものであることは明らかだと考えるが、ただ「百八十」という数辞は経典や仏書には見あたらない。「百神」の語は、他にも仏書に見え、後年のものになるが、たとえば志磐『仏祖統紀』（大正四九、四〇七b）には、「天地百神」をまつるとある。また「百霊」（『広弘明集』『高僧伝』『続高僧伝』『大唐西域記』など）のように、「百」という数で多数の神々を表現することがままある。さらに『大般涅槃経』巻二十二には（大正一二、七五二a）、「世の衆生、八十神に事ふることあり」というように「八十神」という概念が見え、それは「十二日、十二大天、五大星、北斗、馬天、行道天、婆羅墮跋闍天、功徳天、二十八宿、地天、風天、水天、火天、梵天、楼陀天、因提天、拘摩羅天、八臂天、摩醯首羅天、半闍羅天、鬼子母天、四天王天、造書天、婆藪天、是を八十と名づく」と説明されている。

けれども、私の調べた限り、経典や仏書に「百八十神」は見あたらない。『日本書紀』には「八十諸神」「八十魂神」「八十万神」という表現が見えるから（『古事記』には「八十神」）、あるいは「百神」に「八十神」を加えたものかとも考えられなくはないが、積極的な論拠はない。むしろ『日本書紀』には、他にも「百八十紐」「百八十縫」（以上神代下第九段一書の二）、「百八十種勝」（雄略十五年条）、「百八十部」（推古二十八年是歳条、孝徳前紀）、「百八十部曲」（皇極元年十二月条）、「一百八十艘」（斉明四年四月条、同五年三月条）のように「百八十」という数辞が見えるから、「百八十神」は『日本書紀』編纂者たちが「百神」を改作して作文した独自の表現と見るべきだろう。

社稷

仏教伝来記事には、「天地社稷の百八十神」とある。このうち「天地」は「竺仏図澄伝」に依拠した表記としてよいが、「社稷」はどうだろうか。「社稷」は中国の古典に見える語で、土地神のことであり、またそれをまつる祭祀やその場所も意味することがあった。[14] 中国の神信仰に根ざした、極めて中国的な観念、言葉としてよいと思う。中国古代の王朝では、王宮内に東に宗廟、西に社稷を並列して設置し、その祭祀が行なわれた。また、唐代に州や県に社稷の施設が設置され、その祭祀が行なわれていたことも知られている。[15]

『日本書紀』には、「社稷」の語の使用例が十九例見える。①垂仁四年九月戊申、②同五年十月朔日、③神功皇后摂政前紀（仲哀九年四月）、④同摂政六十二年、⑤仁徳前紀、⑥仁徳四十年二月、⑦允恭前紀、⑧顕宗前紀（清寧三年十二月）、⑨継体元年二月甲午、⑩継体二十一年八月朔日、⑪継体二十四年二月朔日、⑫仏教伝来記事、⑬欽明十六年二月、⑭推古十二年四月戊辰（憲法十七条）、⑮舒明前紀、⑯皇極三年正月朔日、⑰斉明六年十月、⑱天武前紀、⑲天武元年六月丙戌。しかしながら、わが国の大王や天皇の王宮内に社稷の施設が設置されていたとは考えられないし、これらの中には、架空の天皇、摂政に関する記述も含まれている。これら『日本書紀』の「社稷」の表記は、いずれも中国文献に学んで、編纂者たちによって記されたものとしなくてはならないだろう。

たとえば、その初例である①には、「謀反して社稷を危めむと欲す」とある。だが、これは唐の名例律の「謀反、社稷を危めむを謀るを謂ふ」に依拠した表記であることがすでに指摘されている[16]（日本の養老律の名例律八虐条は、「社稷」を「国家」に変え、「謀反、国家を危めむを謀るを謂ふ」としている。大宝律の条文は不明だが、養老律と同一であった可能性が高い）。⑪の「宗廟を獲《たも》ち奉《う》けて社稷を危めず」や、⑭の憲法の第七条の「社稷危からず」も、同様に名例律に依拠した表記とすべきだろう。次に③には、「皇后、天下の為に宗廟社稷を安みせむ所以を計ります。且罪臣下に及ばじとのたまふ。頓首して詔を奉らむ」とある。これは『漢書』高后紀の「皇太后、天下の為に宗廟社稷を安みせむ所以を計りますこと甚だ深し。頓首して詔を奉らむ」に依拠した表記であることがすでに指摘されている。[17] また⑤には「宗廟社稷に奉へまつることは重事なり」とあるが、これまた『漢書』文帝紀の「高帝の社稷に奉へまつることは重事なり」に依拠した表記であることがすでに指摘されている[18]。⑦の「宗廟社稷に奉へまつることは重事なり」や、⑮の「社稷宗廟は重事なり」も類同の表現で、同じ典拠に基づく表現としてよいだろう。

仏教伝来記事の「社稷」はどうだろうか。これも『日本書紀』の一連の「社稷」の表記の一つと見ることができるが、ただ、中国の仏書に「社稷」の語がしばしば見られることには注意をしておく必要がある。『経律異相』『弁正論』『続高僧伝』『広弘明集』『法苑珠林』などがそれで、たとえば『経律異相』巻二十九（大正五三、一五七a）には「長生して社稷を安みせむとするものなり（中略）長く社稷を保つべし」と、『広弘明集』巻十二（大正五二、一七〇b）には「今の国家の宗廟社稷の類は皆然る也」と見える。仏教伝来記事の作文者が何に依拠して「社稷」の語を用いたのかを判別することは難しいが、外典ではなく、仏書に依拠してこの語を用いた可能性も排除できない。いずれにせよ、中国文献に依拠した表記であることはまちがいなかろう。

国神

仏教伝来記事には、物部尾輿と中臣鎌子が、「蕃神」を拝んだなら「国神」が怒りをなすだろうという意見を「奏曰」したとある。ここの「国神」はどう理解したらよいだろうか。ここの「国神」は「蕃神」の対立語として用いられており、西蕃の神に対するわが国の神という意味になっている。

『日本書紀』には「国神」の使用例が十一例見える。①神代紀第八段本文、②第九段本文、③第九段一書の一、④同、⑤第九段一書の二、⑥第九段一書の六、⑦神武前紀甲寅年十月辛酉、⑧同戊午年八月乙未、⑨雄略七年是歳、⑩仏教伝来記事、⑪用明二年四月丙午。そのうちの六例は神代紀、二例は神武前紀の表記であって、神々の世界の話の中で用いられている。それらは、いずれも地上の神、土着の神を意味しており、「天神」（高天原の神）と対になる、反対概念の言葉となっている。その中には、①の「脚摩乳」、②の「天探女」、⑦の「珍彦」、⑧の「井光」のように、国神の名が固有名詞で記されるものもある。

これに対し、⑨⑩⑪の三例は少し使い方が異なる。⑨は、日本の天皇が新羅追討のために百済に弟君らを派遣したところ、「国神」が老女に化して出現して目的地が遠いと告げたため、弟君らは新羅を討たずに帰国したという話である。ここの「国神」は、百済の国の神、土着の神という意味で用いられている。⑩は仏教伝来記事で、「蕃神」と対になる反対概念として、自国の神、土着の神を「国神」の語であらわしている。⑪も仏教興隆派と廃仏派の対立を描く記事の一つで、「他国神」の反対概念として「国神」の語が用いられている。以上より、①〜⑧の「国神」は天神（天の神）に対する土着の国の神という意味であり、⑨〜⑪の「国神」は他国の神に対する自国の神という意味であることが知られる。両者とも土着の神、その国の神という意味で用いられているが、若干の差異があることには注意をしておきたい。なお、前者は『日本書紀』のβ群の巻（巻一〜十三、二十二〜二十三、二十八〜二十九）に見られ、後者はα群の巻（巻十四〜二十一、二十四〜二十七）に見られる表記である。(19)

さて、経典や中国の仏書を調べてみるに、この「国神」という語はほとんど用いられていないのだが、それでもわずかに、『高僧伝』巻十の「渉公伝」（大正五〇、三八九ｂｃ）にこの語の使用例を見出すことができた。それは、前秦の皇帝の苻堅が渉公のことを重視し、「堅、奉じて国神と為す。士庶皆身を投じて足に接す」というものである。『高僧伝』の「神異」の巻（巻九、十）には、「天神」の語も見えるから（「竺仏図澄伝」「安慧則伝」）、この「国神」の語も気になるが、しかしこれは「渉公」という人間を「国神」としてあがめたという用い方になっているから、『日本書紀』の「国神」とは意味がかなり異なるとしなくてはならない。さすれば、仏教伝来記事の「国神」は、直接中国文献に依拠して用いられた表現とすべきではなかろう。私は、⑩と⑪の二例は、「竺仏図澄伝」の「外国之神」（『広弘明集』では「外国神」と表記）に依拠したもので、⑩では外国神のことを「蕃神」、⑪では「他国神」と表現し、それに対立する自国の神のことを、「外」の文字を除外して、「国神」と表現したのではないかと推定している。

家を浄捨して寺と為す

仏教伝来記事は、続けて、天皇は百済の聖明王から贈られた物品を蘇我稲目に授けて礼拝させることとしたと記している。稲目は、それらを小墾田の家に安置してまつり、やがて向原の家を浄捨して寺としたという。だが、こうした事態の進展は、私にはいかにも作為的で不自然に感じられてならない。はたして百済王が公式の外交ルートにて贈った聖なる物品を、君主自らがまつらずに、臣下に与えてその私宅でまつらせるなどということが史実としてありうるのか、はなはだ不審である。もっとも仏教伝来記事は百済を「西蕃」と記し、文書では「表」の形式をとらせるなど、臣下の国家と位置づけているから、それを前提とするなら、こうした話の展開もありうることなのかもしれない。だが、対等の外交としては考えられないことである。

そこで稲目は「家《やけ》」を「浄捨」して「寺」にしたというが、家（宅）を捨して寺にするというのは、中国の仏書にしばしば見られる常套的な表現であることに注意しなくてはならない。たとえば、僧祐『出三蔵記集』巻十四「僧伽跋摩伝」には、「景平元年、平陸の令許桑、宅を捨して刹を建つ。因りて平陸寺と名く」（大正五五、一〇四c）とある（『高僧伝』巻三にも同様の記述）。また、『高僧伝』を見ると、巻五「曇翼伝」に「晋の長沙の太守、騰含、江陵に於いて、宅を捨して寺と為し」（大正五〇、三五五c）と、巻八「道慧伝」に「宅を捨して福を為し、遠く精舎を建つ」（同三七五c）と、巻十三「法願伝」に「太始六年、佼長生、宅を捨して寺と為し」（同四一七a）などと見える。さらに、楊衒之『洛陽伽藍記』を見ると、巻一に「池の西南に願会寺あり、中書舎人の王翊、宅を捨して立つる所也」（大正

五一、一〇〇三c）と、巻二に「子休、遂に宅を捨して霊応寺と為す」（同一〇〇六a）、「後に宅を捨して建中寺と為す」（一〇〇九a）と、巻三に「宅を捨して帰正寺と為す」（一〇一三a）と、巻四に「沖覚寺は、大傅清河王懌、宅を捨して立つる所也」（一〇一三c）、「梁氏、惶懼して宅を捨して寺と為す」（一〇一六a）などと見える。次に、道宣『続高僧伝』巻二十九「僧明伝」には、「鷹、聞きて咎を懺ひて、即ち宅を捨して寺と為し」（大正五〇、六九二b）とあり、同『集神州三宝感通録』中巻第七、中巻第十二にも「宅を捨して寺と為す」（大正五二、四一五b、四一七a）とあり、同『釈迦方志』巻上にも「像、遂に夜に至りて乃ち宅を捨して寺と為し」（大正五一、九五一a）と見える。

宅を捨（喜捨）して寺院とするというのは、中国仏教にしばしば見られる一般的な営為で、史料的にも枚挙に遑がない。仏教伝来記事の「家を浄捨して寺と為す」は、中国仏教の知識に基づき、仏書に依拠して記述されたものとしなくてはならないだろう。

廃仏の報

仏教伝来記事では、蘇我稲目が仏像を安置し、寺院を建立すると、疫病が発生し、民が亡くなったという。そこで、物部尾輿と中臣鎌子が廃仏を行なうよう天皇に「奏」したところ、天皇は「奏に依れ」とこれを許可した。こうして仏像は難波の堀江に棄てられ、伽藍は焼かれてしまったという。ここで注意すべきは、廃仏は尾輿、鎌子の進言に基づくとはいえ、最終的には天皇によって決定、執行されたということである。わが国最初の廃仏が天皇の命によって行なわれた。すると、天に風雲もないのに、たちまち大殿に「災」がおこったという。これは天皇の宮殿に火災が発生したということだろうが、それは廃仏に対しての報が下されたということで、バチが当たったというのである。詳しくは後述するが、『日本書紀』では、敏達天皇も物部守屋と中臣勝海の進言を聞き入れて「仏法をやめよ」という「詔」を発布したとある。廃仏令の発布である。すると、天皇と守屋はたちまち「瘡」の病となり、天皇はそのまま亡くなってしまったという。これも報の思想で、仏罰が下ったというのである。

中国の仏書を見ると、廃仏を行なった北魏の太武帝は、『広弘明集』巻六（一二四c）では、「悪疾」にかかり、殺されて崩じたと記され、北周の武帝も、巻十（一五三c）で、「癘気」が内に満ち、身は「瘡」となって崩じたと記されている。『法苑珠林』巻九十八（大正五三、一〇一二c）には、二人の廃仏君主と五胡の夏の赫連勃勃について「此の三君、仏法を滅ぼせしが為に皆久しきを得ずして身に癩瘡を患い、死して地獄に入る」と記されている。「瘡」は「癩」と同様、悪業の報としてかかる病、つまり業病に他ならない。私は、敏達が廃仏を行なったため「瘡」になって亡くなったなどというのは、仏書に依拠した創作だと評価している。同様に、廃仏の報として大殿が火災となったという記述も創作で、それは熱心な仏法護持者あるいは僧によってなされた記述とするのが妥当であろう。(20)

臣下の礼

以上、仏教伝来記事を検討してきたが、全体を見渡してあらためて疑問に感じるのが、百済王が「表」の形式で意思を伝えたということである。その上表文では、聖明王は自らを「臣明」と称し、使者を「陪臣」と記している。これは臣下の礼と言わねばならず、当時の実際の国際関係からするとはなはだ不審と言わざるをえない。

また、すでに指摘されていることだが、(21)使者の肩書きと名前にも疑問がある。使者は「西部姫氏達率怒唎斯致契」と表記されている。このうち「達率」は百済の十六等官の第二品であるが、こうした外交使節としては考えられない高官で、他に例もなく、不審と言わざるをえない。また姓を「姫氏」と記し、「氏」をつけた表記となっているが、こうした書き方も異例で不審である。「姫氏」という姓が周公の姓と同じであることも気にかかる。おそらく偶然ではなかろう。さらに官品は姓名の上に記されねばならないはずなのに、そうなっていないのも不審である。この百済の使者は、実在しない、創作上の人物とすべきだと思う。百済王がなぜ臣下の礼をとったのかについては次項で述べることとしたい。

神功皇后紀との内的関係

仏教伝来記事は、『日本書紀』の内部では、巻九の神功皇后紀と深く連関している。両者の連関は、①用語、②筋立ての連続性、の二点にわたって見られる。最初に用語であるが、まず注目されるのは「歓喜踊躍」の語が見られることである。『日本書紀』には、仏教伝来記事と神功皇后紀の二ヵ所にしかこの語は用いられていない。神功皇后五十年五月条に、「久氏等、奏して曰く、『天朝の鴻沢、遠く弊邑に及び、吾が王歓喜踊躍して、心に任《た》へず。故、還使に因りて至誠を致せり。万世に逮ぶと雖も、何の年にか朝らざらむ』と。皇太后、勅して云く、『善き哉、汝が言。是朕が懐なり』」とあるのがそれである。他にも神功皇后紀の二ヵ所に「歓喜」の語が見える（なお、他に「踊躍歓喜」の語が舒明即位前紀に見える）。

仏教伝来記事の「歓喜踊躍」は、すでに述べたように、『金光明最勝王経』の文章を用いる中で使用されていた。「歓喜踊躍」という文言は他にも『法華経』譬喩品に見え、『日本書紀』注釈書の中には神功皇后紀の「歓喜踊躍」の典拠を『法華経』だと説明するものもあるが、そうではあるまい。『日本書紀』に二ヵ所だけ見られるこの語は、同じ典拠、すなわち『金光明最勝王経』に基づいて同一人によって作文されたと見るのが妥当だろう（舒明即位前紀の「踊躍歓喜」も同一人による表現である可能性がある）。右の記事にはまた「奏曰」という文言がある。これも仏教伝来記事と共通する表現であるが、同一人によって編纂段階で記されたものとすべきだろう。さらに「善哉、汝言」という文言があるが、これは経典に頻出する類の表現で、『金光明最勝王経』にも「〇〇言、善哉」とか「善哉善哉、汝〇〇」のように見える。右に引用した神功皇后紀の一節は、編纂段階で作文された文章とするべきで、その作文者は経典、仏書に造詣の深い人物で、仏教伝来記事の作文者と同一人と見るのが妥当だろう。

両者には、また「西蕃」「社稷」「三韓」「群臣」など、注目すべき共通の用語が複数見られるが、とりわけ重要なのが「西蕃」の語である。仏教伝来記事にはこの語が二回用いられ、記事全体を規定するキーワードになっているが、神宮皇后紀においてもこの語はキーワードとして用いられている。『日本書紀』にはこの語が七ヵ所用いられているが、そのすべてが神功皇后紀（三ヵ所）と欽明紀（四ヵ所）である。

神功皇后紀は、よく知られているように、全編のほとんどが朝鮮半島との戦争や外交の記述になっている。皇后は「西」を征めることを決意して新羅攻撃のための軍を進めた。軍が到着すると、新羅王は「東」の「神国」「日本」の「聖王」である「天皇」の「神兵」が来たことに恐れをなし、[22]戦わずしてただちに降伏し、叩頭謝罪して以後は日本に多量の「調」を「春秋」に朝貢することにしたという。高麗、百済の二国の王はその様子を偵察させていたが、勝ち目がないことをさとると、王自ら軍営の外まで来て叩頭謝罪して、今後、永く「西蕃」と称して朝貢を絶やしませんと申し述べたという。こうして「内官家」を定めたのが「三韓」だと記されている（摂政前紀）。これが『日本書紀』における「西蕃」の語の最初の用例である。次に四十九年条には、百済王は今より以後、千秋万歳に絶えることなく、窮まることなく、常に「西蕃」と称して「春秋」に朝貢しますと盟ったとある。さらに五十一年条にも、百済王の父子は、共に額を地に付けて、貴国の鴻恩が天地よりも重いということをいずれの日、いずれの時にも決して忘れることはありません。今は「臣」として下にあり、永く「西蕃」となって二心はいだきませんと申し述べたとある。

これら一連の話は、『日本書紀』の編者によって創作された史話であるが、仏教伝来記事はそうした記述を承けて、その延長線上に話が展開している。欽明が「群臣」に「西蕃の献じた仏」を礼うかいなか問うたという「西蕃」は、百済のことを指している。また蘇我稲目の「奏」の言う「西蕃諸国」は、百済、新羅、高句麗の「三韓」を指している。しかも、これら用語が合致するばかりではない。話の展開自体が連続するものとなっている。百済王が仏像等を「献」じて「表」で意思を伝えたということも、その文中の「臣明」や「陪臣」という表現も、百済王が日本の臣下となり、「西蕃」となって朝貢を盟ったという神功皇后紀の話の連続線上にある。仏像等は、臣下となり、西蕃を称することになった百済王が朝貢の品として献じたものであり、だからそれに副えた文書も表の形式をとることになったのである。

原資料の存否

以上、仏教伝来記事には、八世紀初頭に漢訳された経典の文章が用いられ、他にも仏書に依拠したと見られる表現がいくつもある。また、廃仏に対する報が下されるという思想が見られる。さらに、百済を臣下、西蕃と位置づける思想が見られ、それは神功皇后紀の記述と内的に連関している。

仏教伝来記事については、近年でも、編者による修飾が見られるが、しかし何らかもともとの原資料があったはずだと想定する見解がある。(23) その原資料を編纂段階で増補潤色したものが今見る記事の文章だと理解するのである。しかし私はそうは考えない。原資料なるものの存在をアプリオリに想定することなどできないし、また仏教伝来記事から編纂段階での文章、文言、思想を除去していくと、結果としてほとんど何も残らなくなってしまう。聖明王の「表」なるものが存在したとは考えられないし、(24) ならばそれに応えたという「詔」の文もあったはずがない。神功皇后紀の記述と仏教伝来記事とが内的に連関しているということは、両者がそれぞれ別個の原資料に基づいて書かれたものではなく、一つながりの話として、一つの構想、表現のもとに記述されたものであることを示している。原資料が存在し、それに増補潤色がなされて今見る記事になったのではない。仏教伝来記事は、編纂者が全く新しく作文したものと理解しなければならない。

では、仏教伝来記事およびそれに続く一連の記事は、どのような構想のもとに書かれているのか。次に本題というべきこの課題について考えていくこととしよう。

二　仏教伝来の年次の設定

中世の学僧の指摘

『日本書紀』が仏教伝来の年次だとする欽明十三年（五五二）は、どのように評価できるだろうか。この年次は歴史的事実を伝えるものなのか、それとも何らかの考えに基づいて意図的に設定された年次なのか。益田宗が論じたように[25]、この年次は、『東大寺雑集録』、『聖徳太子平氏伝雑勘文』所引『皇代記』、『六要鈔』、『一代要記』など、早く中世の書物から、末法のはじまる年に当たるとする指摘がなされてきた。

たとえば、『聖徳太子平氏伝雑勘文』[26]を見てみよう。同書は橘寺の法空の著作で、『聖徳太子伝暦』の注釈書。正和三年（一三一四）の成立である。その欽明十三年のところに、

十三年壬申貴楽元年。二年アリ。

皇代記云。貴楽元壬申冬十月。百済国始貢二幡蓋、仏像、経論一。日本仏法最初也。当二如来滅後一千五百一年一也云々。

とある。ここでは『皇代記』という書物が引用され、欽明十三年（これを「貴楽元年」とする）壬申の冬十月に百済国

がはじめて幡蓋、仏像、経論を貢じたのが日本の仏法の最初であって、それは如来の滅後一五〇一年に当たるとする説が述べられている。

　ここの『皇代記』とはどのような書物か。中世には『皇代記』という書名の年代記がかなり流布したようで、貴族、知識人たちに利用されていた。たとえば、慈円『愚管抄』にも『皇代記』を参照していることが記されている。それは今日の年表のようなものであり、したがって同名異本も多く、内容が異なる複数のテキストが流布していた。現存本で広く知られているのは、『群書類従』（巻第三十一）に収められたもの[27]と、『神道大系』（神宮編二）に収められたもの[28]であろう。ただ、後者は『皇代記』の各項に伊勢神宮に関する事柄が書き入れられたテキストになっており、今日、『皇代記　付年代記』という書名がつけられ、他と区別されている。他方、『群書類従』本は、天皇の代々を順に記し、各天皇ごとにその系譜、略歴、在位年数や、主要な事跡などを記した内容の書物になっている。その欽明天皇のところに、「或記云。天皇十三年壬申。百済国献二仏像経巻等一。善光寺仏其内也。是仏法来二本朝一之始也。仏滅以後一千四百八十余年云々」とあって、欽明十三年を仏滅後一四八〇余年とする説が述べられている。ここから、法空が引用した『皇代記』は、『群書類従』本とは別の内容をもつ本だったことが知られる。欽明十三年を仏滅後一四八〇余年とする説は、あるいは善光寺で唱えられていた説かもしれない。

　以上、法空が見た『皇代記』には欽明十三年を仏滅後一五〇一年とする説が記されており、彼はその説を採用して『聖徳太子平氏伝雑勘文』にそう記した。法空は、正法五百年説に立つなら、欽明十三年が末法に入る年に当たることを認識していた可能性が高い。なお、欽明十三年が「貴楽元年」とされているが、「貴楽」という年号は、中世に流行した偽年号（しばしば「私年号」と呼ばれるが、「偽年号」と呼ぶべきだろう）の一つで、他に『二中歴』[29]や『善光寺縁起』[30]などにも同年を「貴楽元年」とする説が記されている。

次に、『皇代記』と同類の中世の年代記の一つに『一代要記』[31]がある。その欽明十三年のところに、

今年仏法始自㆓漢土㆒来㆓本朝㆒、後漢明帝永平十年、丁卯、仏法自㆓天竺㆒渡㆓漢土㆒、其後至㆑于㆓今年㆒四百八十六年也。自㆓仏入滅之後㆒一千五百一年。

とあって、欽明十三年が仏滅後一五〇一年に当たるとする説が述べられている。

また、実祐『東大寺雑集録』[32]巻八にも、

仏入滅七十九定吾朝葺不合尊。八十三万五千七百五十四年ニ当ル。震旦ニハ周ノ第五主穆王五十弐年ニ当ル。其後一千十六年ヲ経テ、後漢ノ第二主明帝永平十年丁卯仏法始震旦ニ来ル。本朝第十一代垂仁九十六年ニ当ル。夫ヨリ四百八十六年ニ本朝欽明十三年壬申日本ニ来ル。都合一千五百一年ニ此国ニ来レリ。

とあって、同様の説が述べられている。同書は、仏滅年を周の穆王五十二年としているが、この説は、後述するように、古代中世の日本において仏滅年比定の最有力説になっていた。以上より、実祐も正法五百年説に立つなら、欽明十三年が末法に入る年に当たることを認識していたと見てよかろう。

さらに、一層はっきりしているのが、存覚『六要鈔』[33]である。同書は『教行信証』[34]を注釈した書物で、延文五年（一三六〇）の成立。『教行信証』が述べる正像末思想に注釈して、仏教伝来年についてより踏み込んだ記述がなされている。『教行信証』化真土巻には、正像末の末法思想を論じて時機論に及び、その観点から聖道門を批判するくだりがある。そこでは、正法を五百年、像法を一千年、末法を一万年とする末法思想が紹介され、また『大集月蔵経』が説く五堅固説（仏滅後五百年ごとに仏法が衰えていくとする末法思想）について言及がみられる。仏滅年については、法上らの説だとして、周異（『周書異記』のこと）によって周の穆王五十一年の壬申の年とする説が紹介され、その年から元仁元年（一二二四）甲申まで二千一百八十三歳が経過していることが述べられている。そして最澄の著とされ

ていた『末法灯明記』が引かれて、仏滅から延暦二十年（八〇一）辛巳まで一千七百五十歳が経過したとする理解が紹介され、さらに仏滅年について、先の説以外にも費長房らによる周の匡王四年の壬子の年とする異説があることが紹介されている。

存覚は、以上の『教行信証』の記述に対して、『六要鈔』第六（末上）で、

至二我等一者、下所レ被レ引二末法灯明記一両説内周異記意、仏涅槃後、至二我延暦二十年辛巳一一千七百五十歳也。就レ之勘レ之、自二同二十一年壬午一至レ于二元仁元年甲申一四百二十三ヶ年也。仍仏涅槃至二件甲申一二千一百七十三年。而云二八十一其八之字書生誤歟。宜レ云レ七也。已以等者、且依二正法五百年説一。若依二此説一、欽明天皇治十五年貴楽二年壬申之暦始入二末法一。自二其壬申 至二此元仁元年甲申一六百七十三ヶ年也。而云二八十一其八之字誤又同前、宜レ云レ七也。若依二正法千年説一者、後冷泉院御宇永承七年壬辰始入二末法一。

と述べている。ここで、存覚は、『教行信証』が仏滅後元仁元年までを二千一百八十三歳としたのは誤りで、正しくは二千一百七十三年だから、「八」は「七」に訂正しなければならないと指摘する。これは指摘の通りである。その上で、彼は、正法五百年説をとるなら、わが国では欽明十五年壬申に末法に入ったことになると述べている。ここの「十五年」は不可解であるが、「壬申」とあるから「十三年」の誤記ないし勘違いと見てよいと思う。それを、中世に流行した偽年号によって「貴楽二年」としている。ここも、二年とする説があるいは存在したのかもしれないが、「元年」の誤記ないし勘違いの可能性が高い。そして、もし正法千年説をとるなら、わが国では永承七年（一〇五二）に末法に入ったことになるとも述べている。以上より、存覚は、『日本書紀』が仏教伝来年とする年は、正法五百年説に依拠するなら、末法に入る年に当たると認識していたことが知られる。

近代における研究史

近代歴史学において、『日本書紀』の仏教伝来年が末法第一年目に当たることをはじめて述べたのは田村圓澄であった[35]。氏は古代中世の末法思想全般を論じる中でこの説を述べたが、ただその最初の指摘はごく簡略なもので、なぜ末法第一年目に設定したのかについても、「『仏所記我法東流』を段階的に区切るため、また仏法興隆の事実によって、末法の教説を克服するため」と述べるにとどまっていた。

これを承けた益田宗は[36]、田村の簡略な指摘を発展させ、『日本書紀』仏教伝来記事は編纂段階で創作されたものであり、その創作者については井上薫説[37]が正しく、道慈によるものだとした。そして、道慈は三論教学に通じており、末法思想に基づいて伝来の年次を末法第一年目に設定したとした。なぜそうした年次に設定したのかについては、『日本書紀』は安閑、宣化王朝と欽明王朝の二朝並立をそのまま記すわけにはいかず、その事実を隠蔽するため、欽明の治世の最初の方を削除して、代わりに安閑、宣化の治世を挿入した。その結果、欽明の治世から戊午年がなくなってしまったので、やむをえず仏教史で意味のある壬申年をもって仏教伝来の年次に設定したと論じた。

この論を受けた田村は[38]、自説を成長させて、『日本書紀』仏教伝来記事は道慈によって筆録されたと考えられるが（井上薫説を支持）、年次もまた彼によって末法第一年目に措定されたとした。なぜそう設定したのかについては、「日本の仏法興隆の事実を背景とすることにより、末法期を迎えた唐の仏教に対する優越感の保持を意図していた」と論じた。

これらに対して井上薫は[39]、益田説を批判して、二王朝の並立を隠すことと仏教伝来年を末法第一年目に設定することとは別問題だと論じ、また田村説を批判して、道慈は『愚志』において日本の仏教が唐に比して劣っていることを嘆いており、唐に優越感を持っていたとは考えられないと論じた。これは妥当な批判であると私は考える[40]。

私は、『日本書紀』の仏教伝来年が末法第一年目になっているのは、たまたまそうだったというのではなく、先行研究が指摘した通り、編者によってあえてそう設定されたからだと考える。ただ、なぜそうされたのかについて、これまでの研究は説得的な理由を提示できていないと思う。だが、何でそうした年次に設定したのかが説明できなくては必要で十分な理解には至ることができない。仏教伝来といえば、仏教の歴史にとって大変輝かしく晴れやかな出来事である。それを、マイナスのイメージの強い末法の第一年目にあえて設定したのはいかなる考えによるのか。その理由を解明しなければならないだろう(41)。

水野柳太郎(42)は、この点について、仏滅後一五〇一年目の年を末法に入る年と理解するから、その設定理由がよくわからなくなってしまうのだと考えた。氏は、そこで『大集経』（『大集月蔵経』）の説く五堅固説に注目した。五堅固説とは、仏滅後、五百年ごとに、「解脱堅固（正法）」「禅定堅固」「多聞堅固」「造寺堅固」「闘争堅固（百法隠没）」と時代が変転していくとする時代観である。この説も、仏の死後、次第に仏教が衰退するという点で末法思想に共通するが、古代の日本は国家仏教の興隆という思想から造寺事業が盛んに行なわれた時代であったから、「末法」とするよりは「造寺堅固」の第一年目とする方がわかりやすく、そうした考え方から『日本書紀』の仏教伝来年が設定されたと見るべきだと論じたのである。

だが、水野説も成り立たないと私は考える。一つは『大集経』の説く五堅固説の理解が不十分なことである。五堅固説と末法思想とを別の思想のようにとらえるのは正しくない。詳しくは後述するが、中国において、末法思想はむしろ『大集経』からはじまったと見るべきであり、その説くところを末法思想と別物のようにとらえる理解は妥当性を欠く。もう一つは『日本書紀』の読解が不十分なことである。氏は、本来喜ばしいはずの仏教伝来が末法のはじまる年にかけられているのは理解しがたいと考え、「造寺堅固」のはじまる年ならまだしも理解可能だと考えた。しかし、『日本書紀』は、仏教伝来の年次をあえて末法第一年目に設定したのであって、そのことを正面から受け止めなくては『日本書紀』を読解することはできない。では、『日本書紀』は、どのような発想から仏教伝来年を末法第一年目に設定し、どのように話の全体像を構想したのだろうか。

三　中国における末法思想と末法初年

末法思想の成立

末法思想は、いつどこでどのようにはじまったものなのか。なお不明の点が多いが、近年の研究[43]を参照するなら、末法思想の萌芽は、北インドの弥勒信仰の中で生まれたものらしい。それはまもなく中国に伝えられ、中国において本格的に発展を遂げて、独自の思想へと昇華していった。中国における末法思想の興起は六世紀のことであった。北インドの烏場国（スワート地方）出身の僧である那連提耶舎（Narendrayaśas　四九〇〜五八九）が、北斉の天保七年（五五六）に北斉の鄴都に渡来した。時の皇帝は仏教を信仰、保護したことで知られる文宣帝で、その国家事業として那連提耶舎は経典の翻訳を行なった。その中に『大集月蔵経』（五六六年漢訳、大正一三）、『蓮華面経』（五八四年漢訳、大正一二）といった末法思想を説く経典があった。[44]

『大集月蔵経』（十巻、現在は『大方等大集経』全六十巻に含まれる）は、末法思想を説く教典としてよく知られている。この経典の「分布閻浮提品」第十七では、仏滅後五百年ごとに仏法が衰退していくという五堅固説が説かれ、また「法滅尽品」第二十では、将来生じるであろう「法滅」の世のありさまが予言的に描写されている。この経典では「正法」「像法」の語が用いられ、「末法」の語は用いられていないが、「法滅」[45]の語が用いられている。小谷仲男によれば[46]、この経典の本旨は、未来に生ずる法滅の世の悲惨で嘆かわしいありさまを描くことにあるわけではなく、そののちに未来仏である弥勒が出現し、法滅の世を克服して正しく幸せな世が回復されることを説くところにあるという。

小谷は、また『蓮華面経』にも注目する。罽賓国（ガンダーラ）では仏の涅槃後もしばらくは国中に活気があふれ、仏法は興隆していた。だが、やがて蓮華面という者が現れる。彼は実は仏法の敵であり、寐吱曷羅倶邏（ミヒラクラ）という国王に転生して、ついに仏鉢を破壊するという廃仏を行なう（悪王ミヒラクラの廃仏）。これにより、仏法は一気に衰退の道を歩み、世は魔の支配するところになり、サーガラ竜王の王宮にのみわずかに仏法が残るばかりの暗黒時代になってしまう。しかし、そこに弥勒仏が出現し、仏鉢と仏舎利も出現し、正しい世が回復される、という教えが説かれている。小谷によれば、この経典の筋立ては、「仏涅槃 → 仏法の衰退と悪世の到来 → 人々の悔恨と平和の回復 → 弥勒仏の出現」とまとめられるという。

那連提耶舎が翻訳した経典では、釈迦の死後、仏法はしだいに衰退し、やがて法滅の暗黒時代になるが、そこに未来仏である弥勒仏が出現して仏法は再興され、正しい世が回復されるという思想が説かれた。彼が訳した経典のうち、特に『大集月蔵経』は、その後の北周、隋、唐の仏教に大きな影響を与え、やがて独自の末法思想が形成されていった。

『立誓願文』

慧思（五一五〜五七七）の『南岳思大禅師立誓願文』[47]（大四六、『立誓願文』と略称、五五八年成立とされる）は、「末法」の語が見える最初期の文献として著名である[48]。だが、これをめぐっては、江戸時代から偽作ではないか、あるいは多く付加があるのではないかとする疑問が呈せられ、真偽未定になっている。私は、恵谷隆海が指摘した[49]五点の疑問点は説得的で、これに対する有効な反論は未だなされていないと考えている。

私は、また同書の冒頭部分の、

> 入二末法一過二九千八百年一後、月光菩薩出二真丹国一、説レ法大度二衆生一。満五十二年入二涅槃一後、首楞厳経・般舟三昧先滅不レ現、余経次第滅無量寿経在レ後得二百年住一、大度二衆生一、然後滅去至二大悪世一。我今誓願持令レ不レ滅、教二化衆生一至二弥勒仏出一。（中略）如レ是過二五十六億万歳一。必願下具二足仏道功徳一見中弥勒仏上。
> （末法に入ってから九千八百年が過ぎた後に、月光菩薩が中国に出現し、法を説いて大いに衆生を救済する。満五十二年たって涅槃に入った後に、『首楞厳経』『般舟三昧経』が先ず滅び、その他の経典も次第に滅び、『無量寿経』がその後百年とどまって、大いに衆生を救済するが、その後滅んで大悪世となる。私は今、弥勒仏が出現するまで、（釈迦の法を）持って滅びさせないようにさせ、衆生を教化することを宣言する。（中略）そうして五十六億万年を経過して、ぜひとも仏道の功徳を具えて弥勒仏におめにかかりたい[50]）。

という記述に注目したい。実は、ここは『法滅尽経』（大正一二）の記述をふまえたものになっている。『法滅尽経』では、仏法が今にも滅びようとする時、月光童子が出現し、五十二年間仏法を復興し、その後、『首楞厳経』『般舟三昧経』が現れるがこれもまもなく消滅し、次いで十二部経が現れるがこれもまもなく消滅してしまう。だが、最後には弥勒仏が出現して最終的に世を救済すると述べられている。『立誓願文』の記述はそれとほぼ同一であるが、「十二部経」の部分がなくなり、代わりに『無量寿経』による百年間の仏法復興とその消滅が語られている。これをどう評価するか。

末法思想は、最初、弥勒信仰を信奉する集団で唱えられ、それが他の集団にも影響をおよぼし、やがて阿弥陀信仰を信奉する集団にも吸収、採用されるところとなった。『立誓願文』は、末法思想の本家というべき弥勒信仰を信奉する集団が、末法思想を吸収した他の集団、とりわけ阿弥陀信仰を信奉する集団に対抗する目的で作成した文献ではないかと私は考える。そう考えるなら、この書の成立は阿弥陀信仰による末法思想が興起したのちということになるだろう。

『立誓願文』の著者は、正法五百年、像法千年、末法一万年の説を述べ、また、自分は末法第八十二年目の年に生まれたと述べている。著者が仮に慧思（同書では五一五年の生まれとされる、『続高僧伝』では五一四年の生まれ）だとすると、彼は強い末法思想を有していたということになるし（彼の他の著作には末法思想はうかがえない）、中国の末法思想の劈頭を飾る僧ということになる。また、末法の第一年目を四三四年とする説に立っており、他とは異なる独自の末法初年の比定をしていたということになる。だが、私はこの文献の取り扱いにはなお慎重な検討が必要だと考える。

中国仏教における末法思想の発展

やがて、末法思想は中国において独自の進展を遂げていった。その契機となったのは、指摘されているように、北周の武帝の廃仏であった。廃仏による仏法の破壊、衰退は、人々に末法の到来をリアルに実感させ、末法を宣揚する思想は大きく発展していった(51)。

高雄義賢によれば、浄影寺慧遠（五二三～五九二）が、正法五百年、像法千年、末法万年とする説を説いている。ただし、現在が末法の世であるとは説いていないという。また、吉蔵（五四九～六二三）も、正法五百年、像法一千年、末法一万年説に何回か言及しており、末法思想を有していた。年数についての異説も六説にわたって紹介しているという。ただし、現在が像法に当たるか末法に当たるかについては言及がなされていない(52)。彼らに比べ、三階教（三階衆）の祖の信行（五四〇～五九四）は、より強い末法思想の持ち主だった。信行は、末法、濁世、劣った人にふさわしい仏法とは何かを構想し、第三階の衆生に適合した仏法の必要を説いた。末法のはじまりについては、仏滅後五百年後、六百年後、七百年後、一千年後、一千二百年後、千五百年後の説があって定まらないとするが、今という時が末法であることが重要なのだと論じたという。

道綽（五六二〜六四五）も強い末法思想の持ち主だった。彼の『安楽集』[53]には、時機相応の教えが説かれ、『大集月蔵経』が引用されている。高雄によれば[54]、道綽は自分の時代を、五堅固説によるなら第四の五百年目、正像末三時で言えば末法に当たると認識していたという。道綽の末法思想は、その後、迦才、善導、懐感、法照などの浄土教家に継承されていった。私見では、彼らの末法思想は、末法の解決を経典通り弥勒仏の出現に求めるのではなく、それを阿弥陀信仰の世界に吸収、併合して、阿弥陀如来にその解決を求めたところに大きな特色があると思う。末法の世を救済する仏を弥勒から阿弥陀へと交替させたのである。道綽は、今は末法で、五濁悪世であるから、浄土一門のみが通入すべき路にほかならないと論じている。

さらに、隋の大業年間（六〇五〜六一七）にはじまる房山石経も、末法思想に立脚した事業として著名である[55]。発願者の静琬は、正法五百年、像法千年としており、貞観二年（六二八）を末法第七十五年目としている。ここから、彼が末法第一年目を五五四年とする説（これは静琬の計算ちがいで、五五二年説と同様の考えに立っていた可能性もある）に立っていたことが知られる。

唐代になると、道宣（五九六〜六六七）が重要で、『四分律行事鈔』『四分律比丘尼鈔』『続高僧伝』『広弘明集』『集古今仏道論衡』『中天竺舎衛国祇洹寺図経』など、多くの著作で末法思想に触れている。道宣は、末法思想を説く中で『周書異記』『漢法本内伝』なる書物に言及し、引用している（『続高僧伝』巻二十三、『広弘明集』巻一）。この二書は中国における末法思想の発展を考える上で看過できない書物になっている。ただ、多作な道宣の著作には現在を末法とする説と像法とする説の両説が混在しており、記述に齟齬が見られる。釈迦の入滅年については、周の穆王五十二年壬申説を採っている。道慈は道宣の強い影響を受けているから、末法思想の日本への将来については、道慈の活動および道宣の説に注目する必要があると私は考える。

釈迦の入滅年をめぐる二つの有力説

釈迦の生誕年、死没年については異説が多く、(56)今日なお歴史的事実としての年次を確定することができない状況にある。事実かどうかを別にすれば、これまでいくつもの説が唱えられ、その中には支持を得て有力になった説もあった。私は、事実はどうなのかという問いは根源的で重要なものだと考えるが、同時に、これまでどう考えられてきたかという問題も、歴史学の立場からすると重要な問いになると考えている。

では、中国ではどう考えられてきたのか。楠山春樹によれば、(57)釈迦の生没年については六朝中期頃からいくつかの説が唱えられ、やがて次の二つの説が有力になっていったという。一つは、①東周荘王十年生誕、匡王四年入滅とする説であり、もう一つは、②西周昭王二十四年甲寅四月八日生誕、穆王五十二年壬申二月十五日入滅とする説である。

このうち、最初に有力になったのは①だった。これは、『太子瑞王本起経』『普曜経』などに見える釈迦誕生時の奇瑞が『春秋』や『左伝』(58)に見える星の異変記事と合致すると解釈して、そこから釈迦の生誕年を荘王十年に比定するという説である。この説の初見は『魏書』釈老志で、のち北周の道安の『二教論』(59)巻十一に継承されていった。後者には『荘王別伝』なる書物が引用され、これが論拠の一つとして掲げられているが、楠山によれば、(60)『荘王別伝』なる書物はこの説を補強するために虚構された偽書にほかならないという。①説は、やがて隋の費長房『歴代三宝記』（大正四九）に継承され、釈迦の生没年の有力説として定着していった。

一方、②説は北斉の法上が主張した説で、その論拠として『穆天子別伝』なる書物が掲げられた。『穆天子別伝』は、晋の太康元年（二八〇）に汲郡にある戦国魏の安釐王の墓から出土したものだという触れ込みの書物だが、楠山によれば、六朝末成立の偽書と見なすべきものだという。②説は、当初は少数説だったが、やがて唐代になると多数説へと成長していった。その中心に立ったのは法琳（五七二〜六四〇）だった。彼は『破邪論』（大正五二）、『弁正論』（大正五二）でこの説を大いに宣揚した。その際、論拠となる書物として提示されたのが『周書異記』なる書物であり、関連する書物として言及されたのが『漢法本内伝』であった。

『周書異記』は、楠山によって全文が復元されているが、それは『春秋』の記事に対抗するために虚構された偽書にほかならず、「法琳その人、或いは彼に近い人」によって偽作されたものだという。一方の『漢法本内伝』は、吉岡義豊によれば[61]、仏教と道教が対立する状況の中、仏教の優位を主張するために偽作された書物で、六一八年以降六二四年以前の成立と見るべきものだという。同書は『破邪論』に頻繁に引用され、また全文が智昇『続集古今仏道論衡』（大正五二）に掲載されている。吉岡は、この書物は、法琳か、もしくは「法琳、道宣の線上にある人物」によって創作された偽書だと結論している。

以上見てきたように、②説は偽書に偽書を重ねて主張された説でありながら、それが功を奏したのか、①説をしのいで、ついに唐代における最有力説へと成長していった。この説に立脚し、正法五百年、像法一千年、末法一万年説を採るなら、末法のはじまる年次は、南朝では梁の元帝の承聖元年（五五二）、北朝では北斉の文宣帝の天保三年（五五二）となる。中国では、こうして、五五二年に末法に入ったとする考え方が一般的になっていった。

『日本書紀』と中国の末法思想

中国において唱えられた釈迦の生誕年、死没年、およびそれに連動して設定された末法第一年目は、歴史的事実としての釈迦の生没年という観点からすれば、とるに足らない妄説として退けられるべきものにすぎない。楠山が指摘したように、望月信亨『仏教大年表』の序論には、「法上、道安、費長房、法琳及び賛寧等が、春秋若くは周書異記に基づき推定したる年代は、固より価値なく」と記されている。[62] それはその通りであるが、しかし、そうした説が中国仏教において主流になって広く流通し、さらに日本においても広く流通していったという事実を軽視するわけにはいかない。本章のテーマである『日本書紀』においても、この説によって仏教伝来の年次が設定され、仏教伝来記事および関連記事が創作されていった。そのことの歴史的意義は決して小さくないと私は考えている。

最澄に仮託して平安時代末期頃に書かれた偽書『末法灯明記』[63] を見ると、『大集月蔵経』の説く五堅固説、そして②の説、さらに①の説がていねいに紹介されている。よく知られているように、『末法灯明記』は日本の中世仏教に大きな影響をおよぼした。[64] 中国においても、日本においても、末法思想の宣揚にはしばしば偽書が用いられ、大きな役割をはたした。中国で唱えられた釈迦の生誕・入滅の年月日や末法第一年目についての説は、日本中世の仏教に大きな影響を与えたが、古代の仏教にも少なからぬ影響を与えていた。私たちは、その事実を正しく歴史に位置づけ、評価しなければならないだろう。

四　末法と廃仏

中国の廃仏

末法と廃仏はしばしば連関して認識された。末法の世になったから廃仏が行なわれるのだ、あるいは廃仏が行なわれるのが末法のあらわれだと。そうした言説は、後の時代から過去を振り返って説かれる場合も少なくないが、実は、六世紀、中国で末法思想が説かれた最初期にすでに唱えられていた。はじめからそうだったのである。

中国では廃仏がしばしば断行された。中でも、北魏の太武帝の廃仏、北周の武帝の廃仏、唐の武宗の廃仏、後周の世宗の廃仏は大規模な仏教弾圧としてよく知られている。近代では、二十世紀末、中華人民共和国の文化大革命によって大規模な廃仏が行なわれた。だが、仏教はこれらの廃仏によって滅びるということはなく、その度ごとに、復興、再生を成し遂げ、今日まで続いてきた。これらの廃仏のうち、末法思想との連関という視角からすると、北周の武帝による廃仏がもっとも注目される。那連提耶舎によって、中国においてはじめて末法思想が宣揚された時期と合致するからである。ここでは藤善真澄の高論(65)を参照しながら、那連提耶舎の末法思想と廃仏との関係を検討していくが、その前提作業として北周の武帝による廃仏(66)の様相を一通り確認し、あわせて北魏の太武帝による廃仏(67)についても一覧しておきたい。

北周武帝の廃仏

大同元年(五三五)、北魏は二つに分裂し、高氏が実権を握る東魏と、宇文氏が実権を握る西魏が成立した。東魏ではやがて高氏が即位して北斉が成立し、西魏では宇文氏が即位して北周が成立した。これらの国家では、仏教が大いに信仰され、寺院が多数造立され、数多くの僧尼たちが活躍した(68)。

西魏の宇文泰の権力を継承して北周を建国した宇文護は、一族の孝閔帝を皇帝にたてた。だが、宇文護はまもなく孝閔帝を毒殺してしまい、次なる皇帝として明帝を擁立したが、これまた短期間のうちに毒殺してしまった。そして、武成二年（五六〇）、今度は明帝の弟の宇文邕を即位させた。これが武帝である。武帝時代の前半は宇文護が実権を握っていたが、武帝は対立をさけるように耐え忍び、ついに天和七年（五七二）、宇文護を殺害して実権奪取に成功し、親政を行なうようになった。廃仏はそうした中で断行された。

武帝の廃仏に影響を与えた人物としてよく知られているのが、還俗僧の衛元嵩である。(69)衛元嵩は、益州成都（現在の四川省成都市）の生まれで、出家して亡名の弟子になり、(70)やがて都への進出を計画して長安に至った。そして、天和二年、仏教の現状を激しく批判する十五ヵ条の意見書を武帝に上奏し、還俗して俗人となった。彼は、そこで、民を利し、国を益するのが本来の仏教であり、大慈を根本とし、人民を安楽にしなければならぬはずなのに、寺塔建立は人民に苦役をもたらしており、泥や木にすぎない仏像を虔恭することは仏心とは異なるものだと説いて、「斉、梁の末法」から脱却して、仏教を全面的に刷新すべきだと主張した。そして、現在の伽藍は「曲見伽藍」にすぎず、これらを整理して、「平延大寺」を建立するべきだと断じた（『広弘明集』巻七、大正五二、一三一ａｂ）。平延大寺とは、城隍、郭邑をそのまま寺塔、僧房と見なし、君主を如来、国民を法師、信徒と見なすもので、国家主義的で全体主義的な空想上の寺院であった。私は、ここで、彼の主張に「末法」概念が用いられていることに注目したい。彼は当時の仏教の問題点を批判したが、そこには当時流行しはじめた末法思想によって、末法であるがゆえに仏教は堕落したものになっており、寺院はまやかしの伽藍に化しているのだとする論理が包含されていた。

もう一人は道士の張賓である。彼も廃仏論者であったが、武帝に近づいて道教の優位と仏教の弊害を説いた。衛元嵩と張賓は連携して廃仏の論陣を張った。武帝は、その間、儒仏道の三教の論議を実施して、三教斉一の論を求めたが、意を満たすことができず、ついに建徳三年（五七四）五月、仏教、道教の二教および民俗信仰の禁断に踏みきった。これによって、仏教は禁断され、経典、仏像などは廃棄され、僧尼は還俗させられた。さらに同六年、北周が北斉を滅ぼすと北斉の領域にも廃仏の詔が発布された（『広弘明集』巻九）。こうしてあまたの寺院が廃寺となり、莫大な数の僧尼が還俗させられていった。

中国における仏教の流布、浸透には非漢人（胡人）、およびその王朝が大きな役割をはたした。仏教が中国に伝来したのは西暦一世紀頃のことだが、仏教に対する抵抗は大きく、なかなか流布、浸透しなかった。中国では、仏教は外国の宗教、非漢人の宗教と認識されていた。それが中国社会に受容され、本格的に流布していくのは四世紀頃のことと考えられる。その大きな契機となったのは、非漢人による王朝の成立だった。(71)第一節で触れたように、五胡の後趙の石虎は、天子は天地、百神をまつるべきで、西域から出た「外国の神」である仏をまつるべきではないとする中書の意見に対し、自分は辺地の生まれであるから「戎神」である仏をまつるのがふさわしいと述べて、仏教の受容、流布を表明したという（『高僧伝』巻九「竺仏図澄伝」、『広弘明集』巻六）。この話は後世から説話的に語られたという側面があって、歴史的事実をどこまで伝えるものなのか吟味が必要だが、仏教は非漢人、胡人にふさわしい宗教だとする観念が存在していたことはまちがいなく、それを伝える史料として重要な価値がある。後趙は匈奴系の羯族の国家だった。

やがて華北には、鮮卑拓跋部によって北魏が建国され、それは東魏、西魏、そして北斉、北周、隋へと継承され、南北朝が統一されて隋から唐へと変遷していった。それらはすべて非漢人による王朝であり、今日ではこれら一連の王朝を「拓跋国家」と呼ぶ見解が提起されている。(72)そうした非漢人の国家によって仏教は大いに宣揚され、華やかな仏教文化が隆盛した。北周の武帝は、そうした中で廃仏を断行したが、その際、「詔して曰く、仏は西域に生まれ、東夏に寄伝す。その風教を原ぬるに、殊に中国に乖けり。漢魏晋の世には有るに似て無きが若し。五胡の乱治には風化方に盛なりき。朕は五胡に非ず。心に敬ふことなし。既に正教に非ず。所以に之を廃するなり」（『広弘明集』巻十、大正五二、一五四ａｂ）と述べたという。武帝は鮮卑族であり、胡人にほかならないが、しかし、中華の天子となり中国を統治する身となった今はもはや五胡ではないと自己規定し、伝統的中国思想を正当とする「周」の皇帝として儒教を正教とし、仏教を廃すのだと宣言した。

廃仏は、しかし、武帝の死とともに短期間で終焉した。宣政元年（五七八）六月、武帝が死去すると、宣帝が即位した。翌大成元年（五七九）正月、宣帝は任道林の意見を容れて三宝を尊重すべきの詔を発布し、二月には王公から人民まで仏教を崇奉してよいとする詔を発布し、さらに仏像や天尊像も復活して、仏教は復興に向かっていった（『広弘明集』巻十）。だが、宣帝は、同年、早々と退位し、七歳の静帝に帝位を譲ってしまった。そこで権力を掌握したのは楊賢だった。大定元年（開皇元年、五八一）、楊賢が帝位に即いて隋が成立すると、仏教はますます復興を遂げ、廃仏以前にまさる隆盛をほこるようになった。楊賢すなわち隋の文帝は、仏教の信心が深く、多数の寺院を建立し、数多くの僧尼を得度させ、多数の仏像、仏画、織像を造立し、大量の写経を行なった（『弁正論』巻三）。彼は、二十余年にわたって仏法興隆の事業を推進したが、『歴代三宝記』巻十二（大正四九、一〇八ａ）によれば、開皇十一年（五九一）、「朕、位人王に在りて三宝を紹隆し、永く至理を言ひて、大乗を弘闡せむ」という三宝紹隆の詔を発布したという。これは『日本書紀』との関係で大いに注目される。

北魏太武帝の廃仏

次に、北魏の太武帝の廃仏について簡単に触れておきたい(73)。太武帝は太祖道武帝（拓跋珪）、太宗明元帝に続く第三代の皇帝で、皇帝権力を大いに伸長し、対外戦争に勝利して華北の再統一に成功した人物であった。その太平真君七年（四四六）、廃仏の詔が発せられた。それは激烈な内容のものであった。曰く、仏教は胡神をまつるもので、もともと中国にはなかった宗教である。中華の人々に適合するものではない。自分は古えの三皇の政治を回復すべく、この胡の妖鬼を退治せんと考える。今後は、胡神につかえ、泥や銅にすぎない仏像を造立するものは一族みな誅殺とし、すべての仏塔、仏像、経典を破棄、焚焼することとし、沙門はみな坑殺とすると（『魏書釈老志』）[74]。

彼の廃仏政策に強い影響を与えたと考えられるのが、宰相の崔浩と道士の寇謙之である。崔浩は漢人で、拓跋氏による王権にとり立てられて出世し、自分があるべきと考える中華王朝の理念に近づけるべく、政治制度、文化制度を構築しようとした人物だった。『魏書釈老志』には、崔浩は仏法を信じず、その教えを虚誕であるとし、国家に経済的損失を与えるものだと皇帝に進言していたと記されている。佐藤智水によれば[75]、彼は、多数の漢族士人の政権参画と太武帝の「中国皇帝」化をめざし、人民の風俗清整を政治課題と考えていたという。その彼が注目し、連携したのが寇謙之の新天師道だった。寇謙之は、老君の玄孫から「泰平真君」を輔佐するよう命じられたと称していたが、その「泰平真君」とは道教的皇帝のことで、具体的には太武帝を指していた。崔浩と寇謙之の思想政策は太武帝に採用され、「太平真君」なる年号が用いられ、その三年（四四二）、太武帝は道壇に登って符籙を受けたという[76]。そうした政策の一つの帰結として廃仏が実施された。

二人の廃仏提言者

ここで私が注目したいのは、北魏の太武帝の廃仏にしても、北周の武帝の廃仏にしても、最終的には皇帝の決断によって廃仏令が発布されたのだが、それにはその周辺にそうした政策を具申した人物が、どちらも二人存在したことである。そのうち一人は、どちらも神信仰にたずさわる道士であり、もう一人は太武帝の時は政権中枢にいた宰相で、武帝の時は還俗僧だった。こうした人物たちは、たとえば道宣『広弘明集』を見ると、あからさまに悪しざまに書かれている。仏法を護持する護法の立場からすれば、彼らは許しがたい悪者たちだった。二人の悪者がいて、彼らが廃仏政策を具申し、それを聞き入れた帝が廃仏令を断行する――私は、『日本書紀』の記述はこうした中国の廃仏の経緯、そしてそれについての仏書の記述から大きな影響を受けていると考えている。

末法と廃仏の連関

末法思想を説く教典を翻訳したのは那連提耶舎だった。彼は、藤善真澄が説いたように、自身、強い末法思想の持ち主だったと考えられ(77)、またその訳経作業には創作的な部分が多分に含まれていた。那連提耶舎が北斉の鄴都に至ったのは天保七年（五五六）のことだった（『続高僧伝』「那連提耶舎伝」）。『歴代三宝記』巻十二によれば、彼は北斉時代に七部五十二巻の経典を訳出したが、その一つ『月蔵経』（大集月蔵経）は、前述したように、末法思想を説く教典だった。そこに北周の武帝による廃仏の嵐がおしよせてきた。北斉の承光元年（五七七）、北周は北斉を滅ぼし、廃仏の詔は北斉の領域にも発布された。那連提耶舎は、その時「外は俗服を仮りるも、内には三衣を襲い、地を東西に避けて、寧息するに遑あらず」（『続高僧伝』巻二、大正五〇、四三二c）というように、還俗させられて俗服を着し、逼塞を余儀なくされていた。だが、廃仏が終焉し、隋の文帝による三宝復興が行なわれると、彼も表舞台に返り咲き、都に建立された大興善寺において翻訳作業を再開した。彼が隋代に翻訳した経典の中で注目されるのは『蓮華面経』と『仏説徳護長者経』である(78)。

『蓮華面経』は、前節で述べたように、上巻では、仏の滅後、諸々の破戒比丘、悪比丘たちが跋扈して仏法を破壊し、正法が乱れていくありさまが描かれ、下巻ではミヒラクラ王の廃仏によって仏法が一気に衰退の道を歩んでいく様子が描かれる。だが、仏法はそのまま法滅尽してしまうわけではなかった。最後には未来仏である弥勒仏が出現し、失われた仏鉢と仏舎利も現われ、正しい世が回復されていくと説かれていく。この経典では、末法と廃仏は密接に連関するものとして語られている。

一方の『仏説徳護長者経』（大正一四）には、十六歳の月光童子が主人公として登場する。仏法を信じない徳護長者は仏の殺害を計画する。その子である月光童子は父をいさめ、殺害計画の撤回を願い出るが聞き入れられず、計画は実施に移されてしまう。だが、仏はさまざまの奇跡を起こしてすべての策略を頓挫させ、徳護長者はついに仏の信者になったと説かれていく。この経典の最終部分では、月光童子は未来の「仏法末時」にこの世界の「大隋国内」に出現し、「大行」という名の「大国王」となって、国内の一切衆生に仏法を信じさせるだろうと仏によって告げられている。これは、塚本善隆[79]、砂山稔[80]が論じ、藤善真澄が詳論したように、末法の世を救済する月光童子と隋の文帝とを二重写しに重ねた記述になっており、文帝を仏教的ヒーローに持ち上げたものになっている。那連提耶舎の訳経は、翻訳と言っても多分に創作的な要素が加味されたものになっていた。藤善によれば[81]、そもそも『蓮華面経』『大集月蔵経』は中央アジア撰述の偽経だというが、那連提耶舎はそこにさらに修飾や創作を付加して、廃仏・仏法再興期にふさわしい経典としてこれらを完成させていったものと考えられる。

那連提耶舎が宣揚した『大集月蔵経』『蓮華面経』『仏説徳護長者経』の論理構成をあらためて抽象化、構図化してみると、次のようになると私は思う。――仏の滅後、年月の経過とともに次第に仏法は衰退していき、やがて廃仏が行なわれる。しかし仏法はそのまま廃滅に向かっていくわけではない。暗く悲惨な法滅の世がしばらく続くが、やがて末法を救うものが出現し、仏法は再興されて以前にもまして興隆を遂げていく。これらの経典ではこうした論理が語られている。廃仏を断行するのは廃仏王であるが、末法（あるいは法滅）を克服して再び仏法の興隆を成し遂げるのは弥勒仏であり、あるいは月光童子のような救世主であり、あるいは新しい王であった。その論述は、また六世紀後期の実際の歴史と符合するものになっており、多くの仏教徒に納得、実感される内容になっていた。

ここまできて、私はようやく『日本書紀』の読解にたどりつく。『日本書紀』が仏教伝来の年次を末法第一年目に設定したのはなぜなのか。それは、その後の仏法衰退を暗示、予言しようとするものではなかった。末法は、実は、仏法興隆に至るストーリーの起点として設定されたものであった。末法であるが故に、廃仏王による廃仏が必然として行なわれ、仏法は廃滅の危機におちいってしまう。だが、仏法護持者が廃仏と戦い、廃仏は克服され、やがて新たな王によって仏法は再興され、以前にもまして仏法は興隆していく。『日本書紀』はそう記すのである。これは大変わかりやすい、悪と善の二元対立構図にほかならず、「善」と設定されたものが「悪」と設定されたものにうち勝ち、勧善懲悪的に勝利をおさめるドラマ的進行になっている。

案ずるに、『日本書紀』の作者たちは、仏教伝来年をあえて末法第一年目に設定し、その上でその必然の展開として廃仏王による廃仏を書き込み、そして、その先に廃仏との戦いと仏法再興を叙述して、ドラマティクに仏法興隆の歴史を描く、そう構想して一連の記述をとりまとめていった。私はそのように読解するのであるが、『日本書紀』の記述については次節でさらに詳しく分析、検討することとし、ここでは、それ以前になお考察しておかなくてはならない二、三の論点について述べておくこととしたい。

廃仏との戦い

末法の世になると、仏法は乱れ、衰え、廃仏王による廃仏が断行される。では、仏法を護持せんとする者はどうすればよいのか。末法の世を悲嘆するしかないのか。諦観するしかないのか。護法の立場に立つなら決してそうではない。不退転の決意をもって廃仏に抵抗し、廃仏と戦うことが肝要だった。実際、中国の仏書には北周武帝の廃仏の時の仏教者の抵抗の様子が伝えられている[82]。それらは、道宣など、それを記述した者によって、護法の立場から実際よりも大きく脚色されている可能性が否定できないが、それが奏功し、廃仏には抵抗すべきであるという思想が後世に伝えられ、影響を与えていった。

仏道二教が激しい優劣論争を繰り広げたさ中、甄鸞は『笑道論』を著して道教を笑って仏教の優位を説き、それを継いだ道安は『二教論』を著してやはり仏教の優越を説いた（『広弘明集』巻八・九、『続高僧伝』巻二十三「道安伝」）。また、僧猛は廃仏が開始されんとするや、激しく武帝につめより、激烈なる反論を展開したという。さらに静藹は廃仏に対し、終南山から都の長安に赴いて武帝に敢然と抗議し、のち宣政元年（五七八）には、終南山の盤石に坐して切腹し、自ら内臓を取り出し、心臓を割きとって捧げ持ち、死をもって抗議したと記されている。また、宣州の沙門の道積も、同友七人とともに「弥勒像」の前で礼懺七日を行い、ハンガーストライキによって死して抗議したという（以上『続高僧伝』巻二十三「静藹伝」）。また、任道林は武帝に仏法復興の意見書を具申し、武帝の死後は宣帝に再三意見書を具申して仏法再興に尽力したという（『広弘明集』巻十）。

月光童子の出現

経典にはどのように記されているか。『大集月蔵経』『蓮華面経』では、末法の世は、最後、未来仏である弥勒仏によって救済されるとされている。この弥勒仏による最終救済が説かれるのが、末法思想の基本形だったと私は考える。だが、それればかりではなく、月光童子による救済がしばしば説かれた。月光童子[83]（チャンドラプラバ、Candraprabha）は、『仏説徳護長者経』に登場する救世主であるが、類似の経典に『申日児本経』『仏説申日経』『仏説月光童子経』（いずれも大正一四）があり、これら四経は分量に多少があるものの、同じ話の異訳と考えられている。また、『首羅比丘経（首羅比丘見五百仙人並見月光童子経）』という経典に月光童子が主人公として登場する。この経典は、近年まで断簡しか知られていなかったが、白化文の研究[84]を承けた佐藤智水の研究[85]によって全体像が知られるようになった。『首羅比丘経』では、仏法衰退の世に月光童子が出現して「五十二年間」にわたる統治がなされることが説かれている。これらの経典はいずれも偽経であるが、その成立は比較的早く、東晋時代（三世紀末〜四世紀初）には月光童子信仰が成立していたとする見解が唱えられている。[86]

また、弥勒仏による救済と月光童子による救済とが習合した経典、仏書も見られる。前節で述べたように、『法滅尽経』や『立誓願文』には弥勒仏による最終救済の前に月光童子（月光菩薩）による五十二年間の救済のことが記されているし、『仏説般泥洹後比丘十変経』[87]にも同様の記載が見える（ただし期間は「五十一年」）。これらは、法滅思想や末法思想を説いていた弥勒信仰の側が、のちに月光童子信仰を受容、吸収して、弥勒仏の最終救済の前に月光童子による五十二（あるいは五十一）年間の救済を位置づけたものと理解されよう。月光童子は、仏法が衰え、廃滅しようとする時にこの世に出現（出世）する童子であり、五十二（あるいは五十一）年間にわたってすばらしい統治を行なう存在であり、また彼の父（申日、徳護などと訳されている）が仏を殺害せんとする廃仏を行なおうとした時にこれをとどめようとした護法の童子であった。

末法、また廃仏は、こうして弥勒仏や月光童子によって救済、克服されるが、『日本書紀』との関係で注目されるのが月光童子である。というのは、『仏説月光童子経』『仏説徳護長者経』では、彼は十六歳だと記されており、また『首羅比丘経』『仏説般泥洹後比丘十変経』では、彼は「法王」とも表記されている。『日本書紀』には、物部守屋征伐の時、若き聖徳太子が髪を額で束髪にし、四天王像を髪の頂に置いて参戦したとあり、本注でこの髪型について「古俗なり。年少児の年十五、六の間、額に束髪す」としている。また、彼の別称として「豊耳聡」「聖徳」「豊聡耳」

「法大王」「法主王」の名が記されている。私は、聖徳太子の人物像は複数の要素が複合、混合されて造型されていると考えているが、この月光童子もその一つとなっている可能性があるのではないかと推測している。

瘡を患って死ぬ廃仏王

仏教者にとって廃仏者は敵である。したがって、仏法を護持せんとする護法の書においては、彼らは悪しざまに描かれ、仏罰が当たって死んでしまい、死後は地獄に堕ちたと記されている。

たとえば北魏の太武帝の死について、『広弘明集』巻六（大正五二、一二四c～一二五a）は、「悪疾身に殃す。（中略）久しからずして閹人宗愛のために殺され、便ち崩ず」と記している。彼は、宦官に殺されて死んだのだが、ここでは、その前に「悪疾」が身に発生したとされている。北周の武帝はどうか。彼の死について、同巻六（一二五c）は「宣政と改元し、五月に至りて癘に因りて雲陽に崩ず」とするが、ここの「癘」について、同巻十（一五三c～一五四a）には「未だ一年に盈たず、癘気内に蒸し、身の瘡外に発して、悪相已に顕はる。悔ゆるとも惜くべからず。遂に雲陽宮に隠る。纔に七日を経て、尋で爾かく傾崩す」とあって、「癘」は具体的には「瘡」だとしている。ここの「瘡」は身の内に生じたものが外に発したものであり、「悪相」だとされているから、「瘡」とは内部に生じたものが外部に表出、顕現した現象だとされているのである。

さらに道世『法苑珠林』巻九十八（法滅篇、大正五三、一〇一二c）を見ると、「仏法東流してより已来、震旦にて已に三度、諸悪王の為に仏法廃損せらるることあり。第一は赫連勃勃、夏国となすと号して、長安を破り、遇ひし僧皆殺さる。第二は魏の太武、崔浩の言を用ひて三宝を夷滅せしむ。後に悔やみて浩に五刑を加ふ。第三は周の武帝、但らに還俗せしむ。此の三君、仏法を滅ぼせしが為に皆久しきを得ずして身に癩瘡を患ひ、死して地獄に入る。人有りて、暴かに死して地獄に入り、大極苦を受くるを見ゆ。具さには別伝、唐臨の冥報記に述ぶるが如し」と記されている。(88)中国においては、仏教伝来以来、仏法を廃損した「悪王」が三人いるが、それは五胡の夏の赫連勃勃、北魏の太武帝、北周の武帝で、彼らは仏法を滅ぼしたがために、身に「癩瘡」を患い、死んで地獄に堕ちてしまったという。

ここで、われわれは、「瘡」がただの病ではないことに気づく。それは、廃仏王が廃仏の報いとして患う病であり、「癩」と並列される病であった。それは、また身の内部の悪しきものが外部に表出したものだと理解されていた。「瘡」は、したがって、これら中国の仏書においては、悪しき行ないの結果発症する病であり、業病だとされていたことが知られる。(89)廃仏を行なうような人物は、仏罰が当たり、業病である「瘡」になって、死んで地獄に堕ちるのだ、そう中国の仏書は語る。

私は、『日本書紀』はこの思想の大きな影響を受けており、同書の廃仏に関する記述は、この思想に基づいて記述されていると考えている。巻二十敏達紀を見てみよう。物部守屋と中臣勝海の二人が敏達に対して疫病流行の原因は蘇我氏の仏法崇拝によるものだと「奏」すると、(90)敏達はこれを聞き入れ、「仏法を断て」との詔を発した。廃仏令の発布である。ここで注意しておきたいのは、廃仏は物部守屋と中臣勝海が個人的に行なったこととはされておらず、二人の家臣の政策具申を受けた天皇自身が決断し、詔が発布されて実行されたと書かれていることである。『日本書紀』では、敏達は廃仏王として描かれている。だが、廃仏が断行されると、たちまちのうちに敏達と物部守屋は「瘡」を患い、また国中に瘡が流行して、苦しむ人々や死者が満ちあふれ、敏達はそのまま死んでしまったと記されている。これは、『広弘明集』や『法苑珠林』の思想、記述と大変よく符合する。『日本書紀』でも、廃仏王は仏罰が当たってたちまち瘡を患い、死んでいる。私は、『日本書紀』の廃仏関係の記述は、中国の仏書の影響の下に書かれていると読解すべきだと考える。

廃仏王の地獄の末路

廃仏王は死んで地獄に堕ちたというが、それは本当のことなのか、どうしてそんなことが分かるのか。こうした問いに対し、それは間違いのない事実であり、真実なのだということが、仏教者たちによって説話的に語られた。前項で引用した『法苑珠林』末尾に、具さには「唐臨の冥報記に述ぶるが如し」とある話がそれである。ただ、この説話は、現存本『冥報記』には該当する話が見当たらず、藤善真澄が述べたように[91]、現存本とは出入りがあると推定される、当初の『冥報記』に収録されていたと見るべきだろう。だが、幸いなことに、『法苑珠林』巻七十九（大正五三、八七五c～八七六a）には、「冥報記に出づる」としてこの説話が掲載されているので、その内容を今日知ることができる。この説話について、詳細は藤善の研究に譲るが、今、本章に必要な範囲で簡単に触れておくこととしたい。

次のような話である――隋の開皇十一年（五九一）、太府寺丞の趙文昌なる者が暴かに死に数日後によみがえって、地獄で見聞してきたことを語った。趙文昌は死んで閻羅王の前に引き出されると、一生の間にどのような福業をなしたかと問われた。家が貧しく、物がなく、『金剛般若経』を専心誦持したことくらいしかありませんと答えると、王は合掌して膝まづき、善きかな善きかなと讃めてくれ、その功徳は甚大であると述べた。そして、使人にここに連れてこられたのは別人との錯誤ではないかと調べさせると、やはり錯誤であり、あと二十余年の寿命があることが判明した。現世に戻る途中、南門を出たところで頸に三重の鉗鎖を著けられた北周の武帝に出会った。武帝は諸々の罪はすでに弁済しおえたが、ただ仏法を滅ぼしたという重罪については償いが終わっておらず、まだここにいる。衛元嵩の意見によって廃仏を行なったが、彼は三界の外の人であり、閻羅王の管轄範囲外であるため地獄に連れてくることができない。現世に戻ったら、是非、隋の文帝にこの武帝のための功徳を頼み、地獄から出られるようにお願いしたいと述べた。趙文昌は現世によみがえると、この話を文帝に奏した。文帝は、国内の人々から一銭ずつ出させ、武帝のために『金剛般若経』を転読させ、三日間の斎会を行なったという話である。

これと類似の話が『続高僧伝』「衛元嵩伝」後半部分にも見える。隋の開皇八年（五八八）、京兆の杜祈なる者が死んだが、三日後によみがえり、地獄で北周武帝が苦しみを受けている姿に出会ったと語る話である。これらの説話では、武帝は間違いなく地獄に堕ちた、見てきた人がいるのだから確かなことだとその堕地獄の確実性が説かれている。(92) 仏教者たちは、廃仏王は地獄に堕ちる、それが彼らの末路なのだ、と執拗に語った。

末法思想は仏法興隆の思想

『日本書紀』は仏教伝来の年次を末法第一年目に設定した。なぜそうしたのか。それはその後の仏法衰退を暗示、予言しようとするためではなかった。末法は仏法興隆のストーリーの起点として設定された。ここであらためて考うべきは、末法思想とはそもそもどのような思想だったのかという問題である。シャカの死後、仏法はしだいに衰えていき、時間の経過とともに乱れ、滅びていくとするこの思想は、ペシミスティックな衰退史観に基づく厭世思想、諦観思想のように思われるかもしれないが、そうではない。私見では、末法思想は、①仏法興隆（仏法再興）のための思想であり、②僧尼の思想とすべきだと考える。

まず①であるが、末法思想は、仏教外の者が外から仏教を観察、批評して述べたものではない。仏教内の者が内から述べた思想であった。では、何を目的にこのような思想を述べたのか。末法の世であるから、仏法衰退はやむを得ないことだと述べるためではなかった。末法の世だからこそ、仏法を信奉する者は全力を尽くして仏法再興に邁進しなければならない。そう述べるためにこの思想は語られた。仏法再興、仏法興隆のための状況要因として、士気高揚のための仕掛けとして、この思想は語られた。そのことは、この思想が中国で語られはじめた那連提耶舎の時代からそうだったと見るべきだろう。はじめからそうだったのである。そして、廃仏、仏法再興期においては、末法の今だからこそ仏法興隆、復活、再興を成し遂げなくてはならないとする思想として用いられた。末法思想は仏法興隆、仏法再興のための思想として語られた。

末法思想の理解について、先行研究を顧みるに、日本史分野では、唯一、中世の末法思想を考察した平雅行の研究[93]にこうした理解が見られる。平は、十一、十二世紀においては末法思想が盛んに唱えられたが、それと同時に仏法中興が盛んに唱えられたことも史料を掲げて示し、多数の寺社の創建、再建や法会、修法の創設、また寺院組織、機構の整備、発展、そして荘園の確保、拡大といった成果がもたらされたことを説いた。平は、そこで、末法思想と仏法中興とを結びつける連結装置として王法仏法相依論を重視し、末法思想は王法仏法相依論と結びつくことによって仏教を活性化する役割を果したと論じた。平は、また、寺社勢力にとって末法思想は武器だったとも述べている。私は、王法仏法相依論など持ち出さなくとも、末法思想と仏法中興とははじめから矛盾なく結びつくものだと考えるし、むしろ私なりに平説を敷衍するなら、末法思想は仏法中興の理論的根拠として機能したと言うべきだと思う。そうした若干の差異はあるが、私は平説に賛同するし、また、末法思想のそうした理解は日本中世に限定的、個別的に妥当するようなものではなく、末法思想が本来持つ、根本的な思想的特色とすべきものだと考える。

次に②であるが、これはここで述べるまでもない当然のことと思われるかもしれない。前節で述べたように、末法思想は、中国では那連提耶舎によって宣揚され、その翻訳経典によってその思想が説かれた。その後も多くの僧尼によって、この思想が継承、発展されていった。だから、末法思想は僧尼による僧尼の思想と言わなくてはならない。しかしながら、日本史分野には、これまで平安時代後期の末法思想の流布について、貴族層の頽廃的心理の表われとか、古代国家、社会の崩壊観や危機意識の表われといった観点からとらえようとしてきた研究史がある[94]。だが、私にはそうした見解は的外れのように思われる。末法思想は、第一義的には僧によって説かれた僧の思想とすべきであり、①を勘案するなら、仏法興隆のために僧によって宣揚された思想と理解すべきだろう。このことは、本章の課題からするなら、『日本書紀』の該当部分はどのような人物によって書かれたのかという問題に連関してくる。そうした思想を用いて史書を書いた人物は一体誰だったのか。僧なのか、それともそれ以外の人物ということもありうるのか。

『日本書紀』のドラマツルギー

『日本書紀』が仏教伝来の年次を末法第一年目としたのは、わが国の仏教の歩みを仏法興隆の歴史として描く、その起点として末法を設定したためであった。その全体の構想は、「末法 ⇓ 廃仏 ⇓ 廃仏との戦い ⇓ 仏法興隆」という筋立てになっているが、それは中国仏教が実際に体験した「末法〜廃仏〜廃仏との戦い〜仏法再興」という歴史を模倣し、それをモデル化して組み立てられたものであった。

このように言うと、そうした複雑な筋立てにせず、もっとストレートに仏法が最初から繁栄したとする歴史を書けばことたりるではないかと思われるかもしれないが、そうではない。この筋立ては、『日本書紀』の該当部分を叙述した人物が考えに考えぬいた構想であり、練りあげられたドラマツルギー（作劇術）に基づくものだった。今日でも、ドラマを作る時、最後には、善が、また正義が勝つことになるとしても、最初は、悪や不正が世にはびこり、人々が塗炭の苦しみを受ける場面が必要であり、悪役の設定が不可欠である。そして、その上でそれを征伐するために、善が、また正義が登場し、悪や不正と敢然と戦って、苦労の末にそれらを倒して勝利するという展開が求められる。それが劇的な（ドラマティックな）展開なのであって、そうでなければドラマにはならない。勧善懲悪の時代劇、ヒーローもの、怪獣ものなど、基本はみなそうした構成になっている。

『日本書紀』の仏教伝来から三宝興隆に至る一連の記述は、そうしたドラマツルギーによって構成、叙述されたものになっていると私は読解している。しかし、歴史書であるはずの『日本書紀』がそうしたドラマ仕立ての構成をとっているというのはどういうことなのか。次に『日本書紀』の記事を分析、検討して、さらに考察することとしたい。

五　『日本書紀』の仏教関係記事の読解

百済の丈六仏造立とその願文

『日本書紀』の仏教伝来記事の前後から、三宝興隆の詔にいたる一連の仏教関係記事を読解していきたい。まず、『日本書紀』の年次としては仏教伝来以前の記事となるが、欽明六年九月是月条を見ておきたい。次の話である。

是の月に、百済、丈六の仏像を造る。願文を製りて曰く、「蓋し聞く、丈六の仏を造る功徳は甚大なりと。今、敬い造る。此の功徳を以ちて、願はくは、天皇、勝善の徳を獲て、天皇の所用する弥移居の国、倶に福祐を蒙らむ。又願はくは、普天の下の一切衆生、皆解脱を蒙らむ。故に之を造る」と。

これは、百済が、国家事業として丈六の仏像を造立したという記事で、その造仏の「願文」が引用されている。それによるなら、この丈六仏造立の功徳によって、日本の「天皇」が勝善の徳を獲得し、天皇が統治する「弥移居（みやけ）」の国々が福祐をこうむるとともに、一切衆生が解脱を遂げんことが祈願されている。

しかしながら、津田左右吉が述べたように(95)この願文には疑問が多い。そもそも、百済が国家事業として造立した丈六仏が日本の天皇の福徳を祈願するものだったとは考えがたい。また、願文中の「天皇」の語であるが、欽明朝の日本に「天皇」の語があるはずがなく、百済にも天皇号は存在しなかった。『日本書紀』全体の「天皇」の語の用い方から見て、ここの「天皇」が『日本書紀』編者によって記された語であることは明らかである。だが、この願文は「天皇」の福徳を祈ることがその主たる祈願になっているから、その要となる「天皇」の語が後世の語ということになると、願文の信憑性は大いに揺らぐ。

さらに問題なのが、「天皇の所用する弥移居の国」という文言である。ここの「弥移居」は「ミヤケ」とよみ、彌永貞三によって、(96)『日本書紀』では欽明紀だけに四ヵ所（三ヵ条）見られる表記であることが明らかにされている。『日本書紀』の「弥移居」および「官家」の表記について詳細に検討した彌永は、この願文について、おおむね四字句で区切られており、古拙な表現が造像銘にふさわしいものであるとし、津田左右吉のように後世の偽作と評価するのは武断にすぎ、歴史的事実に基づく記述だとした。そして、願文中の「弥移居」は百済自身あるいは日本の勢力下にあった任那の諸国を指しており、その用字は百済におけるミヤケの表記法であったと論じた。

しかし、そうなのだろうか。彌永が説いたように、この願文の「弥移居」は、具体的には百済あるいは百済を含む朝鮮半島における日本統治下の国のことを指している。だとすると、この願文は、百済が、日本の天皇の福徳を祈願し、あわせて百済を含む「弥移居の国」にもともにその福徳が及ぶことを願うというものになっている。(97)これは、百済が日本の属国として、宗主国の君主の福徳を祈願して丈六仏を造立したという記事なのである。しかし、六世紀前期のこの時期の実際の国際関係をそのようなものとして理解することはできない。当時の百済は日本の属国ではなく、そうした願文を持つ丈六の仏像を造立することはありえない。また、百済の仏像の願文に日本語のミヤケの万葉仮名（字音仮名）表記である「弥移居」が用いられることも考えがたい。これは『日本書紀』が自分に都合のよいように歴史を記述しただけのことであって、津田左右吉が説いたように、『日本書紀』編者による造作記事と読解しなければならない。

ただし、『日本書紀』内部ではこの記事は一定の意味を持っている。第一節で述べたように、欽明紀は神功皇后紀と密接な内的関連のもとに記述されているが、ここの「弥移居の国」も神功皇后紀の話を継承し、それに接続させた記述になっている。『日本書紀』では「西蕃」の語は神功皇后紀（三ヵ所）と欽明紀（四ヵ所）にしか用いられていないが、その初見記事である神功皇后摂政前紀には次のようにある。皇后が新羅攻撃のための軍を進めると、新羅王は「東」の「神国」「日本」の「天皇」の「神兵」が来たことに恐れをなして戦わずして降伏し、叩頭謝罪して以後は日本に多量の調を朝貢することにした。高麗、百済の二国の王はその様子を偵察させていたが、勝ち目がないことをさとると、王自ら軍営の外まで来て叩頭謝罪して、今より以後、永く「西蕃」と称して朝貢を絶やさないことを申し述べた。こうして「内の官家（みやけ）」を定めたのが「三韓」だという。また、同四十九年条や五十一年条にも、百済王が「西蕃」と称し、「臣」となったという記述がある。(98)

仏教伝来記事は、この神功皇后紀の話を承けて、百済王が臣下の礼をとって朝貢の品として仏像等を献上したという構成になっているが、この願文も、神功皇后紀の話を承けて、「内の官家」となった百済が臣下として日本の天皇の福徳を祈願して丈六仏を造立したという話になっている。だが、そうした願文を当時の百済が作成するはずもない。神功皇后は架空の人物であり、神功皇后紀の話は創作史話であるが、この記事はそこでの話を承けて作成されたもので、創作史話と評価しなければならない。その作意は神功皇后紀の話と仏教伝来記事とを円滑に連結させるところにあり、仏教伝来に先立つ伏線記事として挿入されていると読解するべきである。

吉野寺の仏像の造立

次に、仏教伝来記事に続いて、欽明十四年五月朔日条に掲載される吉野寺の仏像の話を検討したい。次のような記事である。

河内国言さく、「泉郡の茅渟海の中に、梵音の震響して雷声の若くなる有り。光彩は晃曜として日色の如し」と。天皇、心に異しび、溝辺直〈此に但に直とのみ曰ひて名の字を書かざるは蓋し是れ伝写の誤失なるか〉を遣して、海に入りて求訪せしむ。是の時、溝辺直、海に入りて、果たして樟木の海に浮かびて玲瓏せるを見つ。遂に取りて天皇に献る。画工に命じて仏像二軀を造らしむ。今の吉野寺の放光の樟像なり。

河内国泉郡の茅渟海（大阪湾南部の海）で「梵音」が「震響」して雷の音のようであり、「光彩」は輝いて日の色のようだった。天皇は溝辺直を派遣し、溝辺直は海に入って樟木が海に浮んで照り輝いているのを発見して取得し、天皇に献上した。その後、画工に命じて仏像二体が造立されたのが現在の吉野寺の「放光」する樟の像だという話である。

この記事については、吉野の比蘇寺の成立年代の問題や『日本霊異記』上巻第五の理解に関連して多くの研究があるが、本章の視角からすると、注目すべきはやはり津田左右吉の論(99)である。津田は、吉野の放光像の話は説話そのものから見ても、また「河内国言」という後世の言い方から見ても事実に基づくものではなく、虚構の話であると述べ、『高僧伝』の慧達および慧遠の条に見える、漁人が海中で阿育王像や仏光（光背）などを得たという話を粉本として作られた「説話」だろうと論じた。

津田がこの話の粉本だと考えたのは、慧皎『高僧伝』巻十三「釈慧達伝」、および同巻六「釈慧遠伝」で、前者（大正五〇、四〇九ｂｃ）には次のようにある。

（前略）昔、晋の咸和中、丹陽の尹の高悝、張侯の橋浦裏に於いて一つの金像を掘り得たり。光趺有ること無けれども製作甚だ工なり。前に梵書有りて云く、是れ育王の第四の女の造る所なりと。悝、像を載せ還りて長干の巷口に至るに、牛、復、行かず。人力の御する所にあらず。乃ち牛の之く所に任せば、径に長干寺に趣けり。爾の後一年許して、臨海の漁人張係世なるもの有り。海口に於いて銅の蓮華の趺の水上に浮き在るを得て、即ち取りて県に送る。県、表して上台に上る。勅して像の足下に安ぜしむるに、契然として相応ず。後、西域の五僧有りて、（中略）像、即ち放光して堂内を照らす。五人云く、本、円光有りしも、今、遠処に在り。亦尋ねてまさに至るべしと。晋の咸安元年、交州の合浦県の珠を採る人、董宗之、海底に一つの仏光を得たり。刺史表し上る。晋の簡文帝、勅して此の像に施さしむるに、孔穴懸同し、光色一種なり。凡そ四十余年、東西祥感して光趺方に具はる。達、刹像の霊異を以ちて、ますます翹励を加ふ。後、東して呉県に遊び、石造を拝礼す。此の像は、西晋の将に末ならんとす建興元年癸酉の歳に於て、浮かびて呉松江の滬瀆の口に在り。漁人疑ひて海神と為して巫祝を延きて以ちて之を迎ふ。（中略）遙かに二人の江に浮かびて至るを見る。乃ち是れ石像なり。背に銘誌あり。一つは惟衛と名づけ、二つは迦葉と名づく。即ち接し還りて通玄寺に安置す。呉中の士庶、其の霊異を嗟めて帰心する者衆し。（後略）

また、後者（三五八c）には次のようにある。

（前略）昔、潯陽の陶侃、広州を経鎮す。漁人ありて、海中に於て神光の毎夕艶発するを見つ。旬を経るに弥盛なり。怪みて以ちて侃に白す。侃往きて詳かに視れば、乃ち是れ阿育王の像なり。即ち接し帰りて以ちて武昌の寒渓寺に送る。（後略）

前者では、仏像は浦の土中から出現したというが、趺（台座）と光（光背）は海中から出現しており、また「放光」する像だとされているところが『日本書紀』と共通する。また、それに続けて漁人が河口部にて海に浮かぶ石像を発見したという話も語られている。一方、後者では、漁人が「神光」を発する阿育王像を海中から発見したという話が語られている。『日本書紀』の吉野寺の仏像の話と、これら中国の仏像起源説話には共通性が認められるから、津田が指摘したように、両者には関連性があると読解してよかろう。

次いで、瀧川政次郎は、[100]浅草寺（東京都台東区）の縁起について考察する中で、『日本書紀』のこの話に論及し、中国には仏像が土中あるいは海中から出現したとする仏教説話が多くあり、それらはしばしば阿育王に関わる説話として語られてきたと論じた。そして、『日本書紀』のこの話に関わる説話として『高僧伝』「釈慧達伝」を指摘し、道世『法苑珠林』にも同じ話が見えることを指摘した。

さらに、山口敦史は、[101]道宣『続高僧伝』巻十「釈慧最伝」にも関連する説話が見られることを指摘した。次の話である（大正五〇、五〇七c）。

（前略）宋の大明五年、寺僧法均、夢に、金容の世に希にして、梵音清遠なるを見つ。因りて、行きて三曲江に達し、像の深潭にありて光水上に浮かぶを見て、太守周湛等と接し出だす。計るに千斤有れども軽きこと数両に同じ。身長六尺四寸にして金銅の成す所なり。後、長沙郡より光趺を送りて都に達す。文帝、勅し遣はして像を安ずる所に還らしむるに、宛然として符合す。総高は九尺余りにして、仏衣の縁の下に梵書十余字有り。人初め識らざれども、後、西の僧有りて読みて云く、此れは迦維羅衛国の育王の第四の女の造る所なり。忽爾として失ひ去りて乃ち此に在らむやと。梁の天監の末、屢々光明を放ちて一室を照らす。（後略）

この話では、仏像は夢で金色の光と清らかなる「梵音」を発していた。そこで実際に行ってみると、光は水中深部から発せられ、水上に達していた。取得してみると、それは仏像で、像には「梵書」が記されており、それによって「育王第四女」造立の像だったことが知られたという。この話には、「梵音」という『日本書紀』と同一の語が用いられていることが注目され、光明を放つ像だというところも両者同一である。山口が指摘した通り、『日本書紀』の話はこの説話とも関連性があると読解されよう。山口は、また『法苑珠林』巻十三、十四「敬仏篇」の「感応縁」に水中もしくは地中から仏像が出現する話が十五話収められており、うち七話が阿育王関連の説話であることを指摘し、『集神州三宝感通録』にも同様の出現説話が多くあり、うち九話が阿育王関連の説話であることを論じた。(102)

こうした研究成果を参勘するなら、『日本書紀』のこの記事は、第一に「説話」として読解すべきものであり、第二に中国の仏像起源説話、霊異説話の強い影響を受けたものであることが明らかである。ここでさらに考究すべきは、①この説話と関連性のある説話、用語をなお広く探求すること、②この説話の成立の時期とそれが『日本書紀』に記述されるに至った経緯を解明することの二点となるように思われる。

『集神州三宝感通録』の仏像霊異説話

道宣『集神州三宝感通録』（大正五二）は、三宝の感通（神異）を収集、記述したものであるが、その中巻には霊異を示した仏像の話が収められ、全五十話から構成されている。(103)そこには『日本書紀』のこの話と共通性を持つものが少なからず見られる。同書には、津田が注目した『高僧伝』「釈慧達伝」の話のうち高悝の話の部分が中巻第五に、滬瀆の口の石像の話の部分が中巻第三に収められている。また、「釈慧遠伝」の陶侃の話が中巻第十三に収められている。これらの話は、また『法苑珠林』巻十三にもほぼ同文で収められている。『法苑珠林』巻十三、巻十四には、『集神州三宝感通録』中巻の話がほとんど収められており、唐代、長安の西明寺を中心にこうした霊異説話が語られていたことが知られる。このように『集神州三宝感通録』や『法苑珠林』には、海から石像、金像が出現した話、あるいは後述するような川から金像が出現した話が収められているが、あわせて注目されるのが「放光」の仏像の霊異説話が収められていることである。

『集神州三宝感通録』の放光する仏像の話を見ていくと、光は「光」「光明」「光瑞」「異光」などの語で表現され、「光彩」の語も用いられている（中巻第七、第十、第四十四）。それは『日本書紀』の「光彩」と共通する。また、「金色晃晃」という表現もあって（中巻第三十八、四二一b）、『日本書紀』の「晃曜」と類似している。さらに、中巻第七（四一六a）には「三面の重閣は宛転たり玲瓏たり」とあって、『日本書紀』と同一の「玲瓏」の語が用いられている。

一方、「梵音」の語は同書中巻には見えないが、下巻には、「崔義起」の項（四三〇b）に「本経を誦せしむるに、梵音深妙にして、人をして楽を聞くのおもいあらしむ」とあって、この語が用いられている。「梵音」は、仏典、仏書にしばしば用いられる一般的な語で、『高僧伝』『続高僧伝』『弘明集』『広弘明集』『集古今仏道論衡』『法苑珠林』等々に広く用いられている。だが、注目すべきは、より『日本書紀』に近い「梵音震響」なる表現が『大般涅槃経』の序（大正一二、三六五b）と『無量義経』徳行品第一（大正九、三八五b）に見られることである。前者には「梵音震響於声俗、真容巨曜於今日」とあり、後者には「梵音雷震響八種、微妙清浄甚深遠」とある（こちらには「雷」の一文字が間にはいる）。『大般涅槃経』序は、後秦の道朗の撰で、同経に付されるとともに、僧祐『出三蔵記集』（大正五五）巻八にも収録されている。一方の『無量義経』は、法華経信仰の進展の中で中国で撰述された経典だと考えられている。私は、『日本書紀』のこの話の作文者は、『高僧伝』『続高僧伝』『集神州三宝感通録』『法苑珠林』などとともに『大般涅槃経』もしくは『無量義経』を参照し、その表現を借用して文を作ったものと考える。

なお、『集神州三宝感通録』中巻第八には、東晋の時代、周玘なる人物の家の僮（下僕）が魚を捕えようとして川に網を下したところ、一つの金像の高さ三尺ばかりで「形相厳明」なるものを得たという話が見える（『法苑珠林』巻十三にもあり）。瀧川はこの説話に言及しないが、魚を捕ろうとした網に仏像がかかるというモチーフが共通するところから、浅草寺の縁起や、甚目寺（愛知県海部郡）の縁起については、この説話を原型と見るべきだと思われる。

画　工

『日本書紀』には、画工に命じて仏像が造られたと記されているが、ここの「画工」はどういう意味を有しているのか。中国仏教では、仏の「図」が重視されており、画工によって重要な図写が行なわれたという説話がしばしば語られている。『集神州三宝感通録』中巻は、その冒頭（中巻第一）、著名な、後漢の明帝が夢に神人（仏）を感得したという話からはじまっている。その時、西域の沙門、迦葉摩騰らは、優塡王が画したという釈迦の倚像を中国にもたらしたが、それは明帝が夢に見たものとそっくりだった。そこで、「画工」に命じてその像を「図」さしめ、数本が作成されて供養がなされたという。

また、中巻第三十七には、阿弥陀仏・五十菩薩像の図についての話が見える。人々は、かつて阿弥陀仏の形像が存在せず、とても困っていたが、阿弥陀仏と菩薩らは人々に自ら一仏および五十菩薩の像を与えてくれた。そして、それが葉に「図写」されて、遠近に流布していった。やがて迦葉摩騰の姉の子が沙門になってその図を中国にもたらし、それの図写がなされていったという。時代は大きく下り、隋の文帝の時代、沙門明憲は北斉の道長法師に伝えられたという図を入手し、それが「符」（手本の意か）とされて、さらなる「図写」がなされて、その図が世に流布していった。特に、北斉の「画工」、曹仲達が巧妙に伝模したものは、その後の「真範」となったという話である。

さらに、中巻第十四にも次のようにある。劉薩訶（後の慧達）は番禾郡において山の崖から石像の「形相端厳」なるものを出現せしめた。それは周代に「光」を出すという霊異を示した。後世、隋の煬帝は征西の際に瑞像寺を訪れてこの像を礼拝したという。この像はしばしば「図」され、それに基づいてこの像に擬された像が何点も作成されたという。

これらの話では、仏の姿や形を「図」「図写」する行為が重視されている。それは、仏そのものにも等しい代理を製作する営みであり、その作業を行ないうるのは、特別の技能を身につけた「画工」だと考えられていた。

これらの話を参勘するなら、吉野寺仏像起源説話の「画工」も、海中出現、放光といった話のモチーフと同じように、中国の仏像霊異説話の影響を受けた語であり、その意味もそうした文脈にそって理解すべきであることが知られよう。したがって、ここの「画工」は、製作すべき仏像の原画となる図を保有し、それを製作現場に持っていって、仏像の姿や形を教示、監督し、あるいは実務にも当たった存在と読解しなければならない。その図が何らか特別の由緒を持つものであったならなおさらよいということになる。しかし、もちろん、欽明十四年の日本にそのような画工が存在するはずがない。そもそも、この時代の日本に画工も仏師も実在しない。「画工」は説話上の存在として登場しているのであって、事実に基づく記述と読解すべきではない(104)。

『日本書紀』では、「画工」の語はこの記事に次いでは崇峻元年是歳条に見える。この歳、百済は仏舎利、僧、寺工、鑪盤博士、瓦博士、画工を献じた。これに応じた蘇我馬子は百済の僧に受戒の法について尋ね、善信尼らを百済に派遣し、法興寺を建立したという記事である。ここの「法興寺」は飛鳥寺のことを指しているが、飛鳥寺の建立は歴史的事実としてまちがいのないものであり、今日、発掘調査がなされ、遺構が確認され、遺物が出土している。飛鳥寺の伽藍は、後述するように朝鮮半島の寺院の強い影響を受けたものであった。飛鳥寺は日本最初の本格的寺院であるが、その創建には特別な知識、技術、能力が必要となるから、専門的技術の伝来、外国人技術者の渡来が不可欠の要件となる。崇峻元年是歳条の百済からの技術者伝来の記述は、何らか歴史的事実に基づくものである可能性が高く、そこに名の見える「画工白加」は、『日本書紀』が編纂されていた頃、すでに最初の画工として名の伝えられる人物だったと読解されよう。そう理解するなら、吉野寺仏像起源説話の「画工」は、『日本書紀』編纂段階でその上に加上され、欽明十四年五月条として挿入されたものと判断されよう。

神叡の関与

吉野寺の仏像起源説話はどういう経緯で『日本書紀』に掲載されることになったのか。また、それは誰によってなされたのか。ここの「吉野寺」は、吉野の「比蘇寺」のことと理解してまちがいない。「比蘇寺」は、また「比蘇山寺」「現光寺」とも呼ばれた。同寺の重要人物としてよく知られているのが神叡である。彼については、延暦七年（七八八）成立の思託『延暦僧録』[105]（逸文、『扶桑略記』天平二年十月十七日条所引）に、以下のように記されている。

　沙門神叡は、唐学生なり。患ふに因りて亭るを制ちて、便ち芳野に入る。現光寺に依りて廬を結び志を立てて、三蔵を披閲し、燭を秉《と》りて披翫す。夙夜、疲れを忘ること二十年に逾る。奥旨に妙通し、智海は淵沖にして、義雲は山積す。蓋し法門の竜象なり。俗時の伝に云く、芳野の僧都は自然智を得たりと。

神叡は、吉野の現光寺で二十年間にわたって活動した学僧であった。ここの「唐学生」について、堀池春峰は「入唐学生」と理解し[106]、入唐して学んだ日本人の僧だとしている[107]。これに対し、薗田香融は「唐国の僧」と理解し[108]、逵日出典[109]もその理解を継承している[110]。私は、神叡が養老元年（七一七）七月に律師、天平元年（七二九）十月に少僧都（どちらも『続日本紀』）と僧綱の要職に任命されていること、および当時の用語法から考えて、堀池のように入唐僧とするのが正しいと理解している。神叡については、『日本書紀』持統七年（六九三）三月乙巳条に、遣新羅の学問僧として弁智とともに名が見える。この年、日本から新羅に留学し、やがて唐にも学んで帰国したものと推定される。なお、『日本後紀』弘仁二年（八一一）六月戊辰条の勝悟の卒伝には、神叡について「芳野神叡大徳」と記されている。先の「芳野僧都」ともども、芳野（吉野）が冠になるくらい、同地での活躍が知られていたものと思われる。

次に「自然智」については、薗田香融の著名な論[111]がある。氏によれば、「自然智を得る」とは、虚空蔵菩薩求聞持法を行なって、「聞持」の智慧——抜群の記憶力——を獲得することを意味しているという。この虚空蔵菩薩求聞持法を日本に将来したのは道慈であり、それは山林修行の重要な修法の一つとして日本の仏教界に受容され、道慈―善議―勤操と継承され、また神叡―尊応―勝悟―護命と継承されていったという。これは従うべきすぐれた見解だと考えられる。

神叡と道慈は、奈良時代初期の仏教界において、二人の俊秀として抜きん出た存在であった。『家伝』「武智麻呂伝」[(112)]には、「僧綱に少僧都神叡、律師道茲有り」とあって、二人が並び称されており、『続日本紀』天平十六年（七四四）十月辛卯条の道慈の卒伝には、「養老二年帰朝す。是の時、釈門の秀でたるは唯法師と神叡法師の二人のみ」と記されている。養老三年（七一九）十一月には、詔があって、神叡と道慈がすぐれた法師として褒賞され、それぞれに食封五十戸が与えられている（『続日本紀』）。大山誠一[(113)]は、中国仏教的修辞に満ちたこの詔の文章について道慈が自ら執筆したものだと論じたが、私もかつて述べたように[(114)]その文章表現の特色から道慈作成の文章と見てよいと考えている。

薗田が説いたように、虚空蔵菩薩求聞持法は道慈が日本に将来したと考えられるが、神叡は吉野においてこの修法を実践して自然智を得たという。さすれば、二人には深い交流があったということになる。神叡は、帰国した道慈からただちに虚空蔵菩薩求聞持法を習得し、山に入ってそれを実践したということになるからである。大山は、神叡は帰国した道慈の「最初の理解者」だったと述べた。私は、二人は入唐体験を共有するところから急速に交友を深め、養老二年の道慈帰国から同三年の二人の褒賞までの短期間のうちに、密接な人間関係を築いたものと考えている。

『日本書紀』編纂が最終段階をむかえていた頃、吉野の比蘇寺では律師の要職を務める神叡が活動しており、道慈と密接な人間関係を築いていた。松木裕美は、『日本書紀』編纂部署に比蘇寺の伝説を整理して稿本として提出したのは神叡だろうと述べ[(115)]、この見解を発展させた竹居明男は、『日本書紀』のこの記事をこの年月に設定したのは道慈だろうと論じた。(116)私もこうした見解に基本的に賛成で、一地方寺院たる比蘇寺の記事が『日本書紀』に掲載されるには、何らかの事情があってしかるべきと考えている。それは、神叡、道慈という仏教界の中枢に存在し、『日本書紀』にも影響力を有していた人物の力ぬきには理解しがたい。神叡が道慈を通じて『日本書紀』編纂部署に働きかけ、道慈がその掲載に影響力をおよぼすことによってこの一条が立条されたと私は考える。

では、この説話はいつ頃成立したものと見るべきか。この話はその構成自体が中国仏教の仏像起源説話、霊異説話の強い影響のもとに成り立っており、用語も中国の説話や仏典の影響を受けている。ならば、中国仏教に通じた僧、入唐僧の関与が想定されるだろう。道慈帰国は養老二年のこと、神叡の吉野入山は、薗田が述べたように、彼の死去の天平九年(七三七)から二十年遡った養老二年がその下限となる。私は、『日本書紀』の吉野寺仏像起源説話は、神叡によって、もしくは神叡と道慈の二人によって文章が作成され、それが『日本書紀』編纂の最終段階において記事として挿入されたものと考える。

そう読解するなら、比蘇寺の縁起が早くから成立しており、それが『日本書紀』編纂にあたって提出されて、記事として採用されたと理解する必要はなくなる。むしろ、『日本書紀』編纂の最終段階に歩調をあわせるようにこの説話が作成された、もしくは話がふくらまされて文章化されたと理解することになろう。今見る形でのこの説話の成立は『日本書紀』成立の養老四年(七二〇)の直前と見るべきだろう。

敏達紀の関係記事

次に敏達紀には、六年条に百済に派遣された大別王(出自不明)が帰国の際に、経論、律師、禅師、比丘尼、呪禁師、造仏工、造寺工を日本にもたらし、難波の大別王の寺に安置したという記事がある。次いで、十三年条には百済から来た鹿深臣が弥勒の石像を持ってきたとあり、続けて司馬達等のむすめの善信尼ら三尼が出家し、斎食の上に舎利が出現したという神異（霊異）の記事がある。次いで、十四年条には蘇我馬子が大野丘の北に塔を造立し、舎利を塔の柱頭に納めたという記事がある。そして、同年、物部守屋、中臣勝海の進言によって敏達が廃仏詔を発布し、廃仏が断行されるや、守屋と敏達はたちまち瘡を患い、敏達はそのまま死去してしまったという記事がある。これが敏達紀の最後である。

仏法を信じず、文史を愛す

敏達即位前紀には、「天皇不レ信二仏法一、而愛二文史一」という記述がある。「不信仏法」というのは、敏達が廃仏派の進言を採用して廃仏詔を発布し、廃仏を断行したこと、および仏罰が当たって瘡を患って死去してしまったことを指している。したがって、この文言は敏達紀の本文の骨格が成立した後に、それを評して記されたものということになろう。

この文言は「仏法」と「文史」とを対照させて、両者を対句にして表現したものであるが、「仏法」と「文史」とを対照させるのは、やや奇異であるような印象を受ける。「仏法」の反対概念が「文史」というわけではないし、また「文史」が何らかの宗教、信仰の一つというわけでもないからである。なぜ、両者は対照され、対句的に表現されているのであろうか。実は、この文言には典拠があり、中国の仏書を参照、模倣して書かれている。これまでこの問題について論じたことがあるが[117]、ここであらためて私見を述べることにしたい。典拠になったと考えられる仏書は、道宣『続高僧伝』巻三「釈慧浄伝」および同じ話を収める道宣『集古今仏道論衡』巻丙である。

慧浄（五七八～?）は唐の僧で、貞観十三年（六三九）、弘文殿で行なわれた儒仏道三教の対論で『法華経』を講じ

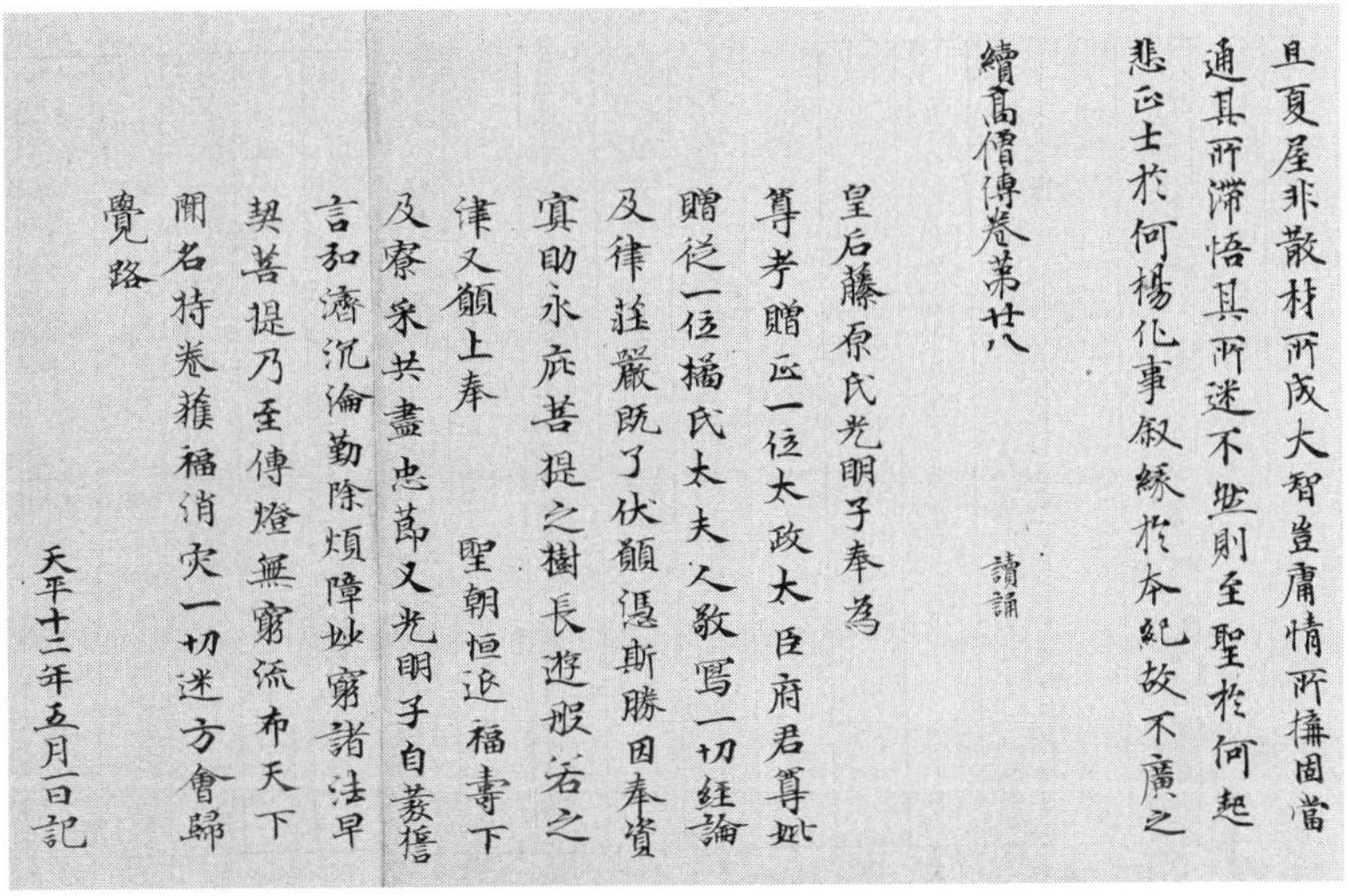
且夏屋非散材所成大智豈庸情所攝固當
通其所滞悟其所迷不然則至聖於何起
悲正士於何揚化事叙緣於本紀故不廣之
續高僧傳巻第廿八　　讀誦
皇后藤原氏光明子奉為
尊考贈正一位太政大臣府君尊妣
贈従一位橘氏太夫人敬寫一切經論
及律荘嚴既了伏願憑斯勝因奉資
冥助永庇菩提之樹長遊般若之
津又願上奉　聖朝恒延福壽下
及寮采共盡忠節又光明子自發誓
言弘濟沈淪勤除煩障妙窮諸法早
契菩提乃至傳燈無窮流布天下
聞名持巻獲福消災一切迷方會歸
覺路
天平十二年五月一日記

図1　『続高僧伝』巻第二十八（光明皇后五月一日経より）
天平12年（740）（京都国立博物館所蔵）

て道士の蔡晃と論議し、のち太子中舎の辛諝の仏教批判に応酬して、仏教界を代表して論陣を張ったという人物である。「釈慧浄伝」には、この辛諝について「太子中舎辛諝は、文史を学び該え、傲誕自矜たり」（大正五〇、四四五b）と記され、『集古今仏道論衡』には、やや詳しく「太子中舎辛諝は、文史を学び該え、誕傲自矜たり。心は道術に在りて、仏法を軽んじ弄ぶ」（大正五二、三八四a）と記されている。辛諝は「文史」を学びそなえ、「道術」に熱心であったが、「仏法」は軽んじたという。『日本書紀』の「仏法」「文史」の対句表現はこの記述に依拠して書かれている。

　ところで、「釈慧浄伝」で想起されるのは、小島憲之が指摘したように[118]、道慈の漢詩「五言、初春竹渓山寺に在り、長王が宅にして宴するに、追ひて辞を致す、一首。幷せて序」（『懐風藻』[119]所収）に、この「釈慧浄伝」の文章が用いられていることである。私も小島の論に導かれて追跡調査をしてみたが、氏の指摘の通り、「釈慧浄伝」の文が一部はそのままに、また一部は改変の上で用いられていた[120]。このことは、『日本書紀』仏教伝来記事およびそれに続く一連の記事を考察する上で重要な示唆を与える。

もう一つの仏法のはじまり

敏達紀には、仏教関係の重要な記述がいくつかあるが、中で最も注目すべきは、十三年条の鹿深臣および善信尼に関する記事と、十四年条の廃仏の記事であろう。前者から検討していきたい。

秋九月、百済より来る鹿深臣〈名の字を欠く〉、弥勒石像一軀有てり。佐伯連〈名の字を欠く〉、仏像一軀有てり。是の歳に、蘇我馬子宿禰、其の仏像二軀を請け、乃ち鞍部村主司馬達等・池辺直氷田を遣して、四方に使して修行者を訪ひ覓めしむ。是に唯播磨国に僧の還俗せし者を得。名は高麗の恵便といふ。大臣、乃ち以ちて師とし、司馬達等が女島を度せしむ。善信尼と曰ふ〈年十一歳〉。又善信尼の弟子二人を度せしむ。其の一は、漢人夜菩が女豊女、名は禅蔵尼と曰ふ。其の二は、錦織壼が女石女。名は恵善尼と曰ふ〈壼、此は都符と云ふ〉。馬子独り仏法に依りて、三尼を崇敬す。乃ち三尼を以ちて氷田直と達等に付けて、衣食を供せしむ。仏殿を宅の東方に経営して、弥勒石像を安置す。三尼を屈請し、大会の設斎す。此の時に、達等、仏舎利を斎食の上に得たり。舎利を以ちて馬子宿禰に献る。馬子宿禰、試みに舎利を以ちて鉄の質の中に置きて、鉄の鎚を振ひて打つ。其の質と鎚と悉に摧け壊れぬ。而れども舎利は摧き毀るべからず。又、舎利を水に投る。舎利、心の所願に随ひて水に浮沈す。是に由りて馬子宿禰・池辺氷田・司馬達等、仏法を保ち信じ、修行すること懈らず。馬子宿禰、亦石川の宅に仏殿を修治す。仏法の初め、玆より作れり。

十四年春二月の戊子朔の壬寅に、蘇我大臣馬子宿禰、塔を大野丘の北に起てて、大会の設斎す。即ち達等が獲たる所の舎利を以ちて、塔の柱頭に蔵む。

この記事は、三ヵ条から成っているが、三者が一連のストーリーになっていて、一体の話として読解すべきものになっている。敏達十三年、百済から来た鹿深臣が弥勒石像一軀をもたらし、佐伯連も仏像一軀をもたらした。この仏像二軀を請けた蘇我馬子は、司馬達等と池辺氷田に仏教の修行者を探させたところ、もと僧で、今は還俗している高麗の恵便なる者を得た。そこで、彼を師として達等の娘の島など三人の女性を得度させた。馬子は善信尼をはじめとする三尼をひとり「崇敬」し、宅の東方に仏殿を造営して弥勒石像を安置した。そして、三尼を屈請して大会の設斎を行なった。すると、仏舎利が斎食の上に出現し、これを得た司馬達等は馬子に献上した。この舎利を鉄の質（かなしき）の上に置いて鉄の鎚で打ったところ、舎利は壊れず、質と鎚とがくだけた。また、舎利を水に入れると、心に思うままに浮き沈みしたという。これによって馬子と氷田と達等は仏法を信じるようになり、馬子は石川の宅に仏殿を造営した。仏法はここからはじまったという。翌十四年、馬子は大野丘の北に塔を建立し、大会の設斎を行なって、舎利を柱頭におさめたという。

以上、この記事では、百済から弥勒の仏像がもたらされ、それを契機に出家者が誕生することとなり、これが日本の仏教のはじまりになったと説かれている。その際、仏像をもたらした人物は鹿深臣と佐伯連、最初の出家者は善信尼、舎利を得て献上したのは司馬達等というように、話が固有名詞（ただし、鹿深臣と佐伯連は名を欠く）とともに語られていることが注目される。

この記事の思想には次の特色がある。一つは、仏教のはじまりは、仏像を仏殿にまつるだけでは十分ではなく、出家者が誕生し、その出家者によって法会が実施され、さらに出家者に対する斎食の供養が行なわれて、はじめて仏教が開始されたといえると考えられていることである。出家者の成立とその出家者による仏事の挙行が肝要だとされているのである。そして、その出家者が成立するためには師となる人物が必要であり、また誕生したばかりの若い出家者であっても、仏教信奉者はこれを「崇敬」しなければならないと考えられている。ここの「崇敬」はいかなる行為を指しているか。この記事の直後の敏達十四年条には、廃仏の場面が描かれ、三尼が三衣を奪取されて、禁錮、鞭打ちされたが、まもなく馬子に返還され、馬子は三尼を「頂礼」したと記されている。頂礼は、頭頂を地につける拝礼、すなわち五体投地礼を指している。そうであるなら、ここの「崇敬」も同様の拝礼行為を指していると読解すべきだろう。最高権力者であっても、誕生したばかりの若い出家者を「崇敬」することが重要だと考えられているのである。

もう一つは、仏教を信仰するための宗教施設としては、仏像をまつる仏殿を造営するのみでは十分ではなく、塔が必要だと考えられていることである。その塔を建立するためには、中におさめる仏舎利がどうしても必要だと考えられており、その思想に基づいて、斎食の上に仏舎利が奇跡的に出現したとする話が語られている。

中国の仏書に依拠した仏舎利の記述

この記事で注目されるのは、仏舎利が出現するくだりの記述が中国の仏書に依拠して書かれていることである。これについてかつて私見を述べたことがあるが[121]、ここで再論しておきたい。津田左右吉は、舎利を鉄の槌で叩いたら、舎利ではなく鉄の質と槌とが砕けたという話は、『高僧伝』「康僧会伝」に見えるので、この記事はそれを参照して述作されていると説いた[122]。これを承けた井上薫は、『高僧伝』を用いてこの部分を述作したのは道慈であろうと論じた[123]。

私は、こうした記述は『高僧伝』ばかりでなく、他の仏書にも見えるので、それらも参照して典拠を考察すべきだと考える。康僧会の伝は、『高僧伝』に先立って梁の僧祐『出三蔵記集』巻十三に見え、同様の話が記されている。だが、より注目されるのは『集神州三宝感通録』で、巻上の「振旦・神州の仏舎利が感通せること」には舎利の奇瑞の話が数多く収録されている。そこで道宣は、鉄の砧の上に舎利を置いて金槌で撃ったところ、舎利はくだけず、金槌と鉄砧とがこわれたという康僧会の話を紹介する。そしてそれに続けて、晋のはじめに竺長舒なるものが舎利を「水に投」じたところ、五色の光が輝いたという話を紹介し、また、晋の時代、木像の側らに舎利が出現し、「水中で浮沈」したという話を紹介している。(124) さらに、宋の元嘉八年（四三一）、安千載という仏をまつる者がおり、「他家に至りて斎食せるに、上に一つの舎利の紫金色なるを得たり。椎にて打てども砕けず。水を以ってこれを行ふに光明照発す」という話を紹介している。同書には、舎利が斎食の上に出現する、金槌で舎利を叩いてもこわれない、水に投げ入れると浮沈するという話があって、『日本書紀』のこの条で語られる舎利の話のすべての構成要素が記されている。『日本書紀』のこの条は、『高僧伝』よりもむしろ『集神州三宝感通録』を典拠として述作されているとすべきだろう。

なお『法苑珠林』巻四十には、舎利にはいろいろな種類があるが、仏の舎利は椎《つち》で打っても砕けないのに、弟子の舎利は撃ったらこわれるという記述がある。『日本書紀』の槌で舎利を打つ話は、この舎利がにせものではなく、本物の仏舎利であるということを言うために記されたものと理解されよう。

二つの歴史

本条で注目されるのは、「仏法の初め、茲より作れり」とあることである。これは、百済の聖明王から仏像等が贈与されて日本の仏教がはじまったとする話とは別に、この鹿深臣、善信尼、司馬達等らの話を日本の仏教のはじまりとする話が、すでに『日本書紀』編纂時点で存在していたことを示している。『日本書紀』推古十四年五月条には、この敏達十三年条と密接に関連する記述がある。

鞍作鳥に勅して曰く、「朕、内典を興隆せむと欲し、方に仏利を建てむとして、肇めて舎利を求めき。時に汝が祖父司馬達等、便ち舎利を献れり。又国に僧尼無し。是に、汝が父多須那、橘豊日天皇の為に出家して、仏法を恭敬す。又汝が姨嶋女、初めて出家して、諸の尼の導者として、釈教を修行す。今し朕、丈六の仏を造らむが為に、好き仏像を求む。汝が献れる仏本、則ち朕が心に合へり。又仏像を造ること既に訖りて、堂に入ること得ず。諸の工人、計ること能はずして、将に堂の戸を破たむとす。然るに汝、戸を破たずして入るること得。此、皆汝が功なり」と。既ち大仁の位を賜ふ。因りて近江国坂田郡の水田二十町を給ふ。鳥、此の田を以ちて、天皇の為に金剛寺を作る。是今し南淵の坂田尼寺と謂ふ。

こちらでは、司馬達等が仏舎利を献上した話や最初の出家者が嶋であるとする話が金剛寺（坂田尼寺）の由緒として語られている。これを重視するなら、善信尼らの出家の話はもとは金剛寺で語られた歴史だったと考えられる。では、仏教初伝に関する二つの話の関係はどう理解すればよいだろうか。かつて述べたように、(125)これを解明する鍵になるのは、多須那の出家についての記述だと考えられる。多須那は、この推古十四年五月条では、橘豊日天皇、すなわち用明のために出家したとされている。実際に、用明二年四月条には、「天皇の瘡、転盛し、将に終らむとする時、鞍部多須那〈司馬達等が子なり〉、進み奏して曰く、臣、天皇の奉為に出家して修道せむ。又丈六の仏像及び寺を造り奉らむと。天皇、為に悲慟す。今の南淵の坂田寺の木の丈六仏像、挟侍菩薩は是なり」とあって、多須那は用明の臨終に際して出家したと記され、それが坂田寺の仏像の起源説話として語られている。しかしながら、崇峻三年是歳条を見ると、多須那はこの年に出家した人物の一人として名が見え、その法名が「徳斉法師」であると記されている。『日本書紀』には、このように多須那の出家について二つの異なる所伝が記されていている。これは『日本書紀』編者たちのもとに多須那の出家についての二つの歴史が収集され、編者たちはそのどちらかを採るのではなく、双方を採ってしまったために発生した不具合だと理解される。

『日本書紀』には、二つの所伝が掲載される事項がもう一つある。それは仏舎利の話である。[126]敏達十三年条では、仏舎利は司馬達等が斎食の上から得て馬子に献上したもので、翌年、それが大野丘の北に建立された塔におさめられたと記されている。しかし、崇峻元年是歳条を見ると、この歳、百済国は使を派遣して仏舎利を献じ、あわせて僧、寺工、鑪盤博士、瓦博士、画工を献上したとあり、これをうけた蘇我馬子は法興寺を建立したという。ここの「法興寺」は飛鳥寺のことを指している。これによるなら、仏舎利は百済国から贈与されたのであり、飛鳥寺はそれを契機に創建されたものだという。『日本書紀』には、このように仏舎利についても二つの異なる所伝が記されている。

記事の来歴

以上の記述をどう読解するか。『日本書紀』では、最初期の仏教史に関する二つの系統の話がともに採用され、互いに矛盾する部分を含むにもかかわらず、最終的に双方とも掲載されたため、こうした事態になっているのだと私は考える。すなわち、A系統は、①日本の仏教は百済王から仏教に関する文物が贈与されてはじまったとし、②仏舎利は僧や技術者たちとともに百済国から贈与されたとし、③仏舎利をおさめたのは飛鳥寺だとし、④多須那の出家を崇峻三年のこととし、その法名を「徳斉法師」とする歴史であった。これに対し、B系統は、ⅰ日本の仏教は鹿深臣と佐伯連が百済から仏像をもたらし、善信尼ら三尼が出家してはじまったとし、ⅱ仏舎利は司馬達等が献上したものだとし、ⅲ仏舎利をおさめたのは大野丘の北に建立された塔だとし、ⅳ多須那の出家を用明二年のこととし、その法名は記述しない歴史であった。

B系統の歴史は、金剛寺（坂田尼寺）の寺院や仏像の起源説話になっているから、もとは金剛寺（坂田尼寺）の由緒として語られた歴史だったと考えられる。金剛寺の由緒には、ⅰ～ⅳ以外にも、鞍作鳥がよい仏像を造立した話、堂の戸を破壊せずに仏像を中に納めた話、寺に近江国坂田郡の田二十町が施入された話も含まれていた。また、蘇我馬子が主要な登場人物の一人になっており、最高権力者であった蘇我馬子と関係づけて金剛寺の歴史が語られていたことが知られる。司馬氏はおそらく蘇我氏の家臣で、坂田尼寺（金剛寺）は司馬氏の寺であった。しかるがゆえに、その由緒に司馬氏の主君として蘇我馬子が登場し、他方、後述の飛鳥寺の由緒の方に司馬氏が蘇我氏の家臣として登場するものと思われる。

では、その金剛寺の由緒はいつまとめられたものなのか。B系統の記述には、坂田寺の名称として「金剛寺」の寺号が用いられているが、地名によらない、こうした漢語、仏語を用いた法号は天武八年（六七九）以後に成立したものであるから、[127]そのもととなった由緒はそれ以降にまとめられたものとしなければならない。とするなら、金剛寺の由緒は、天武八年以降、すなわち『日本書紀』の編纂が開始されるのと同時代になってまとめられたものと考えられるだろう。

その金剛寺の由緒に、『集神州三宝感通録』を用いて加筆をし、『日本書紀』の文章を作っていったのは、他の仏教関係記事から判断して、『日本書紀』編者の作業と考えられるから、当初の金剛寺の由緒には、司馬達等が仏舎利を馬子に献上したとする話は含まれていただろうが、斎食の上に仏舎利が出現し、鉄の鎚で打っても砕けず、心に思うままに水中で浮沈したとする部分はまだなかったものと思われる。それにこうした仏舎利の証明譚を加えたのは、『日本書紀』編者による作業だったと判断される。

次に、A系統の歴史であるが、こちらは複雑な生成過程を経て、今『日本書紀』に見るものになっていると考えられる。そのもとになったのは飛鳥寺の由緒である。ただ、飛鳥寺は、後述するように百済国から仏舎利、僧、技術者が贈与されて蘇我馬子が寺院を建立し、仏舎利を安置して寺が創建されていった。飛鳥寺の由緒は、しかし、そうした記述に加えてその前史の部分がふくらまされて、歴史が古くに遡らされる記述が加えられていた可能性が高い。すなわち、蘇我稲目の時代にすでに百済王から稲目に対して仏教文物の贈与があり、それこそがわが国の仏教のはじまりになったと説かれていた可能性が高いように思われる。

『日本書紀』の編者は、それに増補、修訂を加えて、仏教文物の贈与の年次を末法第一年目に当たる年次に変更し、あわせて文物の贈与は百済王から稲目に対してではなく、百済王から欽明天皇に対してなされ、それが稲目に与えられたように改変した。そして、その上で、廃仏の話、廃仏との戦いの話が述作されていったと推考される。

再度の廃仏

次に、この記事に続く、敏達十四年二月〜三月〜六月〜八月条の再度の廃仏についての記事を検討したい。二月、蘇我馬子が患った。卜者に問うたところ、父の時代に祭った「仏神」が祟っているという。そこで馬子は、父の神(仏のこと)を祭祀することとし、石像を礼拝した。(128)この時、国に疫疾が流行し、多くの民が亡くなった。すると、三月、物部守屋と中臣勝海は「奏」して、これは蘇我氏が仏法を興行したためであると申し上げた。それをうけた敏達天皇は「詔」して、「灼然たれば、宜しく仏法を断つべし」と命じたという。廃仏令の発布である。先にも述べたように、ここで重要なのは、廃仏は守屋、勝海の二人の家臣の政策具申によるとはいえ、最終的には天皇の決断によって断行されていることである。『日本書紀』では敏達天皇は廃仏王として描かれており、しかるがゆえにその即位前紀に「仏法を信じず、文史を愛す」と記されている。

同月、守屋は自ら寺に行き、胡床に腰かけ、その塔を倒して焼き、仏像、仏殿を焼いて、仏像の焼け残りを難波の堀江に棄ててしまった。すると、その日、雲がないのに風雨があったという。守屋はさらに善信尼らを召喚して三衣を奪い取り、禁錮し、鞭打った。すると、天皇と守屋はたちまち「瘡」を患い、国に瘡を発して死ぬ者が満ちあふれ、患った人たちは身が焼かれ、打たれ、摧かれるようだと言って、泣いて死んでいった。老いも若きもこれは仏像を焼いた罪だと相語りあった。そして、八月、天皇の病は重くなり、大殿で崩じたという。

以上の『日本書紀』の記述には、次の特徴があることに気づく。第一は、それが中立、公正の立場ではなく、ある特定の立場、具体的には仏法護持派の立場から描かれていることである。廃仏が行なわれると、敏達はたちまち「瘡」の病を患い、亡くなってしまったという。これは報の思想に基づく記述で、仏罰が下ったというのである。こうした記述を行なった人物は、熱心な仏法護持者か、あるいは僧であったと考えられる。

第二は、この記述が中国の仏教文献を参照、模倣して書かれていることである。先にも述べたように、ここの「瘡」はただの病ではない。中国では「瘡」は「癩」と同様、悪業の報として患う病、つまり業病であった。『広弘明集』『法苑珠林』などでは、廃仏を行なった皇帝たちは「瘡」を患い、死んで地獄に堕ちたと記されている。「瘡」は、廃仏王が廃仏の報として受ける病であった。『日本書紀』の記述は、中国仏教のそうした思想に立脚して書かれている。

この記事は、そうであるなら、歴史的事実に基づく記述とは評価できない。敏達は廃仏を行なったため、バチが当たって「瘡」になって死んでしまったなどというのは、編者による述作と評価するよりないのである。

難波堀江という記号

ここで、「難波堀江」について触れておきたい。この記事では、廃仏は飛鳥あるいはその周辺に存在したように記されている蘇我氏の「寺」を対象に断行され、仏像の焼け残りは「難波堀江」に棄てられたと記されている。だが、飛鳥から難波まではかなりの距離がある。飛鳥から難波まで焼け残りを棄てに行くというのは現実離れした記述と言わざるをえない。また、欽明十三年十月の仏教伝来記事でも、廃仏は向原の寺を対象に行なわれているが、仏像は「難波堀江」に棄てられたと記されていて同様の疑問がある。両者口をそろえて「難波堀江」とするのも不審である。なぜ、こうした記述になっているのか。

『日本書紀』の一連の仏教関係記事において、「難波」が関係してくるのは、①大別王の寺、②四天王寺の二つである。このうち①は、敏達六年冬十一月条に、「百済国王、還使大別王等に付して、経論若干巻、幷せて律師、禅師、比丘尼、呪禁師、造仏工、造寺工、六人を献る。遂に難波の大別王の寺に安置す」と見える難波の寺である。だが、大別王は他に所見のない系譜不明の人物で、その難波の寺も詳細不明である。(129)一方、②については、崇峻前紀に、馬子が守屋を征めた時、若き厩戸皇子が参戦し、白膠木で作成した四天王像を頂髪に置いて、敵に勝てたなら護世四王のために寺塔を建立しましょうと誓願したとある。そして、戦勝後、「摂津国に四天王寺を造る」とあり、さらに推古元年是歳条に「始めて四天王寺を難波の荒陵に造る」とあって、四天王寺の造営開始が明記されている。さらに、それに続けて推古二年二月朔日条に「皇太子と大臣に詔して、三宝を興隆せしむ」とあって、三宝の興隆が宣言されている。三宝興隆の詔である。

『日本書紀』では、四天王寺は大きくとりあげられており、守屋を滅ぼした馬子が飛鳥寺を、厩戸皇子が四天王寺を建立したと記され、四天王寺の造営は三宝興隆の詔とともに語られている。こうした記述は、これまで説かれてきたように、『日本書紀』編纂の際に用いられた四天王寺の由緒によるものと見ることができるが、(130)(131)それは「四天王寺」という漢語、仏語による法号を用いているところから、天武朝以降に作られた由緒とすべきである。さらに、それは『日本書紀』の一連の仏教関係記事のストーリーの根幹に関わっているから、『日本書紀』編纂作業と同時並行的に作成された由緒と見るべきだろう。

　以上、不明の部分が残るが、『日本書紀』の「難波堀江」は、もとは①もしくは②に連関して言及されていたものと理解せざるをえない。このうち、①については情報が乏しく、無関係と言い切れないものの、連関する可能性は低いと判断するのが妥当だろう。とするなら、「難波堀江」は②に連関する記号であった可能性が高いように思われる。「難波堀江」は、もとは四天王寺の由緒の中で語られた場所であったが、『日本書紀』を編纂する過程の中で、それが敏達十四年三月条の記述に分割、転用され、さらには欽明十三年十月条の記述にも同様に転用されたものではないかと推定しておきたい。

廃仏派との対立の激化

　さて、敏達と守屋の瘡の罹患、敏達の死去によって、抗争は終息に向かうのかと思いきや、さにあらず、用明紀〜崇峻前紀において、両派の抗争は決定的な対立をむかえ、決戦へと進んでいく。用明二年四月条では、用明が病気になると、

　天皇、群臣に詔して曰く、「朕、三宝に帰せむと思ふ。卿等議せ」と。群臣、朝に入りて議す。物部守屋大連と中臣勝海連と、詔に違ひて議して曰く、「何ぞ国神に背きて他神を敬はむ。由来、斯の若き事を識らず」と。蘇我馬子宿禰大臣曰く、「詔に随ひて助け奉るべし。詎か異なる計を生さむ」と。


とあって、対立はますます深刻になっていったという。

　ここの記述については、早く飯田武郷が説いたように[132]、守屋と勝海の「議」を「違詔（詔に違ふ）」と書き、一方の馬子の発言を「随詔（詔に随ふ）」と書くのは明らかに作為的で、この文が仏法護持者の立場から書かれたものである

ことが知られる。さらに、私は「議」の語およびその形式による論述の進め方も編者による述作だと考える。川尻秋生の研究によれば[133]、日本古代の政務処理関係の史料には「議」の語が散見されるが、それは中国の「議」[134]の制を導入したもので、具体的には『「議」』とは皇帝の意志決定を行なうための意志聴取手段で、皇帝の諮問を受けて、官人個人が自分の意見を議状に書き記し、直接皇帝に提出」するという形式の政務処理方法だったという。日本では、奈良時代に「議」の制が存在したが、実施事例は多くなく、必ずしも定着していなかったという。だが、平安時代になると多くの実施事例が確認でき、特に礼の問題に関する疑義を解決するため「議」がしばしば実施されたという。従うべき説得的な見解と思われる。

では、この用明二年条はどう評価されるだろうか。この時本当に「議」が実施されていたとしたなら、日本における飛びぬけて早い「議」の実施事例ということになる。しかし、事実はそうではあるまい。その後の歴史の展開から判断して、六世紀末の日本にすでに「議」の制が導入、実施されていたとは考えがたい。ここで想起されるのが、『高僧伝』「竺仏図澄伝」および『広弘明集』巻六に記載される石虎による「議」である。彼は人々の仏教信仰を許可するか否か、「議」を行なったという。「竺仏図澄伝」には、「虎、書を下して中書に問ふて曰く、(中略)里閭の小人、爵秩無き者、応に仏に事ふるを得べきとなすや否や。(中略)真偽を詳議すべし」とあり、これに応じた中書著作郎の王度が意見を「奏」すると、石虎は「書を下して曰く、度の議に云く、仏は是れ外国の神なり(後略)」と応じたという。同じ話は『広弘明集』にも見え、内容はほぼ同一であるが、最初に「後趙の中書太原王度奏議の序」と表題が記され、王度の意見を「奏議」と表現している。そして彼の意見が引用された後に、「朝士多く此の議に同じ」と記されている。「竺仏図澄伝」も、『広弘明集』も、石虎による諮問、および王度らによる奏上が「議」の形式をとる政策論議であったことを明確に記述している。

『日本書紀』仏教伝来記事の仏教を受容するや否やの部分は、先に述べたように「竺仏図澄伝」もしくは『広弘明集』の記述を参照して述作されているが、用明二年条の「議」およびその形式に基づく論述の進め方も、同様にこの記述を参照して書かれたものとするのが妥当である。

廃仏との最後の戦い

次に崇峻紀に進みたい。崇峻紀は分量が少ないが、仏教関係としては物部守屋征伐、飛鳥寺の創建の二つの重要な記述がある。崇峻紀は他に重要な記述がほとんどなく、この二つを中核に構成されていると言ってもよい。守屋征伐に関する記述から見ていこう。

崇峻前紀の秋七月、蘇我馬子は諸皇子と群臣たちに物部守屋を滅ぼす策謀をもちかけ、賛同者たちとともに渋河の守屋の家《やけ》を攻撃した。だが、守屋は大変強く、苦戦になってしまった。その時、厩戸皇子は額で髪を束髪〈古俗で年少児の十五、六の髪の姿〉にし、軍の後方に従っていた。そして、この戦いは願をかけないと勝利は難しいと考え、白膠木で四天王像を作って頂髪に置き、敵に勝てたなら護世四王のために寺塔を建立しましょうと誓願した。蘇我馬子も、諸天王、大神王に勝利できたなら寺塔を建立して三宝を流通させましょうと誓願した。すると、守屋を射堕とすことができ、勝つことができた。その後、厩戸皇子は摂津国に四天王寺を造立し、守屋所有の奴の半分と宅《やけ》を分けとって寺の奴、田荘とした。蘇我馬子は、本願によって飛鳥の地に法興寺を建立したという。

さて、ここの記述は物語性が強く、諸先学が歴史的事実とは見なしがたいとする見解を述べている。久米邦武は、十四歳の皇子が守屋の討手に加わるとは考えがたく、太子には守屋を敵視した事実はないとし、四天王像を作って頂髪においたというのは「演本小説」で、「事実としては受取られぬ戯談」であり、『日本書紀』の記述は「四天王寺の縁起」が寺を聖徳太子の創基に仮託しようとしたことによると論じた。[135]境野哲（黄洋）も、「『書紀』の書き方は、決して十分の信用は出来ぬ」とし、十四歳で戦場に臨んだとか、四天王像を刻んだなどというのは「後からのつけたりかも知れぬ。あまりに話しが演劇《シバイ》めいて居るではないか」と述べている。[136]津田左右吉は、この話は四天王寺の縁起として記されるもので、「説話」であるが、それは『金光明経』四天王品の怨賊退散の思想によって作られたもので、虚構の物語だと論じた。[137]福山敏男は、ここの記述は「四天王寺の縁起」から出たもので、「その叙述の余りに精細であることや、またその劇的な色彩からも、大部分が架空の物語であることは直ちにわかる」と断じている。[138]これらを承けた村田治郎は、研究史を回顧し、四天王寺縁起に基づくこれらの記述は、「どう見ても造られた物語りであって、事実から遠い」と述べている。[139]加藤謙吉は、「筋立てがきわめて説話的である点で、歴史的事実をそのまま伝えたものとは考えがた」く、「四天王寺の古縁起」による造作があると論じている。[140]

その中で、藪田嘉一郎はその四天王寺縁起がいつ成立したのかを考証し、この話に『金光明経』に基づく四天王信仰が見られることから、天武朝の末年以降に成立したものだと論じている。[141]これは注目すべき見解と思われる。ただし、私は文書としての四天王寺縁起が作成されて『日本書紀』の編者に提出され、それを資料に『日本書紀』が記述されたとは考えていない。藪田が説いたように、ここの四天王に関する話は成立年代がかなり下り、『日本書紀』の編纂時期と同時期になってくる。しかも次項で述べるように、「白膠木」は『金光明最勝王経』には見えるが、『金光明経』には出てこない。そうであるなら、白膠木で四天王像を造ったという話の成立は、『日本書紀』編纂の最終段階にまで時期が下る。『日本書紀』の四天王寺創建に関する記述は、『日本書紀』の一連の仏教関係記事に密接不可分に連関している。ならば、四天王寺の由緒と『日本書紀』の一連の記述とは、同時並行的に作成されていったと見るのが妥当であろう。

白膠木

この話で注目されるのは次の二点である。一つは白膠木で四天王像を作ったというくだりである。白膠木は和名「ぬるで」で、ウルシ科の植物。『新編日本古典文学全集　日本書紀』頭注は、『新撰字鏡』（昌住撰、昌泰年間の成立）に「奴利天」とあって、平安時代には「ぬりで」と呼ばれていたことを指摘し、「ヌリ（塗り）デ（材）の意か」とする。久米邦武は、「白膠木は、倭名ぬりて、異名を勝軍木という香脂にて、木材にはあらず。（中略）李時珍の註に、俗呼二香楓一、金光明経謂其香為二須薩折羅婆香一、即此木謂レ漆也、とある」と述べ、『釈日本紀』には「有霊之木」とあって、霊木と考えられていたと指摘した。そして、この木で四天王像を作ったというのは「勝軍木に縁みたる落想なり」と論じている。[142] 前記頭注は、『下学集』（東麓破衲撰、一四四四年成立）に「勝軍木」の名が見えることを指摘している。ただし、「勝軍木」なる異称は室町時代以降の史料に見られることから、後世の名称とすべきで、『日本書紀』のこの話によってそう呼ばれるようになった名だと思われる。むしろ注目されるのは、「白膠」が複数の仏典に登場し、とりわけ金光明経に見られることである。ただ、村田治郎が指摘したように、[143] 金光明経と言っても、旧訳の、曇無讖訳『金光明経』にはこの語が見えず、宝貴訳『合部金光明経』、および義浄訳『金光明最勝王経』にこの語が見られる。

『金光明最勝王経』「大弁才天女品」には、諸悪障難を除滅するという「洗浴之法」のやり方とその効能が詳しく述べられている。この修法では「香薬三十二味」が用いられるが、その中の一つとして「白膠〈薩折羅娑〉」が記されている。そして、「洗浴之法」を行なえば、病苦、貧窮から脱出し、財宝を獲得し、また威神に擁護され、延年を得て、災変厄難が除かれるという。『金光明最勝王経』では、白膠はこのように特別な力を持つ香木の一つとして記載されている。白膠は、他にも『陀羅尼集経』『仏説大孔雀呪王経』『不空羂索神変真言経』『観自在菩薩随心呪経』『仏説文殊師利法宝蔵陀羅尼経』などの密教系の経典に、特別の力を持つ香木として名が見える。日本では、真言宗において、ぬるでが護摩木に用いられているが、これはインドボダイジュ、ウドンゲノキがない中国において、もっぱら白膠が護摩木に用いられ、それが日本に伝えられたことによるという[144]。『日本書紀』で「白膠木」が四天王像の材に用いられているのは、「白膠木」が特別の力を持つ霊木と考えられていたからで、それは中国仏教的な樹木観に基づく記述と理解してよい。

また『日本書紀』では、厩戸皇子は「必ず護世四王の奉為に寺塔を起立せむ」と誓願している。ここの「護世四王」は四天王のことで、多くの仏典に用いられる語であるが、『金光明最勝王経』(『金光明経』『合部金光明経』にも)でもこの語が用いられている。

以上、『日本書紀』の守屋征伐の場面には、四天王信仰に立脚したストーリーが見られるが、四天王信仰は『金光明最勝王経』に顕著に見られるし、「白膠木」の語や「護世四王」の語も同経に見られる。ここで想起されるのは『日本書紀』仏教伝来記事である。そこでは『金光明最勝王経』を用いて文章が作られていた。小島憲之によれば、『日本書紀』には他にも同経を用いて文章が作られている箇所があり、それらは巻十五、十六、十七、十九、二十、二十一にわたっているという。そして、「これ等の諸巻は最勝王経語に関する限りでは、同一人物の筆と断定できる」という[145]。私は、先に述べたように、仏教伝来から三宝興隆の詔に至る『日本書紀』の仏教関係記事は、一つのストーリーのもとに構成された一連の記事になっていると読解している。それは、「末法 ⇓ 廃仏 ⇓ 廃仏との戦い ⇓ 仏法興隆」という筋立てになっているが、仏教伝来記事では『金光明最勝王経』が用いられて文章が作られていた。さすれば、白膠木で四天王像を作ったという記述も、同様に『金光明最勝王経』の思想と用語に基づいて記述されたものとしてよいだろう。

束髪の意味

もう一つ注目されるのはこの時の厩戸皇子の髪型で、「束髪於額」と記され、それが注で「古俗、年少児、年十五六間、束髪於額」と説明されていることである。ここで考えなければならないのは、厩戸皇子の年齢である。『日本書紀』は推古二十九年〈辛巳〉二月五日〈癸巳〉条に厩戸皇子の死亡記事を載せるが、年齢の記載はなく、『日本書紀』においては彼の生年や年齢は未記載、不明になっている。ただ、ここに「年十五六間」とあるので、この時、彼が十五歳もしくは十六歳で、おそらくは十六歳であったろうとする理解が早くから行なわれた。

四天王寺は、『日本書紀』において厩戸皇子建立の寺院として大きく記されたことから、寺の中心に聖徳太子信仰が位置づけられ、奈良、平安、鎌倉時代を通じて聖徳太子信仰が発展、隆盛していった。そこでは守屋合戦の時の太子の年齢は十六歳とされ、十世紀に四天王寺もしくはその周辺で成立したと推定される『聖徳太子伝暦』において、その年齢は「是時太子生年十六」と明記された。

聖徳太子信仰は四天王寺と法隆寺を機軸に展開していったが、両者はライバル関係にあり、その基調には協調関係というより、むしろ対抗関係が存在した。そのため、この二つの寺では相手側の言い分を否定したり、吸収しようとする言説が唱えられ、その主張に適合するような法物が作成されて、複数の太子伝が著わされていった。四天王寺では、主に『日本書紀』の記述に立脚し、それを継承、発展させるような言説が展開していった。これに対し、法隆寺では、『日本書紀』における同寺の評価が低かったこともあって、『日本書紀』および四天王寺的な言説とは異なる説が唱えられた。その一つが死去年月日および年齢の問題である。法隆寺は厩戸皇子の死去年月日を推古三十年〈壬午〉二月二十二日〈甲戌〉であると主張し、守屋合戦の時の年齢は十四歳（『上宮聖徳法王帝説』）だったと主張した。彼の死去年月日や年齢をめぐっては、その後も決着がつかず、鎌倉時代になっても大きな論点の一つであり続け、太子の母（穴穂部間人皇女）の死去年月日の問題にまで論点が拡張されていった。

厩戸皇子の年齢については、このように異なる理解が存在したが、私は、『日本書紀』では、注に記載されているように、守屋征伐の時は十五、六歳の少年として描かれていると読むのが正しい読解だろうと考える。そこで想起されるのが月光童子である。月光童子は、先に述べたように末法思想が説かれる経典に登場する童子で、仏法が衰え、廃滅しようとする時にこの世に出現（出世）して末法、廃仏から人々を救い、五十二年間にわたるすばらしい統治を行なうとされる人物であった。彼は廃仏と戦う童子であったが、『仏説徳護長者経』『仏説月光童子経』ではその時十六歳だったと記され、また『首羅比丘経』『仏説般泥洹後比丘十変経』では、彼は「法王」とも表記されている。私は、『日本書紀』の厩戸皇子の人物像は、この月光童子の人物像に重ねあわせるようにして造型されていると推定している。厩戸皇子が守屋征伐の時、髪を額で「束髪」にしていたとする記述は、彼がその時十五、六歳の童子であったことを示す記号として書き込まれたものと理解される。

仏舎利の伝来と飛鳥寺の創建

崇峻元年是歳条には飛鳥寺の創建のことが記述されている。飛鳥寺は、この条に至るまでの話の展開によるなら、馬子が守屋を滅ぼした後、戦いの際に誓願した諸天王、大神王のために建立した寺院ということになる。厩戸皇子建立の四天王寺とペアになる寺院という筋立てである。だが、崇峻元年是歳条には、そうしたストーリー展開から少し離れて、次のような注目すべき記述が見られる。

是の歳に、百済国、使幷せて僧恵総、令斤、恵寔等を遣して、仏舎利を献る。百済国、恩率首信、徳率蓋文、那率福富味身等を遣して、調を進り、幷せて仏舎利、僧聆照律師、令威、恵衆、恵宿、道厳、令開等、寺工太良未太、文賈古子、鑪盤博士将徳白昧淳、瓦博士麻奈父奴、陽貴文、陵貴文、昔麻帝弥、画工白加を献る。蘇我馬子宿禰、百済の僧等を請せて、受戒の法を問ふ。善信尼等を以ちて、百済国使恩率首信等に付して学問に発遣す。飛鳥衣縫造の祖樹葉の家を壊ちて、始めて法興寺を作る。此地を飛鳥真神原と名く。亦の名は飛鳥苫田なり。

この歳、百済国は使を派遣して仏舎利を献じ、あわせて僧、寺工、鑪盤博士、瓦博士、画工を献じた。これに応じて、蘇我馬子は百済の僧に受戒の法について尋ね、善信尼らを百済に派遣し、法興寺（飛鳥寺）を建立したという。

これによるなら、飛鳥寺は、直接的には百済国から仏舎利などが贈与されたことを契機に創建された寺院ということになる。飛鳥寺では、昭和三十年（一九五五）から発掘調査が行なわれ、大きな成果がもたらされた(149)。それによれば、同寺は、①一塔三金堂の伽藍配置であり、②東金堂と西金堂の基壇は二重基壇で、上成基壇と下成基壇の両者に礎石が配されており、③塔の心礎は地下式で、舎利等が埋納されていた。

飛鳥寺は、建久七年（一一九六）、落雷によって塔が焼亡してしまったが、その時、当時の僧たちによって塔の地下の発掘が行なわれ、百余粒の舎利および金銀器物などが取り出された。その後、そのうちの一部が新しい舎利容器に納められ、それが木箱に入れられ、さらに石櫃に納められて塔の地下に埋め戻された。それが昭和の発掘で出土した。さらに、地下二・七㍍の位置からは心礎が発見され、それに舎利孔があることが確認された。舎利は、創建当初、容器に納められて心礎のこの部分に埋納されたものと考えられる。また、金銀の小粒や延板、勾玉、管玉、トンボ玉、切子玉、空玉、小玉、金銅製垂飾、鎧、蛇行状鉄器、馬鈴など、鎌倉時代に取り出されなかった遺物が多数出土した。

韓国では、塔の心礎から、あるいは石塔が解体修理される際に、舎利容器や舎利荘厳具が発見される事例が少なくない。皇龍寺の木塔（ただし舎利内函の「刹柱本記」と呼ばれる銘文は八七三年の再建時のもの）、芬皇寺の石塔、感恩寺の西塔（三層石塔）、皇福寺の三層石塔、陵山里廃寺の木塔（ただし舎利龕のみ出土し、その内部は盗掘により失われていた）、王興寺の木塔、王宮里の五層石塔、弥勒寺の西塔（石塔）などである。このうち、王興寺、弥勒寺の舎利容器は近年の発見である。その成果については本書第Ⅵ章で確認するが、王興寺の出土遺物[150]には飛鳥寺の遺物に影響を与えたと推定されるものが見られ、鈴木靖民、田中史生は、王興寺から飛鳥寺への強い影響や両者の連関性について論じている[151]。

飛鳥寺は、前述の①②③の特色から、朝鮮半島の寺院の強い影響のもとに建立された寺院であることが明らかである。さらに、近年の韓国における寺院址調査の成果を参勘するなら、百済、新羅の古代寺院においては、舎利は極めて重要な聖なる物品であり、塔はそれを安置する施設として建立されていた。飛鳥寺においても舎利は要の物品として安置されていた。飛鳥寺は日本最初の本格的寺院であり、これを建立するには特別な知識、技術、能力が必要となるから、専門的技術の伝来、外国人技術者の渡来が不可欠の要件となる。崇峻元年是歳条の、百済から仏舎利、僧、技術者が贈与され、それを契機に飛鳥寺が創建されたという記述は、何らか歴史的事実に基づく記述である可能性が高い。大山誠一が近年論じているように[152]、仏教伝来の歴史的事実は、この仏舎利、僧、技術者の贈与による飛鳥寺創建の話を基軸に考察しなければならないだろう。

『日本書紀』は、飛鳥寺の創建について、崇峻前紀では、馬子が守屋との戦いに勝利し、その時の誓願にしたがって建立されることになったと述べる。これに対し、崇峻元年是歳条では、百済国から仏舎利、僧、技術者が贈与され、それを契機に建立されたと述べる。この両説をどう評価すべきか。これまでの考察によるなら、後者が歴史的事実に基づく記述だと判断され、他方、前者は編者による述作と判断するよりない。飛鳥寺の創建は、百済国からの文物、人材の贈与を基軸に理解すべきである。

蘇我馬子の地位

崇峻元年是歳条では、百済国は蘇我馬子を国家の外交の相手とし、馬子もそれに応じている。しかしながら、仏舎利などの贈与は、本来、相手国の君主に対してなされるべきであろうし、それに応じて寺院を建立するのも君主であるべきだろう。それが蘇我馬子に対してなされているというのはどういうことか。

仏教の日本への伝来と興隆は、蘇我氏によるところが極めて大きかった。蘇我馬子こそは、日本の仏法興隆の中心人物と言わねばならず、彼が建立した飛鳥寺は、仏教の受容と興隆を内外に宣言する記念碑的建造物であった。これまでも、仏教は蘇我氏を中心に受容されてきたと説かれてきたから、こうした理解はこれまでの理解の延長線上にあるものだが、しかし蘇我氏の役割の大きさはこれまで以上に特筆されてしかるべきだろう。

そこであらためて考察しなければならないのが蘇我氏の地位である。一般には、『日本書紀』の記述にしたがって、蘇我馬子は君主とは別に大きな政治的権力を持つ存在で、しばしば実質的な最高権力者だったと説かれてきた。しかし、そこで問題になるのは形式的な権力の所在である。百済国は蘇我馬子を公式の外交の相手としているし、崇峻はまもなく馬子に殺害されるも、馬子は謀反の扱いを受けず、何事もなかったかのように政治過程が進展している。これは一体どういうことなのか。蘇我馬子は、実質的な最高権力者であるのみならず、形式的にも最高権力者、つまり君主だったのではないか。そう考えれば、百済との外交もストレートに理解できるし、飛鳥寺の建立も、蘇我氏の氏寺としてではなく、国家的寺院の建立として理解することができる。

『日本書紀』は、天皇家がアマテラスなる神の子孫であることを神話的に述べ、天皇家のみがこれまで君主であり、これからも君主たりうることを主張している。しかし、『日本書紀』が書かれた七二〇年まで、天皇家以外の人物が君主として日本列島に形成された国家を統治したことがなかったというのは普通にはありえないことだろうし、天皇家が神の子孫だなどというのも歴史的事実ではない。いずれも政治的主張なのである。私は、『日本書紀』の記述から一度離れて古代政治史を再考すべきだと考えるし、蘇我氏の地位については、君主の可能性(153)を視野に入れて再考しなければならないと考える。

三宝興隆の詔

最後に推古紀を見ていこう。崇峻五年十一月、崇峻天皇は蘇我馬子に殺されたという。翌十二月、推古天皇が即位したという。その条に続けて、元年正月条には、仏舎利を法興寺（飛鳥寺のこと）の刹柱の礎（心礎のこと）の中に安置し、刹柱を立てたという記述がある。続けて、四月には厩戸皇子を立てて皇太子にし、政務を録摂せしめ、万機を委ねたとあって、その後に彼の略伝が掲載されている。橘豊日天皇の第二子であること、母が厩の戸に当たって労せずしてたちまち生まれたこと、生まれてすぐに言葉を話したこと、一度に十人の訴えを聞いて誤まらずに聞き分けたこと、未来を予知することができたこと、内教を高麗の僧慧慈に習い、外典を博士学哿に学んだこと、父は彼を愛し、宮の南の上殿に住まわせたことなどである。この歳、四天王寺を難波の荒陵に造立したという。

それに続けて、翌二年二月条には、「皇太子と大臣に詔して、三宝を興隆せしむ」とある。三宝興隆の詔である。以後、推古紀においては、皇太子と大臣によって仏法（三宝）を尊重する政治が行なわれ、仏法が興隆していったとする記述が続いていく。こうして欽明十三年十月条の仏教伝来にはじまる最初期の仏教史は、いくつかの困難に直面したものの、それらをすべて克服し、ここに大団円をむかえるところとなった。では、その画期となる出来事になっている三宝興隆の詔は、どう評価できるだろうか。

ここで想起されるのが、北周から隋への移行期における三宝興隆の政策とその詔である。先に述べたように、北周の武帝の廃仏は彼の死とともに終焉した。『広弘明集』巻十によれば、武帝の死をうけて即位した宣帝は、大成元年（五七九）正月十五日、「弘く玄風を建て、三宝を尊重す。特に宜しく修め敬ふべし。法の化は弘く広くして、理として帰崇すべし」（大正五二、一五六ｃ）と詔した。三宝尊重の詔である。二月二十六日、宣帝は早くも退位し、わずか七歳の静帝が皇帝になったが、その静帝も「仏法は弘大にして、千古共に崇む。豈に沈隠捨てて行はざることあらむや。今より已後は王公已下幷に黎庶に及ぶまで、並びに宜しく事を修め、朕が意を知るべし」（同）と勅して、仏法の復興を宣言した。こうして、仏教、そして道教が再興していった。この時期、政治の実権を握ったのは外戚の楊堅であったが、大定元年（開皇元年、五八一）、彼は帝位に即き、北周が滅んで隋が成立した。楊堅すなわち隋の文帝は、仏教の信心が篤く、以後二十余年にわたって仏法興隆の事業を熱心に推し進めていった。費長房『歴代三宝記』巻十二（大正四九、一〇八ａ）によれば、開皇十一年（五九一）、「朕、位人王に在りて三宝を紹隆し、永く至理を言ひて、大乗を弘闡せむ」という三宝紹隆の詔を発布したという。

日本の三宝興隆の詔は、この隋の文帝の三宝紹隆の詔の影響を受けて、その三年後にあたる推古二年（五九四）に発布された詔であるとする見解もあるが[154]、単純にそう考えることはできないと考える。ここで重要になるのが『日本書紀』の文脈の的確な読解である。三宝興隆の詔は、馬子、厩戸らによって守屋が征伐され、その結果、法興寺（飛鳥寺）、四天王寺が建立されるに至ったという状況をうけて発布されている。廃仏派の中心人物が滅び、戦いの際の誓願に基づいて二つの寺院が建立され、仏法興隆がようやく軌道に乗ったという段階になって発布されている。したがって、それは守屋征伐や、その前提となっている敏達の廃仏に直接接続するものになっている。「末法 ⇓ 廃仏 ⇓ 廃仏との戦い ⇓ 仏法興隆」という展開の、その帰結として三宝興隆の詔が発布されているのである。この展開は、先にも述べたように、北周の武帝による廃仏〜廃仏との戦い〜隋の文帝による仏法興隆と進展していった、北周から隋にかけての仏教史を念頭に置いて、それをモデル化して模倣した構成になっている。また、その底流には末法の時代に入ったという時代認識が包含されている。三宝興隆の詔は、一連の記事の一つとして記述されており、『日本書紀』の編者が宣帝の三宝尊重の詔や文帝の三宝紹隆の詔を参照して述作したものと評価しなければならないだろう。

六 『日本書紀』の仏教関係記事の構想と道慈

『日本書紀』の仏教関係記事の構想

『日本書紀』の関係する記述を読み進めてきた。ここで、これまで論じてきたことをまとめておこう。一つは、繰り返し述べてきたように、仏教伝来記事にはじまる『日本書紀』の仏教関係記事が、全体として一つの構想のもとに構成された記述になっていることである。それは、「末法 ⇓ 廃仏 ⇓ 廃仏との戦い ⇓ 仏法興隆」という劇的な展開をとっており、編者たちの綿密な構想のもとに構成されたものになっている。私は、これらの記述は創作史話と評価するのが妥当だと考えている。それらは、仏教伝来記事以前の欽明紀の記述や、巻九神功皇后紀の記述とも内的に密接に連関しており、降っては巻二十三舒明紀以降の記述をも規定しているから、『日本書紀』の多くの巻に連関が及んでいる。だが、その中核部分は、巻十九欽明紀〜巻二十二推古紀におさめられているとしてよいだろう。

もう一つは、そうした中で、百済国から仏舎利、僧、技術者が贈与されて飛鳥寺が創建されることになり、仏舎利が心礎の中に安置され、刹柱が建てられて、寺が建立されたとする記述については、飛鳥寺の発掘調査の成果、および韓国における古代寺院址の調査の成果から考察して、信憑性が高いと評価されることである。飛鳥寺が百済国からの文物、人材の贈与によって建立されたとする記述は、何らか歴史的事実に基づくものと認めてよい（本書第Ⅵ章参照）。

『日本書紀』編纂過程において、当初、編者たちの手元にあったのは、百済国から仏舎利、僧、技術者が贈与されて、蘇我馬子によって飛鳥寺が創建されたという情報で、それは飛鳥寺の由緒として語られたものだったと思われる。そこには、また、渡来僧や技術者たちの名も記されていたものと思われる。ただ、飛鳥寺の由緒は、すでにその段階で蘇我馬子以前の時代にも言及があった可能性が高く、馬子の時代に先立って、蘇我稲目の時代に百済国から仏教文物の贈与があったとする話が含まれていた可能性が高い。それが何らか歴史的事実に基づく話なのかどうかは難解であるが、それについては仏教伝来戊午年説の評価という観点から、本書第Ⅴ章、第Ⅵ章においてあらためて考察することとしたい。

『日本書紀』の編者たちは、その飛鳥寺創建の話に、末法第一年目の仏教伝来から三宝興隆の詔に至る一連の史話を創作し、それらを前後に付加して、歴史を改変していった。その際、仏典、仏書が複数用いられて、『日本書紀』の文章が作成されていった。

述作者の推定

では、そうした作業を行なったのは誰なのか。『日本書紀』の仏教伝来記事にはじまる一連の記述には、次の特色があることに気づく。第一は、先にも述べたように、それらが中立、公正の立場ではなく、ある特定の立場、具体的には仏法護持派の立場から書かれていることである。こうした記述を行なった人物は、熱心な仏法護持者か、あるいは僧であったと考えられる。

第二は、それらがいくつもの仏典、仏書を用いて書かれていることである。そこには『金光明最勝王経』が用いられており、また道宣『広弘明集』『集神州三宝感通録』『続高僧伝』『集古今仏道論衡』、道世『法苑珠林』、慧皎『高僧伝』が参照されていることも確実である。さらに、『大般涅槃経』序もしくは『無量義経』や、月光童子に関する経典も参照されている可能性が高い。こうした記述をなしうるのは、仏法護持者というより、むしろ僧とすべきだと考えられる。『金光明最勝王経』は、義浄によって長安三年（七〇三）に長安の西明寺において漢訳されたものであるが、それは『日本書紀』が完成、奏上される養老四年（七二〇）のわずか十数年前のことであった。また、道宣、道世といった西明寺で活躍した僧の著作が多く参照されている。そうだとすると、その僧は、一般の僧というより、長安の西明寺の仏教に精通した僧であり、唐に留学経験のある僧である可能性が高いと考えられる。彼は、『金光明最勝王経』に深い理解と共感を有していた。

第三は、それらが北周～隋の仏法興廃の歴史を模倣し、それをモデル化して書かれていることである。また、そこには廃仏と連関して認識された末法についての深い理解が見られる。『日本書紀』の仏教関係の記述には、その基底部に末法思想が流れているのである。そうした記述をなしうるのは、隋唐仏教の歴史と教学に深い理解を有する学僧とすべきであり、唐に留学経験のある僧の可能性が高いと考えられる。

道　慈

井上薫は、『日本書紀』仏教伝来記事を分析して、これを述作した人物は道慈であろうと論じた[155]。氏は、まず『金光明最勝王経』を日本にもたらした人物は誰かと問い、それは唐の西明寺に留学した道慈にほかならないとした。そして、この記事の述作者は一流の仏家で、経典理解や文章能力に秀でた人物でなければならず、『金光明最勝王経』との関係を考えるなら道慈その人としなければならないと論じた。氏は、続けて『日本書紀』の他の条、すなわち敏達十三年是歳条、敏達十四年二月、三月、六月条、用明二年四月条の述作にも道慈の関与が認められると説いた。井上の論はその後の研究に大きな影響を与え、私も氏の見解を継承、発展させる論を提起してきた。(156)『日本書紀』の仏教伝来にはじまる一連の記述は、僧によって書かれたものと見るべきであり、唐に留学経験のある学僧の手によるものと見るのが妥当である。道慈は大宝二年（七〇二）に唐に留学し、明哲を歴訪して、西明寺で修学、もしくは西明寺の仏教を外から学んで、養老二年（七一八）に帰国した。『懐風藻』に残る道慈の詩文には、道宣『続高僧伝』、玄奘関係の書物など、西明寺の仏教からの強い影響がうかがえる。帰国後、彼は国家の仏教の屋台骨を支える僧として活躍し、国家の仏教行政に深く関わっていった。

天平七年（七三五）から十年にかけて「豌豆瘡〈俗に裳瘡〉」が大流行し、多くの人々が亡くなった。その様相は『続日本紀』に詳述されているが、流行がはじまると、政府は神祇に祈り、諸寺にて『金剛般若経』を読経させた。大宰府は「疫瘡」の犠牲者が多いため調を免除してほしいと言上し、許された。そうした中、八年二月には、玄昉と道慈が褒賞され、封戸、田、扶翼童子が与えられた。その後、疫瘡の流行は一時沈静化したが、九年になると再燃し、九州ばかりでなく、都でも多くの犠牲者が出た。三月三日、詔があって国ごとに釈迦三尊像を造り、『大般若経』を写経することが定められた。四月八日、道慈の提案により、それまで大安寺で私的に行なわれてきた『大般若経』転読を国家の儀礼とし、恒例の行事とすることが許された。しかし、四月十七日には藤原房前が死去し、これをはじめとして多くの皇族、貴族が亡くなっていった。五月一日、宮中にて『大般若経』が転読され、八月二日には全国の僧尼に月に二、三度『金光明最勝王経』を読ませることとし、六斎日の殺生を禁断した。八月十五日、天下太平国土安寧のために宮中にて『大般若経』『金光明最勝王経』を転読させ、九七八人を得度させた。八月二十六日、玄昉を僧正。十月二十六日、道慈を招いて講師とし、『金光明最勝王経』を大極殿にて講説させた。十年四月には、国家隆平のため、諸国で『金光明最勝王経』を転読させた。

こうした疫瘡への対応を見ていくと、当時の政府が『金光明最勝王経』を重視していたこと、この経典宣揚の中心に道慈が立っていたことは明らかである。また、道慈、そして政府が「瘡」は報であるとする思想を持ち、これに対応するには仏教の力に頼るよりないとする考え方を有していたことも看て取れる。こうした思想に立脚して、国分寺国分尼寺が造立されることになるのである。(157)

以上、道慈は政府から重視されて国家の仏教の中枢に立っており、『金光明最勝王経』宣揚の中心人物であり、また西明寺の仏教を学び、これを日本に将来した人物であった。ここから『日本書紀』仏教伝来記事にはじまる一連の関係記事を述作した人物は、道慈とするのがもっとも蓋然性が高いと推考される。

道慈の述作

道慈は養老二年に帰国した。『日本書紀』の完成、奏上は養老四年であるから、道慈は『日本書紀』編纂の最終段階で、編纂作業に加わったということになる。『日本書紀』は複数の著者によって書かれているから、道慈もその中の一人にすぎないということになるが、最終段階において複数の巻に横断的に手を入れており、『日本書紀』編纂の根幹部分に関わった一人と位置づけることができる。

道慈が筆を入れる以前の未定稿には、すでに、①百済から仏舎利、僧、技術者が贈与されて飛鳥寺が創建されることになり、心礎に仏舎利が安置され、刹柱が建てられて、寺が建立されたとする話、②鹿深臣らが百済から仏像をもたらし、司馬達等の娘ら三人の少女が出家して善信尼ら三尼が誕生し、これがわが国の仏法のはじまりになったとする話が記されていたものと思われる。

道慈は、②に筆を入れ、『集神州三宝感通録』を用いて、斎食の上に仏舎利が出現し、それを鉄の質の上に置いて鉄の鎚で打っても壊れず、心に思うままに水中で浮沈したとする話を書き加え、これが本物の仏舎利であることを示した。この加筆は、①の百済国から贈与された仏舎利を相対化するという意図からなされたものであったと考えられる。さらに、①の前に、末法第一年目に仏教が伝来してから三宝興隆の詔が発布されて仏法が興隆するに至るまでの一連の話を作って、適宜、各巻に配置していった。こうして、飛鳥寺が創建されて仏法が興隆したという歴史の上に、「末法 ⇓ 廃仏 ⇓ 廃仏との戦い ⇓ 仏法興隆」という創作史話が重ねられていった。これによって、①が日本の仏法の画期だとする説が相対化され、あわせて②を日本の仏法のはじまりだとする説も相対化されて、日本の仏法のはじまりは末法第一年目にあたる欽明十三年のこととなった。

その一連の史話では、四天王寺の由緒が廃仏との戦いの部分に用いられたが、同寺の由緒の作成は『日本書紀』の文章作成と同時並行的になされたものと見るべきで、四天王寺の由緒の作成にも道慈が関わっていたものと推考される。同寺が地名による荒陵寺から四天王寺という法号を名のるようになったのは、『金光明経』または『金光明最勝王経』に説かれる四天王信仰に依拠したものである。この法号が称されたのが、道慈帰国以前のことか、以後のことなのかは明らかではないが、前者であるなら、そのことが道慈と同寺とを結びつける契機になったであろうし、後者であるなら、道慈の影響によってこの法号が称されるようになったと考えられる。

道慈は、また、仏教伝来記事の、百済国が臣下の礼をとって日本の君主に仏像等を献上したとする話を正当化するために、そして朝鮮半島の国を自国よりも下位に位置づけたいとするナショナリズム的な思考から、百済が日本の天皇のために丈六仏を造ったとする話を作り、これを欽明六年九月条に配置した。さらに、神叡からの依頼を受け、あるいは神叡と共同で、中国の仏書を用いて、吉野寺の仏像の起源譚を創作して、仏教伝来直後の欽明十四年五月条に書き入れていった。

むすび

『日本書紀』仏教伝来記事には、長安三年（七〇三）に漢訳された『金光明最勝王経』の文章が用いられていることが早くから指摘されており、問題になっていた。また、この記事では、『金光明最勝王経』以外にも、複数の仏典、仏書が用いられて文章が作られており、さらに末法第一年目にあたる年次に記事が配列されていることも問題にされてきた。次に、それに続く廃仏の記事は、説話性が強い上に、同じような話が繰り返され、また地理的に不審な「難波堀江」が出てくるのも問題であった。さらに、それに続く守屋征伐の記述も、物語性が大変強く、劇的、創作的で、早くから歴史的事実を伝えるものではないだろうと言われてきた。

本章は、そうした疑問、問題を解明せんとこころみたもので、これまでの多くの研究成果に立脚した上で、私なりの『日本書紀』読解を示したものである。その際、次の二点に留意した。一つは、『日本書紀』が典拠とした仏典、仏書をできるだけ明らかにしようとしたことである。『日本書紀』が典拠とした書物については、江戸時代以来の研究の蓄積があるが、その中心は外典に関する考証であって、仏典、仏書については判明していない部分が少なくない。これを解明することは、『日本書紀』を読解する上で基本作業の一つとなる。もう一つは、『日本書紀』の個々の条を読み解くばかりでなく、同書が全体としてどう構成、構想されているのか、巻ごとの連関性がどう目配りされているのかを読解することである。『日本書紀』が全体としてどう構想され、何を主張しているのかを個々の記述にそくしつつ読解していくことは、『日本書紀』研究の重要な論点の一つになる。

本章の考察によるなら、五五二年に仏教が伝来したこと、仏法興隆派と廃仏派との対立がおこり、廃仏が行なわれたこと、その後、再度の廃仏が断行されたこと、仏法興隆派と廃仏派との戦いが行なわれ、若き聖徳太子が参戦して、廃仏派が滅ぼされたこと、そして三宝興隆の詔が発布されて仏法が興隆したことなどは、すべて虚構の創作史話であって、歴史的事実を伝えるものとは言えない。日本仏教史は、今後、その最初期の歴史について、これら『日本書紀』の記述とは異なる歴史として語られていかなければならないだろう。

註

(1)『日本書紀』仏教伝来記事に『金光明最勝王経』の文が用いられていることを指摘したのは、敷田年治『日本紀標柱』(一八九一年)および飯田武郷『日本書紀通釋』(一八九九年)であった。次いで、藤井顕孝「欽明紀の仏教伝来の記事について」(『史学雑誌』三六―八、一九二五年)がさらに明確にこのことを明らかにした。
(2) 井上薫『日本古代の政治と宗教』(吉川弘文館、一九六一年)。
(3) 拙稿「『日本書紀』と道慈」(『古代仏教をよみなおす』吉川弘文館、二〇〇六年)。
(4) 皆川完一「道慈と『日本書紀』」(『中央大学文学部紀要』史学科四七、二〇〇二年)。
(5) 勝浦令子「『金光明最勝王経』の舶載時期」(続日本紀研究会編『続日本紀の諸相』塙書房、二〇〇四年)も皆川説を継承して、道慈以前に『金光明最勝王経』が舶載されていた可能性があることを論じている。私は、本書第Ⅱ章で述べたように、仮に初伝でなく、二伝、三伝であったとしても、道慈帰国以後は彼を中心に同経が称揚、重視されたとすべきであるし、それを用いて『日本書紀』を述作したのは道慈だと考えている。
(6) 田村圓澄「末法思想の形成」(『史淵』六三、一九五四年)、同「欽明十三年仏教渡来説と末法思想」(『日本歴史』一七八、一九六三年)、益田宗「欽明天皇十三年仏教渡来説の成立」(坂本太郎博士還暦記念会編『古代史論集』上、吉川弘文館、一九六二年)。
(7) 北條勝貴「祟・病・仏神―『日本書紀』崇仏論争と『法苑珠林』―」(あたらしい古代史の会編『王権と信仰の古代史』吉川弘文館、二〇〇五年)は、すでに『日本書紀』の一連の「崇仏論争」記事が史実をそのまま伝えるものではなく、『法苑珠林』などを参照して述作された話であることを論じている。
（8）本書における『日本書紀』の引用は、小島憲之他校注『新編日本古典文学全集　日本書紀』（小学館、一九九四年）により、一部私見をまじえた。
（9）道宣については、山崎宏『隋唐仏教史の研究』（法蔵館、一九六七年）、藤善真澄『道宣伝の研究』（京都大学学術出版会、二〇〇二年）。
（10）太田悌蔵訳『国訳一切経　和漢撰述部　広弘明集』（大東出版社、一九八七年改訂版）も参照した。
（11）谷川士清『日本書紀通証』（臨川書店、一九七八年）、河村秀根・益根『書紀集解』（臨川書店、一九六九年）。
（12）瀬間正之『記紀の文字表現と漢訳仏典』（おうふう、一九九四年）は、『古事記』の「形姿威儀」「形姿美麗」「姿容之端正」などの典拠として『経律異相』の類型表現を多数指摘し、その一つとして「面貌端厳」（大正五三、一〇九ｂ）を指摘している。
（13）津田左右吉『日本古典の研究』下（岩波書店、一九五〇年）。
（14）中国古代の社や土地神については、池田末利『中国古代宗教史研究　制度と思想』（東海大学出版会、一九八一年）、池田雄一「中国古代の『社制』についての一考察」（『三上次男博士頌寿記念　東洋史・考古学論集』青山学院大学史学研究室、一九七九年）。
（15）菊池英夫「唐代敦煌社会の外貌」（池田温編『講座敦煌　3敦煌の社会』大東出版社、一九八〇年）、丸山裕美子「天皇祭祀の変容」（日本の歴史八『古代天皇制を考える』講談社、二〇〇一年）。
（16）坂本太郎他校注『日本古典文学大系　日本書紀』（岩波書店、一九六七年）、小島憲之他校注『新編日本古典文学全集　日本書紀』（小学館、一九九四年）。
（17）前掲『書紀集解』『日本古典文学大系　日本書紀』『新編日本古典文学全集　日本書紀』。
（18）前掲『日本書紀通証』『書紀集解』『日本古典文学大系　日本書紀』『新編日本古典文学全集　日本書紀』など。
（19）『日本書紀』の巻ごとの区分については、太田善麿『古代日本文学思潮論Ⅲ―日本書紀の考察―』（南雲堂桜楓社、一九六二年）、森博達『日本書紀の謎を解く』（中公新書、一九九九年）。
（20）これについては、拙稿「古代仏教史再考」（前掲『古代仏教をよみなおす』）でも指摘した。

(21)前掲『日本古典文学大系　日本書紀』『新編日本古典文学全集　日本書紀』。
(22)「天皇」「日本」についての私見は、拙稿「天皇制度の成立と日本国の誕生」(前掲『古代仏教をよみなおす』)。
(23)曾根正人『聖徳太子と飛鳥仏教』(吉川弘文館、二〇〇七年)。
(24)益田宗註(6)論文は「上表文が捏造」だと説き、「後人の粉飾多い記事」だと論じている。
(25)益田宗註(6)論文。
(26)仏書刊行会編『大日本仏教全書』一一二、聖徳太子伝叢書(名著普及会、一九七九年復刻)。
(27)『皇代記』(『群書類従』第三輯〈帝王部〉続群書類従完成会、一九三四年)。
(28)『皇代記　付年代記』(神道大系編纂会編『神道大系　神宮編二』一九八〇年)。
(29)前田育徳会尊経閣文庫編『尊経閣文庫影印集成一四　二中歴』一(八木書店、一九九七年)。
(30)『善光寺縁起』(『続群書類従』第二十八輯上〈釈家部〉続群書類従完成会、一九二七年)、同(仏書刊行会編『大日本仏教全書』一二〇、寺誌叢書第四、名著普及会、一九八〇年復刻)。
(31)『一代要記』〈東山御文庫本〉(神道大系編纂会編『続神道大系　朝儀祭祀編　一代要記(一)』二〇〇五年)。同書の小口雅史「解題」が有益である。また、京都大学附属図書館蔵平松文庫『一代要記』(http://edb.kulib.kyoto-u.ac.jp/exhibit/h002/h002cont.html)。
(32)仏書刊行会編『大日本仏教全書』一一一、東大寺叢書第一(名著普及会、一九七九年復刻)。
(33)『六要鈔』(真宗聖教全書編纂所編『真宗聖教全書』二　宗祖部、大八木興文堂、一九四一年)。
(34)星野元豊・石田充之・家永三郎校注『日本思想大系　親鸞』(岩波書店、一九七一年)。
(35)田村圓澄「末法思想の形成」(『史淵』六三、一九五四年)。
(36)益田宗註(6)論文。
(37)井上薫註(2)著書。
(38)田村圓澄「欽明十三年仏教渡来説と末法思想」(『日本歴史』一七八、一九六三年)。
(39)井上薫「日本書紀三題」(『日本歴史』一九四、一九六四年)。
(40)田村圓澄「末法思想と道慈」(『続日本紀研究』一二四、一九六五年)は、井上の批判に対して、同一人物が一方で唐の仏教に対して優越感を示し、他方で唐の仏教に比べて日本の仏教の欠点を述べたとしても矛盾するとは思われないと反論するが、説得的ではない。そもそも、日本の仏教伝来年を末法第一年目に設定することが、どうして唐に対する優越感の表明になるのか、私には理解できない。

(41) この点についての私見は、すでに拙稿「古代仏教史再考」(『古代仏教をよみなおす』吉川弘文館、二〇〇六年) で簡単に述べたことがある。本章は、それをさらに詳説するものである。

(42) 水野柳太郎「日本書紀仏教伝来年代の成立について」(『続日本紀研究』一二一、一九六四年)、同「日本書紀仏教伝来記事と道慈」(『続日本紀研究』一二七、一九六五年)。

(43) 小谷仲男「ガンダーラ弥勒信仰と隋唐の末法思想」(氣賀澤保規編『中国仏教石経の研究』京都大学学術出版会、一九九六年)。

(44) 藤善真澄「末法家としての那連提黎耶舎—周隋革命と徳護長者経—」(『道宣伝の研究』京都大学学術出版会、二〇〇二年)、同『隋唐時代の仏教と社会』(白帝社、二〇〇四年)、佐藤心岳「那連提耶舎と末法思想」(日本仏教学会編『仏教における時機観』平楽寺書店、一九八四年)、小谷仲男註(43)論文。

(45) なお、「法滅」の語および概念は、那連提耶舎以前から中国に存在した。僧祐『釈迦譜』巻五には「釈迦法滅尽縁起」「釈迦法滅尽相記」が見える。後者は『法滅尽経』に基づく記述になっている。彼の弟子の宝唱の『経律異相』(五一六年)も『法滅尽経』を引用して法滅について述べている。『法滅尽経』は、菊地章太によるなら、五世紀末〜六世紀初め頃に成立した中国撰述の疑偽経典だという。『法滅尽経』については、撫尾正信「法滅尽経について」(佐賀龍谷短期大学『龍谷論叢』創刊号、一九五三年)、平秀道「讖緯思想と仏教経典」(『龍谷大学論集』三四七、一九五四年)、藤堂恭俊「シナ仏教における危機観」(『仏教大学研究紀要』四〇、一九六一年)、由木義文『法滅尽経—すべては滅びるのか』(大蔵出版、一九九三年)、菊地章太「あの世の到来—『法滅尽経』とその周辺」(田中純男編『死後の世界—インド・中国・日本の冥界信仰』東洋書林、二〇〇〇年)、同『弥勒信仰のアジア』(大修館書店、二〇〇三年)。

(46) 小谷仲男註(43)論文。

(47) 中国仏教研究会「『南岳思大禅師立誓願文』註解」(多田厚隆博士頌寿記念論集刊行会編『天台教学の研究』山喜房仏書林、一九九〇年)。

(48)　結城令聞「支那仏教に於ける末法思想の興起」（東方文化学院東京研究所『東方学報』六、一九三六年）、仲尾俊博「慧思禅師の末法思想」（『印度学仏教学研究』二―一、一九五三年）、大野栄人「南岳慧思の末法思想」（『東海仏教』一九、一九七四年）、佐藤成順『立誓願文』の末法思想」（『中国仏教思想史の研究』山喜房仏書林、一九八五年）など。

(49)　恵谷隆海「南岳慧思の立誓願文は偽作か」（『印度学仏教学研究』六―二、一九五八年）。なお、その後の議論に関しては、川勝義雄「中国的新仏教形成へのエネルギー―南岳慧思の場合―」（福永光司編『中国中世の宗教と文化』京都大学人文科学研究所、一九八一年）、註(47)『南岳思大禅師立誓願文』註解」、註(47)「『南岳思大禅師立誓願文』註解」など。

(50)　現代語訳は註(47)『南岳思大禅師立誓願文』註解」を参照し、私見をまじえた。

(51)　高雄義堅「末法思想と隋唐諸家の態度」（『中国仏教史論』平楽寺書店、一九五二年）、道端良秀「中国における末法思想」（『中国仏教思想史の研究』平楽寺書店、一九七九年）。

(52)　矢吹慶輝『三階教之研究』（岩波書店、一九二七年）、木村清孝「信行の時機観とその意義」（註(20)『仏教における時機観』）、西本照真『三階教の研究』（春秋社、一九九八年）など。

(53)　『安楽集』大正四七。また、『浄土真宗聖典　七祖篇（原典版）』（本願寺出版社、一九九二年）、『浄土真宗聖典　七祖篇（註釈版）』（本願寺出版社、一九九六年）。

(54)　高雄義堅註(51)論文。

(55)　塚本善隆「房山雲居寺の石刻大蔵経」（『塚本善隆著作集　五　中国近世仏教史の諸問題』大東出版社、一九七五年）、氣賀澤保規編『中国仏教石経の研究』（京都大学学術出版会、一九九六年）。

(56)　すでに、村上専精「釈迦牟尼仏出誕入滅の月日考」（『仏教史林』第一編の一、二、一八九四年）に基本的な考察が見られる。

(57)　楠山春樹「中国仏教における釈迦生滅の年代」（平川彰古稀記念論集『仏教思想の諸問題』春秋社、一九八五年）。

(58)　なお、近年の研究によれば、『左伝』は『春秋』の伝ではなく、『春秋』に対抗して創作されたもう一つの年代記であったという。平勢隆郎『中国古代の予言書』（講談社現代新書、二〇〇〇年）、同『よみがえる文字と呪術の帝国』（中公新書、二〇〇一年）。

(59)　『二教論』（『広弘明集』巻第八所引、大正五二）。

(60) 楠山春樹註(57)論文。

(61) 吉岡義豊「道仏二教の対弁書としての『漢法本内伝』の成立について」(『道教と仏教　第一』国書刊行会、一九八〇年再刊)。

(62) 望月信享『仏教大年表』(一九〇九年、増訂版一九三〇年、世界聖典刊行協会、増訂四版一九五六年)。

(63) 『末法灯明記』(『伝教大師全集』一、世界聖典刊行協会、一九七五年)。

(64) 楠山春樹註(57)論文に復元掲載される『周書異記』を見れば一目瞭然のことであるが、②説では釈迦の入滅年は「穆王五十二年壬申」とされている。しかし、日本では流通の過程でいつしか「五十二年壬申」ではなく、「五十三年壬申」とする誤説が広まるようになっていった(ただしどちらも干支が壬申であるため、末法に入る年次の計算は同一になる)。推察するに、おそらく『末法灯明記』が「五十三年壬申」としたのが後世に大きな影響を与えたものと思われる。たとえば『神皇正統記』は「五十三年壬申」としている。近代でも、橋川正「平安末期に於ける末法意識の到来」(『仏教研究』六―三、一九二五年)、寺崎修一「日本末法思想の史的考察」(『文化』一―四、一九三四年)、田村圓澄註(35)論文、数江教一『日本の末法思想』(弘文堂、一九六一年)、田村圓澄註(38)論文、同註(40)論文、益田宗註(6)論文、水野柳太郎註(42)論文、平雅行「末法・末代観の歴史的意義」(『日本中世の社会と仏教』塙書房、一九九二年)、小谷仲男註(43)論文などみな「五十三年」としている。しかし、やはり正しく「五十二年壬申」として議論を進めるべきだと私は考える。なお、『教行信証』は「五十一年壬申」としているが、これも流通の過程で生じた誤説としなければならない。

(65) 藤善真澄註(44)論著。

(66) 塚本善隆「北周の廃仏」「北周の宗教廃毀政策の崩壊」(塚本善隆著作集二『北朝仏教史の研究』大東出版社、一九七四年)、野村耀昌『周武法難の研究』(東出版、一九七六年)、鎌田茂雄『中国仏教史』三、五(東京大学出版会、一九八四年、一九九四年)。

(67) 塚本善隆「北魏太武帝の廃仏毀釈」(註(66)塚本善隆著作集二)、佐藤智水「北魏前期の政治と宗教」「雲岡仏教の性格」(『北魏仏教史論考』岡山大学文学部研究叢書一五、一九九八年)。

(68) 諏訪義純『中国中世仏教史研究』「第二章　東魏北斉仏教の研究」(大東出版社、一九八八年)。

(69) 藤善真澄「衛元嵩伝成立考」(註(9)『道宣伝の研究』)。衛元嵩の伝は、道宣『続高僧伝』巻二十五(大正五〇)。

(70) 亡名の伝は、費長房『歴代三宝記』巻十一（大正四九）。『続高僧伝』巻七。
(71) 妹尾達彦「中華の分裂と再生」（『岩波講座世界歴史9　中華の分裂と再生』岩波書店、一九九九年）、三崎良章『五胡十六国』（東方書店、二〇〇二年）。
(72) 杉山正明『遊牧民から見た世界史』（日経ビジネス人文庫、二〇〇三年）。
(73) 註(67)論文参照。近年のものに、春本秀雄「北魏の廃仏と太武帝（一）」（佐藤良純教授古稀記念論文集『インド文化と仏教思想の基調と展開』山喜房仏書林、二〇〇三年）、同「北魏の法難と太武帝について」（宮澤正順博士古稀記念論文集『東洋―比較文化論集』青史出版、二〇〇四年）、同「北魏の図讖禁絶」（『大正大学研究紀要　人間学部・文学部』九二、二〇〇七年）がある。
(74) 『魏書』釈老志。テキストは、塚本善隆訳注『魏書釈老志』（東洋文庫、平凡社、一九九〇年）。
(75) 佐藤智水註(67)論文。
(76) なお、崔浩はその後、国史編纂事業を行ない、石に刻して街頭に建てたが、その内容が胡族を蔑視しているとして胡族出身者や皇帝の強い怒りをかい、太平真君十一年（四五〇）に処刑された。
(77) 藤善真澄註(44)「末法家としての那連提黎耶舎―周隋革命と徳護長者経―」。
(78) 同前。
(79) 塚本善隆「北魏の仏教匪」（註(66)塚本善隆著作集二）。
(80) 砂山稔「月光童子劉景暉の反乱と首羅比丘経」（『東方学』五一、一九七六年）。
(81) 藤善真澄註(44)「末法家としての那連提黎耶舎―周隋革命と徳護長者経―」。
(82) 塚本善隆註(66)「北周の廃仏」、藤善真澄註(44)『隋唐時代の仏教と社会』。
(83) 月光童子については、塚本善隆註(79)論文、砂山稔註(80)論文、藤善真澄註(44)「末法家としての那連提黎耶舎―周隋革命と徳護長者経―」、菊地章太「『あの世』の到来―『法滅尽経』とその周辺―」（田中純男編『死後の世界』東洋諸林、二〇〇〇年）、同『弥勒信仰のアジア』（人修館書店、二〇〇三年）など。
(84) 白化文「〈首羅比丘見五百仙人並見月光童子経〉校録」（『敦煌学』一六、中国文化大学中国文学研究所、敦煌学研究所編、新文豊出版公司、台北、一九九〇年）。

(85) 佐藤智水「敦煌本『首羅比丘経』点校」(『岡山大学文学部紀要』二〇、一九九三年)。
(86) 砂山稔註(80)論文。
(87)『仏説般泥洹後比丘十変経』については、牧田諦亮『疑経研究』第一章五「疑経撰述の意義」(京都大学人文科学研究所、一九七六年)、砂山稔註(80)論文。
(88) その他、『弁正論』巻七に、北魏太武帝や北周武帝が廃仏のため「瘡」になったという記述があることが北條勝貴註(7)論文で指摘されている。
(89) なお、吉蔵『法華義疏』、慧祥『弘讃法華伝』(「霊侃伝」)などに「瘡」を特別な病だとし、『法華経』にそれを「滅罪」する力があるとする記述が見られ、注目される。これは日本の国分尼寺が「法華滅罪之寺」と名づけられた意味、天然痘流行と国分寺国分尼寺建立政策との関係などを考察する上で重要だと考えている。これについては、拙稿「国分寺国分尼寺の思想」(須田勉・佐藤信編『国分寺の創建　思想・制度篇』吉川弘文館、二〇一一年)参照。
(90) 病と仏教との関係については、北條勝貴註(88)論文。
(91) 藤善真澄註(69)論文。
(92) 一度死んで地獄に行くが、再びこの世によみがえって地獄の様子を語るという話は、日本では『日本霊異記』以来しばしば語られている。地獄に堕ちた君主と出会うという話も、道賢(日蔵)という僧が、菅原道真を政治の中枢から遠ざけた罪で地獄に堕ちた醍醐天皇と出会ったという話が知られている(『扶桑略記』天慶四年三月条所引「道賢上人冥途記」)。この話については、今後、中国説話の影響を勘案しながら考察していく必要があると考えている。こうした説話の理解については、大隅和雄「総説　因果と輪廻をめぐる日本人の宗教意識」(同編『大系・仏教と日本人　四　因果と輪廻』春秋社、一九八六年)など。
(93) 平雅行「末法・末代観の歴史的意義」(『日本中世の社会と仏教』塙書房、一九九二年)。
(94) 家永三郎『日本文化史』(岩波新書、一九五九年)、井上光貞『日本古代の国家と仏教』中篇第一章(岩波書店、一九七一年)など。
(95) 津田左右吉註(13)著書。
(96) 彌永貞三「『彌移居』と『官家』」(『日本古代社会経済史研究』岩波書店、一九八〇年)。

(97) もともとのこの願文には「大王」の語が用いられていたが、『日本書紀』編纂者がそれを書き改めて「天皇」の語に変えたとする理解もありうるかもしれないが、私はそれは想定しにくいと考えている。もし、もとの願文に「大王」とあったなら、それがどこの国の君主を指しているのかが分明ではなくなってしまうからである。「大王」号は、高句麗の「太王」にはじまり、「太王」「大王」が朝鮮半島の高句麗、新羅などで君主号として用いられていた。これについては、武田幸男「高句麗『太王』の国際性」(『高句麗史と東アジア』岩波書店、一九八九年)参照。この願文は、「天皇」と明記されているので、日本の君主であることがはっきりとわかり、それが「弥移居」の語と対応するようになっているのである。

(98) 「官家」については、彌永貞三註(96)論文のほか、八木充「大和国家の任那支配」(『律令国家成立過程の研究』塙書房、一九六八年)、同「いわゆる那津官家について」(『日本古代政治組織の研究』塙書房、一九八六年)、鎌田元一「屯倉制の展開」(『律令公民制の研究』塙書房、二〇〇一年)、山尾幸久『日本古代国家と土地所有』(吉川弘文館、二〇〇三年)、舘野和己「ヤマト王権の列島支配」(歴史学研究会・日本史研究会編『日本史講座1　東アジアにおける国家の形成』東京大学出版会、二〇〇四年)などがある。鎌田は、補註で大阪市平野区長原字戌飼の城山遺跡から「富官家」の墨書を持つ杯が出土したことを指摘し、これにより「官家」が『日本書紀』の造語ではなく、七世紀後半に実際に使用された語であることが明らかになったと論じた。私もそう考えるが、そのことは『日本書紀』の記述の信憑性を保証するというより、むしろ『日本書紀』が編纂された時代に一般に「官家」と表記される語が用いられており、編者はその語を用いて神功皇后紀など『日本書紀』に散見される「官家」の記述を行なったことを示すことになろう。

(99) 津田左右吉註(13)著書。

(100) 瀧川政次郎「浅草寺縁起の類型とその源流」(『史学雑誌』六五―三、一九五六年)。

(101) 山口敦史「仏教東漸と阿育王伝承」(『日本文学』四三―一〇、一九九四年)。

(102) 日本における阿育王説話の展開については、追塩千尋「阿育王伝説の展開(一)―古代―」「阿育王伝説の展開(二)―中世―」(『日本中世の説話と仏教』和泉書院、一九九九年)。

(103) 野村耀昌訳『国訳一切経　和漢撰述部　集神州三宝感通録』(大東出版社、一九八二年改訂版)も参照した。

(104) 紺野敏文「請来『本様』の写しと仏師(一)」(『仏教芸術』二四八、二〇〇〇年)は、『日本書紀』のこの話を六世紀頃の歴史的事実を伝えるものだと読解し、画工が木工をかねて彫像が作成されたが、その像は神像であった可能性が高いと論じた。しかし、氏の論は研究史が踏まえられておらず、論拠の提示も不十分で賛成することができない。

(105) 蔵中しのぶ『『延暦僧録』注釈』(大東文化大学東洋研究所、二〇〇八年)。

(106) 堀池春峰「比蘇寺私考」(『南都仏教史の研究』下〈諸寺篇〉、法蔵館、一九八二年)。

(107) 青木和夫他校注『続日本紀』二(新日本古典文学大系、岩波書店、一九九〇年)も入唐僧と解釈している。

(108) 薗田香融「古代仏教における山林修行とその意義」(『平安仏教の研究』法蔵館、一九八一年)。

(109) 逵日出典「比蘇山寺の成立」(『奈良朝山岳寺院の研究』名著出版、一九九一年)。

(110) 黒板伸夫・森田悌編『日本後紀』(訳注日本史料、集英社、二〇〇三年)も「唐国の人」としている。なお、虎関師錬『元亨釈書』「釈神叡伝」が彼を「唐国僧」と述べている。これが『延暦僧録』の「唐学生」を唐の僧と理解した早い例になろう。

(111) 薗田香融註(107)論文。

(112) 沖森卓也、佐藤信、矢嶋泉『藤氏家伝　鎌足・貞慧・武智麻呂伝　注釈と研究』(吉川弘文館、一九九九年)。

(113) 大山誠一「〈聖徳太子〉をめぐる若干の問題」(『長屋王家木簡と金石文』吉川弘文館、一九九八年)。

(114) 拙稿「僧旻の名について」(薗田香融編『日本仏教の史的展開』塙書房、一九九九年)。

(115) 松木裕美「日本書紀編纂と平城京元興寺」(『国学院雑誌』七六―八、一九七五年)。

(116) 竹居明男「吉野寺と『日本書紀』」(『日本古代仏教の文化史』吉川弘文館、一九九八年)。

(117) 拙稿「日本古代の三宝」(『日本古代社会と仏教』吉川弘文館、一九九五年)。本書第Ⅱ章「道慈の文章」。

(118) 小島憲之「『懐風藻』仏家伝を考える」(『漢語逍遥』岩波書店、一九九八年)。

(119) 小島憲之校注『日本古典文学大系　懐風藻・文華秀麗集・本朝文粋』(岩波書店、一九六四年)。

(120) 本書第Ⅱ章「道慈の文章」。

(121) 拙稿「女性と仏教をめぐる諸問題」(『古代仏教をよみなおす』吉川弘文館、二〇〇六年)。

(122) 津田左右吉註(13)著書。

(123) 井上薫註(2)著書。

(124) なお、渡部真弓「東方信仰と稲」(『神道と日本仏教』ぺりかん社、一九九一年)は、ここの「舎利」について「稲穀」のことを指しているとするが、従うことができない。斎食の上に仏舎利を発見したという話は、中国文献に見えるものである。

(125) 拙稿註(121)論文。

(126) 二葉憲香『古代仏教思想史研究』(永田文昌堂、一九六二年)第一編第三章「蘇我氏仏教の性格」は、馬子が仏舎利を得たことについて、司馬達等から得たとする記述と、百済から献上されたという二つの記述があるが、前者は信ずるに値せず、後者が歴史的事実に基づくものだろうと述べている。

(127) 福山敏男「飛鳥寺の創立」(『日本建築史研究』墨水書房、一九六八年)。

(128) ここの祟、仏神については、北條勝貴註(7)論文、同「『日本書紀』の祟咎―『仏神の心に祟れり』に至る言説史」(中部大学国際人間学研究所『アリーナ』五、二〇〇八年)。

(129) 四天王寺に前身寺院(玉造に建立)があったことを認める立場から、大別王の寺と四天王寺前身寺院とを関係づけて理解する説もあるが、根拠がなく、支持できない。境野哲(黄洋)『聖徳太子伝』(文明堂、一九〇四年、増補版、丙午出版社、一九〇八年、のち『境野黄洋選集』五、うしお出版、二〇〇五年)など。

(130) 久米邦武『上宮太子実録』(一九〇五年、共洌堂、『聖徳太子実録』と改題、丙午出版社、一九一九年、『久米邦武歴史著作集 一 聖徳太子の研究』再録、吉川弘文館、一九八八年)、津田左右吉註(2)著書、福山敏男「四天王寺の建立年代」(『日本建築史研究』墨水書房、一九六八年)、藪田嘉一郎「四天王寺の創立に関する研究」(『大谷史学』一、一九五一年)、村田治郎「四天王寺創立史の諸問題」(『聖徳太子研究』二、一九六六年)、水野柳太郎『日本古代の寺院と史料』(吉川弘文館、一九九三年)、加藤謙吉「蘇我氏と飛鳥寺」(狩野久編『古代を考える 古代寺院』吉川弘文館、一九九九年)など。ただし、私は、後述するように、文書としての四天王寺縁起が作成されて『日本書紀』編纂者に提出されたとは考えていないので、「由緒」という表現を用いている。

(131) 大橋一章「四天王寺の発願と造営について」(日本歴史文化学会『風土と文化』一、二〇〇〇年)は、崇峻前紀の記述は、四天王寺の古記録と飛鳥寺の古記録をもとに、『日本書紀』の編者が潤色して作成されたものになっていると説いている。

(132) 飯田武郷『日本書紀通釈』(大八洲学会、一八八九~九〇年)。

(133) 川尻秋生「日本古代における『議』」(『史学雑誌』一一〇—三、二〇〇一年)。

(134) 中国の議については、中村裕一「『議』の文書的考察」(『唐代制勅研究』汲古書院、一九九一年)、渡辺信一郎「朝政の構造」（『天空の玉座』柏書房、一九九六年）など。

(135) 久米邦武註(130)著書。

(136) 境野黄洋註(129)著書。

(137) 津田左右吉註(13)著書。

(138) 福山敏男註(130)論文。

(139) 村田治郎註(130)論文。

(140) 加藤謙吉註(130)論文。

(141) 藪田嘉一郎註(130)論文。

(142) 久米邦武註(130)著書。

(143) 村田治郎註(130)論文。

(144) 満久崇麿『仏典の植物』（八坂書房、一九七八年）。

(145) 小島憲之『上代日本文学と中国文学』上巻（塙書房、一九六二年）。

(146) 『日本書紀』の分注が養老四年の撰上当時に付されていた本注と見られることについては、小島憲之註(145)著書、坂本太郎「日本書紀の分註について」（坂本太郎著作集二『古事記と日本書紀』吉川弘文館、一九八八年）、「日本書紀の分注」（坂本太郎他校注『日本古典文学大系　日本書紀』上、補注1―七、青木和夫執筆、岩波書店、一九六七年）、遠藤慶太「『日本書紀』の分註―伝承の複数性から―」（『ヒストリア』二一四、二〇〇九年）。

(147) すでに、坂本太郎「日本書紀と聖徳太子の伝記」（註(146)坂本太郎著作集二）は、『聖徳太子伝暦』について、「この書は年紀の立て方などは忠実に日本書紀に拠ったもので、書紀を中心にしての伝記集成と言うべきものである。（中略）太子伝の基幹としての日本書紀の位置が、この書でさらに確認されている」と述べている。

(148) 拙稿「聖徳太子信仰の基調―四天王寺と法隆寺―」（吉田一彦編『変貌する聖徳太子』平凡社、二〇一一年）。

(149) 飛鳥寺の発掘調査については、奈良国立文化財研究所『飛鳥寺発掘調査報告』一九五八年、坪井清足『飛鳥の寺と国分寺』（岩波書店、一九八五年）。

(150) 李漢祥「百済王興寺木塔址一括遺物の性格と意義」（『東アジアの古代文化』一三六、二〇〇八年）。

(151) 鈴木靖民「百済王興寺の舎利容器・荘厳具と飛鳥寺―飛鳥文化の源流―」(『東アジアの古代文化』一三六、二〇〇八年)、田中史生「百済王興寺と飛鳥寺と渡来人」(『東アジアの古代文化』一三六、二〇〇八年)。

(152) 大山誠一「仏教伝来年次について」(『アリーナ』七、二〇〇九年)、同『天孫降臨の夢―藤原不比等のプロジェクト―』(NHKブックス、二〇〇九年)。

(153) 大山誠一註(152)著書。

(154) 石田尚豊「総論 聖徳太子の生涯と思想」(石田尚豊編集代表『聖徳太子事典』柏書房、一九九七年)は、三宝興隆の詔について、「あまりに突然の事ゆえ、この記事を疑う説もあるが、国内だけでなく広くアジア情勢のうえから見なければならない」と説き、文帝の三宝紹隆の詔を引用して、日本の三宝興隆の詔は、これと「緊密に対応」したもので、「梁(江南)―百済―日本」には意外と早い情報ルートが存在し、百済から情報が伝えられたと論じている。しかし、氏の説には、三宝興隆の詔は決して唐突なものではなく、欽明~推古紀の一連の仏教関係記事の文脈の中で読解すべきものであること、北朝の隋の情報については、南朝の梁の情報とは別に理解する必要があること(遣隋使は推古八年に第一回が派遣されている)といった疑問がある。

(155) 井上薫註(2)著書。

(156) 註(3)拙稿。本書第Ⅱ章。

(157) 註(89)拙稿。

Ⅱ　道慈の文章

【要旨】　道慈の文章にはどのような特色があるだろうか。本章では、『懐風藻』に残された道慈の詩文を分析し、彼の文章にどのような特色があるのかについて考察した。そして、道慈の関与が推定される『日本書紀』の文章を検討し、両者に共通性が見られるのかどうかについて比較検討を行なった。『日本書紀』がどのような執筆陣によって書かれたのかについては直接的な記録があるわけではなく、その推定には慎重な学問的検討が必要になる。ここでは、典拠として用いられた仏書やその用い方に注目し、道慈が『日本書紀』の文章作成に関与したとする推論には十分な蓋然性があると説いた。また、同じく道慈の関与が指摘されている「薬師寺東塔檫銘」についても、同様の観点から考察した。

【キーワード】　道慈　懐風藻　西明寺　日本書紀　薬師寺東塔檫銘

一　仏教史、古代史上の位置づけ

道慈に関する史料

道慈は、行基と並んで奈良時代を代表する僧である。この僧は日本の奈良時代の仏教、文化を考える上で最重要人物の一人であり、また『日本書紀』を読解する上でも鍵を握る人物となっている。私は、道慈を、たとえば平安時代初期の最澄、空海にも比すべき、日本仏教史上のキーパーソンの一人だと評価している。本章では、道慈の残した文章を検討して、それを手かがりに彼の活動について考えていくこととしたい[1]。

道慈に関する史料にはどのようなものがあるだろうか。第一に掲ぐべきは『懐風藻』である[2]。『懐風藻』は日本最古の漢詩集で、撰者未詳であるが、成立年月は「序」から天平勝宝三年（七五一）十一月と理解される。この書に道慈作の漢詩が二首収められており、二つ目のものには序も付されている。また漢詩に先立って道慈の伝も記載されている。今、次のように史料に番号をふっておこう。①釈道慈伝。②五言、在唐奉本国皇太子、一首。③五言、初春在竹溪山寺於長王宅宴追致辞、一首幷序。この二首の漢詩②③は、道慈作であることがはっきりとしている貴重な遺文であって、道慈研究の第一の史料となっている。

第二は『続日本紀』（七九七年成立）で、道慈は、④養老三年（七一九）十一月朔日（一日）条、⑤天平元年（七二九）十月甲子（七日）条、⑥同八年二月丁巳（七日）条、⑦同九年四月壬子（八日）条、⑧同九年十月丙寅（二十六日）条、⑨同十六年十月辛卯（二日）条、と計六回登場する。このうち⑨は道慈の死去を記し、その略伝を掲載する記事である。『続日本紀』には、僧尼の死亡記事は、道照、義淵、道慈、玄昉、行基、鑑真、道鏡、良弁の八名が掲載されて

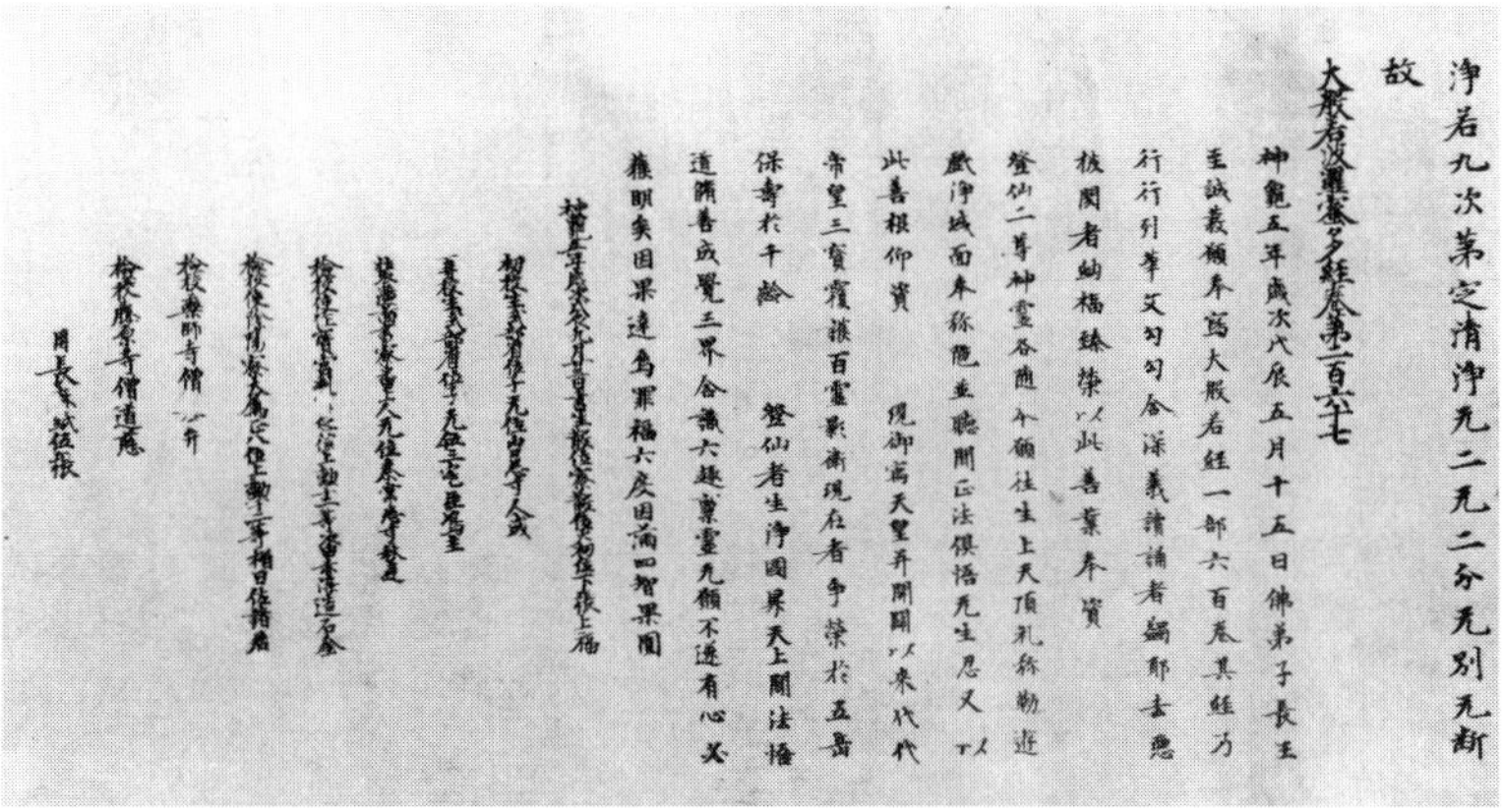
淨若九次第定清淨无二无二分无別无斷
故
大般若波羅蜜多經巻第二百六十七
神亀五年歳次戊辰五月十五日佛弟子長王
至誠發願奉寫大般若經一部六百巻其經乃
行行列華文文句句含深義讀誦者蠲邪去惡
披閲者納福臻榮以此善業奉資
登仙二尊神靈各隨本願往生上天頂礼弥勒遊
戯淨域面奉弥陀並聽聞正法倶悟无生忍又以
此善根仰資　現御寓天皇幷開闢以來代代
帝皇三寶覆護百靈影衛現在者爭榮於五岳
保壽於千齢　登仙者生淨國昇天上聞法悟
道脩善成覺三界含識六趣禀靈无願不遂有心必
獲明矣因果遠為罪福六度因滿四智果圓

図2 『大般若経』巻第二百六十七（長屋王願経より）
神亀5年（728）（根津美術館所蔵）

いる（うち義淵と良弁は死亡記事のみで伝はない）。これはそのうちの一つで、道慈が当時から重要人物と評価されていたことが知られる。なお、⑨は、道慈の著作に『愚志』（一巻）なる書物があったことを記している。だが、残念なことにこの書物は現存しておらず、⑨に短文の概略を載せる以外に逸文も知られていない。

第三にあげるべきは長屋王願経である。長屋王は、和銅五年（七一二）と神亀五年（七二八）とに『大般若経』全六百巻の書写事業を実施した。全六百巻を二回であるから、かなり大部の写経事業である。今日、前者を和銅経、後者を神亀経と呼んでいるが、和銅経は二百三十巻ほどが、また神亀経は断簡を含めて五巻が現存している。その神亀経の奥書を見ると、検校僧として道慈の名が記されている[3]。これを史料⑩としよう。

次に、天平十九年（七四七）二月十一日の日付を持つ⑪「大安寺伽藍縁起幷流記資財帳」にも道慈の名が見える。すなわち大安寺の資財の一つとして列挙される「大般若四処十六会図像」と「華厳七処九会図像」について、「右、天平十四年歳次壬午を以って、十代の天皇のおんために、前律師道慈法師、寺主僧教義等、造り奉るものなり」と説明するのがそれである。ここから、この二つの図像が道慈と教義によって作成され、大安寺に納められたものであったことが知られる。

次に、『家伝』下巻「武智麻呂伝」（延慶作、七六〇年以降七六四年以前の成立）に、道慈の名が見える。すなわち、武智麻呂が国政を担当していた時代の政治家、文人などを列挙する部分に、⑫「僧綱には少僧都神叡、律師道慈あり」と記されるのがそれである。

次に、⑬『延暦僧録』にも道慈の名が見える。『延暦僧録』は、鑑真とともに来日した唐僧の思託（鑑真の弟子）の著作で、成立は延暦七年（七八八）である。(4) この書には、おそらく道慈の伝が立てられていたのではないかと推測されるが、今日それを確認することはできない。しかし、第五巻に掲載される慶俊の伝（逸文あり、『日本高僧伝要文抄』所引）に、慶俊が道慈の弟子となって親しく教えを受けたことが記されている。

次に、⑭『日本三代実録』元慶四年（八八〇）十月二十日条にも道慈の名が見える。この条には、この時の大安寺の三綱たちが大安寺の歴史を述べるくだりが含まれているが、そこに「聖武天皇、詔を降して、律師道慈に預からせ、平城に遷り造らしめ、大安寺と号す」という記述が見える。

さらに、後世の史料であるが、⑮『三宝絵』（源為憲作、九八四年成立）の下「大安寺の大般若会」、⑯『扶桑略記』（十一世紀末から十二世紀初頭の成立）、⑰『七大寺日記』（大江親通作、一一〇六年成立）、⑱『七大寺巡礼私記』（大江親通作、一一四〇年以降まもなくの成立）、⑲『今昔物語集』（十二世紀前半頃の成立か）の巻第十一の第五、⑳『三国仏法伝通縁起』（凝然作、一三一一年成立）、㉑『元亨釈書』（虎関師錬作、一三二二年成立）、にも道慈に関する記述がある。

また㉒『東域伝灯目録』（永超作、一〇九四年成立）の衆経部には、「浴像経開題一巻　道慈撰　和書」という記載があって、道慈の著作に『浴像経開題』なる書物があったことを伝えている。この書は残念ながら現存しないが、道慈が『浴像経』（灌仏〈浴仏〉の功徳を説く経典）の開題を著したというのは大変注目される。

他に真偽に問題のある史料であるが、㉓「大安寺碑文一首幷序」（醍醐寺本諸寺縁起集第三冊『大安寺縁起』所引）、㉔寛平七年（八九五）の「大安寺縁起」（醍醐寺本諸寺縁起集第三冊『大安寺縁起』所引）、㉕「法隆寺東院縁起」（「皇太子御斎会奏文」）にも、道慈の名が見える。㉓には、宝亀六年（七七五）四月十日、淡海三船作と記されているが、はたしてこの成立年、作者が信用できるかどうかは疑問が多く、後年の偽作である可能性が否定できない。次の㉔は寛平七年八月五日の作成年月日を記す「大安寺縁起」で、菅原道真作とされるものである。だが、内容、形式ともに問題があって、後年に作成されたものである可能性が高い。また、㉕も天平十九年（七四七）二月二十九日の日付を持っているが、内容や用語に疑問が多く、後年に作成された偽文書と評価すべきものである。

道慈の経歴

これらに基づいて、道慈の経歴を簡単にたどっておくこととしよう。基本史料とすべきは①～⑬であり、特に二つの伝記①⑨は、彼の個人史を知る根本史料となる。①は、

釈道慈は、俗姓額田氏、添下の人。少くして出家し、聡敏にして学を好み、英材明悟にして、衆の推さるる所となりて、大宝元年、唐国に遣学せり。明哲を歴訪し、講肆に留連して、妙しく三蔵の玄宗に通じ、広く五明の微旨を談ぜり。時に唐国中に義学の高僧一百人を簡び、宮中に請ひ入りて仁王般若を講ぜしむるに、法師学業穎秀にして選中に預かり入れり。唐王其の遠学を憐び、特に優賞を加へり。西土に遊学すること十有六歳にして、養老二年、本国に帰り来るを、帝嘉びて僧綱の律師に排せり。性は甚だ骨鯁にして、時に容れられず、任を解きて帰り、山野に遊べり。時に京師に出でて大安寺を造れり。年七十余。

というものであり、⑨は、

律師道慈法師卒しぬ〈天平元年律師となる〉。法師は俗姓額田氏、添下郡の人なり。性は聡悟にして衆に推さるる所となり、大宝元年使に随ひて入唐せり。経典を渉覧し、尤も三論に精れたり。養老二年帰朝せり。是の時に釈門の秀でたる者は唯法師と神叡法師の二人のみ。愚志一巻を著述して僧尼の事を論ぜり。其の略に曰く、「今日本の素緇の行なふ仏法の軌模を察するに、全く大唐の道俗の伝ふる聖教の法則に異なれり。若し経典に順はば、能く国土を護るに、如し憲章に違はば、人民を利せず。一国の仏法、万家修善せば、何ぞ虚設を用いむや。豈に慎まざらめや」と。弟子の業を伝ふる者、今に絶えず。属、大安寺を平城に遷り造るに、法師に勅してその事を勾当せしむ。法師尤も工巧に妙にして、構作形製、皆その規摹を稟けり。有る所の匠手、歎服せぬは莫けり。卒する時、年七十有余。

というものである。

これらによれば、道慈は天平十六年（七四四）に「年七十余」「年七十有余」で死去している。ここから逆算すると、六七〇年前後の生まれであったことが知られる。俗姓は額田氏で、大和国添下郡の出身であった。若くして出家し、聡明で学問を好み、才能を示した。大宝元年（七〇一）に任命された遣唐使（出発は大宝二年）に随って唐に留学した。唐では、すぐれた師を歴訪してその講義の席に加わり、あまねく三蔵（経典、戒律、教義書）を学んで、仏教の諸分野にわたって議論を重ねた。多くの経典を学んだが、特に「三論」の教学に精通したという。当時、唐では、教義教学にすぐれた高僧百人を宮中に招いて『仁王般若経』を講義させることがあったが、道慈は学業優秀により、その一人に選抜された。唐の皇帝は遠方から学びにきた道慈をたいそう褒めたという。留学十六年にして、養老二年（七一八）に帰国した。その頃、仏門ですぐれた者といえば、この道慈と神叡法師のただ二人のみであった。著作に『愚志』一巻があり、僧尼のことを論じた。

天平元年、律師に任命された。彼の性格ははなはだ「骨鯁」（剛直）で、時に周囲とぶつかることもあった。のち、律師の任を退いて野に下った。弟子の法脈を伝える者はのちのちまで絶えなかった。なお、大安寺を藤原京から平城京に移転、造営するに際しては、天皇は道慈に勅して、その任務を担当させた。彼は土木建築の技術にも詳しく、建造物の全体像から細部の造作に至るまで、手本の伝授をうけていて、技術者たちはみな感嘆したという。亡くなった時、年は七十あまりであったという。

また④によれば、養老三年（七一九）、神叡と道慈は天皇から褒められ、それぞれ封戸五十戸ずつをさずけられた。次に⑥によれば、天平八年（七三六）、玄昉と道慈は政府から褒美を受け、道慈は「扶翼童子」を六人授けられた。次に⑦では、天平九年四月、疫瘡（天然痘）が猛威をふるう中、道慈の提案により、それまで大安寺で私的に行なってきた『大般若経』六百巻の転読を国家の儀礼とし、毎年恒例の行事とすることが許された。さらに⑧では、同じ年の十月、疫瘡に対応するため、道慈を招いて講師とし、『金光明最勝王経』を大極殿にて講説させたという。

二　道慈の文章表現

道慈の漢詩ならびに序

道慈の著作『愚志』は現存しない。彼の作であることが明記された文章で、今日現存するのは、『懐風藻』の漢詩②③である。そこで、最初にこの二つを読んで、彼の文章表現の特色を把握しておきたい。彼の作とは明記されていないが、彼の文章と推定されるものが他にある。それらの文章の作者を推し量る上で、この作業は有益なものとなるだろう。また、『日本書紀』の述作に道慈が関わっていることが推定されているが、これを考察するにもこの作業は基礎作業となる。道慈の漢詩ならびにその序には、中国の仏教文献に見られる文言、文章が用いられており、かなりの長文にわたってそのまま借用されているような箇所もある。また用いられる中国文献には一定の傾向が見られる。これまで私は、これについての私見を述べてきたが、ここでは私見の提示に先立って、小島憲之の研究(5)を参照しておきたい。題材とされたのは③である(6)。

五言、初春在竹渓山寺於長王宅宴追致辞、一首幷序

沙門道慈啓。以今月二十四日。濫蒙抽引。追預嘉会。奉旨驚惶。罔知攸措。但道慈少年落飾。常住釈門。至於属詞談吐。元来未達。況乎道機俗情全有異。香盞酒盃又不同。此庸才赴彼高会。理乖於事。事迫於心。若夫魚鹿易処。方円改質。恐失養性之宜。乖任物之用。撫躬之驚惕。不遑啓処。謹裁以韻。以辞高席。謹至以左。羞穢耳目。

緇素杳然別。金漆諒難同。納衣蔽寒体。綴鉢足飢嚨。
結蘿為垂幕。枕石臥巌中。抽身離俗累。滌心守真空。
策杖登峻嶺。披襟稟和風。桃花雪冷冷。竹渓山冲冲。
驚春柳雖変。余寒在単躬。僧既方外士。何煩入宴宮。

五言、初春竹渓山寺に在り、長王が宅にして宴するに、追ひて辞を致す、一首。幷せて序。

沙門道慈啓さく。今月の二十四日を以ちて、濫りて抽引を蒙り、追ひて嘉会に預る。旨を奉りて驚惶し、措く攸を知らず。但し道慈少年にして落飾し、常に釈門に住まふ。属詞談吐に至りては、元来未だ達らず。況んや道機俗情全く異なることあり、香盞酒盃又同じからずをは。此の庸才の彼の高会に赴く、理は事に乖き、事は心に迫む。若し夫れ魚と鹿と処を易へ、方と円と質を改むれば、恐らくは養性の宜しきを失ひ、任物の用に乖かむ。躬

を撫でて驚惕し、啓処するに遑もあらず。謹みて裁るに韻を以ちてして、高席を辞ぶ。謹みて至すに左を以ちてす。羞づらくは耳目を穢さむことを、とまをす。

緇と素とは杳然にして別れ、金と漆とは諒に同じくすること難し。納衣寒体を蔽い、綴鉢飢喘に足らふ。蘿を結ひて垂幕となし、石を枕にして巌中に臥す。身を抽いでて俗累を離れ、心を滌きて真空を守る。杖を策きて峻嶺に登り、襟を披きて和風を稟く。桃花の雪冷冷、竹渓の山冲冲。春に驚きて柳変ると雖も、余寒単躬に在り。僧は既に方外の士、何ぞ煩はしく宴宮に入らむ。

およその意味をとっておくと、以下のようになるだろう。

初春に、竹渓山寺にあって、長屋王邸宅における宴会への出席を辞退する詩一首、ならびに序

沙門道慈が申し上げます。今月の二十四日に、分不相応にも御招待を受け、めでたい会にお招きに預かりました。大変驚き恐れ、なすすべを知りません。道慈は若くして出家して、仏門に属しており、詩文、談論に熟達してはおりません。出家者の心の持ち方と世俗の心情とは、全く異なるところがありましょうし、また仏法のさかずきと酒宴の盃とは同じではありません。この私のような凡才が、そうした立派な会におもむくというのは、理にかないませんし、心苦しいものがあります。もしも、魚と鹿がその住む場所を交換したり、あるいは方と円（四角と丸）がその姿を代えるようなことがあったとしたら、その本性は失われ、道理にそむくことになるでしょう。私は自らを撫でては驚き恐れ、落ち着いている暇もありません。そこで、つつしんで韻文（漢詩）を作成して、すばらしいお席を辞退させていただく旨を申し上げます。左の漢詩であります。お恥ずかしいもので、お耳、お目をけがすものでありますが、お許しください。

出家と俗人とは別々のものであり、金と漆とは同じに扱うべきものではない。法衣にて寒き体を覆い、乞食の鉢を

もって飢えをしのぎ、草のつるを結んで幕としては雨風をしのいで、石を枕に岩山で寝るというのが出家の生き方である。俗世間を離れ、仏法の真理に心をささげ、杖をついてけわしい山に登り、いまは襟を開いて和らいだ風をうけている。桃の花につもる雪は冷たく、竹渓の山は空虚で人影もない。春になって柳は新芽を芽吹くようになったが、なお残る寒さがわが身にせまる。僧は「方外の士」であるから、どうして宴の宮に参入することができようか。

『続高僧伝』「釈慧浄伝」および玄奘に関わる文献

小島憲之によれば、この漢詩の序には、『続高僧伝』巻第三の「釈慧浄伝」の文章が用いられているという。『続高僧伝』は唐の道宣（五九六〜六六七）の著作で、全三十巻。先行する『高僧伝』を継いで、梁から唐初までの高僧たちの伝記を集成した大著である。これに伝が立てられた慧浄（五七八〜?）は、隋の国子博士であった徽遠の猶子で、十四歳で出家、やがて長安に出て、紀国寺で活躍して名声を得た。貞観十三年（六三九）には、弘文殿で行なわれた三教（儒教、仏教、道教の三教）の対論で『法華経』を講じ、道教の道士の蔡晃と論議した。また、のち、太子中舎の辛諝（文史を重視して仏法を軽んじた人物）の仏教批判に応酬して、仏教界を代表して論陣を張ったという人物である。その伝記はこの『続高僧伝』に収めるものが根本史料であり、右の記述もそれによった。慧浄は、皇太子（のちの高宗）から、普光寺の上座に就任するように強く要請されたが、これを固辞した。その時のやり取りが同書に記されている。その慧浄の辞退の文には、「奉旨驚惶。罔知攸措」「魚鹿易処」「方円改質」「乖任物之性」「事実迫於心」「撫躬驚惕、不遑啓処」といった表現が見られる（大正五〇、四四四）。これは先の道慈の詩序の文言とほとんど一致する。また、他にも同一ではないが、類似した表現もいくつか見られる。道慈は、慧浄のこの辞退の文を用いて、先の詩序を書いている。小島によれば、道慈が借用した文言は、全く一致するものが文字数にして四十一文字分、少し変えて用いているのが三文字分見られるという。

自らの詩文に先人の文章を用いるというのは、今日の感覚からすれば、盗作、剽窃と言うしかないし、奈良時代においてもそうした行為はそう褒められたものとは言えないと思う。(7) もっとも道慈にしてみれば、自分は中国に留学して本場の仏教を学び、その歴史や文献に通じていることを披露、誇示するという意味あいが含まれていたのかもしれない。ともあれ、先人の文章、文言をそのまま、あるいは少し変えて用いるところに道慈の文章表現の一つの、注目すべき特色があると言えるだろう。

道慈が用いたのは「釈慧浄伝」の文章のみではない。小島によれば、先の詩序には「道慈少年にして落飾す」とあって、「落飾」の文言が見えるが、これが中国文献にはなかなか見られない表現で、『高僧伝』『続高僧伝』にも見当たらないという（私も確認したが、その通りであった）。だが、冥詳『大唐故三蔵玄奘法師行状』に「落飾」の文言が見え（大正五〇、二一四a）、また玄奘自身による「謝為仏光周王満月剃髪并慶度人表」（『寺沙門玄奘上表記』所収）にもこれが見えるという。私の追跡調査によれば、『寺沙門玄奘上表記』に収める玄奘の文には、他にもいくつか「落飾」の語が用いられており、計五ヵ所にこの語の用例が確認できた（大正五二、八二二〜八二五）。小島は、道慈はこれら玄奘に関する文献からこの「落飾」という表現を学んだのだろうとするが、その通りだと思う。

次に、道慈の詩序の「至於属詞談吐」という言い回しも、右の『大唐故三蔵玄奘法師行状』に全く同一の文言が見え（大正五〇、二一四b）、さらにこの文言は『大唐大慈恩寺三蔵法師伝』にも見えるという（大正五〇、二二一a）。この六文字についても、道慈はこれら玄奘伝の言い回しをそのまま用いたとすべきだろう。

もう一つの漢詩

私は、道慈のもう一つの漢詩②にも、同様に中国の仏教文献の表現が多く用いられていると考えている。これについてはすでに私見を述べたことがあるが(8)、ここではその後の知見も加えて、再びこれについて述べておくこととしたい。次の漢詩である。

五言、在唐奉本国皇太子、一首。
三宝持聖徳。百霊扶仙寿。寿共日月長。徳与天地久。

五言、唐に在りて本国の皇太子に奉る、一首。
三宝聖徳を持ち、百霊仙寿を扶く。寿は日月と共に長く、徳は天地とともに久しくあらむ。

これは、唐留学中の道慈が、本国において首皇子が皇太子に立ったことを知り、それを祝って詠んだという漢詩である。内容は、「三宝」が皇太子の聖なる徳を護持し、「百霊」が皇太子の長寿をたすけ、その寿命が日月とともに長く、徳が天地とともに久しくあらんことを祈念いたします、というもので、おめでたい慶賀の詩となっている。こちらの詩には序がなく、短いものであるから、③のような長文にわたる借用が見られるわけではない。だが、ここに用いられた言葉や言い回しは、やはり中国の仏教文献に見られる。まず前半では、「三宝」と「百霊」とが対句となって対照的に用いられている。ここの「百霊」は数多くの神霊、神々という意味の語であるが、この語は先にも見た、道宣『続高僧伝』の序に用いられており、また慧皎『高僧伝』巻第十四の序録にも用いられている。『高僧伝』では、他に巻第六「釈慧遠伝」にもこの「百霊」の語が見える（大正五〇、三五八b）。また、道宣『集古今仏道論衡』の冒頭に掲載される、後漢の明帝が夢で金人を感得した話にも、この「百霊」の語が用いられている（大正五二、三六四

b）。さらに道宣『広弘明集』を見ると、「百霊」の語が計九ヵ所にわたって用いられている。そして、そのうちの一つには「百霊扶持」とあって（大正五二、二四一a）、「百霊」の「扶持」が述べられている。これは道慈の漢詩の「持」「扶」という用字と共通しており、大変注目される。道慈はこうした表現に学んでこの漢詩を書いたものと考えられる。

一方の「三宝」は、よく知られているように、仏教で重んじられる仏、法、僧の三者を指す語であるが、中国仏教圏においてはこの語は漠然と仏教全般を意味する語としてもしばしば用いられた。「三宝」の語は、また唐の道宣が好んで用いた語であって、彼の著作のそこここにこの語が用いられているし、「三宝」の神異、感通を直接のテーマとした『集神州三宝感通録』という著作もある（大正五二）。道慈の漢詩に見られる「三宝」「百霊」という表現は、中国の仏教文献、とりわけ道宣の著作の強い影響を受けたものと見ることができる。

「聖徳」という表現

それでは、三宝が護持するという「聖徳」の語はいかがであろうか。道宣『集古今仏道論衡』巻丁に収める「今上召仏道二宗入内詳名理事」には、顕慶三年（六五八）七月に仏教と道教とが論議をした時のことが記述されている。この時、大慈恩寺の慧立（六一五〜?、玄奘の伝記である『大唐大慈恩寺三蔵法師伝』の著者、西明寺でも活躍した）は、論座に登ると、まず「皇帝皇后神功聖徳。遠夷順化宇内粛清（後略）」と述べたという（大正五二、三八七c）。道慈の漢詩の「聖徳」は皇太子の聖徳で、こちらのは皇帝皇后の聖徳であるという差異はあるが、道慈は、おそらくこうした表現の影響を受けて、自らの漢詩に「聖徳」の語を用いたと理解される。

第四節で述べるように、道慈は『日本書紀』の述作、とりわけ仏教関係記事の述作に関わった。ところで、厩戸王は、同書ではいまだ「聖徳太子」とは表記されておらず、この名は後になって言い出されたものであることが知られている。「聖徳太子」という呼称の初見は、天平勝宝三年（七五一）成立の『懐風藻』の序であり、他に『令集解』所収の「古記」（天平十年〈七三八〉頃の成立）には「聖徳王」（公式令平出条集解）という表現が見える。このように「聖徳太子」なる呼称は後世のものであるが、ただ、それは『日本書紀』敏達五年（五七六）三月条の「東宮聖徳」、および推古二十九年（六二一）二月条の「玄聖之徳」という記述に基づいて言い出された呼称と考えられる。私は、道慈が自らの漢詩に皇太子の「聖徳」を詠っていることを重視して、『日本書紀』の「東宮聖徳」「玄聖之徳」という表現は道慈の手によるものであろうと考えている。この問題については第四節で再び触れる。

その他の表現の検討

その他の文言はいかがであろうか。「寿」「日月」「天地」という言葉は特別の語でなく、ごく一般的な語であるから、ここでことさら詮索してもさしたる成果は得られないかもしれない。しかし、『続高僧伝』巻第二十三の「釈智炫伝」を見ると、「白日昇仙、寿与天地同」とあるのに目がとまる（大正五〇、六三一b）。道慈の漢詩の表現は、あるいはこうした言い回しの影響を受けているのかもしれない。

次に、再び③の漢詩に戻って、小島が言及しなかった「方外の士」という表現について私見を述べておきたい。「方外の士」とは、世の中を捨てて俗世間の外に生きる存在という意味の語で、これまた中国の仏教文献にしばしば見られる言葉である。中でも、梁の僧祐（四四五〜五一八）の『弘明集』（大正五二）には「方外」「方外之士」の語が多く見られる。すなわち、「出家則是方外之賓」（三〇b）、「則知有方外之賓」（三四c）、「方外之士」（三六c）、「況沙門者方外之士乎」（五三a）、「然貧道出家、便是方外之賓」（七五a）、「出家則是方外之賓」（八三c）などとあるのがそれで、仏教の出家者を「方外之賓」「方外之士」と位置づける表現がいくつも見られる。道宣の『広弘明集』にも「方外之人」（大正五二、一七〇a、二八七c）という表現が見られるが、より注目されるのは、『続高僧伝』巻第十三の「釈道岳伝」に「況方外之士、棄名之人」とあって、「方外之士」という表現がそのまま見えることである（大正五、五二八b）。道慈の漢詩の表現は、これらの表現を借用、模倣したものとすべきであろう。

さらに③の序に見える「嘉会」という文言はどうか。この語は『続高僧伝』の同じ「釈道岳伝」に見え（五二七c）、他にも、「釈法貞伝」「釈法敏伝」「釈慧林伝」（四七四b、五三八c、五四四c）と計四ヵ所に見える。この語についても、道慈は中国文献の表現を模倣したと理解してよいだろう。

道慈の文章表現の特色

これまでの考察結果をまとめておくと、以下のようになる。

（1）道慈は自らの文章に、中国の先人が記した文章をそのまま用いることがあり、それは時に数十文字におよぶことがある。

（2）その際、先人の文章をそのまま用いる部分と、少し変えて用いる部分とが見られる。

（3）また、数文字の文言、言い回しについても、中国仏教で用いられる独特の用語や言い回しが多く用いられている。

（4）道慈が依拠した文献としては、『続高僧伝』『集古今仏道論衡』『広弘明集』『集神州三宝感通録』などの道宣の書物が一つの中心となっており、また玄奘が記した文章や玄奘伝の文章など玄奘関係のものも用いられている。彼らは唐の西明寺で活躍した僧である。他に『続高僧伝』『広弘明集』に先行する『高僧伝』『弘明集』なども参照されたと考えられる。

竹渓山寺

次に、「竹渓山寺」および道慈と長屋王との関係について触れておきたい。道慈は、③の漢詩ならびに序を竹渓山寺で書いたという。では、それはどのような寺なのか。

③は、長屋王邸宅における宴会への出席を辞退する詩文であるが、これを額面通りに受け取って、道慈と長屋王との関係は一時こじれていたとか、これ以後疎遠になってしまったとか理解することはできないと私は思う。道慈は長屋王家で実施された『大般若経』の写経事業に検校僧として関与しており⑽、長屋王と親密な関係にあったことは疑いない。また長屋王の詩宴で詠まれた漢詩を多く収める『懐風藻』に道慈の漢詩が収められていることから判断して、道慈が長屋王邸宅の宴会に全面的に批判的否定的であったとは理解しにくい。すでに小島憲之が指摘しているように、③の表現をそのまま額面通りに読解してしまうのは危険だと思う。これは遊びの要素を含んだ詩文と読解すべきで、小島は、背後で舌を出して笑っている道慈の姿が想起されると指摘するが、私も同感である。この漢詩ならびに序は、欠席者が宴会の座興の一つとして送ったもののように私には思われる。道慈はそれに中国の慧浄と皇太子のエピソードを踏まえた詩文を用意した。おそらくは出席者たちはそれを詠んでその洒脱な趣向にわきあがったに違いない。

竹渓は現在の奈良県山辺郡都祁村の地に比定されるが、ここには都介野岳があり、その西南側の中腹には平坦地があって、堂ヶ平といい、寺院址の可能性が指摘されている。だが、いまだ本格的な調査はなされておらず、奈良時代に遡る寺院址なのかどうか確認されていない⑼。今後の調査が期待されるところである。

ところで長屋王家木簡によれば、つげ（都祁、都家）の地には長屋王家の氷室があった。ここにはまた、「都祁宮」「都祁司」と呼ばれる長屋王家の出先機関があり、氷室は長屋王家が直接経営していたという。[10]さすれば、竹渓山寺は、そうした長屋王家の直接経営地もしくはその周辺地に造立された、修行用ないし隠棲用の小寺であった可能性があるように思う。もっとも③は、遊び心を多分に含んだ詩文であるから、竹渓山寺なる寺も、あるいは中国の山岳寺院に重ね合わせて、詩文の趣向として創作された、架空の寺院である可能性も皆無ではない。だが、もし実在したとするなら、長屋王と道慈の親密な関係の中で、長屋王が道慈のために用意した山寺であったように思われる。

三　道慈と西明寺

道慈の留学

道慈は大宝二年（七〇二）に入唐し、養老二年（七一八）に帰国した。道慈は、唐ではどこで留学生活を送ったのであろうか。残念ながら、基本史料である①〜⑬にそのことについての記述はない。ただ、滞在期間は十六年間と長期であり、①『懐風藻』の伝に「明哲を歴訪」したとあるから、いくつか複数の場所で学んだと理解すべきであろう。同じく①には、唐で高僧一百人のうちに選抜されて宮中に招かれたとあるから、長安もしくはその近郊に居たことがあったことは認めてよいと思う。ではそれはどこなのか。基本史料には見えないが、後年の史料には、道慈と唐の西明寺との関係を述べるものがいくつかある。

⑮『三宝絵』には、道慈は唐で（帰国の後には）大きな寺を作ろうと心中に決意して、西明寺の構作の姿を写し取っておいたとある。そして、中天竺の祇薗精舎は都率天の宮を模して造ったものであり、西明寺はその祇薗精舎を模し

て造ったものであって、大安寺は、道慈がその西明寺を模して造ったものだと述べている。この話は、他にも㉔「大安寺縁起」、⑯『扶桑略記』、⑰『七大寺日記』、⑱『七大寺巡礼私記』、㉑『元亨釈書』などに見え、平安中後期以降、人々によく知られた、有名な話となっていたことがわかる。ではこの説は歴史的事実を伝えるものなのか。

道慈は帰国の後、国家の仏教の屋台骨を背負う人物として活躍し、藤原京の大官大寺（大安寺）を平城京に移転、造営するにあたっては、その責任者として活躍した。基本史料である⑨『続日本紀』の伝には、「大安寺を平城に遷し造るに、法師に勅してその事を勾当せしむ」とあり、また道慈は「工巧」にすぐれていて、「構作形製」について「規摹」（模範、手本）の伝授を受けていたとも記されている。また①にも「大安寺を造る」とあって、彼が大安寺を造営したことは歴史的事実としてよい。しかしながら、西明寺を模して大安寺を造ったというのは後年の史料にしか見えず、この説をそのまま認めることには躊躇を覚える。西明寺の址では発掘調査が一部実施されたものの、不十分な調査に終わっているのが残念である(11)。

ただ、私は、後年こうした説が言い出されるようになったのには理由があるのではないかと考えている。というのは、⑨に見える、道慈が伝授されたという「規摹」とは、実は西明寺の図なのではないかと推測しうるからである。道宣には、a『西明寺記』一巻、b『西明寺録』三巻、c『西明寺図讃』四巻、d『中天竺舎衛国祇洹寺図経』二巻の著作がある。このうちabcは失われてしまって現存しないが、西明寺の様子を書き記した書物、図であったと理解される。abcにはあるいは重複があるのかもしれないが、残念ながら今日それを確認することはできない。ただ、このうちのc『西明寺図讃』は、藤原佐世『日本国現在書目録』に掲載されており、この書が古代の日本に伝えられていたことはまちがいない。一方のdは現存している（大正四五）。このdは、道宣が祇洹寺（祇薗精舎）の姿を「感霊」によって描き出したというもので、実際の姿を見て書いたものではなく、文献、伝聞などのさまざまな情報を織り交ぜて彼が創作したものである。ではc『西明寺図讃』は誰が日本に伝えたのか。藤善真澄は道慈が伝えたのであろうと推定しているが[12]、私も賛成で、他の西明寺の書物の例から類推して、この書は道慈が日本に伝えたのだろうと考えられる。あるいは他の三書もあわせて日本に伝えたのかもしれない。⑯『扶桑略記』には、「中天竺舎衛国の祇薗精舎は兜率天内院を以ちて規摸となし、大唐の西明寺は祇薗精舎を以ちて規摸となし、本朝の大安寺は、唐の西明寺を以ちて規摸となす」とあって、「規摸」という語が用いられており、⑨の「規摹」と用語的にも共通性がある。⑨の言う「規摹」とは、具体的には、道宣著『西明寺図讃』もしくは右の道宣の四著を指していると理解することができると思う。以上より、大安寺が実際に西明寺を模して造られたかどうかは確認できないが、そのこととは別に、道慈が西明寺の図を日本に伝えたことは認めてよいと考える。平安中後期以降の史料に見える、大安寺は西明寺を模して造られたという記述は、その事実に基づいて言い出されるようになった言説と理解しておきたい。

道慈と西明寺

長安の西明寺は、顕慶二年（六五七）、高宗が皇太子李弘（高宗と則天武后との間の子）の病気平癒を願って創建せしめた寺院で、同年六月十三日に盛大な落慶供養が行なわれた。高宗の命を受けてこの寺の建立に関わったのは玄奘（六〇二〜六六四）であった。西明寺が完成すると、玄奘はこの寺で訳経作業を行ない、顕慶四年十月に『大般若経』翻訳のために玉華宮に移るまで、一年四ヵ月ほどの間、この寺で活動した。三綱には、上座に道宣、寺主に神察、都維那に智衎と子立（のち改名して慧立）が就任し、以後、同寺は道宣を中心に、多くの学僧が活躍する寺として繁栄した。西明寺には、また、創建の年に一切経が納められるなどして多くの経典、文献が収集、所蔵され、この方面でも天下屈指の寺となっていった[13]。

西明寺には、八世紀後期以降、日本からの留学僧が次々と訪れ、この寺を重要な窓口として中国仏教を摂取していった。永忠、空海、円載、円珍、真如、宗叡などがそれで、西明寺は留学僧にとって重要な修学先となっていた(14)。それでは、道慈は西明寺に留学したのであろうか。

道慈が西明寺に留学したことは基本史料に記述されていない。それゆえ、道慈が西明寺を訪れた、また滞在した、あるいは修学したかどうかは、直接的史料からこれを確認することができない。だが、すでに井上薫は、㉔⑯㉑などを根拠として道慈は西明寺に入ったと説き、小野勝年、服部匡延、堀池春峰も、直接的史料はないが、道慈が西明寺に寄宿し、修学した蓋然性は高いと説いている(15)。私も、これら諸先学と同じく、道慈は西明寺にて修学した可能性が極めて高いと考えている。

前節で検討したように、道慈の詩文には、道宣、玄奘、慧立など西明寺で活躍した僧の表現が用いられていた。また⑧によれば、道慈は天平九年十月、大極殿にて『金光明最勝王経』を講説したが、この経典は七〇三年に義浄（六三五〜七一三）が西明寺において翻訳したものである（智昇『開元釈教録』巻九、大正五五、五六七ａ）。また㉒によれば、道慈は『浴像経』の開題を書いているが、この経典は義浄訳『浴仏功徳経』もしくは宝思惟訳『仏説浴像功徳経』のことで、前者であるなら、やはり義浄によって翻訳（ただし大薦福寺にて翻訳、同上五六七ｂ）されたものである。さらに⑪によれば、道慈は「大般若四処十六会図像」と「華厳七処九会図像」を造って、これを大安寺に納めたという。このうち前者は、道慈によって開始され、のち恒例の行事となった大安寺の大般若会（⑦参照）にて用いられたものと考えられる。この四処十六会の図像がどのような絵柄のものであったかは不明であるが、ここの十六会とは玄奘訳『大般若経』六百巻に描かれる世界のことである。その『大般若経』冒頭の「初会序」は玄則という人物によって執筆されているが、この玄則は玄奘の訳業を支えた高弟で、西明寺の僧であった。

こう見ていくなら、道慈が西明寺の仏教の強い影響を受けていることは明らかである。道慈が西明寺に留学したかどうかは直接的史料から確認することができない。だが、こうした状況から考えて、道慈が西明寺に滞在、修学した可能性は高く、仮に何らかの事情で道慈が西明寺を訪れることがなかったとしても、彼が西明寺の仏教を外から学び、それを日本に持ち帰ったことはまちがいなかろう。

四　『日本書紀』の述作

『日本書紀』の仏教伝来記事

『日本書紀』は全三十巻。国家が作成した歴史書で、神話から語り始め、持統天皇十一年（六九七）までの歴史を記した書物である。史料の乏しい古代史研究にあっては『日本書紀』は貴重な史料であるから、この書に頼って歴史を再構成することが少なくない。しかし、『日本書紀』は事実に基づいて客観的に歴史を書き記したような史書ではなく、政治的意図に基づいて歴史を創作したという性格を持つ書物であるから、その読解にあたっては慎重な史料批判が必要となる。近代歴史学は、明治以来、この書物の本格的な解析に取り組み、いくつもの記事が歴史的事実とは言えず、編者による潤色さらには机上の創作であることを明らかにしてきた。

『日本書紀』欽明十三年（五五二）十月条には仏教伝来の記事が掲載されている。それによれば、この年、百済の聖明王は使いをつかわして、釈迦仏の金銅像一体、幡蓋若干、経典若干巻を献上し、あわせて上表文をたてまつったという。この記事にはいくつかの疑問点があるが、中でも大きな問題となるのが、義浄訳『金光明最勝王経』の文章が用いられていることである。すなわち、聖明王の上表文の中に、この経典の文章が一ヵ所はほぼそのまま、もう一ヵ所は少し改変されて用いられており、また欽明が歓喜するくだりにもこの経典の文章が改変・借用されている。だが、すでに述べたように、『金光明最勝王経』は義浄が西明寺にて漢訳したもので、その成立は長安三年（七〇三）である。それが五五二年の上表文に用いられるはずはないから、『日本書紀』のこの条は編者が述作した記事としなければならない。では誰がこの経典の文章を用いてこの条を書いたのか。

井上薫は、『金光明最勝王経』を日本に伝えたのは道慈であり、仏教伝来記事も道慈によって述作されたとする見解を説いた。また同書の仏教関係記事には、他にも道慈によって書かれたと考えてよい記事があるとし、三ヵ条にわたってその記事を指摘した。(16)これは『日本書紀』の成立過程を考える上で、画期的な研究であったと評価されよう。また小島憲之は、『日本書紀』には『金光明最勝王経』の表現を用いたと考えられる記述が、他にも見られることを指摘している。(17)これらの研究成果を継承、発展させて、私も、道慈が述作したと考えられる『日本書紀』の記事をいくつか指摘してきた。(18)また大山誠一は、『日本書紀』の聖徳太子像の造形と述作に道慈が関わったことを論じてきた。(19)

山田御方説の是非

こうした見解に対し、皆川完一は『金光明最勝王経』をはじめて日本に伝えたのは必ずしも道慈とは限らず、また『金光明最勝王経』を用いて『日本書紀』を述作したのも道慈ではなく、別人であろうとする説を提出した。(20)これはこれまでの研究史を克服しようとする注目すべき説であるが、成り立つであろうか。

皆川によれば、(ア)『金光明最勝王経』を日本に舶載したのが道慈であるとする説は、直接的史料に基づくものではなく、状況証拠による推論であって、他の可能性も排除できない（粟田真人が伝えたとか、新羅経由で伝えられたなど）。道慈も『金光明最勝王経』を持ち帰ったのであろうが、それ以前に誰かがすでに伝えていた可能性があるという。また、（イ）『日本書紀』の編纂事業は国家の政務の一つであって、官人が行なう事業である。それに僧が僧のまま参加することはありえず、還俗しなくては参加できないはずで、むしろ僧の還俗者の参加を想定すべきであるという。氏は、この（ア）（イ）を論拠に、『金光明最勝王経』を用いて仏教伝来記事を述作したのは道慈ではなく、むしろ山田御方（かつて僧として新羅に留学したことがあり、のち還俗して文筆で活躍し、大学頭となった人物）の方がふさわしいと説いた。

しかしながら、私は皆川説に賛成することができない。まず（ア）であるが、たしかに道慈が『金光明最勝王経』をはじめて伝えたとするのは一つの推論にすぎず、他の可能性が論理的に排除できるわけではない。だが、史料⑧から考えて、八世紀前期において、国家の仏教の中核の一つに『金光明最勝王経』を据えたのは道慈である。とするなら、道慈が仮にこの経典の初伝者ではなく、二伝、三伝であったとしても、道慈帰国以後は彼を中心に『金光明最勝王経』が称揚されたとすべきだろう。さすれば、『日本書紀』に『金光明最勝王経』を用いたのも、他の人物でなく、道慈と見るのが最も蓋然性が高いように思われる。次に（イ）であるが、たしかに『続日本紀』以下の五国史を見てみると、その編纂に僧は加わっておらず、官人たちによって歴史書が作成されている。だが、『日本書紀』の編纂事業は初めての修史事業なのであって、後代の事例から遡及させて類推してよいのか疑問がある。『日本書紀』には仏教関係記事が豊富に書き込まれていて、それがこの書物の大きな特色となっている。とするなら、かつて津田左右吉が説いたように[21]、その述作に「仏家」が加わっていたとする方が理解しやすいし、少なくともその可能性は排除できないように私は思う。だが、このように皆川説の論点の一つ一つに異議を唱えていても水掛け論になってしまう恐れがあるから、次に新たな論点を提示して道慈述作説をあらためて再論することとしたい。

『日本書紀』の仏教関係記事は道慈の述作

論点は二つある。一つは仏教伝来記事における『金光明最勝王経』の用い方、文章の借用の仕方の特色の問題である。この記事には『金光明最勝王経』の文章が三ヵ所にわたって用いられている。一つは聖明王の上表文の冒頭の部分で、『金光明最勝王経』の「是金光明最勝王経、於諸経中、最為殊勝、難解難入、声聞独覚所不能知、此経能生、無量無辺、福徳果報、乃至成弁、無上菩提」という文章がほぼそのまま借用されている。ただし、「是金光明最勝王経」は「是法」に変え、「声聞独覚」は「周公孔子」に変え、「所」を「尚」、「経」を「法」に変えている。その結果、『日本書紀』の文章は「是法、於諸法中、最為殊勝、難解難入、周公孔子尚不能知、此法能生、無量無辺、福徳果報、乃至成弁、無上菩提」というものになっている。あとの二ヵ所は『金光明最勝王経』の文章がかなり改変されており、「如人室有妙宝篋／随所受用悉従心／最勝王経亦復然／福徳随心無所乏」という文章を改変して、「譬如人懐随意宝、逐所須用尽依情、此妙法宝亦復然、祈願依情無所乏」とし、また「爾時四天王聞是頌已、歓喜踊躍、白仏言、世尊我従昔来、未曾得聞、如是甚深微妙之法、心生悲喜、涕涙交流」という文章を改変して、「是日、天皇聞已、歓喜踊躍、詔使者云、朕従昔来、未曾得聞、如是微妙之法、然朕不自決」という文章を作っている。

先に検討したように、道慈の文章には（1）〜（4）という特色があった。道慈の文章には先人の文章が借用されることがあり、その際、先人の文章をそのまま用いる部分と、少し変えて用いる部分とが見られた。また道慈が依拠した文献としては、西明寺関係のものが多く見られた。これは仏教伝来記事における『金光明最勝王経』の借用の仕方と合致する。仏教伝来記事は、先行文献からの文章の借用の仕方、その個性から見て、道慈の文章にふさわしいと推考される。

次に論点の第二は、『日本書紀』の述作に用いられた仏教文献が『金光明最勝王経』ばかりでなく、他にも複数あるという問題である。まず仏教伝来記事であるが、津田左右吉、井上薫が指摘したように、(22)この条には『金光明最勝王経』とあわせて、『高僧伝』巻第九「竺仏図澄伝」が用いられている。仏教伝来記事では、仏教受容の是非をめぐって、蘇我稲目が「西蕃諸国」もみな仏教を信仰しているのだから、日本もそうするべきだと主張したところ、物部尾輿と中臣鎌子とが「我が国家の天下に王とましますは、恒に天地社稷の百八十神を以ちて、春夏秋冬、祭拝りたまふを事とす。方今し、改めて蕃神を拝みたまはば、恐るらくは国神の怒りを致したまはむ」と反対意見を述べたという。この記述は「竺仏図澄伝」の次の部分に依拠して書かれている。すなわち、後趙王の石虎が仏教の是非について中書に諮問したところ、中書の王度から、王者は「天地を郊祀し、百神を祭奉する」ものであって、西域から出た「外国之神」はまつるものではないという「議」が奏せられた。これに対し、石虎は、仏は外国之神だというが、自分は「辺壌」の生まれであるから、「戎神」である仏をまつるべきだと断じたという。仏教伝来記事の仏法興隆派と反対派による「議」の部分は、この「竺仏図澄伝」の記述によって述作されたものであって、「百八十神」「蕃神」の語も「百神」「外国之神」を改変したものと見ることができる。

『日本書紀』の他の条はどうであろうか。善信尼たち三尼の出家を述べる敏達十三年是歳条では、馬子が三尼を出家させると、仏の「舎利」が「斎食」の上に出現したと記されている。そして、その舎利を鉄板の上に置いて鉄の金槌で叩いたところ、舎利が砕けないで、鉄板と金槌が砕けてしまったといい、また水の中に投げ入れたところ、心に願うままに浮き沈みしたと記されている。しかして、道宣『集神州三宝感通録』の「振丹・神州の仏舎利が感通せること」を見ると、仏舎利が斎食の上に出現した話、舎利を鉄板の上に置いて金槌で撃っても砕けなかった話、舎利が水中で浮沈した話のすべてが記されている。別稿で述べたように、(23)この条の舎利の話は、この『集神州三宝感通録』の記述に基づいて述作されている。

また、『日本書紀』には「天皇不㆑信㆓仏法㆒、而愛㆓文史㆒」（敏達前紀）、「天皇信㆓仏法㆒、尊㆓神道㆒」（用明前紀）、「尊㆓仏法㆒、軽㆓神道㆒」（孝徳前紀）という表現が見える。井上薫は、これらの記述を「仏家」による筆録であると指摘したが、私も仏教文献に依拠した記述と見るべきだと考える。特に注目されるのが「文史」の文言で、これを「仏法」と対照的、対句的に用いる用法は独特である。かつて指摘したように、[24] こうした「文史」の用例は『続高僧伝』「釈慧浄伝」に見える。そこでは、仏法を批判した辛諝という人物について「太子中舎辛諝、学該㆓文史㆒、傲誕自矜」と述べている。この慧浄と辛諝との論争については、同じ道宣の『集古今仏道論衡』巻丙にも記載があり、そちらでは辛諝は「太子中舎辛諝、学該㆓文史㆒、誕傲自矜、心在㆓道術㆒、軽㆓弄仏法㆒」とやや詳しく論評されている。辛諝は「文史」を学びそなえ、「道術」に熱心であったが、「仏法」は軽んじたという。『日本書紀』の「仏法」「文史」の対句表現はこうした表現に依拠して書かれているものと思われる。

『日本書紀』仏教伝来記事は『金光明最勝王経』を用いて述作されているが、『高僧伝』「竺仏図澄伝」も用いられ、また仏教関係記事では、『集神州三宝感通録』、『続高僧伝』「釈慧浄伝」、『集古今仏道論衡』が用いられていた。同書の仏教伝来記事や仏教関係記事が依拠した文献が『金光明最勝王経』のみであるのなら、その述作者を別の人物に想定する議論が成立するかもしれないが、他の仏教文献もあわせ用いられている。これら道宣の著作や『高僧伝』といった書物は、第二節で述べたように、道慈が自らの詩文を作成する際に重視、依拠した文献であった。特に「釈慧浄伝」は、道慈の漢詩③が長文にわたって借用した文献であり、その文章表現は道慈の漢詩③と敏達前紀の両方に用いられている。さすれば、これらの記事を書いたのは、他の人物ではなく、道慈としなければならないと私は思う。道慈は、『日本書紀』の仏教関係記事の述作に主筆として関与したと考えられる。

五 『日本書紀』厩戸王関係記事と道慈

ここでは、厩戸皇子の死去の様子を記す推古二十九年二月癸巳（五日）条を題材に、この問題について考えてみたい。次のようである。

厩戸豊聡耳皇子の死

道慈は『日本書紀』の述作に関与し、その中で聖徳太子関係記事のいくつかにも筆をとったものと考えられる。こ

半夜に厩戸豊聡耳皇子命、斑鳩宮に薨る。是の時に、諸王、諸臣及び天下の百姓、悉く長老は愛児を失へるが如くして、塩酢の味、口にあれども嘗めず。少幼は慈父母を亡へるが如くして、哭き泣く声、行路に満てり。乃ち耕す夫は耜を止み、舂く女は杵せず。皆曰く「日月輝きを失ひ、天地既に崩れぬ。今より以後、誰をか恃まむ」と。是の月、上宮太子を磯長陵に葬る。是の時に当りて、高麗の僧慧慈、上宮皇太子の薨ることを聞きて、大きに悲しび、皇太子の為に、僧を請いて設斎す。仍りて親ら経を説く日に誓願して曰く「日本国に聖人あり。上宮豊聡耳皇子と曰す。固に天に縦されたり。玄聖の徳を以ちて日本国に生まれり。三統を苞み貫き、先聖の宏猷を纂ぎ、三宝を恭敬して、黎元の厄を救ふ。是実に大聖なり。今太子既に薨る。我、異国にありと雖も、心は断金にあり。其れ独り生くとも何の益か有らむ。我、来年の二月五日に必ず死なむ。因りて上宮太子に浄土にて遇ひて共に衆生を化さむ」といふ。是に慧慈、期りし日にあたりて死す。是を以ちて、時の人、彼も此も共に言はく「其れ独り上宮太子の聖にましますのみにあらず。慧慈もまた聖なり」といふ。

夜半に厩戸豊聡耳皇子が斑鳩宮にて死去した。諸王、諸臣から一般人に至るまで、人々は悲しみ、老人は愛児を失

ったようになって、塩や酢が口に入っても味がわからないようになり、幼児は慈父母を亡くしたようになって、泣き叫ぶ声が道路に満ちた。田を耕す男は鋤を動かすのをやめ、米をつく女の杵の音も聞こえなくなった。みな「日月は輝きを失い、天地は既に崩れ去った。今後、誰をたのみにしたらよいのだろう」と言ったという。この月に太子を磯長陵に葬った。高麗の僧の慧慈は太子の死を聞いて悲しみ、僧を招いて法会を開催し、自ら経典を講説した日には次のように誓願した。日本国に聖人があり、上宮豊聡耳皇子といった。生まれながらの才能があり、「玄聖之徳」をもって日本国に生まれ、三代の聖天子にも匹敵する器量で先聖たちの意志を継ぎ、三宝を恭敬して人民の苦しみを救った。まことの大聖人である。その太子が亡くなった。自分はもう異国に戻っているが、心は深く結ばれており、一人生きても何の益があろうか。自分も来年の同じ日に必ず死に、太子に「浄土」で遇って、ともに衆生を教化したいと。すると慧慈はその通りその日に死去した。時の人は誰も彼もみな、太子ばかりが聖ではなく、慧慈もまた聖であると言ったという話である。

ここの記述には、人々が言ったという言葉といい、慧慈の誓願とその通りの死といい、文学的、創作的な様相が色濃い。これは編者による創作としなければならない。この記事については、すでに大山誠一の研究があり(25)、それによれば、ここには『大唐大慈恩寺三蔵法師伝』や『続高僧伝』巻第四「釈玄奘伝」などに描かれる、玄奘の死の場面が投影されているという。この記事では、太子は「浄土」にいるとされているが、後に自ら再び衆生の教化を行なうのだから、ここの「浄土」は阿弥陀如来の極楽浄土のことではなく、太子は極楽往生を遂げたとされているのではない。ここの「浄土」は、弥勒菩薩の浄土（兜率浄土）の影響のもとに描かれた太子自身の浄土と理解される。この記述は、弥勒菩薩がその浄土である兜率天で諸天衆に説法し、のち釈迦の死後五十六億七千万年の後に再び人間の住む娑婆世界に下生してきて、竜華樹の下で成道し、三度の説法によって多くの人々を済度するという信仰の強い影響を受けて書かれている。太子は今は自身の浄土にいるが、未来には再び人間界に下生してきて、人々を教化するという。

一方、玄奘は右の伝記によるなら、死後は兜率天に生まれて弥勒にまみえたいという願いを持っていたといい、死に臨んでは自ら弥勒を黙念し、傍人たちに「南謨弥勒菩薩」と唱えさせたという。そして死去の日、二月五日には、弟子の問いかけに対して、死後は弥勒の前に生じると答えてそのまま亡くなったと記されている。

ところで聖徳太子は、法隆寺金堂釈迦三尊像光背銘や天寿国曼荼羅繡帳銘では、推古三十年二月二十二日に死去したと記されているが、『日本書紀』では推古二十九年二月五日に亡くなったとされている。玄奘の死没日はその二月五日であった。ここから、大山は、『日本書紀』は太子の死を描くに際し、これを玄奘と重ね合わせ、その死去日をそのまま借用し、また弥勒信仰に基づく話を述作したと論じた。では、誰がそうした述作を行なったのか。大山はこれを道慈としたが、私も道慈による述作だろうと考えている。先に述べたように、道慈の詩文には道宣の強い影響がうかがえるが、また玄奘の文章や玄奘伝の表現の影響、借用も見られた。そうであるなら、『日本書紀』のこの部分を書いたのは道慈とすべきであろう。なお、弥勒信仰を説く経典には、竺法護訳『弥勒下生経』、鳩摩羅什訳『弥勒下生成仏経』、義浄訳『弥勒下生成仏経』、鳩摩羅什訳『弥勒大成仏経』、沮渠京声訳『弥勒上生経』などがあるが（いずれも大正一四）、義浄訳の下生経があることに注目したい。道慈は玄奘や義浄の影響を受けて唐の弥勒信仰を日本に持ち帰り、それを『日本書紀』の述作に用いたと考えられる。

日月、天地、玄聖之徳

人々が言ったという「日月輝きを失ひ、天地既に崩れぬ」という言葉はいかがであろうか。これについては田村圓澄の指摘があり(26)、ここの記述は『仏所行讃』『仏本行経』などに記される釈迦の死去の場面の描写の影響を受けた表現となっているという。たしかに、たとえば後者には「白日精光無く、星日の闇明らかならず、日月倶に光を失うこと、譬へば泥を塗られたるがごとし」という文言が見え、『日本書紀』の文章に影響を与えていると思われる。では誰がこの部分を書いたのか。ここで想起されるのが道慈の漢詩②である。この漢詩は、「日月」と「天地」とを対句で用いる構成をとっていた。一方、『日本書紀』の言葉も「日月」と「天地」の対句表現となっており、共通性がうかがえる。この部分も道慈の述作としてよいだろうと私は考える。おそらく「日月」「天地」の対句表現は道慈得意の言い回しだったのであろう。

この条にはまた、「玄聖之徳」という表現が見える。厩戸王は『日本書紀』ではさまざまな名で表記されているが、「聖徳太子」という名では表記されていない。この名は彼の実名でも在世中の呼称でもなく、後世になって言われるようになった名で、『令集解』「古記」の「聖徳王」や『懐風藻』序の「聖徳太子」がその最初期の使用例であった。後世、彼が「聖徳太子」と呼ばれるようになったのは、『日本書紀』のこの「玄聖之徳」、および敏達五年三月条の「東宮聖徳」という表現に拠ったもので、『日本書紀』の記述に基づいて言われるようになった呼称とすべきである。では、その表現は誰によるものなのか。第二節で述べたように、道慈の漢詩に「皇太子」の「聖徳」を詠った表現があったことから考えて、道慈によるものとしてよいと私は考える。彼は、大慈恩寺や西明寺で活躍した慧立の表現などからこの言葉を習得し、それを自らの漢詩に用い、また『日本書紀』の述作にも用いた。道慈の漢詩②は、「三宝」「百霊」「聖徳」「日月」「天地」などの語によって構成されているが、これらは道慈得意の表現であったと考えられよう。

以上、『日本書紀』推古二十九年二月癸巳（五日）条を検討してみた。そこには、複数の箇所に道慈によると考えられる表現、文言が見え、この一条の全体を道慈による述作と理解するのが妥当である。しかもそれは潤色ではなく、全くの創作とすべきであろう。この条には、他にも「恭敬三宝」といった注目すべき文言が見えるが、私はこれも道慈による表現とすべきだと考えている。このように、道慈は『日本書紀』の聖徳太子関係記事の述作にも関わっていた。本節ではそのうちの一条について考察したが、他にも道慈が関与している条があると考えている。それらについては別の機会に論じることとしたい。

むすび

薬師寺東塔檫銘をめぐって

『懐風藻』に残された道慈の詩文を題材にして彼の文章の特色を検討し、彼が依拠した中国の仏教文献やその借用の仕方を考察してみた。そして、それに基づいて『日本書紀』の仏教関係記事に彼の述作と見られるものがあることを明らかにし、聖徳太子関係記事の述作にも関与があることを論じてきた。では、『日本書紀』以外ではいかがであろうか。

すでに指摘があるように、「薬師寺東塔檫銘」（以下「檫銘」と記す）は道慈が作成した文章の一つと考えられる。これは薬師寺（奈良県奈良市西ノ京町）に現存する東塔の檫管の最下部に刻まれる銘で、全百二十九文字が十二行にわたって記されている。次の銘である。

維清原宮馭宇／天皇、即位八年、庚辰之歳、建子之月、以／中宮不悆、創此伽藍、而鋪金未遂、龍駕／騰仙、大上天皇、奉遵前緒、遂成斯業／照先皇之弘誓、光後帝之玄功、道済郡／生業伝曠劫、式旌高躅、敢勒貞金、／其銘曰、／巍巍蕩蕩、薬師如来、大発誓願、広／運慈哀、猗歟聖王、仰延冥助、爰／餝霊宇、荘厳調御、亭亭宝刹、

／寂寂法城、福崇億劫、慶溢万／齢

維れ清原宮馭宇天皇の即位八年、庚辰の歳、建子の月に、中宮不悆なるを以て、此の伽藍を創めり。而れども鋪金未だ遂げさるに、龍駕騰仙せり。大上天皇、前緒に遵ひ奉り、遂に斯の業を成し、先皇の弘誓を照らし、後帝の玄功を光かさむとせり。道は郡生を済ひ、業は曠劫に伝はる。式みて高躅を旌はし、敢て貞金に勒めり。其の銘に曰く、巍巍蕩蕩たり、薬師如来、大ひに誓願を発して、広く慈哀を運らせり。猗歟聖王、仰ぎて冥助を延ひ、爰に霊宇を餝り、調御を荘厳せり。亭亭たり宝刹、寂寂たり法城、福は億劫に崇く、慶は万齢に溢れむと。

これについて論じるには、まず薬師寺の移建・非移建の論争に言及しなくてはならない。薬師寺は、最初、七世紀末に持統天皇によって藤原京の地に建立された。だが、藤原京から平城京への遷都が行なわれると、薬師寺も平城京へと移転していった。その時、東塔も含めて藤原京の薬師寺の伽藍が解体されて運ばれ、再び組み立てられたとするのが移建説である。これに対し、平城京には新たに別の新しい建物が建てられたとするのが非移建説（新築説）である。前者であるなら、現存する薬師寺東塔は白鳳時代の建築となるが、後者であるなら、天平文化の時代の建築となる。かつてこの問題をめぐっては激しい論争が行なわれたが、現在ではほぼ決着がついており、非移建説（新築説）が確定的になっている。藤原京に建てられた薬師寺は、現在では建造物はすべて失われ、三十一個の礎石を残す址だけを伝えている（奈良県橿原市本殿）。この最初の薬師寺（本薬師寺）は、奈良時代にも伽藍が存在しており、平城京の薬師寺と併存していた。このことは文献史料の記載から確認され、塔も二つとも存在していた。また、建築の面から見ても、本薬師寺の東塔址の調査が進展し、その結果、藤原京の薬師寺の東塔と、平城京の薬師寺の東塔とでは、その形態に差異があったことが判明している。前者は、後者とは違い、側柱に戸口と窓もしくは壁をめぐらす構造のものであり、また両者の創建瓦は同一ではなく、異なるものであったという[27]。現在の薬師寺は、藤原京の薬師寺を移建したものではなく、平城京遷都以後に、新たに建築されたものであった。その現在の東塔の檫管に銘は刻まれている。そうであるなら、檫銘は奈良時代の文章とするのが妥当な理解となるはずである。だが、檫銘は、藤原京の最初の薬師寺に記されていた文章がそのまま写されて、平城京の薬師寺の東塔の檫管に再び刻まれたのだと解釈する説がある。銘文移刻説である。しかしながら、本薬師寺の東塔、もしくは西塔、金堂などその他の建造物のどこかに薬師寺の縁起が記されていたとする記録はなく、それが現在の檫銘と同文であったと推定しうる根拠はない。この説の論拠は、檫銘の内容が薬師寺の平城京移転のことに触れないのは寺院の縁起として不自然で、平城京移転以前の文章と見る方がふさわしいとするところにある。しかし、たとえば史料⑪の「大安寺伽藍縁起幷流記資財帳」を見ても、大安寺が藤原京から平城京に移転しているにもかかわらず、移転のことには触れておらず、そうした記載内容は必ずしも不自然とは言えない。銘文移刻説は論拠が乏しく、成り立たないと私は考える。

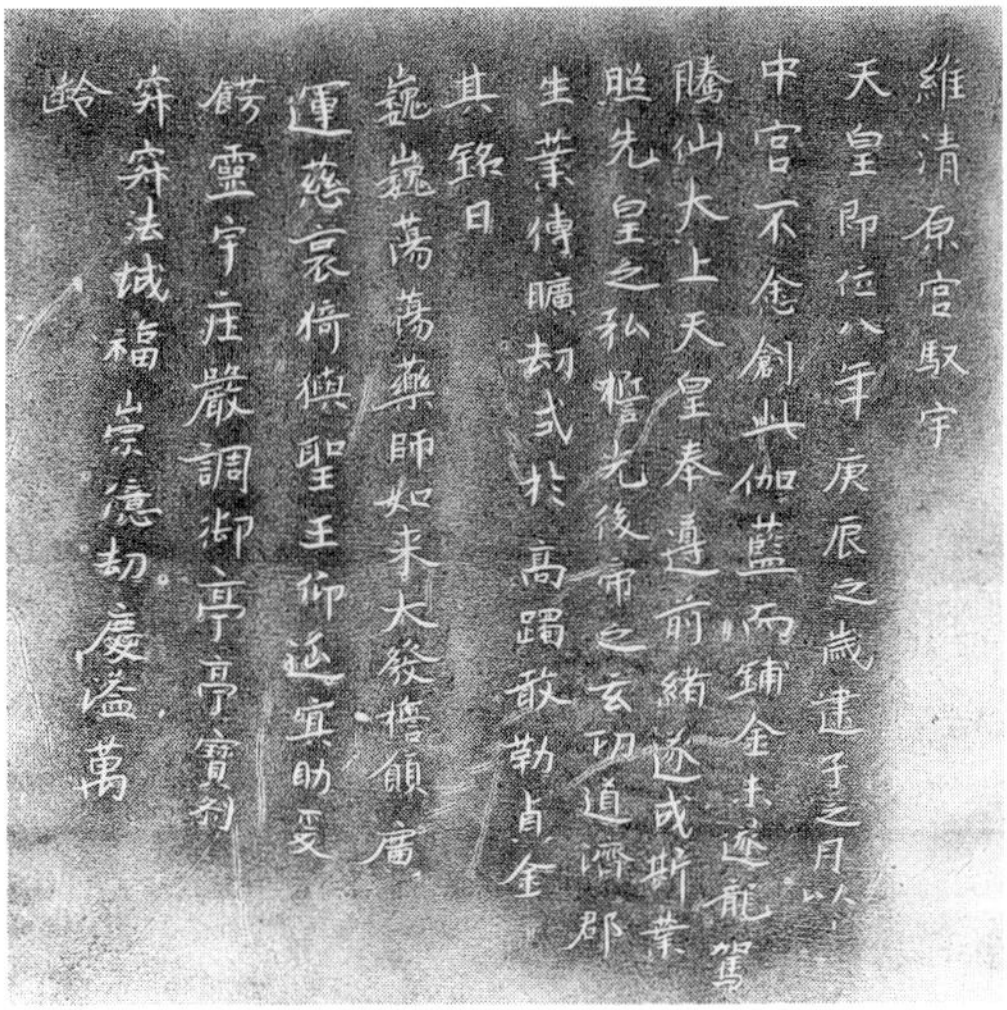

図3　薬師寺東塔檫銘（拓本）

　平城京遷都以後に建てられた現在の東塔の檫銘の文章には、早く平子鐸嶺が指摘したように[28]、唐の西明寺の鐘の銘（「京師西明寺鐘銘幷序」）の文章が借用されている。では檫銘は誰が書いた文章なのか。すでに、小野勝年、大山誠一、藤善真澄は、それは道慈であろうと論じたが[29]、私も道慈の文章であろうと推定している。

　その理由は三つある。一つは道慈と西明寺との密接な関係である。先に述べたように、道慈は西明寺で修学した可能性が極めて高く、仮に西明寺を訪れたことがなかったとしても、外から西明寺の仏教を吸収して、それを日本に持ち帰ったことはまちがいない。彼の仏教や詩文には、西明寺の仏教の強い影響がうかがえる。それゆえ、「京師西明寺鐘銘幷序」の舶載者として彼ほどふさわしい人物はいない。「京師西明寺鐘銘幷序」の伝来については、単独で筆写されて（もしくは拓本がとられて）伝来したのか、それとも「京師西明寺鐘銘幷序」を収録する、道宣『広弘明集』が伝来することによって知られるようになったのか定かではない。この点、今日ではいずれとも判別しがたいが、どちらであったとしても、その舶載者として最もふさわしいのは道慈と考えられる。

　第二は、文章の借用の仕方の問題である。檫銘は、「京師西明寺鐘銘幷序」の文章を、ある部分では数文字にわたってそのまま、またある部分では文言を改変して借用している（右に引用した檫銘のうち傍点を付した文字が両者に共通）。こうした借用の方式は、これまで論じてきたように、他の文章で道慈が採った借用の方式とよく合致する。檫銘の文章には道慈の文章の個性と共通する特色がうかがえる。

　第三は文章のスタイルである。「薬師寺東塔檫銘」は、藤善真澄が指摘したように、(30)「薬師寺銘幷序」とでも称すべきスタイルの文となっていて、序文とそれに続く四文字一句の銘文から構成されている。これは「京師西明寺鐘銘幷序」のスタイルを模倣したものであるが、道慈の漢詩③を見ると、彼が序幷びに韻文というスタイルを熟知していたことが知られる。この点からも檫銘は道慈の文章にふさわしいと考えられる。以上より、「薬師寺東塔檫銘」は、道慈が書いた文章であろうと結論することとしたい。

『日本書紀』の読解と道慈

道慈は、日本の古代史や仏教史を研究する上で、要の人物の一人となると私は考える。近代歴史学は『日本書紀』の解明に正面から取り組み、その成立過程や記述内容の信憑性を明らかにしようとする研究を行なってきた。今日までにすぐれた研究が積み重ねられ、それによって解明された部分も決して少なくはない。だが、残念ながら、不明の部分はなお数多く、『日本書紀』はわれわれの前に、謎の文献、難解な文献として屹立している。『日本書紀』には仏教関係の記事が豊富に書き込まれているから、それらの記述を詳しく検討することは、『日本書紀』の解明にとって有効な研究方法の一つとなるにちがいない。そうした研究を進めるには、『日本書紀』が依拠した仏教文献を明らかにしておくという作業が基礎作業の一つとなる。だが、その作業はいまだ十分には進展しておらず、今後の研究課題になっている。

道慈は、『日本書紀』仏教関係記事の述作に関与し、聖徳太子関係記事にも関わった。その際、仏典や中国の仏教文献の記述を活用し、それを述作に用いた。道慈は、古代の仏教史を考察する上で、はずすことのできない重要人物と言わねばならないが、『日本書紀』の解明という側面でも最も重要な人物の一人となっている。

註

(1) 道慈については、井上薫『日本古代の政治と宗教』(吉川弘文館、一九六一年)、薗田香融「古代仏教における山林修行とその意義」(『平安仏教の研究』法蔵館、一九八一年)、水野柳太郎「日本書紀仏教伝来記事と道慈」(『続日本紀研究』一二七、一九六五年)、中井真孝「道慈の律師辞任について」(『続日本紀研究』二〇〇、一九七八年)、佐久間竜「道慈伝の一齣―『愚志』を中心に―」(『日本古代僧伝の研究』吉川弘文館、一九八三年)、森下和貴子「藤原寺考―律師道慈をめぐって―」(『美術史研究』二五、一九八七年)、大和田岳彦「大仏造立以前の南都寺院伽藍―道慈の構想と理念―」(『日本歴史』五八八、一九九七年)、大山誠一『長屋王家木簡と金石文』(吉川弘文館、一九九八年)、拙稿「『日本書紀』と道慈」(『古代仏教をよみなおす』吉川弘文館、二〇〇六年）、皆川完一「道慈と『日本書紀』」（『中央大学文学部紀要』史学科四七、二〇〇二年）などがある。

（2）『懐風藻』の引用は、小島憲之校注『日本古典文学大系　懐風藻・文華秀麗集・本朝文粋』（岩波書店、一九六四年）に基づく。

（3）長屋王願経に見える「藤原寺」については、森下和貴子註（1）論文。

（4）後藤昭雄『平安朝漢文文献の研究』（吉川弘文館、一九九三年）。

（5）小島憲之「『懐風藻』仏家伝を考える」（『漢語逍遥』岩波書店、一九九八年）。

（6）引用は、註（2）『懐風藻・文華秀麗集・本朝文粋』によるが、一部小島憲之註（5）論文によって修訂した。

（7）大野保「懐風藻用語典拠雑考」「懐風藻と六朝初唐の詩」（『懐風藻の研究』三省堂、一九五七年）によると、『懐風藻』に収める漢詩には中国の作品を模倣したものや、類似の著しいものが見られるという。氏は、紀末重の「臨水観魚」を例に挙げ、それが陳の張正見の「釣竿篇」の模倣であり、「類似もここまでくると、模倣の域を脱してほとんど剽窃である」と評している。

（8）拙稿「日本古代の三宝」（『日本古代社会と仏教』吉川弘文館、一九九五年）。

（9）都祁村史刊行会編『都祁村史』「第一章　古代」（西崎亨執筆）（都祁村史刊行会、一九八五年）。

（10）森公章『長屋王家木簡の基礎的研究』（吉川弘文館、二〇〇〇年）。

（11）田中淡「権力と宗教の都—宮殿・仏寺・園囿—」（京都文化博物館編『長安』角川選書、一九九六年）に発掘に基づく西明寺址の図が示されている。現在、同址には変電所が建設されている。

（12）藤善真澄『道宣伝の研究』（京都大学学術出版会、二〇〇二年）。

（13）西明寺については、小野勝年「長安の西明寺とわが入唐僧」（『仏教芸術』二九、一九五六年）、同「長安の西明寺と入唐求法僧」（『仏教史学研究』一七—二、一九七五年）、同『中国隋唐　長安・寺院史料集成』（法蔵館、一九八九年）、藤善真澄註（12）著書。

（14）堀池春峰「入唐留学僧と長安西明寺」（『南都仏教史の研究　下　諸寺篇』法蔵館、一九八二年）。

（15）井上薫註（1）著書、小野勝年註（13）論文、服部匡延「大安寺は西明寺の模建という説について」（『南都仏教』三四、一九七五年)、堀池春峰註(14)論文。
(16) 井上薫註(1)著書。
(17) 小島憲之『上代日本文学と中国文学』上(塙書房、一九六二年)。
(18) 拙稿註(8)(1)論文。
(19) 大山誠一註(1)著書。
(20) 皆川完一「道慈と『日本書紀』」(『中央大学文学部紀要』史学科四七、二〇〇二年)。
(21) 津田左右吉『日本古典の研究』下(岩波書店、一九五〇年)。
(22) 津田左右吉註(21)著書、井上薫註(1)著書。
(23) 拙稿「女性と仏教をめぐる諸問題」(註(1)『古代仏教をよみなおす』所収)。
(24) 拙稿註(8)論文。
(25) 大山誠一「『日本書紀』における聖徳太子の薨日について」(註(1)『長屋王家木簡と金石文』所収)。
(26) 田村圓澄『飛鳥白鳳仏教史』上(吉川弘文館、一九九四年)。
(27) 花谷浩「本薬師寺の発掘調査」(『仏教芸術』二三五、一九九七年)。
(28) 平子鐸嶺『増訂　仏教芸術の研究』(国書刊行会、一九七六年)。
(29) 小野勝年註(13)論文、大山誠一註(1)著書、藤善真澄「薬師寺東塔の檫銘と西明寺鐘銘」(註(12)著書所収)。
(30) 藤善真澄註(29)論文。藤善は、「京師西明寺鐘銘幷序」は道宣の手になるものだと説いているが、従うべきであろう。

〔補記〕国分寺国分尼寺の思想と道慈との関係については、その後、拙稿「国分寺国分尼寺の思想」(須田勉・佐藤信編『国分寺の創建　思想・制度篇』吉川弘文館、二〇一一年)で論じている。また、聖徳太子の死去年月日の問題については、拙稿「聖徳太子信仰の基調—四天王寺と法隆寺—」(吉田一彦編『変貌する聖徳太子』平凡社、二〇一一年)で触れている。ご参照いただければ幸いである。

第二部　仏教伝来戊午年説の研究

Ⅲ　『元興寺縁起』をめぐる諸問題
――写本・研究史・問題点――

【要旨】　醍醐寺が所蔵する『元興寺縁起』に収める「元興寺伽藍縁起幷流記資財帳」は、日本古代史、日本仏教史の史料として著名なものである。しかしながら、この文献の成立年代や記載内容の信憑性をめぐっては、これがはじめて世に紹介された明治四十年（一九〇七）以来、多くの議論があり、未だ定見を得ていない。「元興寺伽藍縁起幷流記資財帳」には、天平十九年（七四七）二月十一日の日付が記してあり、この日付を成立の年月日として承認する見解もあるが、奈良時代末期や平安時代末期に成立年代を下げる見解があり、その一方、『日本書紀』以前にさかのぼるものとする見解もある。私は、これは九世紀後期に建興寺（豊浦寺）の縁起として第一段階が成立し、それが後に改作され、付加、改変によって元興寺の縁起とされて、平安時代末期に今見るものとなったのではないかとの見通しを持っている。近年、この写本を実見する機会に恵まれた。本章では、写本から得られる知見について述べ、研究史を回顧して問題点を整理しておくこととしたい。

【キーワード】　元興寺縁起　元興寺伽藍縁起幷流記資財帳　醍醐寺　写本　研究史

はじめに

醍醐寺所蔵の『元興寺縁起』に収める「元興寺伽藍縁起幷流記資財帳」は、日本古代史、日本仏教史の史料として著名なものである。そこには、百済から倭国へ仏教が伝えられた年次をはじめとして、仏教を受容するか否かの対立の模様、最初の出家者のこと、最初の寺院のこと、尼寺と僧寺とが並立して建立されたこと、推古の意志によって二寺が建立されたこと、それらに施入された土地、財物のこと、丈六仏造立のことなど、日本の初期仏教の様子が詳しく記述されている。またこれが引用する「塔覆盤銘（塔露盤銘）」や「丈六光銘」は、初期仏教の様子を直接に伝える金石文が記録されたものとして重要視され、縁起本文よりも一層史料価値の高いものと評価されることが多い。それらは伽藍の建立や仏像の造立に関わる記述であるから、建築史、美術史の分野でも熱心に議論され、また用字や文体に古風な趣があるので国語学からの言及もある。

「元興寺伽藍縁起幷流記資財帳」と『日本書紀』とを比較対照してみると、両者合致する部分も少なくないが、その一方、前者にのみ見られ、後者には記述の見られない部分もある。また両者の記述が矛盾、対立する場合もある。たとえば、仏教が伝来した年次を『日本書紀』が欽明十三年（五五二）とするのに対し、「元興寺伽藍縁起幷流記資財帳」は欽明七年戊午の年としている。戊午は西暦では五三八年となる。これ以外にも両者の記述には一致しない箇所がいくつも見られる。

「元興寺伽藍縁起幷流記資財帳」には、末尾近くに「天平十九年二月十一日」と作成年月日が記されており、その奥に僧綱が監査した旨の文言があって、それに「天平廿年六月十七日」の日付が付されている。この二つの日付は

「大安寺伽藍縁起幷流記資財帳」「法隆寺伽藍縁起幷流記資財帳」と同一である。またその前後の文言は後者と同一であり、前者ともよく類似している。この日付がそのまま信用しうるものであるなら、「元興寺伽藍縁起幷流記資財帳」は天平期の貴重な史料となるであろう。しかしながら、その成立年代についてはいくつかの議論があり、そう簡単ではない。この日付をそのままに承認する見解（松木裕美、大橋一章など）ももちろんあるが、一方、奈良時代末期の成立と見る説（福山敏男）、平安時代末期の成立と見る説（喜田貞吉）などが存在する。また、こうした成立年代を下げる見解とは反対に、その原形を厩戸皇子の記録と見る見解（平子鐸嶺）もあれば、厩戸皇子の筆録というのは再考の余地ありとしても、『日本書紀』以前にさかのぼる古記と見る見解（小野玄妙）もある。また孝徳朝の白雉二年（六五一）の成立と見る見解（西田長男）もある。さらに原形の成立を天武朝頃とし、それが天平十九年（七四七）の元興寺の伽藍縁起幷流記資財帳に発展し、それに貞観の頃までに付加、改作がなされて現在見るようなものとなったとする見解（水野柳太郎）もある。一体いつの成立と見るべきなのか。その史料としての性格はどう評価すればよいのか。何段階かにわたっての成立を考えるとするなら、いつどのような部分が成立し、最終的に現在のような形になったのはいつのことと見るべきなのか。考えねばならない問題は少なくない。

「元興寺伽藍縁起幷流記資財帳」は、その冒頭、これは推古の生年一百の癸酉の歳に、馬屋戸豊聡耳皇子が、勅を受けて記したものであると述べている。しかし、これは歴史的事実としてありえないばかりでなく、天平十九年の公文書の記述としてははなはだ不審である。また推古のことをサクライトユラ宮治天下と表現しているが、彼女は一般に小墾田宮治天下であって、こうした宮号は他の文献に見えず、不審である。さらにこの縁起は、元興寺は推古の発願にはじまるもので、推古は癸酉の歳に田園、封戸、奴婢等を施入したと述べている。しかし、飛鳥寺が推古発願であるとか、推古が土地、財物を施入したというのは他の文献から確認できず、これまた不審である。癸酉の年とは、

『新抄格勅符抄』寺封部では、飛鳥寺にはじめて封戸が施入された年で、この年は大安寺、弘福寺にも封戸がはじめて施入されている。この癸酉年は天武二年（六七三）のことと理解されるが、この縁起はそれを六十年さかのぼらせて推古朝のこととして記述しているのではないか。

またこの縁起は、元興寺は建興寺であり、等由良寺（豊浦寺）であって、尼寺であったと述べている。しかし、飛鳥寺は尼寺ではないし、飛鳥寺と豊浦寺は別々の二寺なのであって、両者をあえて混同せしめるような主張は、歴史的事実として誤りであるばかりでなく、天平十九年の公文書の記述として不審である。八世紀において、元興寺が国家の中心寺院の一つであったことは言うまでもないが、建興寺（豊浦寺）もまた、『続日本紀』天平勝宝元年（七四九）閏五月条、九月条に見え、そこでは崇福寺、法華寺などと同等の扱いを受けており、大寺院であった。さらにこの縁起は、尼寺（建興寺）とは別に法師寺が造られたとし、これを「建通寺」と呼んで、建興寺、建通寺が並びたったとしている。しかし、建通寺なる寺号は飛鳥寺の名称としても、また他の寺院の名称としても古い時代の史料には一切見えず、十二世紀初頭成立の『七大寺巡礼私記』がこの縁起以外では初見となるようである。「建通寺」なる寺号は元興寺の名称として不審である。

次に「塔覆盤銘」や「丈六光銘」を飛鳥寺が建立された頃の銘文と認めてよいかどうかも問題である。塔覆盤銘には確かに古風な表記も見られるが、その一方、後代の記述としか理解できない部分があるし、丈六光銘にも後代の記述と見るべき部分がある。さらに資財帳の部分も理解が容易ではない。なぜこのような少ない分量しかないのか。年月日の前ではなく、後に記載されているのはなぜなのか。賤と田と封戸のみが記載されているのは推古が施入したという縁起本文の記述と対応させているからではないのか。「吉備」「大和」といった表記は不審ではないのか。やはり考えねばならない問題は少なくない。

私は、醍醐寺本『元興寺縁起』の「元興寺伽藍縁起幷流記資財帳」は、九世紀後期に建興寺（豊浦寺）の縁起として第一段階が成立し、それが後に改作され、付加、改変によって元興寺の縁起とされて、平安時代末期に今見るものとなったのではないかとの見通しを持っている。この見通しが妥当であるなら、この文献は七、八世紀の史料としては用いることが難しくなり、平安時代の史料と見ることになる。だがそのことを論じる前に、基礎的な検討をしておく必要がある。

これの底本となる写本は、醍醐寺（京都市伏見区醍醐東大路町）が所蔵するものであって、同寺所蔵の諸寺縁起集全十八冊（重要文化財）の一冊として今日に伝わっている。しかも写本はこれ一本しかなく、他をもって照合することのかなわぬ孤本である。私は、幸いなことに所蔵者のご高配を得て、この写本を実見する機会に恵まれた（一九九九年八月二十日調査）。そこで、最初に写本から得られる知見について述べ、次に研究史を回顧して問題点を整理しておきたい。かつてはこの文献の成立年代や信憑性がしきりと議論されていたため、みな慎重にこれに接していたように思う。しかし、近年ではそうした研究史が忘却されがちで、無批判にこれを史料として用いる研究に接することもある。本章では、明治にこの文献が発見された頃に立ち返って再検討を進めていきたい。

一　醍醐寺本『元興寺縁起』

醍醐寺本諸寺縁起集について

醍醐寺本『元興寺縁起』の書誌的な特色については、後述の複製本（一九二七年）の解説（山田孝雄）や、藤田経世編『校刊　美術史料』解題にそのあらましが述べられている。そこでそれらを参照しつつ、実見調査で得た知見を加えて、この本の概要について述べておきたい。醍醐寺は全十八冊からなる諸寺の縁起集を所蔵している。これは全部で二十の寺院縁起等からなるものであるが、十三の『興福寺』に十四の『超昇寺大念仏』が付加され、また十六の『大日本州大官大寺門徒大唐大福光寺増笇』に十七の『大安寺崇道天皇御院八嶋両処記文』が付加されていて、ともに一冊となっている。それゆえ冊数は十八冊となる。その第二冊目が『元興寺縁起』である。

『元興寺縁起』は、縦二七・一センチ、横一六・一センチの冊子本である。装訂は粘葉装で、丁数は表紙を入れて三十八丁（表紙を除くと三十六丁）、表紙は薄茶色の地に小菊の紋様がほどこされており、左上部に「元興寺縁起」と墨書されている。料紙には白楮紙が用いられている。毎半丁に六行の記載がある。

さて、諸寺縁起集全十八冊は、どれも同一の筆跡と判断してよく、同一人物による、同一時期の書写と理解してよい。その第一冊目の『東大寺』を見ていくと、本文の末尾に、本文と同筆で「建永二年七月四日書写了／執筆弁豪〈謹献上〉」と書写年月日が記されている。また第六冊目の『招提寺建立縁起』の末尾にも、やはり本文と同筆で、「建永二年七月十日書写了」なる記載が見られる。ここから、これらは建永二年（一二〇七）七月に弁豪なる人物によって書写されたものと考えられる。「謹献上」とあるから、誰かに献上することを目的に書写されたものであろう。

さらに各冊の最末尾に、本文とは異なる筆跡で校正者による記述がある。『東大寺』の場合は「同九月三日校了　重校了　又校了光淵」と記されている。『元興寺縁起』には、「百済川　百済大寺／校了　重校了　又校了光淵」とある。ここから、光淵なる人物によって、同年の九月前後に全十八冊の校正がなされたことが知られる。そこで本文をあらためて見ていくと、書写をした弁豪の筆跡とは別の筆跡で記されたと見られる、脱文の挿入、誤写の訂正等がある。送り仮名、振り仮名にも弁豪とは異なる筆跡が見られる。これらは校正を担当した光淵による筆と見るべきであろう。なおこの人物の名を「光淵」と釈読する見解と「光胤」と釈読する見解とがあるが、二文字目はさんずいの文字と読むべきと思われ、「光淵」と読む見解に従っておきたい。

以上より、醍醐寺本諸寺縁起集全十八冊は、建永二年（一二〇七）七月（およびその前後）に、弁豪なる人物が一括して書写し、同九月（およびその前後）に光淵なる人物による校正を経て完成した写本と見ることができる。

『元興寺縁起』について

醍醐寺本『元興寺縁起』には、次の四つの文章が収められている。

①仏本伝来記（「元興寺縁起　仏本伝来記」より）
②元興寺伽藍縁起幷流記資財帳（「元興寺伽藍縁起幷流記資財帳」より）
③某古記（「符本国　当洲濃云」より）
④慈俊私勘文（「私勘」より）

①は、一丁表から三丁表まで五頁にわたって記されている。その第一行目には「元興寺縁起　仏本伝来記」とあり、この題名の理解からして諸説あるが、ここでは水野柳太郎の研究[1]に従って、この文献を「仏本伝来記」と呼んでおくこととしたい。これの前半は、元興寺の歴史を独自の立場から記すもので、文中「豊御食炊姫天皇小治田宮御宇卅六歳之中、第廿一年癸酉、発二種々弘誓大願一、奉二納田園封戸等一、従レ爾以来、至二于天安二年戊寅一、合三百一歳」とあるから、天安二年（八五八）以降の成立とすべき文章である。これは次の②とは異なり、仏教伝来欽明十三年壬申説を採っている。その一方、推古による田園封戸等の元興寺への施入を強調するのは②と共通し、それを②と同様、癸酉の年のことであるとしている。ただ、癸酉を推古百歳の年とせずに、推古二十一年としている。また推古の誓願として、「其誓願曰、若我正月若我後副乃至子孫、若疎二他人一、此寺所レ納種々之物、返逼取謬、有二如レ是事一、当レ受二種々

大災大羞二」なる文章を記載する。これは、推古が施入した財物が後世他人に奪われるようなことがあれば、(強奪者は)必ずや大きな災い、辱めをうけるであろうと誓願するものであるが、この文言は②に見える推古の言葉とほぼ同一である。その次(前半部分の末尾)に、「難波天皇之代辛亥正月、吾授二此書三通一、治部省、一滅僧綱所、一通大和国、具如二伝記一」という文章がある。これは②の「塔覆盤銘」直前部分の脱文を補うことができるので貴重である。このように①は、②と内容的にも文章上も関わりの深い文献である。

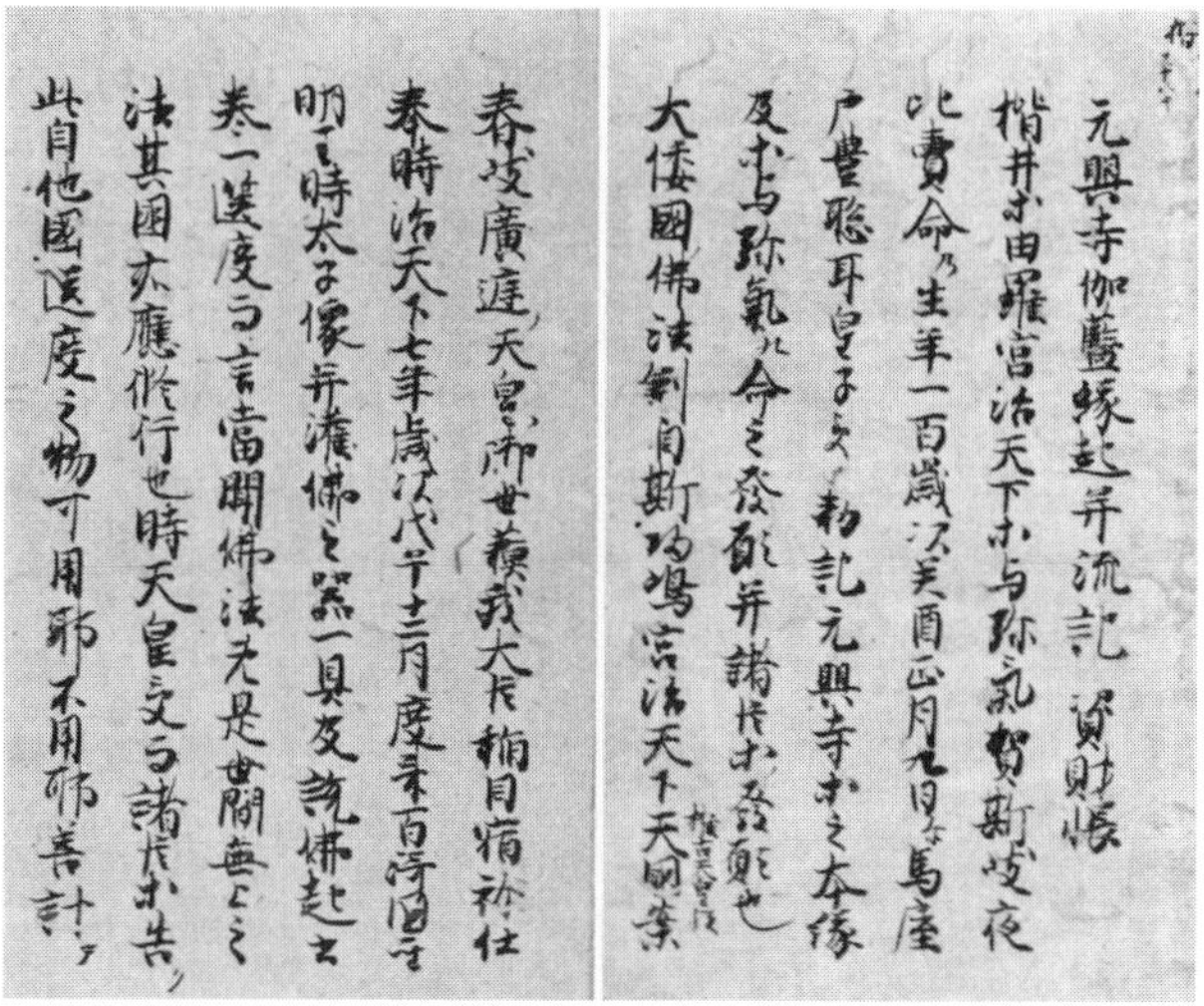
元興寺伽藍縁起并流記資財帳
楷井等由羅宮治天下等与弥気賀斯岐夜
比売命生年一百歳次癸酉正月九日馬屋
戸豊聡耳皇子受勅記元興寺等之本縁
及等与弥気命之発願并諸臣等発願也
大倭国仏法創自斯帰嶋宮治天下天国案
春岐広庭天皇御世蘇我大臣稲目宿禰仕
奉時治天下七年歳次戊午十二月度来百済国聖
明王時太子像并灌仏之器一具及説仏起書
巻一筐度而言当聞仏法既是世間無上之
法其国亦応修行也時天皇告諸臣等告
此自他国度之物可用耶不用耶善計

図4 「元興寺伽藍縁起并流記資財帳」(『元興寺縁起』より)

(醍醐寺所蔵)

一方、①の後半部分には、「有辟記云」として、天平十八年四月十九日の日付の宣命体の文章が掲載されている。その末尾には藤原豊成の署名が見える。文中、推古のことを「小治宮御宇大々王聖天皇」と表記しているが、ここの「大々王」なる表現は次の②の表現と共通する。また推古が飛鳥寺と豊浦寺の二寺を創建したというのも②と共通する。この文章は、天平十八年の聖武天皇の宣命を引用したように記載されているが、喜田貞吉(後掲論文)が述べたように、明らかな偽作とすべきものである。以上、①は②[2]と関連がある文章であって、成立年代をいつ頃と見るべきかなど、今後さらなる検討が必要である。

①の後、三丁裏から四丁裏まで三頁分の空白があって、五丁表から②がはじまる。②は冒頭の一行に「元興寺伽藍縁起幷流記資財帳」と題名が記してある。②は、最初に縁起本文、次に「塔覆盤銘」「丈六光銘」が記され、末尾の文言、年月日等の記載、僧綱による監査の記載がある。通常の記載順序なら文書はここで終了するところであるが、これにはさらに続けて資財の記載がある。ただ、賤口と通分水田と食封の三者の記載しかなく、他は伝写の際に省略されたとある。なお著名な「塔露盤銘」であるが、底本には「露」の右横に「覆」と訂正がなされており、その筆跡から校正の光淵による訂正と考えられる。とすると、母本に「覆」とあったのを弁豪が誤って「露」と写し、これを光淵が「覆」と正したとせねばならない。それゆえ、本書では（他の研究者の見解を紹介する部分は除くが）、この銘を「塔覆盤銘」と呼ぶこととしたい。(3) ②は二十八丁表の第三行目まで続いているが、そのまま改頁もなく、第四行目から③がはじまる。

③は「符本国　当洲濃云」という一行からはじまる。この行以降、②とは別の文章となることは明らかであるが、改頁がなされていないのは不審である。弁豪が書写した際のミスとも考えられるが、あるいは母本がそうなっていたのかもしれない。この③は、冒頭の第一行目からして文意が明らかでなく、全体に行文不分明にしてはなはだわかりにくい。内容は、元興寺の弥勒像は美像であるが、これはもと東天竺国の長元大王が造ったものであるといい、眉間の玉の由来を語っている。しかし喜田貞吉（後掲論文）が「訳のわからぬ古記」と評したように、文意不明瞭な部分が多い。岩城隆利（後掲g）は、この③を「某古記」と呼んでいるが、私もこの呼称に従うこととしたい。③は三十二丁表まで続いている。なお類似の話は、『今昔物語集』十一―十五「聖武天皇始造元興寺」に見え、また菅家本『諸寺縁起集』（『南都七大寺巡礼記』）にもある。

次に改頁して三十二丁裏から④となる。④はその冒頭の一行に「私勘」とあり、末尾には「長寛三年夏四月廿一日大法師慈俊勒記也」と本奥書が記してある。ただし「廿」の文字は右横に「十歟」と訂正されており、これは光淵の筆跡と思われる。さすれば、これまた弁豪の誤写と見るべきで、母本には「廿」ではなく「十」とあったと理解すべきであろう。以上より、④の成立年月日は長寛三年（一一六五）四月十一日、著者は大法師慈俊としなくてはならない。④は、元興寺の歴史、由緒に関する様々な言説を慈俊が勘え記述した文章である。それは①②③をうけて、それらをふまえて記された文章と見ることができる。それゆえ、①②③も長寛三年以前の成立とすることができよう。岩城隆利（後掲g）は④を「慈俊私勘文」と呼んでいるが、私もこの呼称に従うこととしたい。なおこの④は、仏教伝来年について①の説を継承して欽明十三年説を採っている。

『元興寺縁起』は建永二年（一二〇七）の写本であるが、右の考察により、その母本は長寛三年までに成立していたと見てよい。あるいは母本は、慈俊によって長寛三年に作成された本そのものであった可能性もあろう。書写をした弁豪は学識浅き人物であったらしく、誤写、脱文、誤字、脱字がまま見られる。その一部は弁豪自身が訂正し、また校正者の光淵による修訂も見られる。弁豪が写した母本もあるいは善本ではなかったのかもしれないが、それにしても「寺」と「者」、「令」と「合」、「令」と「今」、「同」と「問」、あるいは「桜」など、この写本にはいくつかの混乱が見られ、文意が通らなくともかまわず文字を記載してしまったという側面がある。また一部に返り点がほどこされているが、不適切と思われる返り点も見られる(4)。これは必ずしも読みやすい写本とはなっていない。

次に②「元興寺伽藍縁起幷流記資財帳」の表記の特色について検討しておきたい。まず、この②の文体を宣命体であるとする見解があるが、私はこの説には賛成できない。確かに一部に宣命体風の箇所もあるが、それはごく一部にすぎない。全体としては、漢文に送り仮名がほどこされた文体とすべきであり、漢文訓読体と見るべきものである。送り仮名とあわせて一部に振り仮名もほどこされている。仮名にはいくつかの文字が用いられており、たとえば

「き」を表現する文字としては、「岐」「支」「＼」「ヤ」「キ」が用いられている。後三者は明確に仮名とすべきものであろう。他に「ク」「ノ」「ニ」など、多くの仮名が用いられている。なお、送り仮名には本文と同じ行に右寄せで記されているものと、本文の行の外側に振り仮名と同じくらいの位置に記されているものとがある。またその中間の位置のものもあるから、送り仮名の位置は全部で三種類ある。仮名の筆跡には二様がある。一つは弁豪の手であることは言うまでもないが、もう一つは校正者の光淵の手と思われる。校正の際に、送り仮名、振り仮名をいくつも書き入れたものと考えられる。また、漢字の左下のところどころに返り点が記されている。ただし、全面的ではなく、一部にほどこされているにすぎない。また漢字の右下にもところどころに句点が記されている。これも一部に記されているにすぎない。活字本を作るにあたっては、それら送り仮名や振り仮名、返り点、句点をできるだけ正確に印刷することが大事な作業となるであろう。

複製本、活字本

複製本、活字本には次のようなものがある。

a　複製本A　古典保存会、一九二七年。山田孝雄解説。『元興寺縁起』のみ。

b　複製本B　田中伝三郎発行、便利堂印刷、一九三〇年。黒板勝美解説。「諸寺縁起集」全冊の複製。

c　大日本仏教全書　寺誌叢書二、一九一三年。

d　竹内理三『寧楽遺文』中巻、東京堂出版、一九六二年訂正初版（②のみ）。

e　藤田経世『校刊　美術史料』第十二輯、一九五一年（ガリ版刷）。

　藤田経世『校刊　美術史料』寺院篇上巻、中央公論美術出版社、一九七二年。

f　田中卓「元興寺伽藍縁起幷流記資財帳の校訂と和訓」『南都仏教』四、一九五七年（②のみ）。
田中卓「元興寺伽藍縁起幷流記資財帳の校訂と和訓」田中卓著作集十『古典籍と史料』国書刊行会、一九九三年（②のみ）。

g　岩城隆利編『元興寺編年史料』上、吉川弘文館、一九六三年。
岩城隆利編『増補　元興寺編年史料』上、吉川弘文館、一九八三年。

h　桜井徳太郎校注『日本思想大系　寺社縁起』岩波書店、一九七五年（②のみ）。

abは、写真版からおこした精巧な複製本で、『元興寺縁起』研究の基本テキストとして用うべき良品である。ただし、bには精査したところ若干のミスもあった。まず、送り仮名の「ノ」が六ヵ所（六丁表に三ヵ所、十七丁表に一ヵ所、二十八丁裏に一ヵ所、三十二丁表に一ヵ所）おちている。また見せけちが二ヵ所おちている（二十九丁表の「皇」の左側、三十四丁裏の「利」と訂正した文字の左側）。さらに返り点、句点もいくつかおちている（詳細省略）。これらは校正の過程でよごれと誤認されて抹消されたものと推測される。さらに、②の冒頭部分（五丁表）には料紙の右上部に光淵による書き込みの「楷」があり、その右下に「スル　ノコフ」、左下に「スナハチ」と記している。[5]しかしながら、bはこの右側の部分が切れてしまっていて、「スル　ノコフ」が印刷できていない。なお五丁表の「勅」の上には何か文字のようなものが見えるが、これは底本は紙繊維で文字ではない。ここは欠字である。また五丁裏四行目の「上」の右横の「ノ」のようなものも紙繊維である。

次に活字本であるが、cdは初期のもので、多くの研究者にテキストを提供したという点で大きな役割をはたした。しかし今日から見ると、やはり素朴である。一方、eは丁寧に作られており、醍醐寺本をかなり忠実に翻刻した善本である。送り仮名の印刷に二種類の形式を設け、一つは本文と同じ行に右寄せで、もう一つは振り仮名と同じ行に漢字と漢字の間に印刷している。また振り仮名や返り点もそのまま印刷している。これらは底本に忠実な印刷で評価できる。ただし句点はおこしていない。誤字、脱字や傍書、誤った振り仮名なども、できる限りそのまま印刷していて底本に忠実である。これに対し、fは問題が多く、依拠することができない。最大の問題は仮名の扱いである。fは底本の仮名のうち一部のみをおこし、他の多くを割愛してしまっている。採用した仮名は多く宣命体風のものであって、その結果、全体に古色ある文体に変更してしまっている。また底本の誤写、誤字、誤記とみなすべき文字を多く改めている。そのいくつかは正しい訂正なのかもしれないが、意改が多く、底本を変えすぎてしまっている。一方、gは底本に忠実な善本として、高く評価すべき活字本となっている。底本の疑問の箇所もできるだけそのまま釈読し、そこには注を付している。ただし、送り仮名の字配りは区別して印刷しておらず、返り点、句点もおこしていないのは惜しまれる。次にhは、同書八頁以下の書き下し文および頭注には、私としては賛成できない部分が多々ある。これに対し、同書三二八頁以下の「原漢文」は、底本に忠実に本文を翻刻しようとする姿勢がうかがえ、すぐれた活字本となっている。送り仮名の字配りを二種類に印刷分けし、また振り仮名や返り点もおこしている。ただし句点を省略していること、送り仮名の印刷分けにミスが見られることは惜しまれる。

以上、egh（原漢文）は、それぞれに少しの差異があるが、すぐれた活字本となっている。ただし細部にわたっては、aまたはbを参照する必要があるだろう。

二　「元興寺伽藍縁起幷流記資財帳」の研究史

平子鐸嶺

醍醐寺本『元興寺縁起』は、平子鐸嶺（一八七七〜一九一一）が醍醐寺の文庫中で明治三十九年（一九〇六）の春に出会い、翌明治四十年、世に紹介した。これがこの文献が広く知られるようになった最初で、新出史料として世に出たものである。平子がこの文献に言及した最初の論文は、「有明大臣（ウマコノオホオミ）」（『学燈』一一―五、一九〇七年、また『新仏教』八―五、一九〇七年にも掲載）である。さらに「元興寺縁起に記された仏教伝来の年代」（『学燈』一一―七、一九〇七年）においてもこれを紹介して、仏教伝来の年次などについて議論を展開した。平子は、『元興寺縁起』所収の「元興寺伽藍縁起幷流記資財帳」は、法隆寺、大安寺のものと同様に天平十九年のものであって、内容もういういしく、妄説的傾向の見られない、貴重な史料であると評価、紹介した。そして、最澄『顕戒論』のいう「元興縁起」は「これこの縁起資財帳と同一物なる可し」とした。ただし、醍醐寺本は完本ではなく、資財帳の部分は多く省略されていると理解した。この縁起はまた、その冒頭、推古の勅を受けた馬屋戸豊聡耳皇子がこれを書いたと記している。平子はこの記述を重視して、この史料の原形は厩戸皇子の手録中よりぬき出されたものにちがいないとし、推古の生年一百というのは不審であるが、これは推古二十一年癸酉（六一三）のことで、この縁起は厩戸皇子が筆録したものの抄録と見るべきであるとした。平子の論述は、この文献を発見したという喜びにあふれたものであるが、今日から見ると、あまりに素直にその記すところを鵜呑みにしていると言わざるをえず、のち喜田貞吉、福山敏男などから批判をうけるところとなった。

なおここで、最澄『顕戒論』(6)（弘仁十一年〈八二〇〉）の記述について言及しておきたい。最澄はこの書で元興寺の護命と次のような論争を展開している。すなわち護命が仏教伝来について、「我日本国、志貴嶋宮御宇天皇、歳次戊午、百済王、奉二渡仏法一、聖君敬崇、至レ今不レ絶」と主張したのに対し、最澄は「天皇即位元年庚申、御宇正経二三十二歳一、謹案二歳次暦一、都無二戊午歳一、元興縁起、取二戊午歳一、已乖二実録一（後略）」と反駁した。これによるなら、最澄の頃、「元興縁起」は『日本書紀』とは異なり、仏教伝来戊午年説を主張していた。平子は、醍醐寺本『元興寺縁起』の「元興寺伽藍縁起幷流記資財帳」こそが、最澄のいう（護命が依拠した）「元興縁起」に他ならないとした。しかし私はそうは考えない。この縁起はもっと後に成立した文献で、護命や最澄の時代の元興寺縁起とは異なるものと考えている。

大矢透、小野玄妙、竹島寛

平子の史料紹介、評価に対しては、その後、喜田貞吉が徹底的な批判を加えるが、その間に発表された研究にも言及しておきたい。大矢透（一八五〇〜一九二八）が執筆した、国語調査委員会編纂『仮名源流考』（国定教科書共同販売所、一九一一年。のち勉誠社復刻、一九七〇年）は、「推古天皇時代の遺文」として[7]「元興寺露盤銘」と「元興寺丈六光背銘」を掲載した。大矢は、この二つは推古天皇時代の貴重な銘文で、「全く当時の国語を本として記せるもの」であると評価した。

次に小野玄妙（一八八三〜一九三九）の『法隆寺堂塔造建年代私考（中之一）――本論上、傍証史料の研究（元興、大安等当代古刹造顕の史実を論ず）――』（『仏書研究』三三、一九一七年。のち『小野玄妙仏教芸術著作集』八、開明書院、一九七七年）が発表された。小野は、塔覆盤銘を「元興寺塔露盤銘」と呼び、これは推古四年丙辰（五九六）十一月の作で、元興寺草創の仏塔の露盤銘の全文であるとした。また丈六光銘を「元興寺金堂本尊丈六仏像光後銘」と呼び、これは推古十三年乙丑（六〇五）四月八日の作で、元興寺金堂の本尊として鋳造された丈六釈迦像の光後銘の全文であるとした[8]（ただし「歳次戊辰」以下五十字は追記とした）。さらに縁起本文を「元興寺本縁に就ての古記」と呼び、「元興寺伽藍縁起幷流記資財帳」という題号は筆録者の錯記であって、これは天平のものではないとした。そして、字句が「天寿国繡帳銘」

などと類似し、内容も『法王帝説』と一致するとして、『日本書紀』とは異説の伝承で、聖徳法王作というのは再考すべきかもしれないが、『日本書紀』以前の古記として重要な研究資料だとした。小野は、これらを『日本書紀』以前の重要資料と位置づけ、特に二銘文を高く評価した。そして「元興寺は、もと法興寺又は建通寺と称し、又飛鳥寺とも云へり」と述べて「建通寺」を当初からの寺号として承認し、また元興寺は推古天皇の御願によって造建された寺であるとしたのである。なお、資財帳の部分については、天平十九年のものの断簡であるとした。

次に竹島寛（一八八三～一九二二）の「元興寺考（上）（下）」（神宮皇学館史学会『史学会会報』二、三、一九二三年。のち同『王朝時代皇室史の研究』右文書院、一九三六年）が発表された。竹島は①「仏本伝来記」を小野に従って「元興寺縁起断簡」と呼び、文中に「天安二年」とあるから、その年（八五八）に成立した文献であるとした。また①の聖武天皇の宣命を、「確かではないが」としつつ、史料として認める立場をとった。また②「元興寺伽藍縁起幷流記資財帳」を、やはり小野に影響されて「元興寺等之本縁及等与弥気比命之発願並諸臣等発願に就ての古記」と呼び、これは厩戸皇子作というが、用字も古いものとは思われず、太子作というのは後世の仮託であろうとした。ただ『日本書紀』以前か以後かについては、『日本書紀』以前に傾きつつも判断を保留し、『日本書紀』とは異なる伝承を伝えた古記で、貴重なる参考史料であると評価した。次に塔覆盤銘については、「建通寺塔露盤銘」と呼び、建通寺創建時の塔の露盤の銘であって、推古朝のものであるとした。用字も「天寿国曼荼羅繡帳銘」に酷似し、古風であるとした。さらに丈六光銘を「元興寺丈六釈迦光背銘」と呼び、推古朝のもので、用字も古いとした。ただし末尾の「歳次戊辰」以下は、小野に従い、後世の追記であろうとした。資財帳の部分については、これを「元興寺伽藍縁起流記資財帳断簡」と呼んで、天平二十年六月十七日の伽藍縁起流記資財帳の断簡であると判断した。つまり天平の年月日はこの部分のみにかかると理解したのである。竹島も小野と同様、二つの銘文を高く評価し、法興寺はすなわち「建通寺」であり、それは馬子による私の氏寺ではなく、推古、厩戸、馬子の三人の協力造営にかかる寺院だとした。

喜田貞吉

喜田貞吉（一八七一〜一九三九）は、友人である平子鐸嶺から醍醐寺本諸寺縁起集を見せてもらい、平子が『元興寺縁起』を貴重な史料と評価するのと意見が対立、議論を闘わせていたという。喜田はこの文献を一読、後世の偽作と見なし、元興寺の歴史を考証するに何ら史料的価値のないものと評価したという。その後、平子は死去。やがて、これの史料的価値を高く評価する竹島の論文などが発表されるにおよび、あらためてこれが後世の偽作たることを詳論することにしたという。それが、「醍醐寺本『諸寺縁起集』所収『元興寺縁起』について」（『史林』一〇―四、一一―一、一九二五、六年。のち『喜田貞吉著作集』6奈良時代の寺院、平凡社、一九八〇年）である。

喜田は「元興寺伽藍縁起幷流記資財帳」の外形および内容について、いくつもの不審点を指摘した。この縁起は、豊浦寺を元興寺であると説いている。元興寺は建興寺で、それは等由良寺（豊浦寺）であるという。等由良寺は尼寺だから、元興寺も尼寺とされている。そしてその尼寺とペアになる僧寺がのちに建立され、それを建通寺と称したという。しかしながら、豊浦寺と元興寺は明らかに別の寺院であるから、このような虚偽を述べる文献は不審であり、古い時代の文献とは考えられないと喜田は断じた。建興寺（豊浦寺）は、貞観の頃、いまだ十八大寺の一つであった。また「建通寺」なる寺号も、他の古書に見えぬもので不審であるとした。

次に、推古の「生年一百歳次癸酉」はどうか。癸酉の年は『日本書紀』では推古二十一年で、彼女は六十歳である。とすると、この縁起は推古を『日本書紀』よりも四十歳も年長としたこととなるが、なぜそうしたのか。『日本書紀』は、仏教伝来の時、蘇我稲目が向原の家を浄捨して寺としたとする。しかるにこの縁起はその説を否定して、牟久原

（ムクハラ）には稲目の家ではなく推古の後宮があったとし、これをサクライに遷して桜井道場を作ったとしている。つまり推古の後宮を寺にしたとするのである。だがこれを言うためには、推古が「御出世前とあっては辻褄が合わぬために、強いてこの御高齢を云為する必要を生じた」と理解した。そして『日本三代実録』元慶六年（八八二）八月二十三日条を引いて、この縁起がこうした説を唱えたのは、「けだし豊浦寺すなわち建興寺が、檀越蘇我氏の干渉から免れんため」にちがいないと説いた。豊浦寺は稲目の建立ではなく、推古御願の寺であると主張することによって、蘇我氏の干渉を排除しようとしたとその意図を理解したのである。さらにこの縁起は、推古が尼寺、僧寺の両者に田園封戸等を寄付したことを述べ、何者も永遠にそれを奪い取ることはできないと説いて、寺物を犯す者の災禍をくだくだしく述べている。なぜなのか。喜田は「これけだしこの寺衰退し寺領が横領せられ、寺物が犯用さるるに対する、寺僧等の最後の悲鳴の辞であらねばならぬ」と理解した。なおこの縁起も、また①「仏本伝来記」も、推古のことを「大々王（大大王）」「大々王天皇」と称しているが、喜田はこの呼称も不審であるとした。私は喜田のこれらの指摘はまことにもっともだと考える。特に『日本三代実録』の記事とこの縁起とを関連づけて理解したのは重要で、この視点は継承、発展されねばならないと思う。

次に塔覆盤銘はどうか。これは冒頭に「大和国天皇」とあるが、かりに「大和」は「大倭」の誤写であったとしても、天皇にこうした文言を冠するのはあるまじきことであり、また「天皇并大臣聞食之」の「食」も当時の文章として不審である。また、推古の宮号をサクライトユラ宮とするが（これは縁起本文も同様）、桜井と豊浦とは場所が異なり、この宮号も不審である。さらに古書に一切見えぬ「建通寺」の寺号は最大の不審であり、また長文であるにもかかわらず、寺の因縁を少しも書かぬのも不審であるとした。こうして喜田は、塔覆盤銘は元興寺が衰退した後の偽作であると結論した。次に丈六光銘も、「楷井（桜井）等由良宮」「公主」が不審であり、欽明について「天皇名広庭、在斯帰斯麻宮時」と表現するのも、また寺の建立の年や造仏工の名を記していないのも、当時の銘文の書き方としてふさわしくないとした。こうしてこれもまた後世の偽作としたのである。

また喜田は、この縁起の外形にも不審点ありと説いた。それは、年月日とその前後の文言である。それらは「法隆寺伽藍縁起幷流記資財帳」と同一で、「大安寺伽藍縁起幷流記資財帳」ともよく類似している。この二つの違いは、後者に「奉勅左大臣宣」「左大臣宣」の文言があるのに、前者にそれがないことである。喜田はこれを両寺の寺格の違いによると考えた。しかるに、元興寺は大安寺と寺格が同一で、法隆寺より一段上であるから、その文言は大安寺のものと同一でなければならない。だがそうなっていないのは、偽作の作者が法隆寺のものを見て、その文言を写したからに他ならないとした。またこの縁起の署名の部分を見ると、法隆寺、大安寺のものと異なり、位署が記されておらず、「三綱三人可信五人」とのみあって、「位所皆在署」と記してその名を略している。これは法隆寺のものを写したものの、当時の元興寺の三綱以下の僧名を知り得ず、やむなく伝写の際の省略のように見せてごまかしたものとした。なお資財帳の部分は大変分量が少なく、これまた「各有其員分皆略之」と記して、伝写の際の省略のように作ってある。だが喜田は、これも偽作者が多くの資財を列挙できなかったための窮策と見るべきだとした。

以上、喜田は「元興寺伽藍縁起幷流記資財帳」を後世のものと見たが、ではいつ頃のものとしたか。元興寺に古い縁起があったことは間違いないが、それは今見る醍醐寺本とは異なるものであり、『顕戒論』のいう元興寺の縁起も醍醐寺本とは別のものとしなくてはならないという。「元興寺伽藍縁起幷流記資財帳」は、『扶桑略記』『伊呂波字類抄』がまったく引用しないから、それ以降の成立とするべきで、④「慈俊私勘文」の長寛三年（一一六五）以前の成立、すなわち平安時代末期に成立した文献であると喜田は結論した。

喜田が説くように、この文献には多くの不審点がある。私は、喜田の主張の中には意見を異にする部分もあるが、(9)

しかし大筋としてその見解は支持できると考える。私は「はじめに」で述べたように、この文献の成立は二段階に分けて理解すべきであるとの見通しをもっている。第一段階は建興寺（豊浦寺）の縁起としての成立で、これを考察するには、『日本三代実録』の記事を検討する必要がある。私は九世紀後期にそれが成立したと考えている。それにのち付加、改変がなされて今見る「元興寺伽藍縁起幷流記資財帳」が作られた。これが第二段階で、その最終的成立は喜田が説いたように平安時代末期のことと考えられる。

福山敏男

次に福山敏男（一九〇五～一九九五）の「飛鳥寺の創立に関する研究」（『史学雑誌』四五―一〇、一九三四年）、「豊浦寺の創立に関する研究」（『史学雑誌』四六―一二、一九三五年）が発表された。これらはのち、「飛鳥寺の創立」「豊浦寺の創立」と改題され、増補の上、同『日本建築史研究』（墨水書房、一九六八年）に収められた。福山の論文はその後の研究に絶大な影響を与えており、研究史上の意義は大変大きい。

福山は、元興寺の縁起には、この「元興寺伽藍縁起幷流記資財帳」と諸書に逸文のみ残る元興寺の縁起の二つがあるとし、前者を元興寺古縁起、後者を元興寺新縁起と呼んだ。そして元興寺古縁起には、史実とは見なせない記述、後世の記述が多々あり、現在見られるような形となったのは奈良朝末期頃のことであるとした。この縁起はまた、不思議にも元興寺の縁起ではなく、豊浦尼寺の縁起を語っている。それゆえ、これはもと豊浦寺の縁起として作られたものであったが、後世の縁起作者は、それに元興寺についての記事を挿入して元興寺の縁起に転用したとした。

この縁起の中で信頼しうるのは「塔露盤銘」の後半部分で、これは当初から飛鳥寺の塔の露盤（屋上の相輪全体を指す）に刻まれた銘文であって、推古朝のものと考えられるという。これに前半部分が加えられたのは、蘇我氏滅亡直後および天智朝のことで、それにさらなる潤色が加えられて、今見る塔露盤銘の文となったという。それは『日本書紀』以降のことで、奈良朝のことであるとした。次に丈六光銘は、塔露盤銘の第一段階の加筆以降に机上で作成されたもので、しかしそれは『日本書紀』以前のことと見られるから、文武朝頃の成立であろうという。なお、古縁起には原形があると考えられ、それは『日本書紀』編纂の題材として用いられたと見られる。それゆえ、古縁起の原形は『日本書紀』以前に成立しており、現在見るものとなったのが奈良朝末期のこととしたのである。

福山の論文にはすぐれた考察がいくつもあるが、しかし私には賛成できない点もある。福山は、縁起本文を、ァ序記、ィ本文、ゥ誓願文、ェ末文、ォ付属記の五つに分け、ァゥェォはすべて拙劣な造作にすぎず、何らの史実も含まないと説いた。しかし私は、縁起本文は一つながりの文章であって、これを五つに区分すること自体に無理があると考える。たとえば、ァの推古百歳の癸酉の年に厩戸皇子がこの縁起を記したというのは、ィの推古の御願によってこの尼寺が建立され、さらに僧寺も建立されたとする記述と対応しているし、それはまたゥの推古が癸酉年に田園封戸等を施入し、両寺の仏像、三宝物などが永世犯されることないようにと誓願したとする記述にも連なっている。文章表記上も、特に目立った差異はない。内容上も有機的に関連しているし、表記の上でも一連のものと考えられる。五つに区分して理解する必要はなかろう。私は、縁起本文には奈良朝末期にとどまらず、もっと後代の記述があると考えるが、そのことは一部の加筆の問題でなく、全体の問題として考えねばならない。なお、ゥには僧寺に対して「田園封戸奴婢等」が施入されたとあるが、これは末尾の資財帳の記載と全く対応している。それゆえ、末尾に記される資財は推古朝の癸酉年施入の資財として記載されていると読解すべきであって、そう考えれば「吉備」なる表現も納得がいく。つまり資財帳もまたァやゥと一連の記述となっているのである。

また福山は「建興寺縁起即ち元興寺新縁起」と述べて、この二つの縁起を同一であるとしているが、これは誤りであろう。『提婆羅惹寺摩訶所生秘決（天王寺秘決）[10]』の述べる「建興寺縁起」は建興寺の縁起であって、元興寺の縁起ではない。元興寺新縁起とは全くの別物なのである。しかも松木裕美（後掲論文）も指摘したように、その逸文は「元興寺伽藍縁起幷流記資財帳」とよく類似しており、むしろ福山のいう古縁起との密接な関係を考えねばならない。私は豊浦寺の縁起（建興寺縁起）については、前述の『日本三代実録』の記事を検討して、その内容や成立時期を考証する必要があると考えている。その作業を経た上で、はじめて「元興寺伽藍縁起幷流記資財帳」の原形なるものを推測しうるであろう。さらに塔覆盤銘や丈六光銘も、その成立時期は奈良朝や文武朝と見るよりもっと時代がくだると私は考えている。

西田長男、伊野部重一郎、二葉憲香

次いで西田長男（一九〇九〜一九八一）が、「『日本書紀』の仏教伝来の記事」（『大倉山論集』一、一九五二年）、「初伝仏教の受容」（同『日本宗教思想史の研究』所収、理想社、一九五六年）、「『元興寺縁起』（『飛鳥寺縁起』）のある逸文」（『日本上古史研究』四―一〇、一九六〇年）を発表した。これらはのち、補訂の上で同『日本神道史研究』第三巻（講談社、一九七八年）に収められた。ここでは同書の論述によってその見解を見ていきたい。

西田は、塔覆盤銘の直前の「難波天皇之世、辛亥年正月五日授」の語句は、小野や竹島が読解したように、①「仏本伝来記」を参照して脱文[11]を補って考えるべきで[12]、縁起本文の末尾の文言と見るべきだとした。そして、この年月日は縁起に記される「天社・国社」の語（これを近江令の用語とする）などから見て信頼してよく、辛亥年すなわち白雉二年（六五一）こそ縁起の成立年月日に他ならないと説いた。それゆえ、これは記紀以前にさかのぼるわが国最古の書物ということになるし、また『日本書紀』の関係する記載は、これを題材に記述されたものだとした。「元興寺伽藍縁起幷流記資財帳」は天平十九年に元興寺の三綱によって牒上されたものであるが、それは伝来の古縁起（白雉二年成立）をそのままに利用し、これに資財帳の部分を付加したものと見るべきだとしたのである。

私も、「難波天皇之世、辛亥年正月五日授」は塔覆盤銘にかかるものではなく、前（縁起本文）を承けていると読むべきだと考える。しかしながら、この年月日自体が信頼できるかとなるとはなはだ疑問で、この年にこの書（縁起本文）を三通作成して、「治部省」「僧綱所」「大和国」に一通ずつ授けたなどというのは、孝徳朝の歴史的事実としてありえず、この年月日は採用することができない。西田説は成立しないであろう。

なお、西田は福山説を批判して、二つの銘文は推古朝のもので、史実を伝えていると説いた。これをうけてやはり福山説を批判したのが、伊野部重一郎（一九一一～一九九五）の「元興寺縁起の仏教伝来説話について（学説回顧的検討）」（『高知大学学術研究報告』第九巻、人文科学五、一九六〇年）である。伊野部は西田とは異なり、「難波天皇之世、辛亥年正月五日授」の語句を塔覆盤銘にかけて読み、これをこの銘文の成立年とした。そして銘文のうち「即発菩提心～名建通寺」の語句のみは後世の加筆とすべきであるが、他は前後半とも白雉二年に作成されたものとしてよいとした。また丈六光銘も、「願以茲福力～速成正覚」の語句のみは奈良朝末期以後の加筆とすべきだが、他は白雉二年以後まもなくの成立であるとした。次に縁起本文については、冒頭の聖徳太子が撰したという文と、後の方の「又大々王令治天下時」以下の文は、福山の言うように奈良朝末期以後の加筆とすべきだが、他は丈六光銘と同時期か、やや遅れての成立で、記紀以前のものであるとした。そしてこれにはもとがあり、それは塔覆盤銘以前に成立したと見られる豊浦寺の古記（「豊浦寺縁起」と呼ぶ）であるという。伊野部は、この「豊浦寺縁起」なるものの史料的価値を高く評価するので、「元興寺伽藍縁起幷流記資財帳」の記載内容についても、加筆と見る部分を除いておおむね史実とする見解をとった。

さて「難波天皇之世、辛亥年正月五日授」の語句を塔覆盤銘にかけて読むのは、伊野部のみならず、次の二葉や松木、あるいは藤田、田中、岩城、桜井（前掲efgh）に共通する見解であるが、前述したように私は賛成できない。ここは脱文を補って理解すべきで、この年月日は前を承けているとしなくてはならない。それゆえ、二つの銘文を白雉二年およびその後まもなくの成立とする伊野部の見解は成立しない。またこの二つの銘文には、「万法之中仏法最上也」「仏法既是世間無上之法」という、『日本書紀』の欽明十三年十月条の記述[13]（七〇三年漢訳の『金光明最勝王経』の文章を用いて作文）に依拠して書かれた文言があるから、どちらも『日本書紀』以後の成立としなくてはならない。また喜田が不審と指摘したサクライトユラ宮、建通寺の文言はもっと時代を下げねばならないだろう。さらに銘文の内容も、推古が発願し、馬子などに命じて（あるいは推古が厩戸と馬子に命じて）建通寺（元興寺）を建立させたとするものので、推古発願とする記述は縁起本文と照応している。これらは史実を伝えるものとはできず、平安時代の造作とすべきであろう。また縁起本文の評価であるが、白雉二年以前という早い時期に豊浦寺の縁起が作成されていたというのは根拠がなく、支持することができない。

次に、これらとは異なって全体に成立年代を下げ、そうした観点からやはり福山説を批判する、二葉憲香（一九一六～一九九五）の見解が発表された。「元興寺縁起と日本書紀」（末永先生古稀記念『古代学論叢』末永先生古稀記念会、一九六七年、のち同『日本古代仏教史の研究』永田文昌堂、一九八四年）である。二葉もまた、「難波天皇之世、辛亥年正月五日授」の語句を塔覆盤銘にかけ、福山が原銘とした後半部分をも含めて白雉二年のものだとした。次に丈六光銘については、『日本書紀』がこれを題材としていないから『日本書紀』以後の成立で、文武朝頃（さらにそれ以前）の成立とは見ることができないとした。さらに縁起本文については、この縁起の原形なるものが存在し、それが『日本書紀』の題材の一つとされているとは読解できないとして、この縁起で『日本書紀』と共通する記事は、『日本書紀』

から出ているとすべきで、縁起本文も『日本書紀』以後の成立であると断じた。それゆえ、たとえば豊浦寺は推古創建であるとか、用明が厩戸皇子の言によって三尼を桜井寺に住まわせたなどというのは、『日本書紀』以後にこの縁起ではじめて言い出された言説で、信憑性のない虚構にすぎないとした。さらに仏教伝来欽明七年戊午説も、『日本書紀』より新しい説とすべきであるとした。

私は、塔覆盤銘の成立年について二葉説を支持することはできない。しかし、丈六光銘や縁起本文を『日本書紀』以後のものとするのは、細部の説明に同意できないところはあるが、妥当な見解だと考えている。二葉が説いたように、この縁起で『日本書紀』と共通する記述は『日本書紀』から出たとすべきだと私も考える。

松木裕美

松木裕美はいくつかの論文でこの文献について触れているが、その最初は「二種類の元興寺縁起」(『日本歴史』三二五、一九七五年)、「日本書紀編纂と平城京元興寺」(『国学院雑誌』七六―八、一九七五年)である。その後、「飛鳥寺の創建過程」(国学院大学文学部史学科編『坂本太郎博士頌寿記念　日本史学論集』上巻、吉川弘文館、一九八三年)などに論は継承され、「元興寺縁起」(『歴史と地理』五三七、二〇〇〇年)でも再論されている。

松木は、「元興寺伽藍縁起幷流記資財帳」を天平十九年のものと見なす。これは氏の議論の基本となっている。そして縁起本文の部分を「豊浦寺系縁起」と呼び、一方、諸書に逸文のみ残る元興寺縁起(福山のいう元興寺新縁起)を「飛鳥寺系縁起」と呼んだ。松木は、豊浦寺系縁起(天平十九年成立)はもともと豊浦寺の縁起であったものを改変、増補して作られたもので、もとの縁起は文体、用字から見て『日本書紀』以前の成立であるとした。一方、飛鳥寺系縁起は、福山の言うような平安初中期に成立した文献と見るべきではなく、『日本書紀』成立後あまり時を経ぬ頃の成立とすべきだという。そしてこちらにももとがあり、それを飛鳥寺縁起と呼んで、『日本書紀』以前の成立で、『日本書紀』編纂の題材の一つとなっているとした。次に塔覆盤銘については、伊野部、二葉説を継承して孝徳朝辛亥年の銘文であるとし、文中に「建通寺」とあるから、これは建通寺（飛鳥寺）の銘であるという。その上で、前半部分こそが銘文で、福山が原銘と見た後半部分は銘文ではなく、銘文の付属記と見るべきだと読解した。一方、丈六光銘は建通寺（飛鳥寺）、建興寺（豊浦寺）共通の丈六仏の光背銘であると説いた。

私は松木の見解には賛成できず、とりわけ縁起本文を天平十九年、塔覆盤銘を孝徳朝辛亥年のものとすることには従えない。また塔覆盤銘の後半を銘文の付属記と読んだり、飛鳥寺、豊浦寺共通の丈六仏というのも理解できない。しかし松木論文には継承すべき重要な論点が含まれている。それは『日本三代実録』元慶六年八月二十三日条、および『提婆羅惹寺摩訶所生秘決（天王寺秘決）』の引用する「建興寺縁起」逸文を検討したことである。けれども、その検討結果については私は意見を異にする。松木は、宗岳木村が依拠した建興寺の縁起と、建興寺側が依拠した建興寺の縁起は同一で、ともに貞観十二年（八七〇）成立の「建興寺縁起」であろうと推測した。しかし、宗岳木村の依拠した「本縁起」には、建興寺は蘇我稲目の建立であると記されていた。一方、建興寺側はこの寺はもと「推古天皇旧宮」であるといい、またその持ち出した「前志」には「田園奴婢施入之由」「銘之金盤」が記されており、さらに「仏物僧物」を俗用して悛めることなければ「御願」に背くこととなるだろうなどと主張している。両者の言い分は明らかにくいちがうし、その依拠した書証もまた別のものであったとしなければならない。前者は、『日本書紀』の記す、稲目の向原の家を寺としたという話につながる創始譚を語っている。これに対し後者は、推古の旧宮を寺としたという創始譚を語っている。こちらは「元興寺伽藍縁起幷流記資財帳」の記述と共通する。

私は、福山と同じく、「元興寺伽藍縁起幷流記資財帳」は、最初建興寺の縁起として成立したと考えているが、それはこの紛争の時（九世紀後期）に建興寺側によって作成された縁起であろうと考える。おそらく「前志」なるものを縁起の形に整備したものを作成したのであろう。これが第一段階の成立で、やがてこれが改作され、付加、改変がなされて元興寺の縁起とされた。こうして現在見る「元興寺伽藍縁起幷流記資財帳」が完成したが、それは「建通寺」の寺号、他の文献との引用関係などから考えて、喜田の言うように、平安末期のこととすべきであろう。

大橋一章

美術史の分野でも、しばしばこの縁起が論じられ、とりわけ二つの銘文をどう読解するかについて盛んに議論がなされてきた。ここでは大橋一章「飛鳥寺の創立に関する問題」（『仏教芸術』一〇七、一九七六年）をとりあげたい。大橋の見解は『飛鳥の文明開化』（吉川弘文館、一九九七年）でも再論されている。

美術史では、塔覆盤銘の「尓時使作□人等」をどう読むかが盛んに議論されていた。大橋は、□を「金」の文字と読んでも、文脈上、「金人」と続けて訓むことはできず、また□はむしろ「奉」の文字と読むべきであろうとした。それゆえ、この銘文は塔の造建について述べるのみで、本尊の製作については何ら言及していないという。大橋は、「塔露盤銘」は「刹管か、伏鉢か、箱状部分のいずれかに陰刻されていた」（『飛鳥の文明開化』）とし、福山説を継承して、後半部分（「戊申」以下）を原銘文であると判断した。それが、文章として飛鳥寺に伝来し、天平十九年の縁起が引用したとする。次に丈六光銘は、飛鳥寺本尊の金銅釈迦三尊像の光背の銘文のことで、実物は建久七年（一一九六）の火災で焼失したとする。その史料的価値については、福山説を批判して、後半部分（十三年〜於元興寺）は原銘に近いとしてこれを評価する見解を説いた（ただし「十三年」は『日本書紀』成立後の付加とする）。この銘文も文章として伝わったものを縁起が収録したという。大橋は、「元興寺伽藍縁起幷流記資財帳」を天平十九年のものとし、これが文章の形で伝わった二つの銘文を引用した（実物から写しとったのではない）とするのである。

私は、塔覆盤銘は仏像の製作に何ら言及していないとする大橋の読解は妥当なものであると考える。しかし、丈六光銘の後半部分の史料的価値を評価するのには賛成できない。隋の副使の遍光高なる名は中国の人名として考えにくく、仏教的な名を造作したものと思われるし、肩書きの「祠部」も外交に関わる役人としては異例にすぎる。また高句麗の大興王にしても、こうした王は『三国史記』等に見えず、実在しない。『日本書紀』が造作したものを継承し、黄金の分量に手を加えたのであろう。

水野柳太郎

水野柳太郎「仏本伝来記について」（『南都仏教』四〇、一九七八年）、「日本書紀と元興寺縁起」（田村圓澄先生古稀記念会編『東アジアと日本』歴史編、吉川弘文館、一九八七年）は、どちらも補訂の上、同『日本古代の寺院と史料』（吉川弘文館、一九九三年）に収められた。これが水野の見解の決定版と思われるので、ここでは同書第二章「日本書紀と元興寺縁起」を中心に見ていくこととしたい。

水野は、「元興寺伽藍縁起幷流記資財帳」は天平十九年のものの姿を幾分なりとも伝えているが、後世の付加があり、たとえば冒頭の部分（楷井等由羅～発願也）や、誓願の部分から塔覆盤銘の直前まで（大々王天皇令治天下時～正月五日授）はすべて後世の付加であり（伊野部説を継承）、それらを除いても長文にすぎ、なお付加があるという。一方、『日本書紀』には、『元興寺縁起』と共通する材料があるとし、『法興寺縁起』（仮称）なる書物が存在したことを推測した。またそれとは別に、『四天王寺縁起』『坂田寺縁起』『比曽寺縁起』（いずれも仮称）なる書物が存在したことを推測し、『法興寺縁起』はこれら三縁起の記述に利用されたと推測した。四書とも『日本書紀』以前の成立で、『法興寺縁起』は『日本書紀』編纂の材料とはされなかったが、他の三書が『日本書紀』に用いられたため、『法興寺縁起』は『日本書紀』の間接的な材料となっていると推測した。その上で水野は、「元興寺伽藍縁起幷流記資財帳」と『日本書紀』から、『法興寺縁起』の文章を推定復元するという作業を行なった。この書物は天武九年（六八〇）の食封に関する勅の頃の成立であるという。また「塔露盤銘」および「丈六光銘」は、「元興寺伽藍縁起幷流記資財帳」に収めるものには加筆さらには脱落が見られるとして、『法興寺縁起』段階での文章を推定復元した。両銘文とも、原形は『法興寺縁起』以前の成立で、文中の「天皇」はもともとは「大王」であったろうとし、また仏教伝来年について、前者には「戊午」、後者には「七年戊午」の文言が存在したはずだと推測している。

次に『日本三代実録』の記事を検討して、これから推定される「建興寺縁起」は後世の付加部分を含んでいるから、この頃までに付加、改作がなされたとした。こうして水野は、天武朝に『法興寺縁起』が成立し、これに付加、改作がなされて天平十九年の元興寺の伽藍縁起幷流記資財帳（現存せず）ができ、さらに九世紀後期頃までにさらなる付加、改作がなされて、今見る「元興寺伽藍縁起幷流記資財帳」が成立したと結論したのである。

しかし私は、こうした見解に賛成することはできない。まず『法興寺縁起』なる書物の復元であるが、「元興寺伽藍縁起幷流記資財帳」から後世の付加と判断される記述を除去し、その残余と『日本書紀』とを比較対照して共通する部分を残し、さらには『日本書紀』には見えないが、『法興寺縁起』にあってもよさそうな記述を残したのが、復元の作業である。しかし、これは恣意的な操作と言わざるをえず、こうした方法によって、七世紀に存在したであろうという書物（私はそもそもそうした書物が存在したとは考えていない）の文章が復元できるとは思われない。たとえば「元興寺伽藍縁起幷流記資財帳」の最初の方の、欽明と推古が稲目をまじえて問答をするくだりについて、氏は欽明と稲目について述べる文を『法興寺縁起』の文として残し、推古（大々王）に関する文を後世の付加と判断して除去した。しかし、問答を構成する文章の片方の部分のみを削除するのはいかにも恣意的であって、残った文が天武朝の文章であるとできる論拠はどこにもない。氏はまた、仏教伝来についての「治天下七年歳次戊午十二月度来」の文言を、もとの縁起の文と判断して残した。しかしこれとて特に論拠があるわけではなく、仏教伝来戊午年説が天武朝にすでに成立していたという証拠はどこにもない。そこでこれを主張するために、塔覆盤銘、丈六光銘にそうした文言がないにもかかわらず、もともとの原銘にはあったはずだと想定して、銘文に「戊午」「七年戊午」の文言を補って理解しようとした。しかし、これまた恣意的と言わざるをえないであろう。さらに、氏が復元した『法興寺縁起』の文を読んでいくと、善信尼ら三尼が住んだ桜井寺を、等由良宮を寺に改めて移転させたという話になっていて、尼寺の縁起となっている。しかし、飛鳥寺は尼寺ではないし、天武朝に作られたという飛鳥寺の縁起が尼寺の縁起になっていたとは考えがたい。氏の推定復元『法興寺縁起』に賛同することはできない。

次に九世紀後期までの付加、改変についての説明も、疑問がある。氏は、天平十九年の元興寺の伽藍縁起幷流記資財帳に付加、改変がなされて、今見る「元興寺伽藍縁起幷流記資財帳」ができたとする。しかし、その論拠となるのは「建興寺縁起」の記述である。とすると、天平の元興寺の伽藍縁起幷流記資財帳に、推古の御願によって豊浦寺が建立され、田園奴婢等が施入されたなどの話が付加されて、九世紀後期の「元興寺伽藍縁起幷流記資財帳」が成立し、さらにそれを参照して「建興寺縁起」が作られたこととなる。だがそれでは元興寺の縁起になぜ推古の豊浦寺建立の話が付加されたのかが説明できない。そうした順序で付加の過程を理解するのは無理であろう。そうではないのである。かつて福山が正しく指摘したように、今見る「元興寺伽藍縁起幷流記資財帳」は、もと建興寺の縁起として成立し、それがのち改作されて元興寺の縁起とされたのである。逆ではない。「元興寺伽藍縁起幷流記資財帳」から「建興寺縁起」ができたとする見解には従えない。

近年の研究

田村圓澄「『元興寺古縁起（元興寺伽藍縁起幷流記資財帳）』私釈・私考」（井上光貞博士還暦記念会編『古代史論叢』中巻、吉川弘文館、一九七八年）は、縁起本文を、a豊浦寺の創立を叙述する部分、b欽明以降の歴代天皇や厩戸皇子などとの関係を主張する部分とに分け、aは六四五年の蘇我氏滅亡以前の成立、bは滅亡後の成立とした。ただし特に論拠は示されていない。

早瀬豊「元興寺縁起の問題点」（『仏教史研究』一五、一九八二年）は、主として福山以降の研究史を検討し、文体、用字の研究にはなお再検討すべき点があることを指摘した。

久信田喜一「『元興寺伽藍縁起幷流記資財帳』の史料的価値について」（『芸林』三一―二、一九八二年）は、福山説を継承、修正して、塔覆盤銘は推古朝の原銘（後半部分）に二度の加筆がなされたものであるとし、原銘部分はほぼ史実を伝えているとした。一方、丈六光銘は、白雉二年以後、天武九年以前の成立で、その記載内容は元興寺を推古発願の寺と主張することにあり、すべて潤色で信用できないとした。次に縁起本文は、奈良朝中期に成立した『豊浦寺縁起』をもとに潤色を加え、奈良朝末期から平安朝初期の間に造作されたものであるとした。その記載内容は、豊浦寺を欽明の勅旨による寺とし、用明、推古、聖徳太子らから庇護を受けたと主張する潤色（『豊浦寺縁起』段階での潤色）に加え、豊浦寺を元興寺の支配下におくための潤色（「元興寺伽藍縁起幷流記資財帳」段階での潤色）が加えられており、一部を除いて信憑性に欠けるとした。

薗田香融「東アジアにおける仏教の伝来と受容」（『関西大学東西学術研究所紀要』二二、一九八九年）は、仏教伝来の異伝を検討する中で「元興寺伽藍縁起幷流記資財帳」に触れ、福山以降の研究史を検証した。薗田は、同書と『日本書紀』とは親子関係ではなく、姉妹関係と見るべきだとし、両者には共通の祖本の存在が想定できるとした。そして、両書に共通する記載は祖本（これを元興寺古縁起とよぶ）にさかのぼるとしてよく、また一致しない記載にも一部さかのぼりうるものがあろうと説いた。これは、先の水野の研究に合致する視点といえるだろう。ただ薗田は、「元興寺伽藍縁起幷流記資財帳」の中から古縁起の部分を洗い出す仕事は、なお慎重な配慮を必要とするとして、今後の課題とした。

労作『増補　元興寺編年史料』上中下全三巻（吉川弘文館、一九八三年）の著者である岩城隆利が、『元興寺の歴史』（吉川弘文館、一九九九年）を刊行した。岩城は、縁起本文は天平のものを基本に置きながら、奈良朝末期か平安朝初期に手を加えたものであるとした。また、建通寺塔露盤銘は推古朝遺文であるが、前半は後半よりも少し後で記されたものと推測されているとした。以上は福山説を継承したものであろう。さらに本尊丈六釈迦像光背銘も貴重な飛鳥時代の遺文とするが、露盤銘よりも少し成立が遅れるとし、ただ末尾の五十字は史実の追記が再録されたものであろう（小野、竹島説）とした。

むすびにかえて

『元興寺縁起』の写本を検討し、研究史をふりかえって問題点を考えてきた。研究史をめぐっては、ここしばらく福山敏男の論文が話題の中心となり、それ以降のいくつかの議論が問題とされることが多かった。確かに福山の研究は貴重なものであるが、しかしすでに平子、喜田の段階で多くの重要論点が提示されており、福山以降に限定せずに研究史を検証する必要がある。特に喜田の論文は、注目すべき指摘を多く含んでおり、今日あらためて検討する必要があると私は考える。さて、以上の準備作業を経て、ようやく「元興寺伽藍縁起幷流記資財帳」についての私見を縷述する段にこぎつけた。次章で詳論したい。

註

(1) 水野柳太郎「佛本傳来記について」(『日本古代の寺院と史料』吉川弘文館、一九九三年)。

(2) 水野柳太郎註(1)論文は、十一世紀後半から十二世紀前半の成立と考えられるとしている。

(3) 法空『上宮太子拾遺記』第二には、「元興寺塔覆鉢銘曰、難波天皇之世、辛亥年正月五日、授塔覆盤銘。文」とある。ここから法空の見た元興寺縁起も「授」と「塔覆盤銘」とがすでに連続して記されるものとなっていたことが知られる。また「授」のあともやはり「塔露盤銘」ではなく、「塔覆盤銘」と記されていた。ただし、同書第三にはまた、「元興寺縁起曰、三月己丑朔丁亥、上露盤、爰天皇及厩戸豊聡耳命嶋大臣、録誓願、雋于露盤。其詞曰、大倭国斯帰斯麻宮治天下名阿米久爾億斯波羅支比里爾波乃弥己等世(後略)」という文がある。「大倭国」以下、後略部分はいくつか脱落・異同はあるが、醍醐寺本の塔覆盤銘の文と一致する。ここの「三月」～「其詞曰」が醍醐寺本の脱文と理解できるなら、「覆盤」「露盤」の二つが併用されていたこととなる。これについてはなお考えてみたい。

(4) 一例をあげる。五丁表六行目以下には「大倭国仏法創自斯帰嶋宮治天下天国案春岐広庭天皇御世」とある。ここで弁豪は、「斯」の左下に返り点を打って、「大倭国の仏法はここより創まれり、帰嶋宮治天下天国案春岐広庭天皇の御世」と読み、しかも「天国」の右横に「推古天皇歟」と傍書している。欽明のこともその宮号(シキシマ宮)も知らなかったため、このように返り点を打ってしまったのであろう。

(5) 「元興寺伽藍縁起幷流記資財帳」冒頭の「楷」の文字は、下文の万葉仮名表記から見て、サクラのつもりで記されている。冒頭でもあるし、光淵も訂正していないから、弁豪の誤写とは考えられない。母本にそう記されていたとすべきであろう。しかし光淵は読めなくて困り、右上に注記を記した。すなわち、「楷」と書いてその右下に「スル　ノコフ」、左下に「スナハチ」と記している。光淵は字書を引いたらしく、何を見たかは不明であるが、たとえば『類聚名義抄』にはこの文字に「スル　スナハチ」とあるから、このようなものを見てよみを調べたのであろう。そして丈六光銘の部分の「楷井」に誤って「スル井」とふりがなを振ってしまった。

(6) 安藤俊雄・薗田香融校注『日本思想大系　最澄』(岩波書店、一九七四年)。

(7) 今日では、「推古朝遺文」という概念自体再考すべき研究状況となってきている。法隆寺金堂薬師像光背銘、法隆寺金堂釈迦三尊像光背銘、天寿国曼荼羅繡帳銘などみな後世のものと考えられるようになってきたからである。

（8）これら年月日は『日本書紀』に拠ったものと推測される。

（9）喜田は、法興寺・元興寺別寺説を主張しているが、私はこれには賛成できない。『日本書紀』は飛鳥寺の法号として「元興寺」「法興寺（大法興寺）」の両者を用いるが、どちらも飛鳥寺を指しているとしか読解できないからである。喜田の別寺説は、「元興寺考証」（『喜田貞吉著作集』6奈良時代の寺院、平凡社、一九八〇年）で詳論されている。

（10）棚橋利光編『四天王寺古文書』第一巻（清文堂出版、一九九六年）所収。

（11）①には「難波天皇之代辛亥正月、吾授此書三通、治部省、一滅僧綱所、一通大和国、具如伝記」という文章がある。ここの「此書三通」から「大和国」までを「塔覆盤銘」直前の脱文と理解することができる。なお、「吾」は「五日」、「一滅」は「一通」の誤写であろう。

（12）水野柳太郎註（1）論文も同じ見解である。

（13）『日本書紀』同条の「是法、於二諸法中一、最為二殊勝一、難レ解難レ入、周公孔子尚不レ能レ知、此法能生二無量無辺、福徳果報一、乃至成二弁、無上菩提一」という文章は、『金光明最勝王経』寿量品をもとに作文されている。これについては、藤井顕孝「欽明紀の仏教伝来の記事について」（『史学雑誌』三六―八、一九二五年）、井上薫『日本古代の政治と宗教』（吉川弘文館、一九六一年）、拙稿「日本書紀と道慈」（『古代仏教を読みなおす』吉川弘文館、二〇〇六年）参照。

〔付記〕『元興寺縁起』の閲覧・調査にあたっては、所蔵者である醍醐寺の方々に大変お世話になった。また醍醐寺文化財研究所所長の大隅和雄先生をはじめ、築島裕、義江彰夫、小原仁などの諸先生から貴重なご意見をうかがうことができた。心より御礼申し上げる次第である。

Ⅳ　元興寺伽藍縁起幷流記資財帳の研究

【要旨】「元興寺伽藍縁起幷流記資財帳」には、事実として認められない記述、時代を錯誤した記述、内部で互いに矛盾する記述などの疑義のある記述が見られる。この文書については早くから偽文書とみなす説が唱えられたが、本章ではこの問題について再検討し、これは天平十九年（七四七）二月十一日に成立した文書とは認められず、後世に作成された偽文書であるとの結論に至った。「元興寺伽藍縁起幷流記資財帳」は、最初、九世紀後期に豊浦寺（建興寺）の縁起である『建興寺縁起』として作成された。これが第一段階の成立と考えられる。次に平安時代後期（十一世紀末以降十二世紀中頃以前）にそれが改作され、付加、改変によって元興寺の縁起にされて、今見るものになった。これが第二段階の成立であり、この史料の最終的成立と考えられる。

【キーワード】元興寺伽藍縁起幷流記資財帳　塔覆盤銘　丈六光銘　資財帳　偽文書

はじめに

醍醐寺所蔵の『元興寺縁起』は、同寺蔵「諸寺縁起集」全十八冊の一冊として今日に伝わったもので、平子鐸嶺が明治四十年（一九〇七）に紹介(1)、はじめて世に知られるところとなった書物である(2)。以来、多数の研究が積み重ねられ、また複製本、活字本もいくつも刊行されてきた。『元興寺縁起』には「仏本伝来記」「元興寺伽藍縁起幷流記資財帳」「某古記」「慈俊私勘文」の四つの文章が収められているが、特に第二番目の「元興寺伽藍縁起幷流記資財帳」は、初期仏教の様子を伝える文献としてひときわ注目されてきた。またこの「元興寺伽藍縁起幷流記資財帳」が引用する「塔覆盤銘（塔露盤銘）(3)」や「丈六光銘」は、古い金石文が記録されたものとして、縁起本文よりも一層史料価値の高いものと評価されることが多い。だが、その成立年代や記載内容の信憑性をめぐってはいくつかの議論があり、いまだ定見を得るには至っていない。

「元興寺伽藍縁起幷流記資財帳」には、大安寺や法隆寺の伽藍縁起幷流記資財帳と同じく、天平十九年二月十一日の日付が記してある。この日付が成立の年月日として承認できるのなら問題ないのだが、そうとは理解できないところがあり、慎重な検討が必要となっている。もちろん、この日付を成立年月日としてそのまま承認する見解もある(4)。だが奈良時代末期の成立と見る説(5)や平安時代末期の成立と見る説(6)などがあり(7)、こうした成立年代を遅らせて理解する見解は説得力をもっている。その一方、成立年代を下げるのとは反対に、その原形を厩戸皇子の記録と見る見解もあれば(8)、厩戸皇子の筆録というのは再考の余地ありとしても、『日本書紀』以前にさかのぼる古記と見る見解もある(9)。また孝徳朝の白雉二年（六五一）の成立と見る見解(10)もある。さらに原形の成立を天武朝頃とし、それが天平十九年

（七四七）の元興寺の伽藍縁起幷流記資財帳に発展し、それに貞観の頃までに付加、改作がなされて現在見るようなものとなったとする見解[11]もある。

「元興寺伽藍縁起幷流記資財帳」の写本は醍醐寺本しかなく、他をもって照合することのかなわぬ孤本である。私は、幸いなことに、所蔵者のご高配を得て、この写本を親しく実見する機会に恵まれた（一九九九年八月二十日調査）。そこで前稿（本書第Ⅲ章）で、写本から得られるいくつかの知見について述べ、あわせてこれまでの研究史を回顧して問題点を考えてみた。その論文で私は、「元興寺伽藍縁起幷流記資財帳」は、最初、九世紀後期に建興寺（豊浦寺）の縁起として作成され（第一段階の成立）、それが平安時代末期に改作され、付加、改変によって元興寺の縁起とされて今見るものとなった（第二段階の成立）との見通しを述べた。この見通しが妥当であるならば、「元興寺伽藍縁起幷流記資財帳」は平安時代末期に作成された偽文書ということになるだろう。ただ前稿は、写本の概要を述べ、研究史を明らかにすることに主眼があったので、私見の詳細は述べるに至らなかった。そこで本章で、あらためて考えるところを述べてみたい。

一　記載内容の問題点

多くの不審な記述

「元興寺伽藍縁起幷流記資財帳」は、最初に縁起本文が記され、次に「塔覆盤銘（塔露盤銘）」と「丈六光銘」の二銘文が掲載され、末尾の文言と年月日、僧綱による監査の記載があって、最後に資財が掲載されている。縁起本文は、大安寺、法隆寺のものと比べてかなり長文で、さまざまなことが記されている。その中には『日本書紀』と共通する記述も少なくないが、『日本書紀』には見られない記述、『日本書紀』とは合致しない記述もいくつもある。これまでは、多く『日本書紀』と合致する記述が注目され、両書に共通する祖本の存在が想定されることもあった[12]。だが、私はここでむしろ、両書合致しない記述、あるいはこの縁起のみに見られる独自の記述に注目してみたい。それらの中には、一読、信じがたい不審な記述が少なくない。ここでは、最初に縁起本文の記述で特に問題とすべき点をいくつか列挙しておくこととしたい。

①厩戸皇子の作とされている

この縁起には、冒頭、

楷井等由羅宮治天下等与弥気賀斯岐夜比売命乃生年一百歳次癸酉正月九日[13]尓馬屋戸豊聡耳皇子受　勅記元興寺等之本縁及等与弥気能命之発願幷諸臣等発願也

とあって、推古の生年一百の癸酉の歳に、馬屋戸豊聡耳皇子が、勅を受けて、元興寺等の本縁および推古の「発願」や諸臣の発願などを記したものであるとされている。つまり、この文書は、自ら癸酉年(六一三年を指すか)、厩戸皇子作であると言うのであるが、しかしこれは、末尾に記される作成年月日「天平十九年二月十一日」とそもそも内部矛盾することはもとより、歴史的事実として信じがたい言説であるとせねばならない。それは、当然のことながら、天平十九年の公文書の記述としてははなはだ不審である。推古朝の癸酉年の作というのは、下文に見える、推古が癸酉年に土地、財物を奉納したとする記述と符合させたものと考えられ、それはまた末尾の資財の記載(賤口、通分水田、食封の三者のみを掲げる)とも密接に関連している(資財の記載の理解については後に再び論じる)。厩戸皇子の著作とする記述は、聖徳太子信仰が盛り上がりを見せた時代になって記されたものと理解することができるだろう。

②仏法伝来時にこれを興隆させたのは当時すでに生存していた推古だとされている

この縁起は、仏教が欽明七年戊午の年（五三八）に百済の聖明王から伝えられると、蘇我稲目が仏教を貴ぶべきだと述べ、大々王（推古を指す）の後宮で礼うべきだと進言したとする。そして欽明が推古を召して、彼女のムクハラ（牟久原）の後宮で仏教を礼うよう告げると、推古はそれに従って、贈られた物品をムクハラの後宮に安置して礼ったと述べる。すなわち、この縁起によるならば、推古は五三八年にすでに誕生しており、そればかりか成人として欽明と会話をしている。しかしながら、推古は五三八年に本当に生存していたのであろうか。『日本書紀』に従うなら、五三八年時点で推古はまだ誕生しておらず、大王家の世代観から考えてみても、五三八年に推古がすでに成人に達していたとするのは無理で、史実を伝えるものとは考えられない。この縁起は、歴史を枉げて推古を実際よりもずっと早くに生まれていたこととし、彼女を『日本書紀』よりも四十歳も年長（癸酉年に百歳となる）に設定したものと理解される。

③ムクハラが推古の宮のあった地とされている

『日本書紀』では、百済から仏教が伝えられ、釈迦仏の金銅像、幡蓋、経論が贈られると、それらを蘇我稲目に付して礼拝せしめることにしたとし、稲目はそれらの物品を小墾田の家に安置し、また「向原（ムクハラ）」の家を浄捨して寺となしたと記されている。ムクハラには稲目の家があり、それがわが国最初の寺とされたと記されている。それに対して、この縁起は、まだ生まれていないはずの推古を生まれていたこととし、ムクハラ（これを「牟久原」と表記する）には稲目の家ではなく、推古の後宮があったとして、そこで仏教がまつられたとする。しかも作為的なことに、推古の後宮で仏教を礼うべきことをわざわざ稲目に進言させている。しかし、そうした記述は史実を伝えるものとは評価できず、仏法興隆の業績を稲目から奪い、これを推古の手柄としたものと理解されるだろう。

④百済の王から贈られた物品を、太子像、灌仏之器、説仏起書の三点とする

『日本書紀』が仏教伝来の年次を欽明十三年（五五二）とするのに対し、この縁起がそれを欽明七年戊午の年としていることはよく知られている。戊午は西暦では五三八年となる。だが、この説を説く文献は、この縁起ばかりでなく、たとえば最澄『顕戒論』所引『元興縁起』、『上宮聖徳法王帝説』など他にも知られている。むしろこの縁起独自の説は、伝来の年次ではなく、百済から贈られた物品で、これを太子像、灌仏之器一具、説仏起書巻一篋の三点とすることであろう。それは釈迦仏金銅像一軀、幡蓋若干、経論若干巻とする『日本書紀』とは異なるし、仏像、経教、僧等とする『上宮聖徳法王帝説』とも異なる。ただしこの縁起と同一の説を説く文献が他に一つある。それは『提婆羅惹寺摩訶所生秘決（天王寺秘決）』所引『建興寺縁起』で、この文献が全く同一の物品を掲げることは大変注目されるが、これについては後に詳論する。

ではこの縁起が説く三点の物品は、『日本書紀』や『上宮聖徳法王帝説』より信頼できるのであろうか。縁起本文をさらに読み進めていくと次の記述に出会う。稲目の死後、崇仏廃仏の争いがおこり、堂舎は焼かれ、「仏像経教」は難波江に流されてしまった。ただ太子像は出しておき、灌仏之器は隠蔵しておいたので無事であった。今この元興寺にあるのがそれであるという。つまりここで語られる話は、この縁起が作成された当時に元興寺に存在した太子像（釈迦誕生像を指すか）と灌仏之器の起源譚ともなっており、それらが聖明王から贈られた由緒正しき物品であると主張している。さすれば、この縁起にこれらの物品が記述されたのは、元興寺もしくは建興寺所蔵（当時）の物品の由緒を飾るための、後世の付会と見るべきで、その信憑性は疑問と言わざるをえないと思う。

⑤豊浦寺を推古の宮の地に創建された寺院であるとし、推古の牟久原、桜井、豊浦の三宮を移転した由緒をもつ寺院であるとする

この縁起は、元興寺の縁起と言いながら、実際に読み進めていくと、等由良寺（豊浦寺）の縁起が延々と記述されている。すなわち、仏教伝来時に推古は欽明の指示によって、彼女の「後宮」であった牟久原の宮で仏教を礼うこととした。その牟久原の後宮の仏教施設を、この縁起は「牟久原殿」と表現する。ここの「殿」はおそらく仏殿の意味なのであろう。この「牟久原殿」は、やがて同じく推古の「後宮」であった桜井（「楷井」とも用字）に遷されたという。それをこの縁起は「桜井道場」と呼んでいる。こうして、推古の牟久原の後宮に設置された「殿」（仏殿）は、推古の桜井の後宮に移転され、「道場」と呼ばれる施設となった。ただし、出家者はまだいなかったので、蘇我馬子が三人の少女を出家させ、善信尼ら三尼が誕生し、これを桜井道場に住まわせたという。この縁起では、これ以後「桜井道場」を「桜井寺」と呼んでおり、これがわが国最初の寺院であるとし、それはまた天皇の意思によって成立した寺院であったとする。桜井寺は尼寺であったから、やがて「法師寺」も造らなくては不十分だということになり、僧寺建立計画が進展し、桜井寺の内に堂を構えるまでに至ったという。だが、この桜井寺は再度の移転となり、推古天皇（「大々王天皇命」と表記）の等由良宮を寺となして、そこに移っていった。この寺は今度は「等由良寺」と呼ばれるようになったという。推古は小治田宮に移り、また等由良寺（建興寺）とセットになる法師寺が造られ、「建通寺」と名づけられたという。以上、この縁起の述べるところを紹介してきたが、それによるなら、豊浦寺は推古の牟久原の後宮、桜井の後宮、等由良の宮の三宮を順に移転して成立、整備された寺院であるということになる。では、その記述は歴史的事実を伝えるものなのであろうか。

私は、残念ながら、これらは歴史的事実とはほど遠い虚偽の記述としなくてはならないと考える。まず牟久原の殿

（仏殿）であるが、すでに述べたように、仏教伝来時にすでに推古が生存し、宮を経営していたとは考えがたく、推古のムクハラ（牟久原）の後宮なるものを歴史的事実とみなすことはできない。『日本書紀』の記述のように、ムクハラ（向原）には稲目の家があったとしなければならないだろう。次に桜井道場（桜井寺）の説明であるが、これまた不審である。『日本書紀』では、百済に受戒のために行った善信尼ら三尼は、崇峻三年（五九〇）に帰国して「桜井寺」に住したとある。『日本書紀』には「桜井寺」はここにしか見えず、特にどういう寺かの説明もない。そのため、この寺がどこに所在したどういう寺院であったのかは不明の部分が多い。それに対し、この縁起は、桜井寺は推古の桜井の後宮に建立されたものであり、さらにそれが豊浦寺の前身寺院なのであるとする独自の説を述べる。その結果、わが国最初の出家者と伝える善信尼ら三尼が豊浦寺の尼ということになった。しかしながら、推古の宮が桜井にあったとか、善信尼ら三尼が推古の宮を道場（のち寺）に改めたところに住んだとかいうのは、『日本書紀』をはじめとして他の文献から確認できず、不審である。また、『日本書紀』では三尼は豊浦寺の尼とはされておらず、その他の状況（特に豊浦寺の実際の建立年代）を勘案してみても、三尼を豊浦寺の尼とすることができるのかどうか、やはり不審と言わざるを得ない。おそらくは、豊浦寺がその縁起を作成した折に、自らの由緒を飾るため、わが国最初の出家者は実は豊浦寺の尼なのだとし、それを主張するために、『日本書紀』で三尼が住んだという桜井寺を豊浦寺の前身寺院と付会したものと考えられる。豊浦寺（建興寺）の縁起の作成については後述する。以上、豊浦寺の由緒を、「牟久原殿」→「桜井道場（桜井寺）」→「豊浦寺」という移転の歴史で説明するこの縁起の記述は、歴史的事実を伝えるものとは評価することはできないと私は考える。

⑥推古をサクライトユラ宮治天下とする

この縁起は推古を「楷井等由羅宮治天下」と表現している。まず、「楷井」という独特の用字であるが、この宮号は、冒頭部分のみならず、下文にも「桜井等由良治天下」と見え、塔覆盤銘にも「佐久羅韋等由良宮治天下」、丈六光銘にも「楷井等由羅宮」と見える。これらから、「楷」字が「サクラ」のつもりで記されていることが知られるが、この文字をサクラと訓むことができるかどうかは疑問で、誤った用字とすべきであろう。ただ冒頭でもあるし、校正の光淵も訂正していないから、誤写とすべきではなく、醍醐寺本が依拠した母本にそう記されていたと理解すべきである。さて、そのサクライトユラ宮治天下であるが、この縁起が推古をそう呼ぶのは、前述のように、推古の活動した宮を、順に、「牟久原」→「楷井（桜井）」→「等由良」→「小治田」としていて、このうちの二つをとって「治天下」の語に続けたものと理解される。しかし、この呼称もまた大いに不審である。

『日本書紀』には、推古は「豊浦宮」で即位したとあり、推古十一年に「小墾田宮」に遷ったという。それゆえ彼女は一般に「小墾田宮治天下（御宇）」と表現されている。「サクライトユラ宮治天下」なる呼称は他の文献に一切見えず、また「楷井（桜井）」と「等由良」という別の宮名を重ねたものになっているのも不審である。二つの宮の名を重ねて「治天下」「御宇（馭宇）」とするのは他に例がないからである。この縁起は、豊浦寺を推古の宮であった牟久原、桜井、等由良の三宮を順に移転して成立した寺院だとする虚偽の歴史を述べるが、この宮号は、それに整合するように発案された虚偽の宮号と理解すべきものであろう。

⑦尼寺の桜井寺が元興寺であるとされている

⑧元興寺と豊浦寺（建興寺）が一体の寺院とされている

この二点を一緒に説明しておきたい。この縁起は、等由良寺の前身を桜井道場（桜井寺）だとするが、驚くべきことに、その桜井道場（のちの等由良寺）が「元興寺」であり、またその本名を「建興寺」と称すのだとも述べている。すなわち、醍醐寺本の十七丁表〜裏に（送り仮名、返り点は醍醐寺本の通り）、

仏法最初時、後宮不令破、楷井遷ニ作道場一、尓時三女出家、時即大喜々、令住其道場ニ而、生仏法牙ヲ一、故名元興寺ト、其三尼等者、経云（中略）、建元興寺、本名故ヲ称名建興寺ト一。

とあるのがそれである。そしてそれに続けて、これとペアになる「法師寺」（僧寺のことをこの縁起はこう表現する）が建立されて、「建通寺」と名づけられたといい、建興、建通の二寺が成立したとする。これによるなら、桜井寺すなわち等由良寺が「元興寺」であり、また「建興寺」でもあるということになる。とするなら、元興寺は尼寺ということになるだろう。しかし、これらの記述は全く無茶苦茶な説と言わねばならず、歴史的事実とはほど遠い妄説として退けなければならないだろう。

豊浦寺は確かに尼寺であるし、その法号は次節で述べるように「建興寺」でまちがいない。しかし、「元興寺」は飛鳥寺の法号であって、豊浦寺の法号ではない。その飛鳥寺（元興寺）は僧寺であって、尼寺ではない。尼寺である桜井道場（のちの等由良寺）が元興寺であり、また建興寺であると言うのは、事実と異なるのである。またこの縁起は、豊浦寺と元興寺とを一体の寺院であるかのように言いたてるが、それも誤りで、両寺は別々に成立した別の寺院である。この縁起はそうした歴史的事実を枉げ、飛鳥寺（元興寺）と豊浦寺（建興寺）とを一体の寺院であるかのように記述し、その結果、元興寺を善信尼由来の尼寺としてしまった。

⑨「建通寺」なる寺号が見える

ここに見える法師寺（僧寺）の法号の「建通寺」なる名称が、また他の古代の史料に見えない不審なものである。飛鳥寺の法号としては、「元興寺」「法興寺」の二つが『日本書紀』『続日本紀』に記されていてよく知られている。しかし、「建通寺」なる名称は、飛鳥寺の法号としても、それ以外の寺の法号としても、他の古代史の史料に見えない。この名称は奈良時代までの史料に見えず、平安時代前期、中期の史料に見えない。管見の限り、この名称が初めて見えるのは『七大寺巡礼私記』で、同書の「元興寺」の項の冒頭に「元興寺〈云飛鳥寺、亦云法興寺、又云建通寺、字明日香寺〉」という記述がある。この『七大寺巡礼私記』は十二世紀中頃の書物である。とすると、元興寺の別称として「建通寺」なる名称が成立したのは、かなり時代が下るとしなければならないだろう。

⑩推古に対して「大々王（大大王）」という呼称が用いられている

この縁起は推古を「大々王（大大王）」と呼んでいる。この呼称は推古のみに対して用いられている。わが国で「天皇」号が用いられる以前、「大王」が君主号として用いられていたことはよく知られているが、ここは大王ではなく「大々王」で、他の史料に全く見えない呼称である。しかも大々王を君主号として用いているのでもない。この縁起が用いる君主号は「天皇」（「天王」と表記する箇所もある）で、「大々王」は君主号ではなく、推古のみを指す独自の称号として用いられている。彼女は、この縁起では、最初、単に「大々王」と表記される。やがて敏達が即位すると、彼女はその大后なので、「大后大々王」と記されるようになる。さらに彼女自身が即位すると、「大々王天皇」と表記されるに至る。このように、この縁起は推古のことをその地位の変動に応じて、「大々王」→「大后大々王」→「大々王天皇」と表記していくが、しかしこれらの呼称は他に見えず、また熟語としても意味不明で、六、七世紀に実際に用いられていた称号とは考えられない[14]。

⑪善信尼ら三尼の出家の師に法明なる尼が登場する

『日本書紀』では、善信尼ら三人の尼は、播磨国にいた還俗僧の高麗の恵便を師として出家したとされている。これに対し、この縁起は「但是時ニ針間国ニ有脱衣高麗老比丘名恵便与老比丘尼名法明」と述べて、恵便ともう一人、法明なる尼を記している。そして、三人の女は法明に就いて仏法を学び、出家したとされていて、むしろ法明が二人の師のうちの中心であるように書かれている。また三尼の出家時の年齢も両書には差異が見られる。ところで、法明という名の尼で想起されるのは、興福寺維摩会の起源を語る話に登場する百済禅尼の法明であろう。昌泰三年（九〇〇）六月二十六日の日付を持つ『興福寺縁起』[15]（通称『維摩会縁起』）は、鎌足が病気になった時、百済禅尼の法明が『維摩経』を講じて病気を平癒せしめたことを述べ、維摩会の起源を説明する。この話は『三宝絵』『扶桑略記』にも見え、後者はそれを斉明二年（六五六）条にたてている。『維摩会縁起』の法明と「元興寺伽藍縁起幷流記資財帳」の法明は、活動した年代が異なるから、普通に考えるなら同名異人ということになるだろう。しかし、本当にそう理解してよいのであろうか。法明を三尼の師とするのはこの縁起のみが語る説であるが、私はこれも不審な記述と考えている。

⑫元興寺も豊浦寺も推古発願の寺院とされている

飛鳥寺は、『日本書紀』には崇峻前紀に「蘇我大臣亦依二本願一於二飛鳥地一起二法興寺一」と見え、また崇峻元年（五八八）是歳条に、蘇我馬子が飛鳥衣縫造の祖の樹葉の家を壊してはじめて法興寺を作ったとあって、馬子建立の寺とされている。この記述は、一般に歴史的事実を伝えるものとして承認されており、私も、飛鳥寺は蘇我馬子建立の寺院でまちがいないと理解している。他方、豊浦寺は、『日本書紀』には舒明即位前紀と朱鳥元年（六八六）十二月乙酉条にその名が見える。だが、誰の創建であるかは記されていない。ただ今日では、福山敏男の研究以来、豊浦寺を蘇我氏によって建立された寺院と理解するのが一般的になっている。

これに対し、この縁起は尼寺の方は欽明の意志と稲目の助言、それに推古の発願によって建立されたものであると説き、法師寺（僧寺）の方は推古の発願によって、厩戸と馬子に命じて造らせたものであると述べている。このことは、縁起本文において述べられるのみならず、「塔覆盤銘」「丈六光銘」においてもくりかえし述べられている。つまり、両寺とも推古発願の寺院であることが強調されているのである。これらの主張は、「元興寺伽藍縁起幷流記資財帳」のみが述べる独自の説としなければならないだろう。だが、私は、こうした記述もまた、歴史的事実を伝えるものとは評価できないと考えている。そうした言説がいついかなる事情で主張されたかについては後節で考察する。

⑬推古による土地、財物の奉納が強調される

この縁起は、推古は生年百歳の「癸酉」の年に、尼寺に山林、園田、瀆、封戸、奴婢等を、「法師寺」（僧寺）に田園、封戸、奴婢等を「奉納」したと述べる。しかも、⑮で後述するが、それらが他者から侵害されてはならないことがくりかえし述べられている。しかし、推古が豊浦寺や飛鳥寺にこれらの土地、財物などを施入したということは、他の史料に見えず、不審である。まず「封戸」であるが、封戸の成立は、『日本書紀』の改新の詔を史実と認めれば、それ（六四六年）以降のこととなるが、改新の詔のその部分は後世の造作とすべきであろうから、その成立はさらに遅れる。おそらくは天武朝の成立とするべきだろう。いずれにせよ、推古朝に「封戸」は存在しない。それゆえ、この記述は歴史的事実とはほど遠い創作としなければならない。また、「奉納」という表現も後世的な用語と見るべ

きで、推古による土地、財物の奉納の記述は後世の創作としなければならないだろう。

⑭天武朝の「癸酉」年の封戸施入のことが六十年さかのぼらされている

その推古朝の「癸酉」の年であるが、この縁起は、それを西暦の六一三年のこととして記述している。その年が推古百歳の年であったというのは不審であるが、すでに述べたように、この縁起は彼女を仏教伝来の年にすでに成人であったように記述しているから、それと整合させるには「癸酉」年にはかなりの高齢になっていなくてはならず、丁度きりのいい「百歳」としたのであろう（なおこの設定でいくと、この縁起が仏教伝来の年とする戊午年に彼女は二十五歳であったということになる）。

さて、『新抄格勅符抄』寺封部に収める宝亀十一年（七八〇）十二月十日騰勅符［史料1］には、飛鳥寺の封戸について、

飛鳥寺　一千八百戸〈癸酉年施㆓千七百戸㆒　宝亀十一年五月符加㆓百戸㆒　白壁天皇　上総五百戸　常陸二百戸　信乃三百卅戸　武蔵四百十五戸　下野二百戸　越前百五十戸〉

という記載が見える。これによれば、飛鳥寺にはじめて封戸が施入されたのは「癸酉」年のことで、千七百戸の封戸が施入されたことが知られる。また宝亀十一年五月には百戸が追加されたという。ここには国別の戸数も列記されているが、ただ合計の戸数の計算が合わないから、ここの記事には脱落もしくは若干の錯誤が含まれているのかもしれない。ところで、この「癸酉」年は、有力寺院に封戸がはじめて施入された年であったようで、同じ史料の大安寺、川原寺の項目を見ても、やはり「癸酉」年にはじめて封戸が施入されている。その「癸酉」年とは、通説では、天武二年（六七三）を指すとされており[16]、私もその理解でまちがいないと考えている。飛鳥寺、大安寺、川原寺といった

有力寺院には、天武朝の「癸酉」年にはじめて封戸が施入されたのである。「元興寺伽藍縁起幷流記資財帳」の作者は、飛鳥寺に「癸酉」年に封戸が施入されたということを何らかの資料から知り、それを推古朝のことにしてこの部分を記述した。なお、同じ史料の豊浦寺の項目には、「豊浦寺　五十戸〈天平宝字七年施　常陸国〉」とあって、豊浦寺に封戸が施入されたのが天平宝字七年（七六三）であったことが知られる。おそらく、これが歴史的事実を伝えるものであって、推古朝の「癸酉」年に豊浦寺に封戸が施入されたというのは事実ではないのである。

⑮三宝物を犯さないことが強調される

この縁起によれば、推古は二寺に納めた種々の物が永世侵害されることのないようにと誓願し、もしこれを取る者、滅ぼす者、犯す者があったなら、必ずや種々の大災大羞を受けるであろうと誓願したという。続いて聡耳皇子や、中臣連、物部連など諸臣たちも同様に、三宝物が今より以後、取られ犯されることがあったなら、侵害した者は大いなる災羞をこうむるであろうと誓願したという。この縁起では、寺の財物が侵害されないことがしつこいほどくりかえし誓願され、大いに強調されている。前述のように、私には、推古が土地、財物を施入したということ自体、歴史的事実とは考えられないが、推古および厩戸、諸臣までもがこうした誓願をなしたというのも、もとより事実とは見なせないと考えている。こうした誓願は、元興寺もしくは豊浦寺の勢力が衰微し、寺の土地、財物が実際に他者から侵害をうけるに至ってから後の、もしくはすでに寺の権益を握っている勢力を排除しようとした時点での記述と見るのがふさわしいと私は考える。

後世の付加ではなく後世の創作

以上、この縁起には不審な記述がいくつもある。そこで問題となるのは、それらがはたして後世に付加されたものなのかどうかということである。これまでの研究史を振り返ってみると、これら不審な記述を「後世の付加」と理解するような見解がしばしば説かれてきた。すなわち、この縁起には不審な記述もあるが、それらは後世に書き加えられた記述なのであって、それらを取り除いた残りの部分は天平十九年のものだとするのである。しかし、私はそのように理解することはできない。全体を後世の創作と見るべきだと考える。

というのは、これまで見てきた不審な記述は、どれもこの縁起の根幹部分を形成しているからである。この縁起の語る大筋のストーリーそのものと言ってもよい。②③⑤⑦⑧⑫⑬⑭⑮は特にそうであるし、⑥もそれらと有機的に関連している。また⑥⑨⑩の文言はこの縁起全体にわたって用いられている。とするなら、これら不審な記述を取り除いたなら、この縁起の多くの部分はなくなってしまい、結果としてほとんど何も残らないということになってしまうだろう。そう考えるなら、天平十九年の縁起に、後世いくつかの付加がなされて今見る縁起ができたと理解することは妥当ではない。全体を後世の創作と理解すべきだろう。この縁起の成立年代は、このことを念頭において考証しなければならないだろう。

二　豊浦寺（建興寺）の歴史と遺跡

もとは豊浦寺（建興寺）の縁起

「元興寺伽藍縁起幷流記資財帳」を読み進めていくと、元興寺の縁起と言いながら、実際には豊浦寺の縁起が延々と展開されており、尼寺の縁起になっていることに驚く。ようやく中ほどをすぎてから、僧寺の建立があわせ記されるようになるが、しかしそれは添え物のような印象を受ける。これについて福山敏男は、「本文の大部分において語られているものは、不思議にも元興寺即ち飛鳥寺そのものではなくして、豊浦寺の縁起である」と指摘し[17]、松木裕美も縁起本文は豊浦寺の縁起となっているとして、これを「豊浦寺系縁起」と呼んでいる[18]。なぜ元興寺の縁起なのに、大部分豊浦寺の縁起が記されているのか。福山は、同じ論文で、この縁起の本文はもともと豊浦尼寺の縁起として作られたものであったが、後世の縁起作者は、それに元興寺についての記事を挿入して元興寺の縁起に転用したと説いた。これは大変重要な指摘だと私は考える[19]。

『日本書紀』『続日本紀』に見える豊浦寺（建興寺）

では、その豊浦寺とはどのような寺なのか。豊浦寺は、『日本書紀』には二ヵ所に記述が見える。一つは舒明即位前紀で、山背大兄王の言葉の中に［史料2］、

我曾将レ訊二叔父之病一、向レ京而居二豊浦寺一。

と見えるのがそれである。これによれば、山背大兄王はかつて叔父の蘇我蝦夷を見舞うために「豊浦寺」に滞在したことがあったという。もっとも、この言葉を含む、舒明即位前紀の王位継承をめぐる一連の記述は創作性が色濃く、編纂段階での潤色と見るべき部分が多い[20]。それゆえ、この記事を根拠に山背大兄王が蘇我蝦夷の病気を見舞うという出来事が実際にあったとしてよいかどうかははなはだ問題である。しかし、この部分が仮に『日本書紀』編纂段階での創作であったとしても、七世紀において、豊浦寺と蘇我蝦夷とが深く結び付けられて理解されていたこと、舒明が活動した時代にはおそらく豊浦寺があったことの二点は史実に基づくものとしてよいと思われる。

もう一つは朱鳥元年（六八六）十二月乙酉（十九日）条の記事［史料3］で、そこには、

奉為天渟中原瀛真人天皇、設無遮大会於五寺大官、飛鳥、川原、小墾田、豊浦、坂田。

とある。この日、豊浦寺では、大官、飛鳥、川原、小墾田、坂田の諸寺とともに無遮大会が実施された。ここから同寺が七世紀末を代表する寺院の一つであったことが知られるし、飛鳥寺と豊浦寺とがともに記されているのだから、両寺が別々の寺院であったことも明らかである。

なお、本章の本筋からは少しそれるが、ここの「五寺」の理解について触れておきたい。この記事には「五寺」と記されているが、具体的には、大官、飛鳥、川原、小墾田、豊浦、坂田の六ヵ寺が列記されていて、これをどう解釈したらよいか理解に苦しむ。これまでは、小墾田と豊浦を二つで一つと見て、「小墾田豊浦」で豊浦寺を指すとする読解がなされたこともある(21)。だが、やはりその理解は成り立たないと思われる。すでに指摘されているように、「小墾田豊浦」とすると、小墾田(広域地名)の領域の中の豊浦(狭域地名)という理解になるだろうが、小墾田と豊浦とは別の地域を指す地名とすべきで、前者が後者を含む広域地名であるとすることはできないという(22)。また、これもすでに指摘されているが(23)、『日本書紀』には小墾田寺(小治田寺)の記載は他に見えないものの、『新抄格勅符抄』[史料1]には、「小治田寺」の項目があって、この寺の名が見える。しかもそれは豊浦寺と並んで記載されているから、両寺は別寺院と理解せねばならない。また『正倉院文書』の天平勝宝二年(七五〇)五月十一日治部省牒、および同年十二月二十八日治部省牒(『大日本古文書』三巻、三九三頁、四七七頁)には、「小治田禅院(24)」の名が見え、これも同じ寺を指すと理解してよい。とするなら、豊浦寺とは別に、小墾田寺(小治田寺)という寺院が存在したことは明らかである。以上より、谷川士清『日本書紀通証』や直木孝次郎(25)が述べるように、ここの「五寺」は六寺の誤りとしなくてはならない。なお、その小墾田寺(小治田寺)の比定であるが、直木孝次郎は、雷丘の北方に所在する雷廃寺がこれに該当すると推定した。これに対し、最近では、明日香村奥山の奥山廃寺がこれに該当するとする見解(26)が提出され、注目されている。いずれと見るべきか、今後の調査の進展が期待される。

豊浦寺は法号を建興寺と称したが、『続日本紀』には、この「建興寺」の名で天平勝宝元年閏五月癸丑（二十日）条と同年七月乙巳（十三日）条とに登場する。前者は、聖武の寿命延長と衆生の救済を願って主要な寺院に物品や墾田地が施入されたという詔である。その分量は、大安寺、薬師寺、元興寺、興福寺、東大寺の五寺が最も多く、法隆寺、弘福寺、四天王寺がそれに続き、建興寺は、崇福寺、香山薬師寺、法華寺ともどもそれらに続いている。他方、後者は、諸寺の墾田地の限りを定めたという著名な記事で、大倭国国分金光明寺が四千町、ついで元興寺が二千町、大安寺、薬師寺、興福寺、大倭国法華寺、諸国国分金光明寺が一千町と続き、建興寺は、弘福寺、法隆寺、四天王寺、崇福寺、新薬師寺、下野薬師寺、筑紫観世音寺ともども五百町と定められている。これらの記事から、建興寺が八世紀の中頃において主要な寺院の一つであったことが知られる。二つの記事では、建興寺と元興寺とがともに記されているから、この段階でも、両寺が別々の寺院であったことは言うまでもない。

豊浦寺の創建

では、その豊浦寺（建興寺）は、いつ誰によって創建された寺院なのであろうか。福山敏男は、豊浦寺の創建について縷述する「元興寺伽藍縁起幷流記資財帳」は歴史的事実を伝える史料とは評価できないとし、豊浦寺については、これとは別の史料から考察しなければならないと説いた。(27)本章はこの福山の評価を継承する。(28)福山は、その上で、豊浦寺は「豊浦大臣」としばしば称された蘇我毛人（蝦夷、『日本書紀』では三度にわたって「豊浦大臣」と表記されている）と関連が深い寺であるとし、豊浦寺跡出土の軒丸瓦の年代も参照して、「豊浦寺は恐らく舒明朝に、蘇我毛人がその宅の近くに立てた尼寺であると推定」できるとした。この説は、その後、いく人もの論者に継承されて今日に至っている。[29]

豊浦寺跡の発掘調査

豊浦寺の跡は、奈良県高市郡明日香村豊浦の向原寺（浄土真宗本願寺派）の境内地およびその周辺に所在する。ここでは、一九五七年から、数次にわたって発掘調査が実施され、講堂跡、金堂跡と判断される遺構が検出され、金堂跡の南東には塔の跡地も推定されている。また最近、回廊跡と推定される遺構も検出されている。[30]これらの遺構が豊浦寺の跡であることはまちがいなかろう。遺物としては、多数の軒丸瓦が出土した。その中には、飛鳥寺の軒丸瓦の笵に改変を加えて作成された軒丸瓦（百済系）があって注目されたが、また、高句麗系の軒丸瓦が十四種類も出土したことも大きな特色であるという。[31]瓦の様式に基づく研究によるなら、豊浦寺の創建は、飛鳥寺以降、斑鳩寺以前と考えられるといい、七世紀初頭頃と推定されるという。[32]

豊浦寺の跡のさらに下層からは、豊浦寺に先行する建物の遺構が発見され、注目されている。すなわち、講堂基壇の下層から、周囲に石敷をともなう掘立柱建物の跡が検出された。この下層遺構については、推古の豊浦宮の跡ではないかと推定する見解が提出されている。しかしながら、私はこれに賛成することができない。この推定は、下層遺構自体の持つ何らかの特徴に基づいて立論されたものではなく、また何らか文字資料が出土してそこから導き出されたというのでもない。「元興寺伽藍縁起幷流記資財帳」に基づく推定なのである。推古の豊浦宮を寺に改めたものが豊浦寺だと述べる文献は、「元興寺伽藍縁起幷流記資財帳」しかない。もっとも、次節で詳述することとなるが、九世紀後期に、豊浦寺（建興寺）の支配権をめぐって争いが起こり、宗岳木村と、建興寺別当であった義済との間に相論が起こった。宗岳木村は、その時、建興寺は蘇我稲目が建立した寺院であると主張し、その証拠として「本縁記」

なる文書を提出した。一方の義済は、建興寺は推古天皇の豊浦宮を寺にしたものだと主張し、「前志」なるものをその証拠として持ち出した。豊浦寺が蘇我氏建立の寺院なのか、それとも推古の豊浦宮を寺にしたものなのかは、早く、九世紀後期にすでに相論となっていた。したがって、厳密に言えば、推古の豊浦宮を寺にしたものが豊浦寺であると述べる文献は、「元興寺伽藍縁起幷流記資財帳」と、右の「前志」の二つということになる。

だが、前節で検討したように、また福山敏男が述べたように、「元興寺伽藍縁起幷流記資財帳」の記述は歴史的事実を伝えるものではない。とするなら、豊浦寺跡の下層遺構を豊浦宮跡とすることは、他に有力な論拠が出現しない限り、できないとしなければならないだろう。福山のように、豊浦寺を蘇我蝦夷建立と理解するなら、その下層遺構は蘇我氏に関連する建物である蓋然性が高いということになる。この下層遺構をどのような建物と理解するかについては、将来のさらなる発掘調査の進展をまって、あらためて判断すべきであると私は考えている。なお、「前志」の性格およびその評価については、次節で論じる。

豊浦寺の調査に関わった清水昭博は、近年、福山の見解を継承、発展させ、また高句麗系軒丸瓦を詳細に研究して、豊浦寺は蘇我氏によって建立された寺院であり、推古の没年（六二八）頃までに整備されていたと論じている[33]。私も、福山説を継承して、豊浦寺は蘇我蝦夷によって建立された寺院で、舒明の頃までには成立していたと考えている。それは言うまでもなく、飛鳥寺の建立より後のことであって、「元興寺伽藍縁起幷流記資財帳」の言うような、尼寺（豊浦寺）が先に創建され、のち僧寺が併設されたなどという説は、史実とは異なるとして退けなければならない。

三　建興寺をめぐる相論

『日本三代実録』元慶六年八月二十三日条

「元興寺伽藍縁起幷流記資財帳」は、元興寺の縁起だと言いながら、実際には豊浦寺の縁起が延々と記述されており、ようやく中ほど過ぎから僧寺のことがあわせ記されるようになる。福山敏男は、この驚くべき特色について、この縁起はもとは豊浦寺の縁起であったのだが、後年、それが改作されて、元興寺の縁起に転用されたと論断した。私は、この指摘こそが、「元興寺伽藍縁起幷流記資財帳」を理解する最も重要な論点になると考えている。とするなら、「元興寺伽藍縁起幷流記資財帳」のもととなった豊浦寺の縁起が、いつ、いかなる情勢の下で作成されたのか、またその文章が今日どこかに残っていないのかについて、検討しなければならないということになる。それを考察するには、次に掲げる『日本三代実録』元慶六年（八八二）八月二十三日条［史料4］を解析しなければならない。

太政官下二符大和国司一偁。散位従五位下宗岳朝臣木村等言。建興寺者。是先祖大臣宗我稲目宿祢之所レ建也。本縁記文。具存灼然。望請。宗岳氏撿領。而彼寺別当伝灯大法師位義済確執曰。太政官仁寿四年九月十三日下二当国一符偁。彼寺推古天皇之旧宮也。元号二豊浦一。故為二寺名一。凡厥縁起具在二前志一。仏法東流最始二於此一。其田園奴婢施入之由。　勅誓堅懇。銘二之金盤一。頃年堂龕頽破。尊像暴露。綱維不レ勤。勾当有レ懈。磬台経台。其久断二真演之声一。仏物僧物。還致二俗用之訟一。習而不レ悛。恐乖二御願一。宜下令二長官一勾当。不上レ得下独任二綱維一。以致中道場之損上。立為二恒例一。又貞観三年九月廿五日下二治部省一符偁。僧綱申牒。彼寺本自无レ有二俗別当一。而今特置レ之。寺中諸事。触レ途為レ損。請早従二停止一。処分依レ請者。宗我稲目宿祢以レ家為二仏殿一。　天皇賜二其代地一。遂相移易。施二入皇宮一。稲目宿祢奉レ　詔造レ塔。然則建興寺之建。出レ自二御願一。不レ可レ為二宗岳氏寺一明矣。官商量。宜下停二氏人撿領之望一。不上レ得三重致二寺家之愁一。

どのような対立であったのか

九世紀後期、豊浦寺（建興寺）は寺勢が衰え、その「撿領」（管理、運営）をめぐって争いが起こるような状況になっていた。そうした中、宗岳木村らが自分たちこそが建興寺を「撿領」するべきであると主張して、政府に訴え出た。これに対抗したのは建興寺別当の義済という僧で、彼は宗岳木村らの主張に対して猛然と反論を展開した。そこで最初に、両当事者のこの時期の状況について、一通り説明しておこうと思う。六、七世紀の最大の政治勢力であった蘇我氏は、大王家との権力争いに敗北し、八世紀には石川氏を名のって傍流貴族になっていた。さらに平安時代になると石川氏の力は一層弱体化し、中下級貴族へと没落するまでになっていた。この相論の頃は、丁度この人物（石川木村、後に宗岳木村）が、先祖の名を称したいと願い出て許され、「宗岳」（ソガ、後にムネオカ）の姓を復活させたところであった[34]（『日本三代実録』元慶元年〈八七七〉十二月二十七日条）。一族の凋落傾向に何とか歯止めをかけたいと願っての行動と思われる。

一方の建興寺はいかがであろうか。日本の初期仏教においては、尼が多く活動し、尼寺も多数建立され、尼や尼寺が大いに活躍していた[35]。豊浦寺は主要な尼寺の一つであり、七、八世紀の頃は国家の仏教の中で重要な位置を占めていた。しかし、尼寺は平安時代になると全般に衰えを見せはじめる。牛山佳幸によれば、尼寺はしだいに男性の僧の管理を受けるようになり、寺そのものが僧寺に転じてしまったり、廃寺になるものもあったという。たとえば西隆寺が、元慶四年（八八〇）、西大寺の摂領下に入った（『日本三代実録』元慶四年五月十九日条）のはその一例であり、豊浦寺も遅くとも十二世紀初頭までには元興寺の末寺とされていたという[36]。寺院の管理職としては、寺主、上座、都維那の三綱があるが、八世紀中頃以降、それとは別に別当、鎮が設置されるようになっていった。牛山によれば、尼寺の三綱は尼が務めたが、やがて鎮が設置されるようになると、男性の僧がこれに任命され、尼寺は鎮僧の管理、統制を受けるようになっていったという[37]。豊浦寺（建興寺）の場合は、鎮ではなく、別当に男性の僧が就任していた。

私は、豊浦寺（建興寺）が元興寺の支配下に入っていくその最初は、九世紀後期のこの相論の頃のことであったと考えている。ここの義済という人物は男性で元興寺の僧であった。『僧綱補任』[38]（興福寺本）には、延喜十二年（九一二）のところに、

講師義済〈法相宗、元興寺、十一年十月廿八日宣旨、朱七十〉

とあり、また『三会定一記』[39]の「維摩会講師次第」の延喜十二年のところに、

同十二年〈去年十月廿八日　宣〉講師義済〈七十〉〈元興寺、法相宗〉〈同十八年任律師、同廿二年卒、八十歳〉

とあって[40]、彼が元興寺の僧で、法相宗の僧であったことが知られる。延喜十二年、七十歳の老齢になって維摩会の講師を務め、同十八年には律師となり、同二十二年に八十歳で長逝したという。三会の講師を歴任して僧綱に昇進した僧で、元興寺においても幹部となった人物と理解してよいだろう[41]。この相論のあった元慶六年（八八二）には四十歳の壮年で、将来の元興寺を背負う人物と期待される存在だったであろう[42]。その元興寺の僧が尼寺である建興寺の別当に就任した。彼は建興寺への支配を強め、これを元興寺の別院さらには末寺にしようとする行動をとっていた可能性が高い。九世紀は、大寺院が中小の寺院や地方寺院を別院さらには末寺とする動きが進展し、本末体制の形成が開始された時代であった[43]。

こうした動きに対し、建興寺の側は、当然のことながら、元興寺の進出を何とか阻止しようとしていた。義済は、宗岳木村らと争う中で、「綱維」を非難し、また「俗別当」を停止しようとしている。ここの「綱維」は三綱を指していると読解されるが、尼寺の三綱は少なくとも八世紀においては尼が務めており、建興寺の三綱は、この段階においても、建興寺の尼が務めていたと理解してよいと思われる。建興寺は支配を強めようとする元興寺に対し、三綱、

俗別当[44]、それに宗岳氏が一体となって抵抗していた。宗岳氏は、おそらく建興寺の檀越と理解され、寺に関わるいくつかの権益を握っていたものと考えられる。俗別当も、宗岳氏側の人物、もしくは宗岳氏自身が就任していたと考えてよいだろう。そう理解するなら、この相論は、檀越、三綱、俗別当など建興寺に関わる旧勢力と、この寺の別当のポストを獲得し、さらに支配を強めようとする元興寺（新勢力）との、新旧両勢力の争いととらえることができるだろう。

両者の具体的主張および証拠書類

さて、宗岳木村らは、大和国、さらには政府に対して、建興寺は自分たちの先祖の宗我稲目（蘇我稲目）が建立した寺であるから、宗岳氏が「撿領」すべきであるとする主張を展開した。その根拠として提示したのは、「本縁記」なる文書であった。そこには建興寺は宗我稲目が創建したとする歴史が記述してあった。一方の義済の側は、建興寺は推古天皇の旧宮を改めて寺としたものであって、宗我氏の寺などではないとする主張を展開した。義済の側が根拠として掲げたのは、ア仁寿四年（八五四）九月十三日の太政官符と、イ貞観三年（八六一）九月二十三日の太政官符の二通であった。その内容を見ると、義済の側の言い分がそのまま記されているから、これ以前に政府に働きかけ、言い分を認めさせて発給させた官符とも理解されるが、あるいは相論用に偽作されたニセの官符であった可能性も少なくない。この官符は『類聚三代格』『類聚符宣抄』など他の史料に掲載されていないことはもとより、内容も義済の言い分そのものとなっていて不審だからである。

義済が掲げたアの官符を見ると、建興寺は推古天皇の豊浦という名の旧宮を改めて寺にしたもので、その「縁起」は「前志」に記してあるという。「志」には「しるす、書き留める、書き留めた記録」の語義があるから、ここの

「前志」は「さきにしるせしもの」とでも訓むのであろう。寺の歴史を記載した古い書きものといった意味の語と理解される。これは宗岳氏提出の「本縁記」に対抗して持ち出されたものであった。こうして相論は、「本縁記」対「前志」の争いという様相を呈していった。その「前志」には、推古の豊浦宮を改めて豊浦寺が造立されたことに加え、日本の仏法はここから始まったとか、「田園奴婢」が推古によって施入されたとか、推古の誓いは堅く懇ろであったとかが記されているとあって、その内容が「元興寺伽藍縁起幷流記資財帳」と極めて類似していることに驚く。「銘之金盤」の一句は難解であるが、「之を金盤に銘せり」と訓むなら、以上のことが「金盤」なるものに銘として記されており、それを「前志」が書き写しているという意味になるのであろうか。アは、さらに続けて、寺はこの頃、堂、仏像が荒廃してしまっており、「綱維」たちは寺の修復を怠っていると指摘し、「仏物、僧物」は横取りされて世俗の費用にあてられ、それが習い性となっていて、改悛の様子もうかがえないと非難している。そうした事態は、また、推古天皇の「御願」にそむくものだとも言う。そして結論として、寺は今後、「長官」が管理、運営すべきであって、「綱維」たちにゆだねてはならないと命じている。ここの「綱維」は、先にも述べたように、寺の三綱を指しており、一方の「長官」は別当を指している。すなわち、この官符は、寺の管理、運営に関する三綱（建興寺の尼）の権限を奪い、別当（元興寺の僧）の専権を命じるものとなっているのである。次の「仏物、僧物」の俗用は、この時期、他の寺院でもしばしば問題とされたことであるが（「互用」と呼ばれた）(45)、この官符の場合は、具体的には檀越の宗岳氏の行為を非難していると読解すべきだろう。この官符は、寺の財物の俗用を非難することによって、宗岳氏の権益を否定しようとしているのである。それから、推古天皇の「御願」であるが、「元興寺伽藍縁起幷流記資財帳」には、推古が二寺に奉納した財物が将来にわたって侵害されることのないように誓願したとする記述が見られた。この官符の「御願」という文言は、少し前に記される「勅誓堅懇」という文言と対応しているが、それらはまた「元興寺伽藍縁起幷流記資財帳」の記述内容と通底するものとなっており、注目される。

次のイは、豊浦寺にはもともと「俗別当」はいなかったのだが、現在特別に置かれていると述べ、その俗別当が寺中の諸事にわたって寺に損害を与えているから、早く停止すべきだと指摘している。そしてそのことが僧綱によって政府に請願され、それが政府に認められているから、この官符は建興寺の俗別当の廃止を命じるものになっている。こう見てくると、アにしても、イにしても、義済の側の言い分がそのままに記された官符になっていて、何らか裏工作があったか、さもなくばニセの官符であったかのどちらかであるように私には思われる。しかし、いずれにせよ、義済は、宗岳氏、三綱、俗別当をことごとく粉砕するべく、二つの官符をたてにして論陣を張った。政府（太政官）は、義済の言い分をほぼすべて認め、宗岳氏の要求を退ける裁定を下して紛争は終結した。

太政官の裁定

太政官は、豊浦寺の創建について、豊浦寺は宗我稲目の家を仏殿としたところからはじまった寺であるが、天皇が皇宮を代地として施入しており、稲目も詔をうけたまわって塔を造立したのだ、と事実認定した。そうであるなら、建興寺は推古天皇の「御願」から出た寺としなければならず、宗岳氏の氏寺と見なすことはできない。太政官は豊浦寺（建興寺）の歴史をこのように認定し、その結果、宗岳氏の撿領の希望は却下されるところとなった。この事実認定のうち、稲目の家を仏殿にしたのが豊浦寺の始まりだとする部分は、「本縁記」の記述が採用されたものと理解される。他方、推古天皇が「代地」として「皇宮」を施入し、そこに移転がなされたとする部分は、「前志」の記述が採用されている。また稲目の造塔も、自らの意思によったのではなく、詔をうけてのこと、つまり天皇の命令による造営だとされているが、これもおそらく「前志」の言い分が採用されたものであろう。このように政府の裁定は、両者の主張を部分部分採用したようなところがあるが、それでも、豊浦寺が豊浦宮を寺にしたものであるとする主張を認め、それゆえに推古の「御願」による寺であると結論しているのだから、義済の言い分が多く、特に肝心の部分で採用されている。こうして、宗岳氏は相論に敗北し、建興寺に対する影響力を失っていったが、それはまた、建興寺が元興寺の支配下に組み込まれていく歴史の一過程でもあった。

四 建興寺の縁起と「元興寺伽藍縁起幷流記資財帳」

「本縁記」と「前志」

「元興寺伽藍縁起幷流記資財帳」は、豊浦寺（建興寺）の縁起に手を加え、これを改作することによって作成されたものであった。では、「元興寺伽藍縁起幷流記資財帳」のもととなった建興寺の縁起は、右の「本縁記」あるいは「前志」とどのような関係にあるのだろうか。「本縁記」には、豊浦寺は宗我稲目の建立で、稲目の家を仏殿となしたものからはじまったと記されていた。『日本書紀』を見ると、これに対応する部分（欽明十三年十月条の仏教伝来記事の後半部分）には、稲目は向原の家を浄捨して寺となしたとある。ただ、その寺が何寺となったかについては記されていない。「本縁記」は、『日本書紀』のそうした記述をふくらませて、稲目の向原の家を仏殿となしたものが豊浦寺になっていったと記してあったのだろう。その「本縁記」の性格であるが、これが公文書としての寺院縁起ではなかった可能性もないわけではない。しかし、「本縁記」と称して相論の証拠に用いていること、およびその記載内容から考えて、この相論以前に成立していた正規の（公文書としての）建興寺の縁起であった可能性が高いとしてよいと思う。

これに対し、「前志」の方は、義済の側もこれ自体を「縁起」とは表現していないから（「その縁起は具さに前志にあり」と述べて、寺の縁起〈歴史〉は「前志」に記されているとしている）、公文書として作成された寺院縁起ではなく、それとは別の何らかの書きものとすべきである。そこには、豊浦寺は推古の旧宮を寺にしたものであり、わが国の仏教はこの寺から開始されたと記してあった。さらに推古が田園奴婢を施入したことや、推古の誓願のことも記されていた。仏教伝来から説きおこし、日本最初の寺が豊浦寺（あるいはのちの豊浦寺）であり、最初の出家者も豊浦寺（あるいはのちの豊浦寺）の尼であったと記してあったのだろう。「前志」は、成立年代や文書の性格が不明な、謎の多い書きものであるが、その記載内容のうち、推古の田園施入や誓願のことは歴史的事実とは考えられず、むしろ宗岳氏の寺家財物に関する権益を否定するための、つまり相論を有利にするための記述であるように思われる。また推古の旧宮を寺にしたというのも、豊浦寺の創建についての宗岳氏の説を否定するための、つまり相論に向けての記述であるように考えられる。「前志」は、公文書としての正規の寺院縁起ではないことはもとより、この相論に向けて記述を書き足した、もしくは全く新たに作成された何らかの書きものとすべきであろう(46)。

「前志」と「元興寺伽藍縁起幷流記資財帳」との関係

さて、「元興寺伽藍縁起幷流記資財帳」のもととなった豊浦寺（建興寺）の縁起であるが、右の二つのうち、「本縁記」は記載内容に共通性がなく、関係は遠いと判断される。だがもう一つの「前志」の方は、記載内容が驚くほど共通し、極めて深い関係にあるものと判断される。では、それはどのような関係なのか。結論から言って、私は、「元興寺伽藍縁起幷流記資財帳」のもととなった豊浦寺（建興寺）の縁起は、「前志」そのもの、もしくはその系統を引く建興寺の縁起であったと考えている。

両者の関係は、論理的には次の三つのうちのいずれかということになる。すなわち、「前志」もしくはその系統を

引く建興寺の縁起をA、「元興寺伽藍縁起幷流記資財帳」をBと置くと、

① AをもとにしてBが作成された。

② BをもとにしてAが作成された。

③ AとBとは姉妹の関係であって、AB両者のもととなった豊浦寺（建興寺）の縁起が存在した。

のいずれかとなろう。このうち②は、豊浦寺（建興寺）の縁起をもとにして「元興寺伽藍縁起幷流記資財帳」が作成されたと理解してきたこれまでの考察と矛盾する。それゆえ、これが成り立つとするなら、豊浦寺（建興寺）の縁起をもとに「元興寺伽藍縁起幷流記資財帳」が作成され、さらにその後、その「元興寺伽藍縁起幷流記資財帳」をもとにして「前志」が作成された、とする複雑な成立過程を想定することとなるだろう。また②が成り立つためには、「元興寺伽藍縁起幷流記資財帳」が九世紀後期のこの相論の時までに成立していなくてはならないが、しかし、たとえば前述した「建通寺」の文言は平安時代末期の文献まで確認できず、この一点をとってみても、「元興寺伽藍縁起幷流記資財帳」が九世紀後期までに成立していたとは見なせない。そう考えるなら、②は成り立たないとしなければならない。

次に③であるが、AB両者のもととなった豊浦寺（建興寺）の縁起がもし存在したとするなら、それには、AB両者に共通する記述、すなわち、推古の豊浦宮を寺にあらためて豊浦寺ができたとか、日本の仏教はこの寺からはじまったとか、推古による田園奴婢の施入や誓願のことが記されていたはずである。だが、そうした記述を持つ豊浦寺（建興寺）の古い縁起がもし存在したのなら、それは証拠能力という点で「前志」より勝るはずであるから、義済はそちらを相論の場に持ち出すはずである。また、前述したように、右のような記載内容は、相論に勝利するために、相論に向けて用意された言説と見るべきであって、それが相論以前に、何らかの文書に記されていたとすることはむず

かしいだろう。したがって、この③も成立は困難と言わなければならない。

以上のように考えるなら、「前志」と「元興寺伽藍縁起幷流記資財帳」との関係は、②③ではなく、①と理解すべきである。すなわち、「前志」もしくはその系統を引く豊浦寺（建興寺）の縁起をもとにして「元興寺伽藍縁起幷流記資財帳」が作成されたと見るべきであって、その逆の関係ではない。では、それは「前志」そのものなのか、それとも「前志」の系統を引く豊浦寺（建興寺）の縁起と見るべきなのか。［史料4］の末尾、太政官の裁定の部分を読むと、義済らは、豊浦寺は宗我稲目が造った仏殿にはじまるものだが、推古がその旧宮を代地として与え、そこに移建せしめたものであると主張したらしい。また稲目は勅命をうけて塔の造立を担当したのだとも主張した。この部分のストーリーは、「元興寺伽藍縁起幷流記資財帳」の述べるところとは少し異なる。「元興寺伽藍縁起幷流記資財帳」では、稲目の造塔は述べられず、またムクハラの仏殿は、最初から稲目の家ではなく、推古のムクハラの宮に造営されたことになっているからで、これらは義済の主張をさらに一歩進めたものとなっている。多少の無理があったとしても、当初の仏殿すら稲目のものではなく、推古の旧宮としてしまい、蘇我氏の関与を極力小さくしてしまったのである。とするなら、「元興寺伽藍縁起幷流記資財帳」のもととなった豊浦寺の縁起は「前志」そのものと見るよりも、それを内容的に一歩進め、寺院縁起の形式に整えたものと見るのが妥当であろう。その成立年代は、この相論の頃であろうから九世紀後期、作成者は元興寺の義済もしくはその流れを汲む者ということになるだろう。これが「元興寺伽藍縁起幷流記資財帳」の第一段階の成立であった。その名称は、次節で検討する史料から、『建興寺縁起』であったと考えられる。

五　現存する『建興寺縁起』逸文

『建興寺縁起』逸文

豊浦寺（建興寺）の縁起は今日どこかに残っていないのであろうか。全文は残念ながら現存しない。しかし逸文が『提婆羅惹寺摩訶所生秘決（天王寺秘決）』に引用されて伝えられている。引用された豊浦寺（建興寺）の縁起の名称は『建興寺縁起』となっており、たった二条の短文ではあるが、その文章を今日知ることができる。以下のようである(47)（引用は、前田育徳会尊経閣文庫に所蔵される沙門了敏による正応四年〈一二九一〉の書写本によった。送り仮名、振り仮名は写本の通り）。

一、悉達太子幷灌仏器渡事［史料5］
建興寺縁起云、広庭《ヒロハ》天皇御世治天下〈当南岳卅三歳〉七年十二月十二日、百済国主明王、太子像幷灌仏之器一具及説仏起書巻一篋度□□云々。（後略）

一、恵便為三尼師事［史料6］
恵便《ハ》還俗人也。（中略）以恵便《ヲ》為三尼《ノ》師也。
　私云、三尼云《トハ》　禅蔵　善信〈司馬達女嶋女《シマメ》〉
　恵善〈錦部壺朝音之女石女〉又建興寺縁起云、大臣即喜令出家
按師首達等《アシスタテ》女　嶋売《シマメ》　法名《ハ》善信〈阿野仰保斯女《アヤキホシノ》止己売《トコメ》法名

禅蔵　伊斯売《イシメ》法名恵善尼錦師都瓶善女〉

「元興寺伽藍縁起幷流記資財帳」との類似

この記述を念頭に置いて、この部分に対応する「元興寺伽藍縁起幷流記資財帳」の文を見てみると、前者は、

広庭《ノ》天皇《ノ》御世、蘇我大臣稲目宿祢仕奉時、治天下七年歳次戊午十二月度来、百済国聖明王時、太子像幷灌仏之器一具及説仏起書巻一篋、度而言（後略）

となっており、また後者は、

時按師首達等女斯末売、年十七在、阿野師保斯女等己売、錦師都瓶善女伊志売（中略）、大臣即喜《テ》令出家〈嶋女《ハ》　法名善信、等己売《ハ》　法名禅蔵、伊志売法名恵善〉

となっていて、両書の記述が大変よく似ていることに気づく。

まず［史料5］であるが、仏教伝来時に贈られた物品を「太子像幷灌仏之器一具及説仏起書巻一篋」の三点とするのは、この『建興寺縁起』逸文と「元興寺伽藍縁起幷流記資財帳」の二つのみである。文言の並びや用字もよく似ている。両者は深い関係があるとしなければならない。なお、『建興寺縁起』逸文では、「巻一」の次の文字は、写本を観察するに、「送」の文字のように釈読しうるが、この文字ははなはだ曖昧に記されていて、あるいは「篋」もしくは「筺」のつもりで記されているのかもしれない。ただし両書には差異もある。大きな違いは、［史料5］が「十二日」と日付を記していることと、王名を「百済国主明王」と表記していることで、これらはむしろ『上宮聖徳法王帝説』と同一としなければならない。それゆえ、『建興寺縁起』は、『上宮聖徳法王帝説』が参照した文献を参照したか、もしくは『上宮聖徳法王帝説』自体を参照したと理解されるだろう。それでも、第一節④で述べたように、『上宮聖

徳法王帝説』は百済から贈られた物品を仏像、経教、僧等としていて、『建興寺縁起』とは異なる。贈られた物品を「太子像幷灌仏之器一具及説仏起書巻一篋」の三点とするのは、『建興寺縁起』ではじめて主張され、それが「元興寺伽藍縁起幷流記資財帳」に継承されたと理解すべきであろう。なぜそのような主張がなされたかについては、第一節④で述べた通りで、歴史的事実を伝えるものではない。

次に［史料6］であるが、司馬達等を「按師首達等」、漢人夜菩を「阿野仰保斯」と表記するのは、「元興寺伽藍縁起幷流記資財帳」がこれを「按師首達等」「阿野師保斯」と表記しているのとはなはだよく類似し、「仰」は誤写と理解するなら、両者同一であったと見ることもできる。司馬達等の名や三人の尼の名をこのような独特の用字で表記する文献はこの二書しかない。「大臣即喜令出家」という文言も両書に共通する。この二つの文献は、内容といい、文言といい、用字といい、瓜二つと言わねばならない。

以上より私は、この『建興寺縁起』なる書物は、「元興寺伽藍縁起幷流記資財帳」とは無関係、別系統の建興寺の縁起と見るべきではなく、「元興寺伽藍縁起幷流記資財帳」のもととなった豊浦寺（建興寺）の縁起そのものであると考える。全文が現存していないことは惜しまれるが、逸文による限りそう判断してよいと思われる。それは、また、前述したように「前志」の系統に属する建興寺の縁起と見るべきで、九世紀後期に元興寺の義済もしくはその流れを汲む者によって作成された豊浦寺（建興寺）の縁起であったと推定される。

六　『建興寺縁起』の成立とその内容――第一段階の成立

『建興寺縁起』の仏教伝来年

「元興寺伽藍縁起幷流記資財帳」は、最初、豊浦寺（建興寺）の縁起として作成された。それは九世紀後期の建興寺の撿領をめぐる相論の頃のことで、その名称は『建興寺縁起』であった。この書物は現存しないものの、わずかな逸文が『提婆羅惹寺摩訶所生秘決（天王寺秘決）』に引用されており、その内容、文章を一部知ることができる。

この書物は仏教伝来について、［史料5］のように記していた。ここの「十二日」「百済国主明王」は『上宮聖徳法王帝説』と同一である。『上宮聖徳法王帝説』は難解な文献であるが、家永三郎の研究[48]によって、五つの性格の異なる文章が寄せ集められて成立した文献であることが判明している。その五つの中には、成立時期が平安時代前中期に下るものもあり、全体としての成立は平安時代中期に下ると見るべきであろう（『上宮聖徳法王帝説』の成立年代についての私見は本書第V章参照）。とするなら、『上宮聖徳法王帝説』は、この『建興寺縁起』よりも後に成立した文献としなくてはならない。そうであるなら、仏教伝来の部分について、『建興寺縁起』は、『上宮聖徳法王帝説』自体を参照したのではなく、『上宮聖徳法王帝説』が依拠した文献を参照したと見るべきであろう。私は、それは最澄『顕戒論』が言及する「元興縁起」ではなかったかと推測している。義済の側が『建興寺縁起』を作成するに際して、『日本書紀』を見ていることは間違いないが、他に参照することができたのは、一つは建興寺に伝わる文献であろうが、これは宗岳氏もよく承知したものであり、その記載内容はむしろ宗岳氏の主張に近かったのではないかと推測される。もう一つは、義済の本寺である元興寺に伝わる文献であったと考えられる。

『顕戒論』が言及する「元興縁起」

ここで、最澄『顕戒論』[49]（八二〇年）が言及する「元興縁起」について触れておきたい。最澄は、この書物で、当時の南都を代表する学僧であった護命と戒律の問題について議論をした。その中で護命は、仏教の伝来について、「我日本国、志貴嶋宮御宇天皇、歳次戊午、百済王、奉二渡仏法一、聖君敬崇、至レ今不レ絶」と主張した。これに対して最澄は、「天皇即位元年庚申、御宇正経二三十二歳一、謹案二歳次暦一、都無二戊午歳一、元興縁起、取二戊午歳一、已乖二実録一（後略）」と反駁した。これによるなら、最澄や護命の時代、「元興縁起」なる書物があり、これには『日本書紀』とは違って仏教伝来戊午年説が記されていた。だが、最澄はこれを認めず、「実録」（『日本書紀』を指す）を根拠として、欽明（志貴嶋宮御宇天皇）の治世は三十二年あるが、それに「戊午」の歳はなく、「元興縁起」の説は誤りであると論じた。

護命が依拠し、最澄が批判した「元興縁起」は、おそらく戊午年仏教伝来を説く根本文献で、この説はこの文書に起源すると私は考えている。この文書は現存せず、『顕戒論』で言及される以外にほとんど手がかりがないが、寺院縁起一般の成立状況から考えて、八世紀中期〜後期に成立した元興寺の縁起と推察される。これは、百済から仏教が伝えられた年月日を戊午年の十月十二日（もしくは十二月十二日）[50]、贈られたものを仏像、経教、僧等としていたのではないかと私は推測している。『上宮聖徳法王帝説』第四部に記される、仏教伝来についての記述は、これに依拠したものと思われる。そして『建興寺縁起』も、義済の本寺に伝わったこの「元興縁起」を見て、仏教伝来の部分を記述した（ただし贈られたものについては改変）と推測したい。

なお、醍醐寺で「元興寺伽藍縁起幷流記資財帳」を含む『元興寺縁起』を発見した平子鐸嶺は、自分の発見した「元興寺伽藍縁起幷流記資財帳」こそが最澄の言及する「元興縁起」に他ならないと説いた[51]。これに対し喜田貞吉は、平子の理解は誤りで、両者を同一と見ることはできず、別物としなくてはならないと説いた。(52) 私見は、喜田説に賛成で、両者は全く別の文書としなければならない。『顕戒論』が言及する「元興縁起」は、護命や最澄の時代に実在した元興寺の縁起である。これに対し、現存する「元興寺伽藍縁起幷流記資財帳」は平安時代末期に作成された偽文書であって、護命や最澄が言及した元興寺の縁起とは全く異なるものとしなければならない。

『建興寺縁起』の描く豊浦寺の創建

『建興寺縁起』は、しかし、「元興縁起」に依拠したのは仏教伝来の年月日程度で、あとは大部分独自の記述を連ねていたものと思われる。『建興寺縁起』には、尼寺である豊浦寺（建興寺）の歴史が書かれるのであるから、飛鳥寺（元興寺）の歴史が書かれた「元興縁起」とは全く異なる別寺院の歴史を書かなくてはならないはずである。また「前志」によるなら、『建興寺縁起』はわが国の仏法は豊浦寺からはじまったとしていた。それは「元興縁起」の記述と必ずや矛盾するはずである。そうであるなら、「元興縁起」の記述で使える部分はそうは多くなかったものと推定されよう。

さて、「前志」は、仏教が伝えられると、蘇我稲目がムクハラの家に仏殿を設けたが、やがて推古天皇が自分の豊浦宮を代地として与え、そこに仏殿が移転されて豊浦寺が建立されたと記していた。これに対し、「元興寺伽藍縁起幷流記資財帳」は、ムクハラには最初から推古の後宮があったと記されている。先にも述べたが、私は、『建興寺縁起』は「元興寺伽藍縁起幷流記資財帳」と同じく、ムクハラは推古の後宮という記述になっていたと考える。「元興寺伽藍縁起幷流記資財帳」作成の段階でそのような改変を加えても意味を持たないが、『建興寺縁起』作成の段階なら宗岳氏の主張を撃破するという意味があるからである。義済の側は、宗岳氏との相論が再び蒸し返されたとしても、決して敗北することのないように、「前志」の記述をさらに前進させて文を作っていったものと思われる。

また、「前志」は日本の仏教は豊浦寺からはじまったと記していた。それは、具体的には、豊浦寺が最初の寺院であるという意味であろうが、あわせて最初の出家者は豊浦寺の尼であるということも含意しているように解釈される。とするなら、善信尼ら三尼を豊浦寺の尼とする記述があったにちがいない。それを言うためには、『日本書紀』で三尼が住んだとされる桜井寺を、実は豊浦寺の前身寺院であったのだとしなくてはならない。そう考えるなら、『建興寺縁起』にすでに桜井寺を豊浦寺の前身寺院とする記述が存在していたと理解すべきである。ただ［史料6］には、三尼の師として恵便のことのみが記されていて、法明は登場しない。したがって、『建興寺縁起』には、まだ法明を三尼の師とするような記述はなかったものと判断される。(53)

また「前志」には、推古が田園奴婢を施入したことや、その誓願が堅く懇ろであったことが記されていた。とするなら、「元興寺伽藍縁起幷流記資財帳」に記される、田園、奴婢等の奉納のことは、すでに『建興寺縁起』に記されていたとしてよい。ただし、『建興寺縁起』は建興寺（豊浦寺）の歴史を述べる縁起なのだから、田園奴婢の施入も尼寺に対しての記述のみであって、法師寺（僧寺）のことや、それへの土地、財物の施入のことは記されていなかったとすべきである。さらに封戸であるが、前述したように、「元興寺伽藍縁起幷流記資財帳」の封戸についての記述は、飛鳥寺に封戸が施入された年（癸酉年）やその戸数を何らかの文献から知り、それを用いて記されたものであった。そうであるなら、封戸のことは、尼寺である豊浦寺（建興寺）の歴史を記す『建興寺縁起』の段階では、いまだ記されていなかったとすべきである。推古による土地、財物の施入については、豊浦寺に対して、山林、田園、瀆、奴婢の施入がなされた、とする記述であったものと考えられる。

以上のように考えるなら、仏教伝来時、ムクハラには推古の後宮があって、そこに仏殿を作って、百済から贈られた品（太子像幷灌仏之器一具及説仏起書巻一篋）を安置、礼拝した。のちその後宮を桜井に遷して、そこに桜井道場（のちに桜井寺）を造った。さらに、やはり推古の宮であった豊浦宮を寺に改め、桜井寺をここに移転せしめて豊浦寺とした、という「元興寺伽藍縁起幷流記資財帳」の根幹を形成するストーリーは、すでに『建興寺縁起』の段階で成立していたと見ることができよう。そうであるなら、サクライトユラ宮治天下という独自の宮号も、やはり『建興寺縁起』の段階ですでに成立していたと見るべきであろう。また、推古が豊浦寺に田園奴婢を施入し、それらが永世侵害されることのないようにと誓願したという記述も、『建興寺縁起』の段階で成立していたと見るべきである。

さらに、「元興寺伽藍縁起幷流記資財帳」には『日本書紀』と共通する記述が多々見られるが、それらは『建興寺縁起』作成の段階で、『日本書紀』を見て記述されたと理解すべきであろう。決して、両書に共通する祖本があったのではない。『日本書紀』を見て書いたのである。(54)なお、「元興寺伽藍縁起幷流記資財帳」には、「経曰、於王後宮変為女身而為説法、其斯之謂矣」という大変興味深い記述がある。松木裕美がすでに指摘しているように、(55)これは女性と仏教に関する言説であって、尼寺の縁起にふさわしい。こうした記述も『建興寺縁起』段階でのものと理解すべきであろう。

『天王寺秘決』が述べる『建興寺縁起』の成立年月日

『提婆羅惹寺摩訶所生秘決（天王寺秘決）』の「一、法隆寺縁起事」［史料7］には、

貞観十二年正月三日作之。于時上座豊操、小別当基豊、別当律師等作之。建興寺縁起同前。云々。

という記述がある。これによるなら、『建興寺縁起』は『法隆寺縁起』と同一年月日の作成で、貞観十二年（八七〇）正月三日の成立であるという。これは大変貴重な記述であるが、しかしこの年月日を信用してよいものかどうか、判

断に迷う。この年月日は、「前志」に言及するア仁寿四年（八五四）九月十三日の太政官符よりものちの日付となっているし、また同じく相論で提示されたイ貞観三年九月二十三日の太政官符よりものちの日付となっている。これらの日付に従うなら、『建興寺縁起』は、石川氏（宗岳氏）と元興寺とが建興寺の撿領をめぐって激しく争っていた、その最中に作成されたもので、元慶六年（八八二）八月二十三日に太政官の裁定が下される以前の、相論の山場の時点での作成ということになるだろう。それは、これまで考察してきたことと矛盾するような日付ではないから、この貞観十二年正月三日の作成という記事は信用してよいようにも考えられる。

しかしながら、私には、『法隆寺縁起』と同一年月日の作成というのがひっかかる。そもそも、相論に関係した文書の評価には慎重な態度が必要となると考えるが、先にも述べたように、ア、イ二通の太政官符はニセの官符であった可能性があり、もしそうだとすると、官符の日付も何らかの意図によって創作されたものにすぎないという不安がある。『建興寺縁起』が実際に作成されたのは、この相論の裁定が下された後まもなくのことであったのだが、しかし日付のみは遡らせて『法隆寺縁起』と同一の年月日にしておいたという可能性もなお残るように私は思う。今はこの日付を参考にしつつも、『建興寺縁起』の成立年代は、九世紀後期としておくのが穏当であろうと考える。

七　付加、改作――第二段階の成立

僧寺に関わる記述は改作段階での付加

では、その『建興寺縁起』を改作して、今見る「元興寺伽藍縁起幷流記資財帳」が作成されたのはいつのことなのか。またどのような事情でそのような作業がなされたのか。まず作成の時期であるが、それは平安時代末期のことであろうと私は考えている。喜田貞吉は、「元興寺伽藍縁起幷流記資財帳」は平安時代末期に作成された偽文書であると論じた。(56)喜田の鑑定眼は大変に鋭く、その考証の細部については意見を異にするところがあるが、平安時代末期の成立という結論は動かないものと私は考える。私見と喜田説との違いを述べるなら、私見が福山説を吸収して二段階にわたる成立過程をとるところにある。

さて、縁起の改作といっても、尼寺の縁起を僧寺の縁起に改変するのであるから、その作業はそうたやすいものではなかったと思われる。尼寺の縁起を全面的に書きかえて、僧寺の縁起に作りかえるとすると、それは一から書きはじめるに等しい作業を必要とするにちがいない。そこで縁起改作者が採ったのは、尼寺の縁起に、僧寺についての記述を書き足すという方法であった。おそらく、そうした方法以外、適切なやり方が工夫できなかったのであろう。だが、実際に出来上がったものを見てみると、尼寺の歴史を延々と述べた後に、添え物のように僧寺についての記述が追加されたものとなっていて、出来栄えは必ずしもかんばしいものとは言い難い。しかし、ともあれ、このようにして「元興寺伽藍縁起幷流記資財帳」には、豊浦寺の歴史とあわせて法師寺（僧寺）の歴史も記述されるところとなった。しかりとするなら、僧寺に関する記述がいつ書かれたのかを考察すれば、改作の時期が特定できることになるだろう。そこで要となる言葉が僧寺の法号の「建通寺」である。

建通寺なる偽法号の成立

飛鳥寺（元興寺）のことを「建通寺」という名称で呼ぶのは、七、八世紀の史料に見られず、平安時代前期、中期の史料にも見られない。これは不審な法号と言わなければならないだろう。案ずるに、これは、「建興寺」とペアになりそうな何かよい名を考えて、「建」「通」を両者に共通させ、さらに「興」と「通」とを対照させて創作、発案された虚偽の法号とすべきだろう。前述したように、「建通寺」の名は、「元興寺伽藍縁起幷流記資財帳」以外では、十二世紀中頃の『七大寺巡礼私記』が初見史料となる。おそらく「建通寺」なる名は、「元興寺伽藍縁起幷流記資財帳」で創作されてはじめて唱えられ、その後元興寺において喧伝されて、『七大寺巡礼私記』が書かれた頃に一部に流布するようになっていた法号と考えられる。

僧寺についての記述と癸酉年

『建興寺縁起』を元興寺の縁起に改作するにあたって、改作者は、尼寺の歴史に僧寺の歴史を書き加えるという手法を採った。そのため、いくつかの部分で陳腐というべき不整合が発生してしまった。第一節⑦⑧で指摘した点は、中でも最も顕著な部分と言ってよい。すなわち、「元興寺伽藍縁起幷流記資財帳」は、第一節で引用したように、桜井寺すなわちのちの豊浦寺が「元興寺」であって、それはまた本名を「建興寺」と称するのだとする説を述べる。これは言うまでもなく、歴史的事実とは異なる記述であるが、こうした無茶苦茶な説が述べられるに至ったのは、この改作の方法に規定されたからであると考えられる。また、「元興寺伽藍縁起幷流記資財帳」は、元来別々の寺院であった豊浦寺（建興寺）と飛鳥寺（元興寺）とを一体の寺院であるかのように叙述し、しかも豊浦寺が先に建立され、法師寺はあとから併設されたのだと述べる。これまた歴史的事実とはほど遠い妄説であるが、これも改作の方法に規定されたが故の、やむをえざる記述と評価されるだろう。

さて、法師寺（僧寺）に関する記述は改作段階での付加であるから、その法師寺に推古が「田園・封戸・奴婢等」を奉納したとする記述も、当然のこと、この段階での付加としなければならない。その奉納は「癸酉」の年になされたと記されているが、第一節⑭で述べたように、ここの「癸酉」は、何か適当な干支を出鱈目に書いたと言うのではない。飛鳥寺など七世紀の有力寺院は、天武朝の「癸酉」の年（六七三）にはじめて封戸が施入された。飛鳥寺の場合、その戸数は千七百戸であった。そのことは［史料1］『新抄格勅符抄』所収の宝亀十一年（七八〇）十二月十日騰勅符から知られる。縁起の改作者は、この騰勅符もしくはそれを引く書物を参照して、飛鳥寺に封戸がはじめて施入されたのが「癸酉」年であることを知り、その干支を借用して、それを六十年さかのぼらせて推古朝のこととして縁起を作成した。封戸のことや、「癸酉」年は、そうであるから、すべて改作段階での記述ということになるだろう。

資財帳も改作段階での付加

そこで問題となるのが資財帳の部分である。「元興寺伽藍縁起幷流記資財帳」には末尾に資財が掲載されているが、それには以下のような不審な点がある。まず一つは、記される位置である。「元興寺伽藍縁起幷流記資財帳」の場合、資財は、末尾の文言、年月日、僧綱による検査の記載と年月日があって、その後に記されている。しかし本来なら、資財はそれらの前に記されねばならぬはずである。これは他の寺院縁起幷資財帳とは異なる、大いなる不審点と言わなくてはならない。第二に問題なのは、そこには、

合賤口、一千七百十三人〈定九百八十九人、訴良口七百廿四人、三百廿七人《有名無実》、見定口六十二、奴婢奴二百九十一人、婢三百七十人〉

合通分水田、四百五十三町七段三百四十三歩

定田四百卅八町四段三百卌三歩、未定五十町三反、在七ヶ国、大和、河内、摂津、山背、近江、吉備、紀伊、

合食封、一千七百戸、在七ヶ国、伊勢百、越前百五十、信乃三百廿五、上総五百、下総二百、常陸二百、武蔵三百、温室分田、安居分、三論衆、摂論衆、成実衆、一切経分、灯分、通分園地幷陸地、幷塩屋、御井、山寺、

各有其員分、皆略之

とあるばかりで、分量が大変少ないことである。もちろん「各有其員分、皆略之」とあるから、伝写の際に多くは省略されたというのであるが、しかし賤口と通分水田と食封の三者のみを記して他を略すというのは、不思議な省略法と言わねばならない。しかもこの三者は、推古が法師寺（僧寺）に奉納したという「田園、封戸、奴婢等」と見事に合致する。とするなら、これらは、実は推古朝の癸酉年奉納の財物として列挙されているのではないか。第三に不審なのは、「大和」「吉備」という表記である。仮に大和は「大倭」の誤写であったとしても、「吉備」というのは天平十九年の国名として理解しがたい。だが、推古朝の資財の列挙と読解するなら、吉備なる表記を了解することも可能となる。

そこで縁起本文に立ち返って、あらためて全体の構成を見直してみよう。推古は癸酉年に尼寺、法師寺の両方に土地、財物を奉納した、とこの縁起は中ほどで言う。その癸酉年に記されたのがこの縁起なのだ、と冒頭で言う。さらに、末尾近くで、奉納された土地、財物などを侵害する者があったなら、必ずや大災大羞を受けるであろうと繰り返し言う。とするなら、末尾の資財は、その年に推古天皇によって法師寺（僧寺、すなわち元興寺）に奉納された「田園、封戸、奴婢等」そのものと読むべきなのではないか。そう考えるなら、資財が天平の日付の外側に記されていることも了解しえよう。以上より、私は、資財帳の部分は推古朝の癸酉年奉納の財物が掲載されていると読むのが「元興寺伽藍縁起幷流記資財帳」の正しい読み方であると考える。

しかりとするなら、これらはすべて改作段階での造作ということになるだろう。ただ、資財の列挙は何も参看せずに造作するのはむずかしい。このうち食封の部分は、［史料1］とよく似ているから、「癸酉」年と同じく、［史料1］またはそれを引く何らかの書物を参看し、宝亀十一年の加封という百戸分を適宜差し引くなどして数字を構成したものと思われる（下総、下野はどちらかが誤写なのであろう）。賤口、通分水田、その他も何かを見て書いているのであろうが、何を見たのかは不明である。[57]だがいずれにせよ、この資財帳を天平期の史料として用いることはさし控えるべきものと思われる。

その他の付加

以上のように考えるなら、縁起冒頭の「等与弥気賀斯岐夜比売命」の「生年一百歳」の「癸酉」の年に「馬屋戸豊聡耳皇子」がこの縁起を書いたとする一文は、古風な用字と宣命体風の文体で記されているが、改作段階での記述と見なさなくてはならない。私は改作がなされて「元興寺伽藍縁起幷流記資財帳」が成立したのは平安末期のことと考えているが、聖徳太子作というのは、その時代の太子信仰の高まりに応じて挿入されたものと考えられよう。[58]

また、三尼の師として法明のことが記されたのも、［史料6］に法明が見えないことからして、やはり改作段階であったと考えられる。改作者は、女性である三人の出家の師としては僧（もと僧）のみでは不十分と考え、尼を登場させたものと推測される。「元興寺伽藍縁起幷流記資財帳」には、「尼等受戒法者ハ、尼寺之内先請十尼師ヲ、受本戒已、即詣法師寺ニ、請十法師、先尼師十合廿師所受本戒也」という記述がある。これは如法の（正規の）受戒の戒律観を示す一文で、日本においては、八世紀後期、鑑真来日以降に成立した戒律観に基づく言説である。それは、正式の比丘尼は十人の尼と十人の僧がそれぞれ三師七証となってはじめて成立するという観念である。この縁起の説くこうした観念からすれば、三尼の出家の師としては僧のみならず、尼も必要だと改作者は考えたにちがいない。だが、三尼はわが国最初の出家者なのであるから、その師は外国人でなければならない。そこで興福寺維摩会創始譚で高名な百済禅尼の法明[59]を借用して、これを三尼の師の一人としたものと考えられる。もとより歴史的事実を伝えるものとは見なすることができない。

八　塔覆盤銘と丈六光銘

「辛亥年正月五日」は縁起本文をうける

最後に、二つの銘文の成立年代について考察しよう。まず考うべきは、塔覆盤銘の直前に記される「難波天皇之世辛亥年正月五日授」の語句の解釈である。実は、「元興寺伽藍縁起并流記資財帳」では、縁起本文から塔覆盤銘へと移行する部分が難解で、どう読解したらよいか、解釈に苦慮する。今、その箇所を次に引用しておくと、

（前略）汝等三師堅受持、
厳順法師、妙朗法師、義観法師、
難波天皇之世辛亥年正月五日授塔覆盤銘大和国天皇（後略）

となっている。ここの「難波天皇之世辛亥年正月五日」を、それに続く「授塔覆盤銘」にかかると読解するなら、「塔覆盤銘」は孝徳朝の辛亥年すなわち六五一年の銘文と明記されていることになるだろう。先行研究を見てみると、伊野部重一郎、二葉憲香、松木裕美がこの解釈をとり、(60) テキストの活字本においても、藤田経世、田中卓、岩城隆利、桜井徳太郎の各校訂本は、この読解で文章を区切っている。(61) 一方、「難波天皇之世辛亥年正月五日授」は前をうけているとする読解があり、そうだとすると、この年月日は「塔覆盤銘」ではなく、縁起本文をうけたものになる。この問題をめぐる研究史は本書第Ⅲ章で述べたが、私見は後者の見解に賛成で、年月日は前をうけると読むべきだと考える。

そこで参照すべきは、醍醐寺本『元興寺縁起』の第一番目に掲載される「仏本伝来記」の記述である。この「仏本伝来記」も、性格の不明な難解な文献であるが、(62)その前半部分では、元興寺の歴史が独自の立場から述べられている。これは仏教伝来年を欽明十三年としていて（これは『日本書紀』と同一である）、「元興寺伽藍縁起幷流記資財帳」とは異なるものの、しかし、推古による田園奴婢の奉納を強調し、それを癸酉年のこととしている。さらに、奉納した財物が後世他者に奪われることがないよう推古が誓願したとするところも共通し、その誓願の言葉は「元興寺伽藍縁起幷流記資財帳」の文章とほぼ同文である。したがって、「仏本伝来記」と「元興寺伽藍縁起幷流記資財帳」とは密接な関係があると見るべきで、成立年代も近いものと推察される。その「仏本伝来記」の推古の誓願の言葉のすぐ次に、

難波天皇之代辛亥正月、吾授此書三通、治部省、一滅僧綱所、一通大和国、具如伝記

という文章がある。この部分も、誓願の言葉と同様、「元興寺伽藍縁起幷流記資財帳」とほぼ同文であったと見るべきである。先行研究を振り返ると、「元興寺伽藍縁起幷流記資財帳」の「難波天皇之世辛亥年正月五日授」の次には、転写の際の誤写、脱文があると理解し、これを「仏本伝来記」から補って読解するという見解がある。小野玄妙、竹島寛、西田長男、水野柳太郎の見解がそうであり、(63)喜田貞吉、福山敏男もそう読解していた。私はこの脱文説に賛成するものである(64)（なお、「吾」は「五日」、「一滅」は「一通」の誤写であろう）。そうであるなら、年月日を「塔覆盤銘」にかけて読むことはできなくなる。(65)「元興寺伽藍縁起幷流記資財帳」においては、「塔覆盤銘」の年月日は記されていないと読むべきである。

銘文と縁起本文との共通性

次に、二つの銘文と縁起本文とを比較してみよう。「塔覆盤銘」は、最初に大和国の天皇が欽明で、大臣が蘇我稲

目の時代に、百済から仏法が伝わったことを述べる。そして「佐久羅韋等由良宮治天下」の推古の世、甥は厩戸皇子、大臣は蘇我馬子の時代に、天皇が菩提心を発し、衆生の化度と国家太平を誓願して塔廟を造立し、これを「建通寺」と名づけたという。さらに、百済から渡来した法師や技術者、造立担当者、書人の名を列記し、完成は丙辰年の十一月であったと述べて、関係者の名を列記している。このように、この銘文は推古天皇が発願して「建通寺」を建立したという内容になっており、縁起本文の述べるところと全く合致する記載内容になっている。

一方の「丈六光銘」も、最初に、欽明天皇の時代に百済から仏法が伝来したことを述べ、天皇は蘇我稲目に命じてこの法を行なわしめたという。ついで用明天皇が仏法を紹興し、さらに妹の推古天皇が「楷井等由羅宮」に在った時代に、厩戸、馬子に命じて、諸王子に仏教を教え、また恵聡、恵慈、そして善徳を「領」として「元興寺」を建立せしめたという。次に、銅、金をもって釈迦の丈六像などを造立したこと、高麗の大興王による黄金援助およびその分量を記し、さらに、戊辰年に隋から使主の裴世清、副使の遍光高が来たこと、己巳年に丈六仏が完成、安置されたことを記している。こちらの銘文も、推古天皇が発願し、厩戸、馬子などの協力を得て元興寺が建立されたというのであるから、縁起本文の述べるところと合致するとしてよい。ただ、仏教伝来時に百済から贈られた物品は、仏像、経教、法師となっていて、これは縁起本文とは合致せず、『上宮聖徳法王帝説』と同一である。また、蘇我稲目が倭国の仏教を開始したとするのも縁起本文とは異なる。

二つの銘文の成立年代

では、二つの銘文は古い金石文が記録されたものと見なしてよいだろうか。私はそう見ることはできないと考える。「塔覆盤銘」には「万法之中仏法最上也」、「丈六光銘」には「仏法既是世間無上之法」という文章が最初の方に記されている。これらはどちらも、『日本書紀』欽明十三年十月条（仏教伝来記事）の「是法、於諸法之中、最為殊勝」という記述に依拠して書かれたとすべき文章である。その『日本書紀』の文章は、本書第Ⅰ章で述べたように七〇三年漢訳の『金光明最勝王経』の文章を用いて述作されたもので、欽明朝の何らかの記録に基づくようなものではない。『日本書紀』の編纂段階で創作された文章なのである。とするなら、二つの銘文は、『日本書紀』（七二〇年）以降の文章としなければならないだろう。

次に二つの銘文には、「佐久羅韋等由良宮治天下」「楷井等由羅宮」と、どちらにもサクライトユラ宮なる不審な宮号がみえる。とするなら、二つとも『建興寺縁起』と同一時期、もしくはそれ以降の成立としなければならないだろう。九世紀後期以降に下るのである。さらに「塔覆盤銘」には、「建通寺」という改作段階での表現が見える。とすると、その成立は縁起本文と同一時期まで下るとしなければならない。平安時代末期まで成立年代は下るのである。そもそも、二つの銘文は、建通寺（元興寺）を推古天皇の発願としている。これは歴史的事実とは見なせないが、その一方、縁起本文の基本主張とは見事に合致している。この二つの銘文は、推古朝の金石文がそのまま記録されたものではなくて、縁起本文と同一時期に、同一人物によって創作された偽銘と理解すべきだろう。

福山敏男は、「塔露盤銘」の後半部分（「戊申」以下）のみは他の部分とは異なり、飛鳥寺の塔の「露盤」に刻まれていた銘文と見てよいと評価した(66)。確かにこの部分は、福山の言うように、「費直」「名」など他と比べて古風な要素があり、何らかの資料を参看して記されたと見るべき部分がある。しかし、それが何を参看して記されているのかは不明であり、もとの文が塔の露盤ないし覆盤に刻まれた銘文（もしくはその一部）であったのかどうかも定かでない。この銘文の前半部分は、縁起本文と同様、建通寺が推古天皇発願であることを主張しており、全く信頼することができないが、そもそも一つの銘文となっているものを、前半部分、後半部分などと区切って史料的信憑性を考証すること自体、私には方法的に問題があるように感じられる。「塔覆盤銘」には、確かに一部に古そうな用字、用語が見え、それはあるいは偽文書作成の折に何らか古い文書、記録を閲覧、借用して採用された字句なのかもしれない。だが、いつの時代のものが用いられたのか、どの部分、どの文字がそうなのかなどは不明とするよりないし、銘文の全体は後世に創作された偽銘にすぎない。これを推古朝遺文とし、推古朝の史料として用いるのはさし控えるべきだろう。

一方の「丈六光銘」も、元興寺は推古天皇の発願で造立されたと主張しており、ここの「元興寺」は僧寺を指していると解釈すべきであるから、その最終的成立は、僧寺についての記述が付加された改作段階まで下るとせねばならない。その記述内容も、推古発願を説くことをはじめとしてもとより信頼できるものではない。(67)ただ、こちらには縁起本文とは異なる記述が二点あり、そのうち倭国の仏教は蘇我稲目からはじまったとする記述は、［史料4］の「前志」にまで遡る可能性がある。また百済から贈られた品を仏像、経教、法師とするのは、『上宮聖徳法王帝説』が参看した書物に依拠して記された可能性が高い。とすると、丈六光銘なるものの原形は、『建興寺縁起』のもととなった「前志」にすでに存在していた可能性があり、そう考えるなら、はっきりとはしないが、［史料4］に見える「銘之金盤」と何らかの関連を想定すべきなのかもしれない。だが仮にそうであったとしても、この銘文は「前志」が成立した九世紀後期に第一段階が成立し、それが改変されて、縁起本文と同一時期に今見る文章となったと理解されるから、やはり平安時代末期に完成した偽銘にすぎない。これを推古朝遺文とし、推古朝の史料として用いることはさし控えるべきだろう。

九　「元興寺伽藍縁起幷流記資財帳」の成立年代

喜田貞吉の学説

醍醐寺本『元興寺縁起』には、①「仏本伝来記」、②「元興寺伽藍縁起幷流記資財帳」、③「某古記」、④「慈俊私勘文」の四つの文が収められているが、このうち④には、長寛三年（一一六五）四月十一日の成立年月日が記されている。この④は、元興寺の歴史に関するさまざまな言説を勘え記述した文章であるが、それは①②③をうけて記されているから、①②③も長寛三年以前の成立とすることができる。それゆえ、「元興寺伽藍縁起幷流記資財帳」の成立の下限は長寛三年となる。

先に述べたように、喜田貞吉は「元興寺伽藍縁起幷流記資財帳」の成立を平安時代末期としたが[68]、その根拠は、

ア　元興寺が衰頽して後の成立。
イ　『扶桑略記』『伊呂波字類抄』が引用しないから、それ以後の成立。
ウ　「慈俊私勘文」の作成年月日である長寛三年四月十一日より以前の成立。

の三点であった。喜田は、こうして、「元興寺伽藍縁起幷流記資財帳」は『扶桑略記』『伊呂波字類抄』以後、長寛三年以前の成立であるとした。

私見の結論

私は、喜田説は大筋としては支持しうると考えるが、ただ『伊呂波字類抄』[69]については修正が必要である。という

のは、同書（十巻本）の「元興寺」の項には「推古天皇御願」「推古天皇時、施入多田薗矣」という記述があるが、これは「元興寺伽藍縁起幷流記資財帳」に依拠した記述と見るべきだからである。それゆえ、『伊呂波字類抄』（十巻本）は、「元興寺伽藍縁起幷流記資財帳」以降に成立した文献としなくてはならない。一方の『扶桑略記』[70]は、十一世紀末〜十二世紀初頭の成立。その叙述には多くの先行文献が用いられ、少なからぬ記事に出典が明示されているが、喜田が指摘した通り、「元興寺伽藍縁起幷流記資財帳」の文章や記述内容は引用されていない。そもそも「元興寺伽藍縁起幷流記資財帳」は古い文献に引用されず、これが引かれるのはすべて鎌倉時代以降に成立した文献である。

次に、喜田が気づかなかった『七大寺巡礼私記』の問題を考えなくてはならない。先に述べたように、「建通寺」なる不審な名称は、「元興寺伽藍縁起幷流記資財帳」以外では同書が初見となる。『七大寺巡礼私記』[71]は、大江親通が保延六年（一一四〇）に南都を巡礼した時の記録で、同年以後まもなくの成立と考えられる。「慈俊私勘文」の長寛三年より以前の成立としてよいものである。

以上より、私は、喜田説を修正して、「元興寺伽藍縁起幷流記資財帳」は、

A　元興寺が衰頽して後の成立。

B　『扶桑略記』（十一世紀末〜十二世紀初頭の成立）が引用しないから、それ以後の成立。

C　『七大寺巡礼私記』（十二世紀中頃の成立）以前の成立。

と理解することとしたい。すなわち、「元興寺伽藍縁起幷流記資財帳」は、十一世紀末以降、十二世紀中頃以前の成立と考えられる。

元興寺の盛衰

元興寺は、日本最初の本格的寺院、飛鳥寺として、六世紀末に蘇我馬子によって飛鳥の地に建立された。飛鳥寺は国家の中心寺院として活動し、蘇我氏滅亡の後も、なお国家の重要寺院の一つとして機能した。やがて、奈良時代になると、元興寺は平城京に移転となったが、八、九世紀を通じてその隆盛はなお継続していた。だが、平安時代中後期になると、さしもの元興寺も衰頽の道を歩みはじめ、かつての栄光を失っていった。たとえば、長元八年（一〇三五）の「堂社損色検録帳[72]」（東南院文書第十三）には、堂舎の荒廃の状況が詳細に記されており、十一世紀になるとかなりの困窮を極めていたことが知られる。この頃から元興寺は興福寺の支配下に入ったようで、元興寺別当には主に興福寺の僧が就任するようになっていった[73]。この縁起が作成された頃の様子を見てみると、興福寺の真範が長暦三年（一〇三九）から寛徳元年（一〇四四）まで元興寺別当を務めたといい（のち興福寺別当）、また興福寺永算は、承暦二年（一〇七八）の頃、元興寺の伽藍の修復に尽力したという。さらに承徳元年（一〇九七）には、興福寺永縁が元興寺別当に就任している[74]。

「元興寺伽藍縁起幷流記資財帳」は、この寺が推古天皇御願の寺であることを強調し、寺の財物を侵害してはならぬことを繰り返し述べている。この縁起は、元興寺がかつての栄光を失って、凋落の色合いが濃くなってきた頃、寺の勢いを何とか盛り返そうとする目的で、おそらくは元興寺の僧によって作成されたものと見ることができると思われる。

むすび

「元興寺伽藍縁起幷流記資財帳」は、その冒頭、この縁起は厩戸皇子が推古百歳の癸酉の年の正月元日に記したものであると述べる。六一三年正月一日の成立であるというのである。しかししばらく読み進めていくと、縁起部分の末尾に、縁起本文をうけて、難波天皇の辛亥年の正月五日にこの縁起を三通作成して、治部省、僧綱所、大和国に一通ずつ授けたと記されている。これはこの縁起の完成、提出の年月日とも読み取れる。そうだとするなら、六五一年正月五日の成立ということになるだろう。だが、さらに読み進めていくと、資財帳の直前に「天平十九年二月十一日」の日付があり、これはこの縁起幷流記資財帳を牒上した年月日であるという。とするなら、七四一年二月十一日の成立ということになる。

では、三つの成立年月日のうち、どれが正しいのであろうか。だが、すでに述べてきたところから明らかなように、三つの成立年月日はどれも事実ではなく、三つとも後世の仮託としなければならない。この文書は、これらの年月日よりも後世に作成され、それに偽って過去の年月日を記したのである。三つも年月日を記してしまったのは、縁起の偽作者の勇み足と言うよりなく、過剰な作為による不手際と理解すべきものであろう。

「元興寺伽藍縁起幷流記資財帳」を丁寧に読み進めていくと、その内部にいくつかの自己矛盾や不整合があり、また第一節で検証したように、歴史的事実とはほど遠い虚偽の記述に満ちている。そもそもこれが述べる根幹のストーリー自体が、歴史的事実とは異なる虚偽の歴史と言わなくてはならない。通常、何らかの目的のもとに、事実とは異なる虚偽の内容を持つ文書を作成し、それに事実とは異なる過去の作成年月日を記したものを「偽文書」と言うから、この「元興寺伽藍縁起幷流記資財帳」は偽文書と言わなければならない。ただ、偽文書といっても、偽文書の原本が作成されたわけではなく、その写し（と称するもの）のみが作成されたものと思われる。今見る醍醐寺本は、そのまた転写本と考えられる。筆写した弁豪は、註(2)で述べたように興福寺の僧であったようだから、当時元興寺を事実上支配していた興福寺が、元興寺の縁起幷流記資財帳を手に入れて筆写したものと推察される。

福山敏男は、「元興寺伽藍縁起幷流記資財帳」は奈良朝の末期頃に成立したもので、その記述内容はほとんどが「拙劣なる造作」にすぎず、塔覆盤銘の後半部分と縁起本文のごく一部（飛鳥寺造営にあたった僧や工人の名の部分）を除いて信用できるものではないと説いた。また喜田貞吉は、それに先だって、「元興寺伽藍縁起幷流記資財帳」は「おそらく平安朝末期の偽書であって、史実としては毫も取るに足らぬものである」と断じた。

私は以下のように結論したい。「元興寺伽藍縁起幷流記資財帳」は、最初、九世紀後期に豊浦寺（建興寺）の縁起である『建興寺縁起』として作成された。これが第一段階の成立で、これを行なったのは、元興寺の僧で建興寺の別当も務めていた義済、もしくはその流れを汲むものであった。次に、平安時代末期（十一世紀末以降十二世紀中頃以前）にそれが改作され、付加、改変によって、元興寺の縁起とされて「元興寺伽藍縁起幷流記資財帳」が最終的に成立した。これが第二段階の成立で、これを行なったのは元興寺の僧であろう。その記載内容は、歴史的事実を伝えるものとは評価できず、これを初期仏教史を描く史料、あるいは豊浦寺や飛鳥寺の創建、建築、美術などを考察する史料として用いることは、残念ながらできない。ただし、九世紀後期の建興寺の支配権をめぐる相論や、平安時代末期の元興寺の衰頽について考察するには貴重な史料となるだろう。また、これが引用する「塔覆盤銘」「丈六光銘」は、推古朝の金石文が記録されたものとして、しばしば縁起本文よりも重要視されてきた。だが、これらも縁起本文や資財帳と同様に後世の創作なのであって、推古朝遺文と見なすことはできない。「元興寺伽藍縁起幷流記資財帳」は、平安時代末期成立の偽文書なのである。

註

（1）　平子鐸嶺「有明大臣（ウマコノオホオミ）」（『学燈』一一—五、一九〇七年、また『新仏教』八—五、一九〇七年にも掲載)、同「元興寺縁起に記された仏教伝来の年代」(『学燈』一一—七、一九〇七年)。

(2) 醍醐寺本『元興寺縁起』は、建永二年(一二〇七)に弁豪なる人物によって書写され、同年に光淵なる人物による校正を経て完成した写本である。なお、弁豪という名の僧は『東大寺続要録』(『続々群書類従』十一、続群書類従完成会、一九六九年)供養編に収める建久五年(一一九四)供養会の歴名に梵音衆の一人として名が見え、「以上興福寺僧」とある。これが同一人物であるなら、興福寺の僧であったということになろう。また『三会定一記』(大日本仏教全書一二三『興福寺叢書 第一』所収)の「維摩会講師次第」の承久元年(一二一九)の部分にも、「竪義〈弁豪。五十三〉」と名が見える。

(3) これは「塔露盤銘」という名称で著名であるが、底本には「露」の右横に「覆」と訂正がなされている。母本に「覆」とあったのを、筆写した弁豪が誤って「露」と写し、これを校正を担当した光淵が「覆」と正したとせねばならない。また『上宮太子拾遺記』第二もこれを「塔覆盤銘」と引用している。それゆえ本章では、この銘を「塔覆盤銘」と呼ぶこととしたい。

(4) 松木裕美「二種類の元興寺縁起」(『日本歴史』三二五、一九七五年)、同「日本書紀編纂と平城京元興寺」(『国学院雑誌』七六—八、一九七五年)、大橋一章「飛鳥寺の創立に関する問題」(『仏教芸術』一〇七、一九七六年)、同『飛鳥の文明開化』(吉川弘文館、一九九七年)。

(5) 福山敏男「飛鳥寺の創立」「豊浦寺の創立」(同『日本建築史研究』墨水書房、一九六八年)。

(6) 喜田貞吉「醍醐寺本『諸寺縁起集』所収『元興寺縁起』について」(『喜田貞吉著作集』6奈良時代の寺院、平凡社、一九八〇年)。

(7) 久信田喜一「『元興寺伽藍縁起幷流記資財帳』の史料的価値について」(『芸林』三一—二、一九八二年)は、福山説を継承、発展させて、奈良朝末期から平安朝初期の成立としている。

(8) 平子鐸嶺註(1)論文。

(9) 小野玄妙「法隆寺堂塔造建年代私考(中之一)—本論上、傍証史料の研究(元興、大安等当代古刹造顕の史実を論ず)—」(『小野玄妙仏教芸術著作集』八、開明書院、一九七七年)。

(10) 西田長男『日本神道史研究』第三巻(講談社、一九七八年)。

(11) 水野柳太郎「日本書紀と元興寺縁起」(同『日本古代の寺院と史料』吉川弘文館、一九九三年)。

(12) 水野柳太郎註(11)論文。薗田香融「東アジアにおける仏教の伝来と受容」(『関西大学東西学術研究所紀要』二二、一九八九年)。
(13) ここの「九日」は下文には「元日」とある。「九」は「元」の誤写であろう。
(14) 喜田貞吉註(6)論文は、大々王(大大王)を不審とし、「大大王」はもと「太王」とあったのを、伝写の際に誤って「太」の「、」点を誤っておどり字と解して「大々王」と読んだのではないかと推測した。そして縁起の作者は、法隆寺金堂薬師仏光背銘に「大王天皇」とあるのを見て、早計にも推古を太王天皇というと合点してそう表現したのではないかとした。一つの見解ではあるが、私としてはなお考えてみたい。
(15) この『興福寺縁起』は、『政事要略』巻二十五、年中行事、十月、「興福寺維摩会始」に引用されている。また大日本仏教全書一一九『寺誌叢書　第三』所収。末尾に「昌泰三年六月廿六日」の日付と藤原良世の撰であることが記されている。なお、維摩会については、堀池春峰「維摩会と閑道の昇進」(中世寺院史研究会編『中世寺院史の研究』下、法蔵館、一九八八年)、高山有紀『中世興福寺維摩会の研究』(勉誠社、一九九七年)。
(16) 竹内理三『奈良朝時代に於ける寺院経済の研究』(大岡山書店、一九三二年)、水野柳太郎『日本古代の寺院と史料』(吉川弘文館、一九九三年)、鷺森浩幸『日本古代の王家・寺院と所領』(塙書房、二〇〇一年)。
(17) 福山敏男註(5)「飛鳥寺の創立」。
(18) 松木裕美註(4)「二種類の元興寺縁起」。
(19) 久信田喜一註(7)論文も、豊浦寺の縁起が改作されて「元興寺伽藍縁起幷流記資財帳」の縁起本文が成立したとしている。ただし、氏は、その豊浦寺の縁起を奈良朝中期のもの、「元興寺伽藍縁起幷流記資財帳」を奈良朝末期から平安朝初期の間の成立としており、この点は私見とは異なる。
(20) 大山誠一「〈聖徳太子〉をめぐる若干の問題(その2)」(薗田香融編『日本古代社会の史的展開』塙書房、一九九九年)。
(21) 『新訂増補国史大系　日本書紀』後篇(吉川弘文館、一九五二年)、坂本太郎他校注『日本古典文学大系　日本書紀』下(岩波書店、一九六五年)、小島憲之他校注『新編日本古典文学全集　日本書紀』三(小学館、一九九六年)。
(22) 直木孝次郎「小治田宮と小治田宮の位置」(同『飛鳥―その光と影―』吉川弘文館、一九九〇年)、小沢毅「小墾田宮・飛鳥宮・嶋宮」(同『日本古代宮都構造の研究』青木書店、二〇〇三年)。

（23）福山敏男『奈良朝寺院の研究』（高桐書院、一九四八年）、石上英一「官奴婢について」（『史学雑誌』八〇―一〇、史学会、一九七一年）。

（24）「禅院」の理解については、大山誠一「岡本宮は法起寺にあらず」（『中部大学人文学部研究論集』五、二〇〇一年）。

（25）直木孝次郎註（22）論文。

（26）小沢毅註（22）論文。なお、奥山廃寺の発掘調査の成果については、岩永省三「奥山廃寺の発掘調査」（『仏教芸術』二三五、毎日新聞社、一九九七年）。

（27）福山敏男註（5）「豊浦寺の創立」。

（28）井山温子「古代の祭祀・信仰と女性」（『ヒストリア』一五三、一九九六年）は、福山説を認めず、「元興寺伽藍縁起幷流記資財帳」の記述に依拠して、豊浦寺の歴史を再構成しようとするが、賛成できない。

（29）『明日香村史』上（明日香村史刊行会、一九七四年）の「古代（2）」（岸俊男）、直木孝次郎「豊浦寺と古瓦」（同『飛鳥―その光と影―』吉川弘文館、一九九〇年）、など。

（30）奈良県教育委員会『奈良県文化財調査報告（埋蔵文化財編）』二（一九五八年）、奈良国立文化財研究所『飛鳥・藤原宮発掘調査概報』一一（一九八一年）、同一六（一九八六年）、奈良県立橿原考古学研究所『奈良県遺跡調査概報　一九九四年度』（一九九五年）、亀田博・清水昭博「豊浦寺の発掘調査」（『仏教芸術』二三五、一九九七年）、奈良県立橿原考古学研究所附属博物館『大和を掘る』一六（一九九八年）、明日香村教育委員会『明日香村遺跡調査概報　平成十年度』（二〇〇〇年）など。

（31）清水昭博「高句麗系軒丸瓦の分布とその背景」（『古代文化』五二―一〇、二〇〇〇年）。

（32）亀田博「最古の尼寺、豊浦寺」（同『飛鳥の考古学』学生社、一九九八年）。

（33）清水昭博註（31）論文。

（34）石川氏、宗岳氏については、倉本一宏「古代氏族ソガ氏の終焉」（同『日本古代国家成立期の政権構造』吉川弘文館、一九九七年）。

（35）牛山佳幸「律令制展開期における尼と尼寺」（同『古代中世寺院組織の研究』吉川弘文館、一九九〇年）、勝浦令子『日本古代の僧尼と社会』（吉川弘文館、二〇〇〇年）、西口順子・勝浦令子・吉田一彦『日本史の中の女性と仏教』（法蔵館、一九九九年）。
（36）牛山佳幸「古代における尼と尼寺の消長」（同註（35）『古代中世寺院組織の研究』）。
（37）牛山佳幸註（35）論文。
（38）『僧綱補任』（大日本仏教全書一二三『興福寺叢書　第一』所収）。なお、『僧綱補任』については、小山田和夫「興福寺本『僧綱補任』の性質について」（『立正史学』五五、一九八四年）、同「東大寺東南院経蔵十二巻本『僧綱補任』の性質について」（『立正大学文学部論叢』八〇、一九八四年）。
（39）『三会定一記』（大日本仏教全書一二三『興福寺叢書　第一』所収）。
（40）この時期の元興寺に関する史料は、岩城隆利編『増補　元興寺編年史料』上（吉川弘文館、一九八三年）に収集されている。
（41）なお『本朝仏法最初南都元興寺由来』（註（40）『増補　元興寺編年史料』上所収）には、「延喜三年癸亥五月、別当義済（後略）」とあって、延喜三年（九〇三）に義済が元興寺の別当であったとする記載がある。ただこの史料には、慶長七年（一六〇二）八月六日の記事も記載されていて、その頃に成立したものとしなければならない。近世の史料で、記載内容の信憑性にも不安があるので、今は参考として注記するにとどめる。
（42）義済については、岩城隆利『元興寺の歴史』（吉川弘文館、一九九九年）。
（43）滝善成「本寺末寺の研究」（『社会経済史学』四―八、一九三四年）。なお、日本仏教史上の九世紀の評価についての私見は、拙稿「日本仏教史の時期区分」（大隅和雄編『文化史の構想』吉川弘文館、二〇〇三年）。
（44）俗別当については、菊池京子「俗別当の成立」（『史林』五一―一、一九六八年）、岡野浩二「延暦寺俗別当と天台座主」（『駒沢史学』三三、一九八五年）、同「興福寺俗別当と勧学院」（『仏教史学研究』三四―二、一九九一年）など。
（45）九世紀以降、しばしば三宝物の「互用」が問題となっており、その様子は他に貞観十三年八月十七日の日付を持つ「安祥寺伽藍縁起資財帳」（東寺所蔵、竹内理三編『平安遺文』一巻、一六四号）などからうかがうことができる。仏物、僧物については、笠松宏至「仏物・僧物・人物」（同『法と言葉の中世史』平凡社、一九八四年）。
（46）先行研究の中には、「本縁記」と「前志」とを同一のものと理解し、どちらも同じ『建興寺縁起』であるとする見解がある。松木裕美註（4）「二種類の元興寺縁起」、水野柳太郎註（11）論文などである。しかし私はこの見解に賛成できない。記されている内容が明らかに食い違うからである。

(47) 活字本としては、棚橋利光編『四天王寺古文書』第一巻（清文堂出版、一九九六年）がある。これも、正応四年書写の前田育徳会尊経閣文庫本を底本として作成されているが、本章では写本を実見して釈読をいくつか修訂した。二〇〇二年八月三十日調査。

(48) 家永三郎『上宮聖徳法王帝説の研究』（増訂版、三省堂、一九七二年）、同「上宮聖徳法王帝説」（日本思想大系『聖徳太子集』解説、岩波書店、一九七五年）。

(49) 安藤俊雄・薗田香融校注『日本思想大系　最澄』（岩波書店、一九七四年）所収。

(50) 『上宮聖徳法王帝説』が仏教伝来の年月を「十月十二日」とするのに対し、［史料5］は「十二月十二日」としている。『建興寺縁起』もしくは『提婆羅惹寺摩訶所生秘決（天王寺秘決）』の誤写なのであろうか。あるいは『上宮聖徳法王帝説』の方に誤写があるのだろうか。今後なお考えてみたい。

(51) 平子鐸嶺註(1)論文。

(52) 喜田貞吉註(6)論文。

(53) 『提婆羅惹寺摩訶所生秘決（天王寺秘決）』は、「一、禅尼法明験事」で百済禅尼法明に言及するが、これは『維摩経』を誦して鎌足の病を平癒させた方の法明である。

(54) この縁起は、聖明王の言として「当聞、仏法既是世間無上之法」という文を記している。これは、『日本書紀』欽明十三年十月条の「是法、於諸法之中、最為殊勝」に依拠した表現で、『日本書紀』成立以降のものとしなければならない。同書のこの部分は、七〇三年漢訳の『金光明最勝王経』の文章を用いて書かれている。またこの縁起には、「時按師首飯食時、得舎利、以奉大臣」という一文があるが、司馬達等が食の上に舎利を発見したというのも『日本書紀』に依拠した記述である。同書のこの部分は道宣『集神州三宝感通録』に依拠して作文されている。これらについては本書第Ⅰ章参照。これらの記述は『日本書紀』を参照しなくては記述することができない。「元興寺伽藍縁起幷流記資財帳」と『日本書紀』とに共通する祖本があったのではなく、『日本書紀』を見て書いているのである。

(55) 松木裕美註(4)「二種類の元興寺縁起」。

(56) 喜田貞吉註(6)論文。

(57)　天平十九年二月十九日の日付や前後の文言、僧綱による検査の記載も、何かを参看して記されたと考えられるが、何を見たのかは不明である。喜田は法隆寺の伽藍縁起幷流記資財帳から写したと推測したが、他の寺院のものである可能性もある。建興寺が天平の縁起を作成していたなら（宗岳木村が提示した「本縁記」がこれに当たる可能性もある）、それから写し、尼の名となっていた三綱名を略した可能性もある。残念ながら何を見たのかは不明としなくてはならないが、ただ三綱名がないことから推して、元興寺のものを参看した可能性はまずないとすべきだろう。

(58)　聖徳太子信仰については、小倉豊文『増訂　聖徳太子と聖徳太子信仰』（綜芸社、一九七二年）、林幹弥『太子信仰』（評論社、一九七二年）、藤井由紀子『聖徳太子の伝承』（吉川弘文館、一九九九年）、飯田瑞穂著作集一『聖徳太子伝の研究』（吉川弘文館、二〇〇〇年）、東京都美術館・大阪市立美術館・名古屋市博物館『聖徳太子展』（図録、二〇〇一年）、大山誠一編『聖徳太子の史実と伝承』（平凡社、二〇〇三年）など。

(59)　百済禅尼の法明が実在の人物なのか、それとも実在しない説話上の人物なのかがまず問題であるが、たとえ実在しなくとも、彼女は十世紀以降、著名な尼であった。

(60)　伊野部重一郎「元興寺縁起の仏教伝来説話について（学説回顧的検討）」（『高知大学学術研究報告』九、人文科学五、一九六〇年）、二葉憲香「元興寺縁起と日本書紀」（同『日本古代仏教史の研究』永田文昌堂、一九八四年）、松木裕美註(4)「二種類の元興寺縁起」。

(61)　藤田経世編『校刊　美術史料』寺院篇上巻（中央公論美術出版社、一九七二年）、田中卓「元興寺伽藍縁起幷流記資財帳の校訂と和訓」（同著作集十『古典籍と史料』国書刊行会、一九九三年）、岩城隆利註(40)著書、桜井徳太郎校注「元興寺伽藍縁起幷流記資財帳」（『日本思想大系　寺社縁起』岩波書店、一九七五年）。

(62)　「仏本伝来記」については、水野柳太郎「仏本伝来記について」（同『日本古代の寺院と史料』吉川弘文館、一九九三年）がある。水野は、「仏本伝来記」は十一世紀後半から十二世紀前半の成立と考えられるとしている。

(63)　小野玄妙註(9)論文、竹島寛「元興寺考」（同『王朝時代皇室史の研究』右文書院、一九三六年）、西田長男註(10)著書、水野柳太郎註(11)論文。

(64)　ここの「具如伝記」の「伝記」は、「元興寺伽藍縁起幷流記資財帳」を指すと読解すべきであろう。とするなら、「仏本伝来記」は、「元興寺伽藍縁起幷流記資財帳」以後の成立で、「慈俊私勘文」の作成年月日である長寛三年四月十一日より以前の成立ということになるだろう。

(65) この年月日は、それゆえ、縁起本文をうけると読解しなくてはならない。すなわち、孝徳朝の辛亥年（六五一）に、この縁起が三通作成されて「治部省」「僧綱所」「大和国」に一通ずつ「授」けられたというのである。しかしながら、孝徳朝に「治部省」も、「僧綱所」も、おそらくは「大和国」も存在するはずがなく、これが歴史的事実を伝えるものでないことは明らかである。

(66) 福山敏男註(5)論文。

(67) なお、銘文後半部分の史料価値を評価する見解もあるが、本書第Ⅲ章で述べたように、これらにも多くの不審点があって史料として採用することはできない。

(68) 喜田貞吉註(6)論文。

(69) 『伊呂波字類抄』は橘忠兼の編。原撰の様子を多分に残した二巻本が十二世紀中頃の成立。その後まもなく三巻本が成立。十巻本は鎌倉前期の成立。諸寺に関しての詳しい記述は十巻本になってはじめて見える。

(70) 『扶桑略記』については、堀越光信「扶桑略記」（皆川完一・山本信吉編『国史大系書目解題』下、吉川弘文館、二〇〇一年）。

(71) 『七大寺巡礼私記』については、藤田経世編註(61)『校刊　美術史料』寺院篇上巻、奈良国立文化財研究所編『七大寺巡礼私記』（奈良国立文化財研究所史料第二十二冊、一九八二年）。

(72) 大日本古文書『東大寺文書之一』所収。これについては、岩城隆利『元興寺の歴史』（吉川弘文館、一九九九年）参照。

(73) 岩城隆利註(72)『元興寺の歴史』による。

(74) 泉谷康夫「興福寺別当永縁について」（薗田香融編『日本仏教の史的展開』塙書房、一九九九年）。

V　仏教伝来戊午年説の系譜

―『上宮聖徳法王帝説』および『顕戒論』所引「元興縁起」をめぐって―

【要旨】　仏教伝来戊午年（五三八）説を述べる文献には、『上宮聖徳法王帝説』や『顕戒論』所引「元興縁起」がある。本章では、『上宮聖徳法王帝説』がどのような構成の文献であるのか、またその各部はいつ頃成立した文献であるのか、そしてその第四部が述べる仏教伝来戊午年説はいつ頃の言説とみなせるのかについて検討した。『上宮聖徳太子伝補闕記』と『上宮聖徳法王帝説』第二部とを比較してみると、後者は前者を参照して文を作っており、第二部が『上宮聖徳太子伝補闕記』以降に成立したものであることが判明する。次に『顕戒論』所引「元興縁起」についても検討して、仏教伝来戊午年説の系譜と淵源について考察した。この説は元興寺で語られた古伝とでもいうべきものと推考され、それが元興寺の縁起に記され、それを淵源にして他の文献にも記されるようになっていったと論じた。

【キーワード】　上宮聖徳法王帝説　上宮聖徳太子伝補闕記　顕戒論　元興寺　飛鳥寺

はじめに

仏教伝来をめぐっては、『日本書紀』の欽明天皇十三年（五五二）伝来説とは異なり、欽明天皇の戊午の年に百済の聖明王から日本の欽明天皇に伝えられたと記す文献がいくつかある。「戊午」は西暦では五三八年に当たる。この説は、奈良、平安時代の文献としては、

①「元興寺伽藍縁起幷流記資財帳」

②『上宮聖徳法王帝説』（第四部）

③『提婆羅惹寺麻訶所生秘決（天王寺秘決）』所引『建興寺縁起』

④最澄『顕戒論』所引「元興縁起」

に記されている。

このうち①「元興寺伽藍縁起幷流記資財帳」は、本書第Ⅲ章、第Ⅳ章で述べたように、天平十九年（七四七）二月十一日の作成年月日が記されているが、実際には平安時代末期の十一世紀末以降十二世紀中頃以前に偽作された文献であった。また、③『建興寺縁起』は、やはり第Ⅳ章で述べたように、①に先立ち、建興寺（豊浦寺）の管理、運営をめぐる紛争の中で九世紀後期に作成された文献であった。それでは、②④はどのように評価すべき文献なのであろうか。本章では、②④がどのような特色を持つ書物、文書であるのかについて考察し、仏教伝来戊午年説が、いつどこで成立した主張であるのかについて検討していきたい。

一　『上宮聖徳法王帝説』の仏教伝来戊午年説とその評価

『上宮聖徳法王帝説』の写本とその伝来

『上宮聖徳法王帝説』はどのような書物だろうか。ここでは、まずこれまでの研究で判明していることの確認からはじめたい。これの古写本は一本しかなく、かつては法隆寺に伝わっていたが、江戸時代末期に寺外に流出し、現在は知恩院（京都市東山区）の所蔵になっている。家永三郎によると、[1]この写本には、内題の下方に「法隆学問寺」「勧学院経蔵印」の朱印、および巻末の修補料紙（裏打ち紙）の部分に「和州法隆寺勧学院文庫」の墨書があることから、江戸時代には法隆寺の勧学院文庫に納められ、修補がなされていたことが知られるという。狩谷棭斎（一七七五〜一八三五）は、この写本を文政四年（一八二一）六月に法隆寺にて閲覧したというが、しかしまもなくこれは寺外に流出した。黒河春村（一七九九〜一八六七。春村の姓は同時代の記載から「黒河」と表記する[2]）は、嘉永六年（一八五三）十二月に徹定（一八一四〜一八九一。養鸕徹定）のもとでこれを閲覧しているから、この時までには所蔵が徹定に移っていたものと考えられるという。徹定はこの写本に「古経堂蔵」（巻首部分）、「欣賞」「徹定珍蔵」（巻末部分）の朱印を捺している。徹定は明治七年（一八七四）に知恩院の住職となり、その後そのコレクションを知恩院に寄贈したので、この写本も知恩院の所蔵となった。以上の家永の研究により、『上宮聖徳法王帝説』は江戸時代末期までは法隆寺に伝わった文献であることが知られる。

この写本の書写年代については、かつては平安時代前期と見る理解[3]も説かれたが、荻野三七彦によって、末尾近くに見える草名が十一世紀中頃に活動し、法隆寺の五師をつとめた僧である千夏のものであることが解明され[4]、平安時

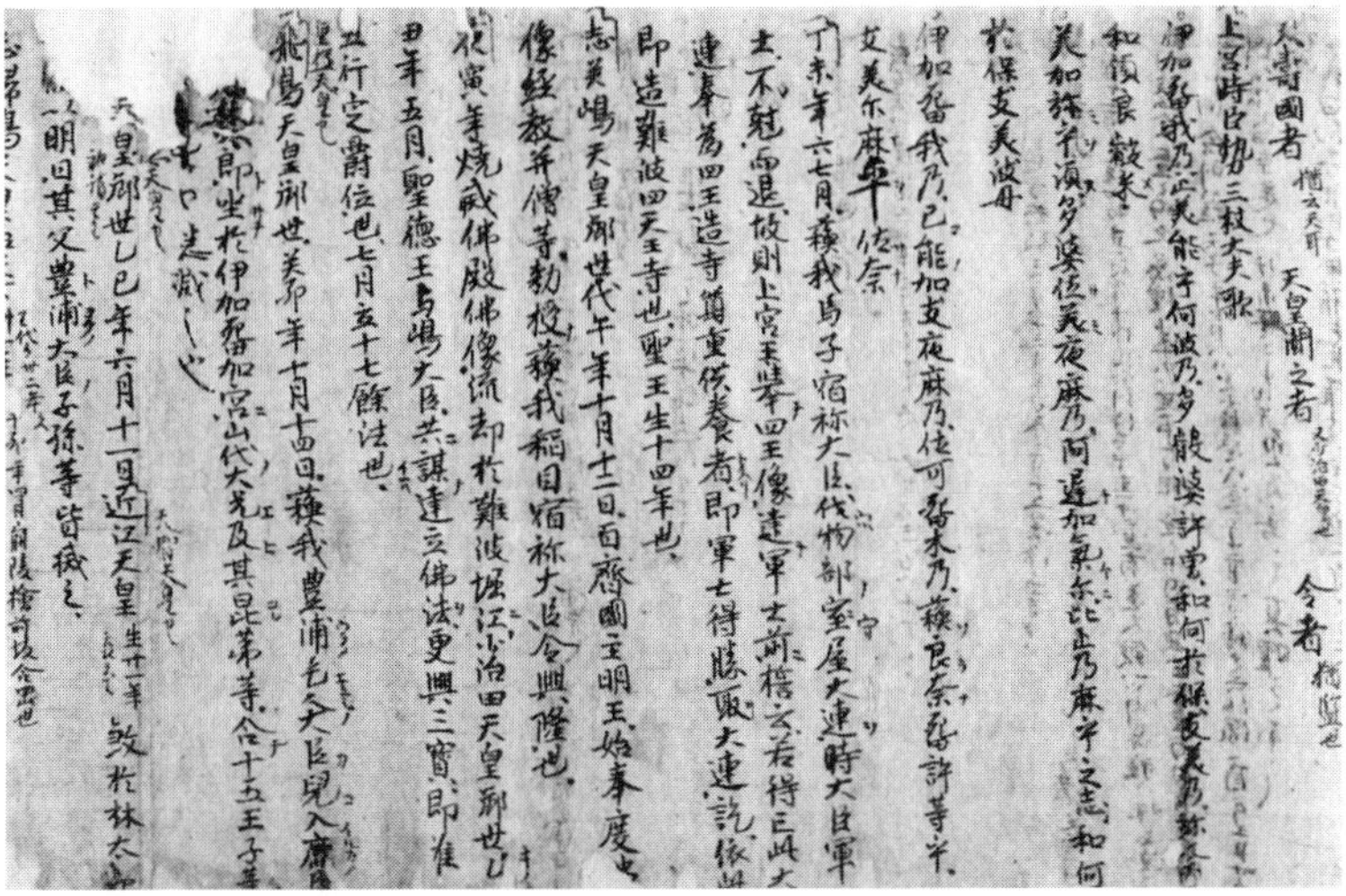

図５　『上宮聖徳法王帝説』（知恩院所蔵）

代中期頃に書写されたものであるとする見解が定着した。私は、この写本は千夏の時代、すなわち十一世紀中頃に作成されたものと見てよいと理解している。[5]

『上宮聖徳法王帝説』の構成と題名

『上宮聖徳法王帝説』は難解、複雑な文献であるが、家永三郎の研究[6]によって、(1)一巻の完成した書物ではなく、五種の文章が寄せ集められて一巻にされたものであること、(2)五つの部分（第一部〜第五部とする）はそれぞれに成立年代が異なること、(3)第三部は『聖徳太子伝暦』以後の成立であること、などが明らかにされている。

まず(1)(2)であるが、この書が五つの部分から構成されているとする理解は説得的であり、今日に至るまで多くの論者から支持を得ている。[7]私も、この五つに区分する理解を継承することとしたい。第一部と第二部を読み進めていくと、第一部は「聖徳法王」（「聖王」とも表記される）の系譜を記述する部分であり、第二部は彼の伝記を記述する部分になっていて、記載内容に明確な違いがあるが、そればかりでなく、第一部が天皇の表記に

「治天下」を用いるのに第二部は「御宇」を用いること、厩戸王の名の表現が異なることなど、表記の面でも明らかな差異が見られる。家永が指摘したように、第一部と第二部は別々に成立した文章として区別して理解すべきである。

次に、第四部、第五部はどうか。山田孝雄[8]は家永の著書の書評において、これらはもとは巻子本の第一部、第二部の裏書として記されたものであったが、書写の過程で巻末に記されるように変じたものだろうと推定した。この書には重複とも思われる記述がいくつもあるが、山田は第五部は第一部と大体重複し、また第四部は第二部の補注のような関係にあると説き、裏書は本文の記載順と逆になるから、第五部はもとは第一部の、そして第四部は第二部の裏書として書かれたもので、それが書写の過程でおもて側に記されるようになり、今見る記載順になっていると論じた。これはこの書の複雑な構成を見事に説明する卓説であって、今日、支持を集めており[9]、私もこの見解を支持したい。

第五部と第四部の成立順は、論理的には第五部、第四部同時と見るか、もしくは別時期に別人によって書かれたものと見るかのどちらかになるが、欽明天皇の表記を見ると、第五部が「志帰嶋」の用字であるのに対し、第四部は「志癸嶋」の用字となっていて差異があることから、別人の手になるものとするべきだろう。両者の前後関係については矢嶋泉の論があるが、それについては後述したい。

次に、第三部はどうか。太田晶二郎は「この部分は第二次的——書入レのものが後（のち）に挿まり込んだ、と見抜くことが要枢である。此の書入レは、太子の御伝に関して生じた謬説を駁正する意図が含まれている」[10]と述べたが、従うべき理解だと考える。家永も、第三部について「この部分はその前後といちじるしく異質である」と述べ、太田説を継承して、第三部は「本文の勘物として書入れられた」ものだと論じている[11]。第三部は、後述するように、家永が指摘した通り、『聖徳太子伝暦』以降に成立したと見るべきで、法隆寺が銘文などを引用して自説を説き、『聖徳太子伝暦』の説を論駁しようとする記述になっている。

ここで、第一部〜第五部の成立順についての諸説を整理しておきたい。家永は、今本『上宮聖徳法王帝説』は第三部をあとから書き加えたもので、それ以前にはそれ以外の四つの部分からなる「古本」が存在したはずだと推定し、「編者」によって四つの部分が「結合」されたのは平安時代初期のことであろうと論じた。そして、第一部、第五部は「治天下」文言を用いているから大宝以前の成立、第二部、第四部は大宝以前には遡らず、八世紀頃の成立だとしているから、この書は第一部、第五部、第二部、第四部の順で成立し、それらが平安時代初期に結合されて「古本」が形成され、のち第三部が書き加えられたとする。他方、山田は、この書は最初は第一部、第二部だけであったが、その後それに裏書が記され、さらにその後に書入れがおもて側の第二部末尾部分になされたものだとした。私は、この山田論が基本的に妥当だと考えるが、細部については修正する必要がある。久信田喜一は、この書の原型は第一部のみと見るべきで、それに順次各部が付加されていったとした。[12] 私は、家永が説いたように、第一部と第二部は別人により別時期に書かれたものと見るべきであること、この書の題名は系譜にふさわしいことから、当初はこの書は第一部のみであり、のちそれに第二部が書き加えられたとする見解が妥当だと考える。

『上宮聖徳法王帝説』の題名をめぐっては、太田晶二郎の見解がある。[13] 氏は、題名の「帝説」なる語は字義、語意がわかりにくく、説明がむずかしい。しかるに、この書の第三部には「案帝記云」としてこの書自身の第二部冒頭の文章と思われるものが（一部字句に異同あり）引用されている。また、『上宮太子拾遺記』や『浄土真宗教典志』では、この書を「法王帝記」という名称で引用している。そうであるなら、この書の題名は「帝説」ではなく、「帝記」が正しく、『上宮聖徳法王帝記』であったろうと論じた。[14] 家永も、『聖徳太子伝私記』が『上宮聖徳法王帝記』の名で本書を引用し、『太子伝玉林抄』も本書を『法皇帝記』の名で引用していることをあげて、写本冒頭の内題の「帝説」は「帝記」の誤写であり、またその『上宮聖徳法王帝記』という内題は冒頭の系譜部分（第一部）のみの表題であったと説いている。[15]

これら先行学説が述べるように、この書は最初第一部のみが成立し、その題名は『上宮聖徳法王帝記』であり、「帝記」なる名称は、「聖徳法王」の系譜を記すところから命名されたものと理解される。次に第二部がそれを増補するものとして書き加えられた。問題はその後である。山田説によるなら、それに次いでは第四部、第五部が記され、さらにその後に書入れ（第三部）が加えられたという成立順になる。だが、この理解に対しては、近年、矢嶋泉によって批判が提出された。

第三部、第四部、第五部の成立順をめぐって

矢嶋は、山田孝雄の裏書説を継承しつつ、これを批判して、第四部と第五部は裏書の成立順から考えて第四部が先で第五部が後に書かれた。また、書入れと裏書は書入れが先で、裏書が後に書かれた。したがって、この書は、第一部・第二部、第三部、第四部、第五部の順で成立したものであると論じた[16]（氏は第一部と第二部を一体のものとする）。矢嶋によれば、第五部の内容は内題と第一部に対応しているが、第四部の内容は第二部と一部は第一部に対応しており、第二部、第一部の両者に対する裏書と見るべきだという。この考証は正しいと私も考える。そこで氏は、この複雑な対応関係を説明するため、裏書転記は一回のことではなく、「第一次裏書転記本形成後に新たに加えられた裏書を、再度転記した第二次裏書転記本を現『帝説』の直接の母体と考える」とし、第四部が先に成立し、その後それがおもて側に転記され、さらにその後に第五部が裏書として書かれ、後にそれもおもて側に転記されていったという二回の転記を想定した。また、そうであるなら、第三部は第四部の転記以前に成立していたと見るべきで、裏書の成立以前に成立していた可能性が高いとした。ただ、第三部に関しては、注で第三部が第四部、第五部よりも後の成立

である可能性にも言及しており、どちらもありうるとしているように読解される。

矢嶋説はどうだろうか。私は、二回の裏書転記を想定することは、想定として無理があるように思う。裏書は巻子本の裏面に巻首よりに詰めて書きはじめられるとは限らず、余白を残して書かれることがしばしばある。したがって、先に第四部が書かれ、その後に巻首よりの余白部分に第五部が第一部および内題対応の裏書として書かれるということも十分にありえる。またその逆に、先に第五部が書かれ、後にそれに続けて第四部が第二部、第一部対応の裏書として書かれるということも十分にありえる。第四部が第五部に先行しておもて側に転記されたとする想定に立たなければ、第三部の成立を先にしなくとも、今本の記載順になることは十分に可能である。さすれば、矢嶋論のような想定に立たずとも、書写によって今本のような構成になることは十分にありえることだと考えられる。私は、山田が説いたように裏書が先に書かれ、のちに第三部の書入れがなされたとする理解が妥当だと考える。次項で考察するように、第三部はその内容から『聖徳太子伝暦』以後に書かれたものと考えられ、その成立は平安時代中期以降に下る。

では、第四部と第五部の成立順はどう理解すればよいか。私は第四部が先で第五部が後だと考える。その理由は仏教伝来年次に関する記述にある。後述するように、第四部は仏教伝来年次を欽明朝の「戊午」の年と記すが、それが欽明何年かは述べていない。しかし『日本書紀』には欽明朝に戊午の年は存在しないので、このままではその年次について疑問が生じる。第五部は、そこで欽明の在位期間を「四十一年」とする説を述べる。『日本書紀』は欽明の在位期間を三十二年間としているが、その期間を四十一年間とすれば（死去年は同一）、在位中に戊午の年が発生するとするなら、第五部のこの記述は第四部の記述を補うものになっていると読解される。ここから私は、両者の先後関係は、第四部が先で第五部が後と理解したい。

第三部の読解とその成立年代

次に家永が説いた(3)について検討したい。家永は、平安初期に成立した聖徳太子伝である『上宮聖徳太子伝補闕記』が『上宮聖徳法王帝説』の第一部、第二部、第四部、第五部を参照しているのに、第三部に関しては参照した形跡が見られないことに着目し、第三部は『上宮聖徳太子伝補闕記』以降の成立だと説いた。そして、第三部が法隆寺金堂釈迦三尊像光背銘文を引用して、聖徳太子が「壬午年正月廿二日」に「病」によって死去したこと、膳夫人が先日に卒し、聖王が後日に薨じたことを強調していることに注目し、狩谷棭斎の見解を参照して、第三部は『上宮聖徳太子伝補闕記』や『聖徳太子伝暦』の説くところの誤りを正そうとする動機によって書かれていると論じた。『聖徳太子伝暦』は太子と妃が同夕に病無く薨じたと説いているが、第三部はこれを論駁するため、銘文を引用して自らの説を主張していると読解したのである。そうであるなら、第三部は『聖徳太子伝暦』以降の成立ということになる。[17]

太田晶二郎も、第三部が釈迦三尊像光背銘文や繡帳銘文を引用して論を立てるのは、聖徳太子の薨去を辛巳年二月五日癸巳とする『日本書紀』の説を論駁し、正しい薨日は壬午年二月二十二日甲戌であることを証明するためであり、また、太子と妃膳氏が同日同夕に薨じたとする『聖徳太子伝暦』の説を論破しようとするためであると論じた。[18]

これらの説は狩谷棭斎の見解を継承、発展させた的確な読解であり、第三部を『聖徳太子伝暦』以降の成立であるとする見解は結論として正しいと考える。ただ、その論拠の提示にはなお不十分な点があると考えるので、ここで論拠に関して私見を加えておきたい。[19]

聖徳太子の伝記に関する四天王寺説と法隆寺説

『上宮聖徳法王帝説』は、聖徳太子信仰の進展の中で記された文献である。奈良、平安時代における聖徳太子信仰の進展についての私見は別稿で述べたが[20]、今その要点についてのみ触れておきたい。聖徳太子信仰は四天王寺と法隆寺の二寺を機軸に進展したが、両者はライバルの関係にあり、そこには協調関係というよりむしろ対抗関係が存在した。そのため、両寺では、相手側の言い分を否定したり、吸収しようとしたりする言説が唱えられ、それに適合するような法物が作成され、伝記が著作されていった。私は、聖徳太子信仰の発展は、この二寺による、対抗的な教宣活動がその原動力になったと考えている。

四天王寺は、『日本書紀』において、聖徳太子発願、創建の寺院であると明記され、三宝興隆の詔に連動して仏法興隆の象徴的寺院として描かれている。大変好意的な記述である。これに対し、法隆寺についての同書の記述は冷淡で、いつ誰によって建立された寺院であるのかは記されず、聖徳太子との関係についてもわずかにしか触れられていない。『日本書紀』は最初の国史として後世に絶大な影響をおよぼした。四天王寺は『日本書紀』に依拠すれば聖徳太子由緒寺院の筆頭の地位を確保できたし、聖徳太子の事績についても同書の記述を継承、発展させれば事足りた。対して、法隆寺は『日本書紀』的な言説に満足することはできず、これを批判し、また四天王寺の説を否定して、あえて異説を唱えていった。四天王寺の主張は、奈良時代から唱えられていたと考えられるが、最終的には『聖徳太子伝暦』にまとめられた。この書は、以後の聖徳太子理解の定型の位置を確保した。法隆寺もまた奈良時代から独自の主張を唱えており、それは『法隆寺縁起』（貞観十二年〈八七〇〉）にまとめられていたものと推考されるが、同書は逸書になってしまったので、今日その主張をまとまった形で知ることができる文献となると、断片的な記述のよせ集めという問題点はあるが、やはり『上宮聖徳法王帝説』ということになる。

この二寺は、広隆寺、橘寺をも巻き込んで、聖徳太子の死去年は何年なのか。死去日は何月何日なのか。年齢は何歳だったのか。前世で使用していたという『法華経』はどうやって日本にもたらされ、今はどこにあるのか。片岡山で歌われた歌はどのような歌で、亡くなった飢者の墓はどこにあるのか、などをめぐってそれぞれの説を唱え、言説対言説の争いを繰り広げた。広隆寺は自らの主張を『上宮聖徳太子伝補闕記』にまとめ、法隆寺や四天王寺に対しても影響を及ぼしていった。

『上宮聖徳法王帝説』第三部は、まず法隆寺金堂薬師如来像光背銘文を引用して寺の草創について述べ(21)、続けて釈迦三尊像光背銘文、天寿国曼荼羅繡帳銘文を引用して、太子が推古三十年壬午二月二十二日甲戌に死去したこと、太子は病によって死去したこと、太子の妻の膳大刀自はその前日の二月二十一日癸酉に死去したこと、太子の母は鬼前《かむさき》大后（神前大后）といい、穴太部間人王であって、前年の十二月に死去したことなどを主張している。これは、『聖徳太子伝暦』が、太子の死去を推古二十九年辛巳二月五日としていること、太子と妃とは同日同夕に病なくして死去したとしていること、太子死去の前年に母の死去を記さないことなどを批判、否定することを目的に記述されたものと理解される。

この対立は、最初、四天王寺が『日本書紀』説に従って太子の死去年月日を説いていたのに対し、法隆寺が釈迦三尊像光背銘文を示して別の死去年月日を主張し、あわせて妃と太子は一日違いで病にて死去したこと、母はそれに先立って前年に死去したことを説いたところから開始された。この法隆寺説に対し、四天王寺は徹底的に反論を加え、『聖徳太子伝暦』では、太子と妃は同日同夕に無病にて死去したこと、母は前年には死去していないことなどを説く論陣を張った。『上宮聖徳法王帝説』第三部はそれらに対する再反論になっており、釈迦三尊像光背銘文を提示するとともに、新たに天寿国曼荼羅繡帳銘文も提示して法隆寺説の正しさを実証的に示そうとしたのである。したがって、家永が述べた『上宮聖徳法王帝説』第三部は『聖徳太子伝暦』以降の成立であるとする説は、従うべき妥当な見解としてよい。

成立年代をめぐる諸説

今本『上宮聖徳法王帝説』の成立年代について、家永は第一部、第五部は「治天下」文言を用いるから大宝以前の成立であり、第二部、第四部は大宝以前には遡らず、八世紀頃の成立だとしている。[22] 一方、久信田はこの史料が用いる万葉仮名（字音仮名）を他の史料と比較検討して、第一部は持統朝以後〜大宝以前の成立、第二部は和銅〜養老頃の成立、第五部は斉明朝以後〜大宝以前の成立、第四部は奈良朝初期以後〜平安朝初期以前の成立であるとした。[23] これらの研究は、研究史上重要な意義を持つことは言うまでもないが、しかし、いわゆる「推古朝遺文」をはじめとして金石文の研究が大きく進展した[24]今日では、全面的に再考する必要がある。

推古朝遺文という概念は大矢透が確立したものだが[25]、瀬間正之が論じたように、今日の研究水準からすると、それらの中には推古朝のものとは言えず、後世の作成とみなすべきものが多々含まれている。[26] したがって、それらを推古朝のものと前提して万葉仮名（字音仮名）を比較検討するという研究方法は瓦解していると言わざるをえない。また、それら推古朝を標榜しつつ実際には奈良、平安時代に作成された文章にも「治天下」文言が用いられていることからすると、この文言を決め手として大宝以前の成立と判断することもむずかしくなる。今後はより全面的、総合的な考察が必要になるだろう。

『上宮聖徳太子伝補闕記』との参照関係——太子建立七寺

そこで考うべきは、『上宮聖徳太子伝補闕記』との参照関係である。『上宮聖徳法王帝説』と『上宮聖徳太子伝補闕記』とには類似する記述が見られる。家永は、これを後者が前者を参照したものと読解した。しかし、本当にそう考えられるのであろうか。

『上宮聖徳法王帝説』第二部は、太子建立の七寺について、

太子起㆓七寺㆒。四天皇寺、法隆寺、中宮寺、橘寺、蜂丘寺〈并彼宮賜㆓川勝秦公㆒〉、池後寺、葛木寺〈賜㆓葛木臣㆒〉。

と記している（この記述をAとする）。

一方、『上宮聖徳太子伝補闕記』は、

始起㆓四天王寺、元興寺〈一説法隆寺〉、中宮寺、橘寺、蜂岳寺〈并宮領賜㆓川勝秦公㆒〉、池後寺、葛木寺㆒〈賜㆓葛木臣㆒〉。

と記している（この記述をBとする）。

この両者はよく類似しており、どちらかがどちらかを参照して書かれていることは間違いない。しかも分注まで類似しているから、分注も含めてどちらかがどちらかを参照して記述されている。では、BがAを参照したのか、それともAがBを参照したのか。ここでポイントになるのが、Aの「蜂丘寺〈并彼宮賜川勝秦公〉」、Bの「蜂岳寺〈并宮領賜川勝秦公〉」という記述である。『上宮聖徳太子伝補闕記』は、別稿[27]で述べたように、広隆寺系の聖徳太子伝であって、四天王寺説に対抗して異説を述べるとともに、法隆寺説にも全面同調はせず、対抗的な言説を展開している。Bが太子建立七寺の二番目に元興寺を掲げ、分注で「一説法隆寺」と記述するのはその一つである。また、『上宮聖徳太子伝補闕記』は、守屋征伐で太子が用いた白膠木は秦川勝が採ったものであるとか、守屋の首を最後に斬ったのは川勝だったなど、秦川勝の活躍を大きく主張する言説をしばしば述べている。

では、「蜂岳寺」分注の「彼宮」「宮領」とは何を意味する記述なのか。『上宮聖徳太子伝補闕記』丙子年条には、

太子巡㆑国至㆓于山代楓野村㆒、謂㆓群臣㆒曰、此地為㆑体、南弊北塞、河注㆓其前㆒、竜常守護、後世必有㆓帝王建㆑都、吾故時遊賞。即於㆓蜂岳南下㆒立㆑宮。秦川勝率㆓己親族㆒、祠奉不㆑怠。太子大喜、即叙㆓小徳㆒、遂以㆑宮預㆑之。又賜㆓新羅国所㆑献仏像㆒、故以㆑宮為㆑寺、施㆓入宮南水田数十町并山野地等㆒。

とある。太子が山代の楓野村に至った時、ここは「南弊北塞」で、前に河が注いで竜が守護する地であって、後世必ず帝王の都が建てられるだろうと未来予言し、蜂岳の南下に宮を立てた。秦川勝がその造営に尽力したので、太子は川勝に小徳の冠位を叙し、宮を管理せしめた。やがて新羅から仏像が献上されたのでその宮は寺（蜂岳寺）にされ、宮の南の水田数十町と山野地などが寺に施入されたとする話である。太子建立七寺の「蜂岳寺」に付された分注はこれをふまえて書かれており、寺とあわせて宮の領地が川勝に与えられたとするのである。しかしながら、この話は、Bでは意味が判然とするが、Aでは意味不明になってしまう。しかも、この記述は『上宮聖徳太子伝補闕記』特有の、川勝の手柄や広隆寺の権益を主張する話になっている。

そうであるなら、ここの分注はもとはBに記されたものであり、Aはそれを参照して書いたと判断することになろう。Aは太子建立七寺についてのBの記述を使用することとしたが、しかしそこの記述のみを用いることとし、前の方に記される宮建設や田地施入の記述は採用しなかった。それを繕うため、「宮領」を「彼宮」に変えたが、それでは十分ではなく、Aの記述は意味の通らない文章になってしまった。また、太子建立七寺の一つに元興寺を数え、一説として法隆寺の名を注記するのは許容しがたいことだったから、ここを「法隆寺」に書き換えるという作業も行なった。これが『上宮聖徳法王帝説』第二部の著者が行なった作業であった。

AはBを見て書いた。この考証が正しいとすると、『上宮聖徳法王帝説』第二部は『上宮聖徳太子伝補闕記』以降の成立ということになる。これはこれまでの通説的見解と大きく異なる結論になるが、はたしてこの結論は他の部分からも検証しうるだろうか。

播磨国の田の面積

ここで検討したいのが、第二部の「天皇布二施聖王物播磨国揖保郡佐勢地五十万代一、聖王即以二此地一為二法隆寺地一也〈今在播磨田三百余町者〉」という記述である。家永が指摘したように、[29]播磨の田の面積については文献ごとに記載が異なる。家永は金子長吾や宮嶋弘の指摘[30]を継承、発展させて、田の面積は時代をおうごとに増加の傾向があると論じた。田の面積は各史料において、

ア「法隆寺伽藍縁起幷流記資財帳」　二百十九町一段八十二歩
イ『日本霊異記』上巻第五　二百七十三町五段余
ウ『聖徳太子伝暦』　三百六十町
エ『日本往生極楽記』　三百町

となっている。私は、田の面積は時間の進展とともに開発が展開して増加した[31]というより、むしろ主張が誇大化することによって増加していったと考えるが、[32]時代の進展とともに増加の傾向にあることはまちがいない。家永は、分注の「三百余町」はイ以後ウ以前の時代にふさわしく、平安時代初期の記述と見られると論じた。ただ、氏は『聖徳太子伝暦』の成立年代について藤原猶雪説に従ったが、今日では藤原説は成り立たず（註(18)参照）、この点について修正しておくと、「三百余町」という記載は、九世紀初めの『日本霊異記』（弘仁十三年〈八二二〉以後まもなくに成立）以降、『日本往生極楽記』（九八五〜九八六年の成立）や『聖徳太子伝暦』が成立した十世紀後期以前にふさわしい数値であると考えられる。

家永は、しかし、前述のように『上宮聖徳法王帝説』には「古本」が存在したと想定し、この分注はその古本の編者によって記されたもので、平安時代初期のものだと論じた。しかし、今日では古本という想定自体が成り立たず、

氏の考証は再考する必要があろう。第二部には分注が三ヵ所に記されているが、そのうちの二つは先に見た「蜂丘寺〈幷彼宮賜川勝秦公〉」「葛木寺〈賜葛木臣〉」で、いずれも本文と一体の分注であった。そうであるなら、この分注も本文と一体の自注（本注）と見なければならないだろう。

前項の考察により、第二部の太子建立七寺についての記述は『上宮聖徳太子伝補闕記』以降の成立と考えられるが、その理解の正しさは、この「今在播磨田三百余町者」の記載からも検証することができた。以上より、『上宮聖徳法王帝説』第二部は、『上宮聖徳太子伝補闕記』以降の成立であると結論したい(33)。

『上宮聖徳法王帝説』の成立年代に関する私見

以上の考察より、『上宮聖徳法王帝説』は最初は第一部のみが成立し、その題名は「上宮聖徳法王帝記」であった。これは「上宮聖徳法王」の系譜（「帝記」）という意味の命名であった。次いで、第二部が書き加えられた。この付加は、系譜ばかりでなく、その伝を叙述するという意味があった。その後、その第一部、第二部に対して裏書が記されたが、それが第四部、第五部である。これは第四部が先に書かれ、第五部がその後に書かれたものと考えられる。さらにそののちに第三部が書き加えられた。これが今見る『上宮聖徳法王帝説』の成立過程で、この書は第一部、第二部、第四部、第五部、第三部の順で成立したものと考証される。

このうち第三部は『聖徳太子伝暦』以降の成立であり、第二部は『上宮聖徳太子伝補闕記』以降の成立である。第一部の成立年代についてはなお不明の部分があり、その解明は今後の検討課題としたい。さて、そう理解するなら、『上宮聖徳法王帝説』は全体として従来考えられていたよりかなり遅くに成立した文献ということになるだろう。

『上宮聖徳法王帝説』の記す仏教伝来

『上宮聖徳法王帝説』は、仏教伝来について、第四部に「志癸嶋天皇の御世の戊午の年十月十二日、百済国主明王、始めて仏像、経教、幷びに僧等を度し奉る」と記している。第四部は、前項までの考察により、第二部以降、第三部以前の成立で、平安時代前期の成立と推定される。

ここで、仏教伝来についての第四部の記述を③『建興寺縁起』（逸文、第Ⅳ章の［史料5］）と比べてみよう。③には「建興寺縁起に云く、広庭天皇の御世、治天下〈南岳は卅三歳に当たる〉七年十二月十二日、百済国主明王、太子像、幷びに灌仏之器一具、及び説仏起書巻一篋を度し□□と云々。（後略）」とあるが、両者を比べてみると、百済王の表記が「百済国主明王」で同一であること、伝来の年月日が日にちまで記され、月に差異はあるが、「十二日」が共通することに気づく。②の記述と③の記述とには多くの共通性がある。ただし、②が伝来年次について「戊午」と干支のみ記して欽明何年かは記さないのに対し、③は「七年」と述べ、逆に干支は記さない。この違いは重要であるが、これについてはまた後に触れる。また、伝えられた物品は、②が「仏像、経教、幷びに僧等」であるのに対し、③は「太子像、幷びに灌仏之器一具、及び説仏起書巻一篋」となっていて違いがあるし、欽明天皇の表記も、②が「志癸嶋天皇」なのに、③は「広庭天皇」となっていてやはり違いが見られる。

そうした違いはあるのだが、しかし共通性が多くあることは重要である。③は九世紀後期に成立した文献であった。この『上宮聖徳法王帝説』第四部も、その共通性からほぼ同時代のものと理解してよく、先の平安時代前期という推定が妥当であったことが検証される。私は、②『上宮聖徳法王帝説』第四部の仏教伝来に関する記述は、『法隆寺縁起』に記述されていた説を継承しているのではないかと考えている。第四部は、すでに述べたように当初は裏書として記されたものであり、山田孝雄や矢嶋泉が指摘したように、その内容も第二部（および第一部の一部）に対する補注のようなものになっている。そうであるならば、それは法隆寺内の何者かが法隆寺内の文献を検索して、そうした注釈的意味を持つ裏書を記述したと見るのが最も蓋然性の高い推定になるだろう。ここから、第四部の仏教伝来に関する記述は、寺内の先行する文献であったろう『法隆寺縁起』の説を参照、継承したものと推考される。その『法隆寺縁起』は、今日では逸書になってしまったが、『提婆羅惹寺摩訶所生秘決（天王寺秘決）』の「一、法隆寺縁起事」（第Ⅳ章の〔史料7〕）によるなら、貞観十二年（八七〇）正月三日の成立だといい、また『建興寺縁起』も同一年月日の成立であるという。この『法隆寺縁起』の成立年月日には特に疑わしいようなところはなく、承認してよいものと考える。ただし、第Ⅳ章で述べたように、『建興寺縁起』の成立年月日が『法隆寺縁起』と全く同一だったのかどうかはなお考慮の余地があるが、それでもほぼ同時期に成立したというところは認めてもよいと考える。しかして、③『建興寺縁起』とこの『法隆寺縁起』とがほぼ同時期（あるいはまったく同時）に作成されたものであるなら、②『上宮聖徳法王帝説』第四部はそれより後のものと見ることになるから、②と③とでは、②の方が少し新しいものと判定されるだろう。そして、これらには、共通するところの、もとになる文献があったものと考えられる。それは④『顕戒論』所引「元興縁起」である。次にそれを検討してみよう。

二　仏教伝来戊午年説の系譜と淵源

『顕戒論』が批判する「元興縁起」の仏教伝来戊午年説

最澄が戒律について論じた『顕戒論』(34)には、「元興縁起」なる書物を引用する形で仏教伝来戊午年説が紹介されている。『顕戒論』は、弘仁十一年（八二〇）の撰。最澄は、それに先立ち、弘仁九年、戒壇独立の勅許を願い出たが、政府から意見を求められた僧綱たちは、表をたてまつって戒壇独立に反対する見解を具申した。『顕戒論』は、その表に対する反論としてまとめられた論である。当時の僧綱の筆頭は大僧都の護命（七五〇〜八三四）で、元興寺の僧であった。『顕戒論』は、その冒頭、僧綱たちの表を引用するが、そこには「我が日本国、志貴嶋宮御宇天皇の歳次戊午、百済王、仏法を渡し奉る」とある。この見解に対して、最澄は、「弾じて曰く、天皇の即位は元年庚申なり。御宇正しく三十二歳を経たり。謹んで歳次暦を案ずるに、都て戊午の歳なし。元興の縁起、戊午の歳を取るは已に実録に乖けり」と反論を加えた。ここから、護命らは、④「元興縁起」なるものを引用して、仏教伝来の年次は「志貴嶋宮御宇天皇」の戊午の年だと主張していたことが知られる。最澄は、それに対して、「元興縁起」の説は『日本書紀』（「実録」と表現されている）が述べる欽明十三年の伝来とは食い違うとし、そもそも『日本書紀』には欽明在位中に戊午の歳は存在しないと論じてこれを退けようとした。

ここで、まず確認しておきたいのは、④『顕戒論』所引「元興縁起」と、①「元興寺伽藍縁起幷流記資財帳」とは全く異なる文献だということである。醍醐寺で①を発見した平子鐸嶺は、①と④とを同一のものだと考えた。しかし、①が十一世紀末〜十二世紀中頃に作成された元興寺の縁起であるのに対し、④は八二〇年までには成立していた元興寺の縁起であり、両者はまったく異なるものだったと考えられる。①と④とは別の文献として考察を進めていかなければならない。

では、④はいつ成立した文献であろうか。それは残念ながら不明とせねばならないが、少なくとも『顕戒論』が成立する弘仁十一年までには成立していた。おそらく八世紀中期〜後期頃に成立した元興寺の縁起と推定されよう。そうであるなら、④は③②よりも、そして①よりも早くに成立した文献と評価しなければならず、仏教伝来戊午年説を記す文献でもっとも古いものとなるだろう。

仏教伝来戊午年説の系譜

それでは、④の説は③②①にどのように継承されていったのであろうか。④は、欽明のことを「志貴嶋宮御宇天皇」と表記しているが、用字は少しく異なるとはいえ、これが②に継承されていったと考えられる。また、僧綱たちの表は、その冒頭、君主のことを「国主」と表現している。ここから、④は百済の君主を「国主」と表記していた可能性が高く、それが③②に継承されたと考えられる。さらに④の「渡」「奉渡」という表現が、③②に継承され、③を通じて①にもそれが継承されたと考えられよう。

以上、仏教伝来戊午年説を記す現存最古の文献は、逸文しか残存しないとはいえ、④「元興縁起」であり、その記述や表現が後世の文献に継承されていった。③は建興寺（豊浦寺）で成立した文献であるが、九世紀後期の建興寺は元興寺と強い関係があったので、④の影響によりそうした記述がなされたものと考えられる。また、①は③をもとにし、それを改作した文献であるから、①には③を通じて仏教伝来戊午年説が記されることになったものと考えられる。

では、②にはなぜこの説が記されたのであろうか。②は法隆寺で成立した文献であるが、先に述べたように、法隆寺は『日本書紀』では必ずしも好意的には描かれておらず、それゆえにしばしば『日本書紀』の説に異を唱え、また『日本書紀』説を継承する四天王寺の説に対抗した。仏教伝来についても、法隆寺は『日本書紀』説にあえて同調せず、これと対立する元興寺説を採用して日本の仏教のはじまりを説こうとしたものと推考される。こうして、法隆寺で成立した②にも、元興寺の説が記述されるようになっていったのである。

戊午と七年の結合

最後に仏教伝来年次の表記の問題について論及しておきたい。①〜④の中で最も古い④は伝来年次を志貴嶋宮御宇天皇の「戊午」と干支のみ記し、欽明何年であるかは記さない。これに対し、③は広庭天皇の「治天下七年」と記すが、干支は記さない。②は④と同じく志癸嶋天皇の「戊午」の年と干支のみ記し、欽明何年であるかは記さない。ただし、『上宮聖徳法王帝説』は『日本書紀』欽明紀に戊午の年がないことを知り、それを解決するため第五部において欽明の在位期間を「四十一年」とした。これで計算すると戊午の年が欽明の在位中に発生する。ただしそれは欽明八年のことになる。その後、①に至ってはじめて戊午と七年とが組み合わされて「治天下七年歳次戊午」とする表記が生まれた。

以上より、戊午年説は、最初は欽明朝の戊午というように干支で主張されていたが、やがて干支は述べずに欽明七年と主張する言説が登場するようになり、最後に「戊午」と「七年」とが結合されて欽明七年戊午説が成立したことが知られる。九世紀後期成立の③の段階で戊午を欽明七年とする理解は存在したとしてよかろうが、他方『上宮聖徳法王帝説』第五部のように、戊午を欽明八年とする理解も存在した。それが、十一世紀末以降、十二世紀中頃以前成立の①に至って、はっきりと戊午と欽明七年とが同値的に記述されるようになっていったのである。(35)

むすび

以上の考察より、仏教伝来戊午年説は、元興寺に源を発する説であることが知られる。元興寺は、よく知られるように、もと飛鳥の地に蘇我馬子によって創建された飛鳥寺としてはじまる寺院で、日本最初の本格的寺院であった。その飛鳥寺の法統を継承する元興寺で、仏教伝来戊午年説は唱えられた。それは飛鳥寺において、飛鳥寺の由緒の一部として語られた歴史の系譜を引く説であり、飛鳥寺および蘇我氏に伝えられた歴史認識であったと推定される。したがって、それは飛鳥寺の古伝とでも評すべき説ということになろう。

では、それは何らか歴史的事実を伝える言説と評価してよいのだろうか。だが、その評価はそう簡単ではなく、その検証には飛鳥寺の創建とそれをめぐる言説について考察する必要がある。その作業は次章において行なうが、私は、この説は飛鳥寺において、寺の創建に先立つ前史としてあとから付加された言説である可能性が高いと考えている。この想定が当たっているとすると、その真偽について今日から検証することは論理的に不可能ということになる。「古伝」というのはそうした意味あいを含む概念であるのだが、はたして本当にそう言えるのか。あらためて飛鳥寺の歴史について考察してみよう。

註

（1）家永三郎「上宮聖徳法王帝説の成立年代」（『日本歴史』一六、一九四九年）、同『上宮聖徳法王帝説の研究』（増訂版、三省堂、一九七二年）、同「上宮聖徳法王帝説」（家永三郎他校注『日本思想大系　聖徳太子集』解説、岩波書店、一九七五年）。

（2）浦野都志子「黒河春村伝考—その典拠資料」（『汲古』五九、二〇一一年）。

（3）大矢透『仮名源流考』（国語調査委員会編纂、国定教科書共同販売所、一九一一年。のち勉誠社復刻、一九七〇年）。

（4）荻野三七彦「『法王帝説』書写年代に関する新史料」（『日本古文書学と中世文化史』吉川弘文館、一九九五年）。

（5）この草名は、江戸時代末期に黒河春村が古写本に出会って作成したという『異本上宮太子伝』の影写本にも記されている。春村は、影写本をおそらくは二点作成した。そのうちの一点は、黒河家（のち黒川家）に長く伝蔵され、昭和三十一年（一九五六）に日本大学に売却されて、現在は日本大学総合学術情報センターに所蔵されている（二〇一一年二月十日調査）。もう一点は、春村から、春村と密接な交流があった下総崎房（現茨城県常総市崎房）の秋葉義之に譲渡され、それが近代になって売却されて広島文理科大学の所蔵になり、現在は広島大学図書館に所蔵されている（二〇一一年八月二十二日調査）。荻野三七彦註（4）論文は、黒川真道所蔵本が明治四十四年（一九一一）に開催された「上宮太子祭典記念展観」に出展され、その展観略目録に記載が見えることを紹介し、また昭和十五年（一九四〇）の第四一回史学会において、小倉豊文「聖徳太子伝、憲法及び同注釈の新資料について」（『史学雑誌』五一—七、一九四〇年に要旨掲載）が発表され、『異本上宮太子伝』

影写本に『上宮聖徳法王帝説』と同じ草名が見られるとする論が唱えられたことを紹介している。ただし、荻野、小倉とも、黒川真道所蔵本が広島文理科大学の所蔵に帰していると述べているが、これは誤りで、広大本は秋葉家所蔵本が入ったものである。真道に伝えられた黒川家本は、のち日本大学の所蔵になっている。なお、『異本上宮太子伝』についての私見は、拙稿「『異本上宮太子伝』の写本と内容」（吉田一彦編『変貌する聖徳太子』平凡社、二〇一一年）を参照されたい。

（6）家永三郎註（1）論著。

（7）太田晶二郎「家永三郎著『上宮聖徳法王帝説の研究　総論篇』（批評と紹介）」（『史学雑誌』六二―六、一九五三年）、久信田喜一「『上宮聖徳法王帝説』の成立年代について」（『芸林』二三―六、一九七二年）、飯田瑞穂「聖徳太子伝の推移」（同著作集1『聖徳太子伝の研究』吉川弘文館、二〇〇〇年）、田中嗣人「『上宮聖徳法王帝説』管見」（『文化史学』三〇、一九七四年）、同「現存最古の太子伝―『上宮聖徳法王帝説』―」（『国文学解釈と鑑賞』五四―一〇、一九八九年）、矢嶋泉「『上宮聖徳法王帝説』の構造」（『青山学院大学文学部紀要』四四、二〇〇三年、のち沖森卓也・佐藤信・矢嶋泉『上宮聖徳法王帝説　注釈と研究』再録、吉川弘文館、二〇〇五年）、大山誠一「『上宮聖徳法王帝説』成立試論」（『聖徳太子の真実』平凡社、二〇〇三年）。

（8）山田孝雄「書評　家永三郎著『上宮聖徳法王帝説の研究』を読む」（『国語と国文学』三〇―八、一九五三年）。

（9）矢嶋泉註（7）論文、大山誠一註（7）論文は山田説を支持している。

（10）太田晶二郎「『上宮聖徳法王帝説』夢ものがたり」（『太田晶二郎著作集　第二冊』吉川弘文館、一九九一年）。

（11）家永三郎註（1）「上宮聖徳法王帝説」。

（12）久信田喜一註（7）論文。

（13）太田晶二郎註（7）論文。

（14）大山誠一註（7）論文も太田説を支持している。

（15）家永三郎註（1）「上宮聖徳法王帝説」。

（16）矢嶋泉註（7）論文。なお、矢嶋は第一部、第二部一体成立説を採っているが、私は先に述べたように別時期に別人によって書かれたものであると考えている。

（17）狩谷望之証註、平子尚補校『補校　上宮聖徳法王帝説証註』（丙午出版、一九一四年、のち花山信勝・家永三郎校訳『狩谷望之証註・平子尚補校　上宮聖徳法王帝説』岩波文庫、一九四一年)。

(18)　家永の研究段階では、『聖徳太子伝暦』は、藤原猶雪説(同『日本仏教史研究』大東出版社、一九三八年)に依拠して延喜十七年(九一七)成立、藤原兼輔の撰と考えられていた。しかし、藤原説はその後多くの批判を受け、今日では再考すべきことが明らかになっている。私見は、「聖徳太子信仰の基調—四天王寺と法隆寺—」(註(5)『変貌する聖徳太子』所収)で述べたように、『聖徳太子伝暦』は、延喜六年の『日本書紀』講書の頃までに骨格となる聖徳太子伝(いわゆる原撰本)が成立し、それが十世紀後期に二巻本に再編され、さらに、十一世紀初頭に『四天王寺御手印縁起』が成立した後に引用分注が加えられて、今本『聖徳太子伝暦』が完成したと考えるものである。

(19)　太田晶二郎註(10)論文。なお、太田は、第三部を『聖徳太子伝暦』以後の成立とする説について、註(7)書評では、太子と妃の同日薨去説が伝暦以前に存在せず、伝暦の創説であるなら家永説は成立するが、そうでなければ論理的に疑問であると述べており、飯田瑞穂註(7)論文もこの理解を踏襲している。ただし、太田は註(10)論文ではそうした理解は述べておらず、あるいは見解を変更して家永説に賛同したとも推量される。私は、伝暦以前に同日薨去説が記される文献が存在したのかどうかは今日では検証不能な論議であり、実証主義の学問としての論理的正当性は家永説の方にあると考える。

(20)　拙稿註(18)「聖徳太子信仰の基調—四天王寺と法隆寺—」。

(21)　第三部は、最初に薬師如来像光背銘文を引用して、「即ち寺を造り始めし縁由なり」と述べるが、その趣意は何か。『日本書紀』には、法隆寺の本願や創建についての記述がなく、法隆寺がいつ誰によって創建された寺なのかが記されていない。他方、釈迦三尊像光背銘文には、この像の成立についての縁起が記されているが、それにはこの仏像は聖徳太子の病死後に完成されたものだとあるから、これによる限り、法隆寺の金堂中尊の成立は太子死後のこととなり、寺の成立自体がかなり遅いものとみなされてしまう。この弱点を克服するために新たに作成されたのが薬師如来像および光背銘文だったと私は考えている。この銘文には、用明天皇が病気になって寺と薬師像の造立を太子に託したが、用明は亡くなってしまい、推古と太子によってこの仏像が完成されたと記されている。これによるなら、法隆寺は用明発願の寺であり、中尊の成立は「丁卯年」(推古十五年)のこととなって寺の成立はかなり古くなり、さらに発願自体は推古以前の天皇に遡ることができる。「即ち寺を造り始めし縁由なり」という主張にはそうした意味が込められていると読解される。詳しくは註(18)拙稿参照。

(22)　家永三郎註(1)「上宮聖徳法王帝説」。

（23）久信田喜一註（7）論文。
（24）東野治之『書の古代史』（岩波書店、一九九四年）、大山誠一『長屋王家木簡と金石文』（吉川弘文館、一九九八年）、東野治之『日本古代金石文の研究』（岩波書店、二〇〇四年）など。
（25）大矢透註（3）著書。
（26）瀬間正之「推古朝遺文の再検討」（大山誠一編『聖徳太子の真実』平凡社、二〇〇三年）。また、拙稿本書第Ⅳ章、付論。
（27）拙稿註（18）「聖徳太子信仰の基調―四天王寺と法隆寺―」。
（28）聖徳太子は、『日本書紀』推古元年四月己卯条に「兼知未然」と記されており、未来を予知する能力を持っていたとされ、のち平安時代中後期になると聖徳太子未来記が作成されるようになっていった。この記事もその文脈に位置づけられるものと言えよう。
（29）家永三郎註（1）「上宮聖徳法王帝説の成立年代」および『上宮聖徳法王帝説の研究』。
（30）金子長吾『上宮聖徳法王帝説新註』（吉川半七刊行、一九〇一年）、宮嶋弘「万葉仮名『義』の使用時より上宮聖徳法王帝説の著述年代を考ふ」（『国語国文』一二―一二、一九四三年）。
（31）のちの播磨国鵤荘については、東郷松郎『播磨国の古社寺と荘園』（しんこう出版、一九八八年）、谷岡武雄『聖徳太子の榜示石』（学生社、一九七六年）、同「鵤荘」（網野善彦他編『講座日本荘園史　8近畿地方の荘園Ⅲ』吉川弘文館、二〇〇一年）。
（32）『日本書紀』には播磨国の水田「百町」が施されたと記されている。これに対し、『上宮聖徳法王帝説』ではその面積が「五十万代」（千町）にふくれあがっている。これは、誇大化の傾向に従った数値であるか、もしくは計算まちがいであろう。
（33）大山誠一註（7）論文は、『上宮聖徳法王帝説』第二部が『上宮聖徳太子伝補闕記』と極めてよく類似し、両者が密接な関係にあることを指摘している。これは大変重要な指摘であるが、大山は通説に従って、『上宮聖徳太子伝補闕記』の方が後に成立した文献だと理解したため、『帝説』は『補闕記』の最初の下書きだった」と論じた。しかし、両者の前後関係についてのこれまでの理解には疑問がある。私見は、『上宮聖徳法王帝説』第二部は、『上宮聖徳太子伝補闕記』以降の成立とするものである。
（34）安藤俊雄・薗田香融校注『日本思想大系　最澄』（岩波書店、一九七四年）。

(35) 欽明の在位期間について複数の伝えがあることから、かつて、『日本書紀』の記す欽明前後の皇位継承に疑問が呈され、実際には二つの王朝が並立していたとする論が説かれた。喜田貞吉「継体天皇以下三天皇皇位継承に関する疑問」(同著作集3『国史と仏教史』平凡社、一九八一年)、林屋辰三郎「継体・欽明朝内乱の史的分析」(日本史論聚二『古代の環境』岩波書店、一九八八年)である。しかし、仏教伝来戊午年説は最初は干支のみで説かれた説であって、欽明の在位年次(在位期間)に論が及ぶのは遅れて九世紀後期〜十、十一世紀のことになると考えられる。したがって、この論点から二王朝並立を論じる見解は成り立たないと私は考える。

Ⅵ　飛鳥寺成立の歴史的意義

――仏教の国家的伝来をめぐって――

【要旨】　飛鳥寺は日本最初の本格的寺院であり、その成立の歴史的意義ははなはだ大きい。それは仏教史、文化史の上で重要な意義を持つばかりでなく、国家史、政治史の上からも大きな意義を持っている。飛鳥寺をめぐっては、近年、日本および韓国における寺院址の発掘調査の成果に基づいて活発な議論がなされている。本章では、『日本書紀』崇峻元年（五八八）是歳条の百済国から仏舎利、僧、技術者たちが贈与されて飛鳥寺が創建されたとする記事について検討し、これが一定の信憑性を持つ記述と評価されることを論じる。その上で、それらの贈与に基づいて飛鳥寺が成立したことを仏教の国家的伝来そのものと評価する見解を説いていく。本書の終章として、仏教の国家的伝来についての私見をまとめた一篇である。

【キーワード】　飛鳥寺　仏舎利　蘇我馬子　仏教の国家的伝来　贈与

はじめに

奈良県高市郡明日香村飛鳥の飛鳥寺は、日本最初の本格的寺院として知られている。『日本書紀』崇峻元年（五八八）是歳条は、同寺の創建について、この年、百済国は使節および僧を派遣して、仏舎利、僧、寺工、鑪盤博士、瓦博士、画工を献上し、それに応じた蘇我馬子は百済の僧に受戒の法について尋ねて善信尼らを百済に派遣することとし、また飛鳥衣縫造の祖の樹葉の「家《やけ》」を壊してはじめて「法興寺」を建立したと記している。ここの「法興寺」は一般に飛鳥寺のことと理解されており、私もその理解でよいと考えている。では、この記事はどのように評価されるであろうか。

飛鳥寺については、これまで日本最初の寺院、最初の本格的寺院とする見解が説かれる一方、日本最初とは位置づけない見解も存在してきた。たとえば、辻善之助『日本仏教史』は、飛鳥寺に言及はするが、「元興寺伽藍縁起幷流記資財帳」を重視する見解に立つため、同寺を日本最初の寺院とするような論は説いていない(1)。また大型の日本史辞典である『国史大辞典』の「飛鳥寺」の項（福山敏男）も、日本最初の寺院とするような評価は説かず(2)、『日本史広辞典』もそうした説明はしていない(3)。その一方、川崎庸之・笠原一男編『宗教史』は飛鳥寺を「日本最初の本格的な大寺」とし(4)、家永三郎監修『日本仏教史Ⅰ』は「わが国において堂塔整備した伽藍」の「嚆矢」であるとし(5)、速水侑『日本仏教史　古代』も「わが国最初の本格的大伽藍」としている(6)。辞典類では、『日本歴史大事典』の「飛鳥寺」の項（藤井恵介）は「わが国最初の本格的な伽藍をもつ古代寺院」とし(7)、『歴史考古学大辞典』の「飛鳥寺」の項（森公章）も「日本で最初の本格的寺院」だとしている(8)。このように飛鳥寺の評価が必ずしも確定しないのは、『日本書紀』

の飛鳥寺以前の記事をどのように評価するか、また「元興寺伽藍縁起幷流記資財帳」の記述をどのように評価するかにかかっている。

飛鳥寺では、昭和三十年（一九五五）より発掘調査が行なわれ、多くの成果を得ることができた[9]。また、隣接する飛鳥池遺跡でも調査が進展し、多数の木簡をはじめとして多くの遺物が出土して注目を集めている[10]。一方、韓国において、近年、寺院、寺院址の発掘調査が進展し、多大な成果が得られた。それらは、朝鮮半島における仏教の展開について多くの新知見を与えてくれるとともに、日本の最初期の寺院の特質についても多くの思考題材を与えてくれる。

近年では、また、『日本書紀』を批判的に読み直すことによって、あらためて百済からの仏教および技術者贈与の歴史的意義を論じる見解が提起されており[11]、他方、韓国の寺院の発掘成果との比較検討から飛鳥寺の特質を考察する見解も説かれている[12]。

私は、飛鳥寺を日本最初の本格的寺院だとする理解が妥当であると考えるし、さらに飛鳥寺は国家的寺院として建立されたと考えている。本章では、こうした見地から私なりの見解を述べ、飛鳥寺を仏教の国家的伝来という文脈の上に位置づけて、その歴史的意義を論じていきたい。

一　飛鳥寺と朝鮮半島の寺院との比較

一塔三金堂式の伽藍配置

最初に、飛鳥寺の発掘調査の成果を振り返り、朝鮮半島の寺院址と比較しておきたい。坪井清足の整理によれば、飛鳥寺の発掘調査では次のことなどが判明したという[13]。

(1) 一塔三金堂の伽藍配置であったこと。
(2) 西金堂と東金堂の基壇は二重基壇で、上成基壇と下成基壇の両者に礎石が配されていたこと。
(3) 塔の心礎は地下式であり、舎利等が埋納されていたこと。

また、その後、瓦の研究が進展し、次のことが明らかになった[14]。

(4) 瓦が百済の瓦の系譜を引くものであったこと。

飛鳥寺では、塔の北側に金堂が配置されるのみならず、塔の東西にも金堂が配置され、それらはいずれも塔を正面とするものになっていた。こうした一塔三金堂形式の寺院は高句麗に例が見られる。千田剛道によれば[15]、平壌の清岩里廃寺では戦前に日本人学者によって発掘調査が行なわれ、八角塔と三つの金堂が検出されており、平壌の上五里廃寺では八角塔と東西の金堂が検出されている（北側からは建物址が検出されず）。また、平壌の定陵寺では戦後に発掘調査が行なわれ、八角塔の東西にそれぞれ金堂があり、その北側に回廊をはさんで金堂があって、さらにその東西にも建物が存在していたことが判明した。次いで、鳳山郡の土城里廃寺でも発掘調査が行なわれ、八角塔と西金堂、中金堂の跡が検出された。ただ塔の東側は攪乱がひどく、遺構は検出できなかったという。これらの調査により、高句麗の寺院は、①八角塔[16]を持ち、その多くが②一塔三金堂の伽藍配置をとり、③各金堂はいずれも塔を正面とする配置をとっていたことが判明したという。

一方、韓国においても寺院の発掘調査が進展した[17]。それによれば、百済の寺院は、定林寺、軍守里廃寺、陵山里廃寺、王興寺など多くが門、塔、金堂が南北に直列（一列）に配置される伽藍配置であった[18]。塔はいずれも四角塔であった。巨大な寺院として知られる弥勒寺は、一寺三院（塔と金堂の組み合わせを三組建立）の独特の伽藍配置であったが[19]、これも直列型の伽藍配置の変形型と理解される。新羅では、皇龍寺が、当初この直列型の伽藍配置であったが、のち金堂の東西に東金堂、西金堂が増築され、一塔三金堂の伽藍となった。ただし、塔は四角塔で、金堂はいずれも南を正面とするものであった[20]。また、芬皇寺は塔の北側に三つの金堂を「品」字型に配置する一塔三金堂の伽藍配置であり、三金堂はいずれも南を正面としていた[21]。以上、百済、新羅では直列型の伽藍配置が一般的であり、一部、三金堂の伽藍が建立されていた。飛鳥寺の一塔三金堂の伽藍配置は、高句麗の様式に類似したものになっているが、塔が四角塔という点では百済、新羅の様式に倣うものになっており、両者の折衷様式と判断されるだろう。

次に坪井が説いた(2)であるが、飛鳥寺の西金堂、東金堂はいずれも七間六間の下成基壇の上に五間四間の上成基壇を重ねる二重基壇になっており、礎石は上成基壇のみならず、下成基壇にも配されていたという。ここから、西金堂、東金堂は、柱を二列に用いた建築であったと推定された。こうした下成基壇にも礎石を配した様式の金堂は、朝鮮半島の寺院に事例があり、それらの様式を受容、模倣したものと考えられる。高句麗では清岩里廃寺が[22]、また百済では扶余の定林寺などがそうであり[23]、新羅では慶州の皇龍寺、四天王寺[24]がそうであった。飛鳥寺の東西の金堂は、こうした百済や新羅の寺院の建築様式を受容したものと理解されるだろう。

地下式心礎と舎利の埋納

次に坪井が説いた(3)であるが、飛鳥寺では、建久七年（一一九六）六月に落雷で塔が焼失したが、その時、僧たちは塔の地下を発掘し、百余粒の舎利および金銀器物などを発見した。その内の一部は金銅製の舎利容器に納められ、木箱に入れられ、さらに石櫃の中に入れられて再び塔の地下に埋め戻された。木箱にはその間の事情が墨書されたが、それが昭和の発掘で出土した。ただ、出土した舎利容器は再埋納の際に新たに作られたものであった。さらにその下には、地下二・七㍍の位置に心礎があって、舎利孔が確認され、また鎌倉時代に取り出されなかった遺物が多数出土したという。[25]
　百済の古代寺院の塔には地下式心礎が見られる。佐川正敏によれば、[26]軍守里廃寺、陵山里廃寺、王興寺は地下式心礎であって、軍守里廃寺は深いタイプ、陵山里廃寺、王興寺は浅いタイプの地下式心礎であるという。佐川は、百済では、心礎は深いタイプの地下式から浅いタイプの地下式、そして地上式へと移行していったと論じている。飛鳥寺は深いタイプの地下式心礎であった。
　韓国では、また塔および塔址から舎利容器や舎利荘厳具が発見される事例が少なくなく、百済では帝釈寺の塔址で心礎の中央部に方形の舎利孔があることが確認されている。[27]王興寺址では、二〇〇七年、塔の心礎の南端に作られた長方形の舎利孔から舎利容器が発見された。舎利容器は、青銅製の舎利盒《ごう》の中に銀製の舎利壺を入れ、その中に金製の舎利瓶を入れるという三重の構造になっており、舎利盒には、「丁酉年二月十五日百済王昌為亡王子立刹本舎利二枚葬時神化為三」という銘文が刻まれていた。ここから、王興寺が、丁酉年（五七七）に、百済の昌王によって、亡くなった王子のために建立された寺院であることが判明した。[28]『三国史記』には、昌王は威徳王（?～五九八）で、聖王の「元子」（王の嫡子のこと）だとある。金製の舎利瓶の内部に舎利を確認することはできなかったが、舎利孔の南側からは多数の遺物が出土した。[29]
　この調査成果に注目した鈴木靖民は、王興寺と飛鳥寺の舎利荘厳具に類似性があること、どちらも舎利孔に舎利容器を埋納すること、時代が共通することなどから王興寺と飛鳥寺との連関性を説く見解を提起している。[30]また、佐川正敏は、王興寺と飛鳥寺の伽藍配置、心礎設置の形式、舎利埋納の形式などについて詳細な比較検討を行なって、その系譜関係について考証している。[31]さらに、田中史生は、飛鳥寺の性格は「私寺」「氏寺」という側面からではなく、「蘇我氏の倭王権における立場・位置から理解すべきもの」であると説き、倭国に送られた工人、僧からの技能伝習の問題について考察している[32]。また、新川登亀男は銘文の読解と舎利の意味について考察し[33]、大橋一章は飛鳥寺の成立の歴史的意義について、自身の見解を発展させた論を説き[34]、百済文化の受容について考察している[35]。

他方、弥勒寺の西塔の解体修理では、二〇〇九年、第一層の心柱上面中央に舎利孔が見つかり、中から舎利容器が発見された。これは、金銅製舎利壺（外壺）の中に金製舎利壺（内壺）を納め、その中にガラス製舎利瓶を納めたものであった。ガラス製舎利瓶は破片状態になっていたが、白色舎利一顆と宝珠十一顆（宝珠はガラス瓶の外側か）が納められていたことが確認された。さらに、おもて面と裏面とに合計百九十三文字の銘文が刻まれる金板の舎利奉安記が発見され、「己亥年正月廿九日」の日付が記されていた。この「己亥年」は西暦六三九年の可能性が高いという[36]。この銘文の読解は日本でも開始されているが[37]、銘文を記した金板は飛鳥の古代寺院との関係で大変興味深い。

この間、(4)瓦の研究も進展した。清水昭博によると[38]、飛鳥寺で用いられた軒丸瓦には二系統のものがあり、一つは弁端切り込み式の文様を持つもの（いわゆる花組）で、これは官北里遺跡など泗沘の王宮周辺を中心に用いられた瓦の系譜を引くものであり、もう一つは弁端点珠式の文様を持つもの（いわゆる月組）で、こちらは熊津の大通寺に起源を持つ様式の瓦であるという。この両者は文様ばかりでなく、造瓦技術全般に及ぶものであって、いずれも百済瓦の系譜に連なるものであるという。清水は、ここから、『日本書紀』の百済から瓦博士が贈与されたという記事の信憑性は十分に検証されると論じ、『日本書紀』の四人の瓦博士は技術的には二系統に分かれていただろうと推定している。

こうした研究成果を勘案するなら、飛鳥寺は、一塔三金堂形式の伽藍配置という点で高句麗の寺院と共通性があり、二重基壇の金堂という点で百済、新羅の寺院と共通性があり、地下式心礎という点で百済の寺院と共通性があり、舎利容器の埋納という点で百済、新羅の寺院と共通性がある。また瓦の技術、様式という点で百済の瓦と共通性がある。

以上より、飛鳥寺は、朝鮮半島の寺院の強い影響のもとに創建されたものとしてよいだろう。

二　『日本書紀』の記述の再検討

『日本書紀』の記述の確認

以上のような近年の研究動向をふまえて、ここであらためて『日本書紀』崇峻元年（五八八）是歳条を検討してみたい。同条には次のようにある。

是の歳に、百済国、使并せて僧恵総、令斤、恵寔等を遣して、仏舎利を献る。百済国、恩率首信、徳率蓋文、那率福富味身等を遣して、調を進り、并せて仏舎利、僧聆照律師、令威、恵衆、恵宿、道厳、令開等、寺工太良未太、文賈古子、鑪盤博士将徳白昧淳、瓦博士麻奈父奴、陽貴文、陵貴文、昔麻帝弥、画工白加を献る。蘇我馬子宿禰、百済の僧等を請せて、受戒の法を問う。善信尼等を以ちて、百済国使恩率首信等に付して学問に発遣す。飛鳥衣縫造の祖樹葉の家を壊ちて、始めて法興寺を作る。此地を飛鳥真神原と名く。亦の名は飛鳥苫田なり。

この条は豊富な内容を持っているが、特に注目されるのは次の三点である(39)。

A　百済国が日本に贈与した物品、人材の筆頭に「仏舎利」が掲げられていること。
B　百済国は、僧や技術者を日本に贈与していること。
C　百済国との外交交渉には、崇峻ではなく、蘇我馬子が対応していること。

仏舎利の贈与

まずAであるが、この記事は、寺院の中核となるものは塔であり、塔には仏舎利が必要だとする思想に基づいて、仏舎利をその筆頭に掲げたものと読解される。[40]ここの仏舎利については、二葉憲香の議論がある。[41]二葉は、『日本書紀』には馬子が舎利を得たことについて、司馬達等から得たとする記述と、百済から献上されたとする記事の二つがあるが、前者は信ずるに値せず、後者が歴史的事実に基づくものだろうと述べている。すなわち、敏達十三年九月条、是歳条、十四年二月条には、鹿深臣らが仏像をもたらし、司馬達等の娘ら三人の少女が得度すると、斎食の上に仏舎利が出現し、これを得た達等はその仏舎利を蘇我馬子に献上したといい、翌年、馬子は大野丘の北に塔を建立してその柱頭に達等が得た仏舎利をおさめたという。

しかし、この記事については、そもそも仏舎利が斎食の上に奇跡的に出現するはずがないし、本書第Ⅰ章で詳論したように、仏舎利の出現およびその奇瑞の話は早く僧祐『出三蔵記集』に記される説話であり、直接的には道宣『集神州三宝感通録』に依拠して作成されていて、創作史話と評価すべき記事であった。そうであるなら、二葉が述べたように、敏達十三年条の仏舎利出現の話は歴史的事実に基づくものとは言えず、百済国から仏舎利が贈与されたとする崇峻元年是歳条の方にむしろ信憑性がある。建久七年、飛鳥寺（本元興寺）の塔の地下から発掘されたという当初の舎利容器からは、「百余粒」の舎利が回収されたらしい。[42]それらが百済国から蘇我馬子に贈与されたという舎利であったかどうかはもはや確認のしようがないが、舎利の枚数が多いのは不審であり、今日では検証不能と考えておきたい。

僧および技術者の贈与

次にBであるが、『日本書紀』に拠るならば、この段階で本格的な僧は日本にはまだ存在しない。[43]寺院（僧寺）の維持、運営には僧が必要だから、百済国は技術者とともに僧を贈与したと理解される。また、寺工以下の技術者であるが、寺院を建設する知識、技術は当時の日本にはなく、技術者は存在しなかった。したがって、その建立には専門的な知識、技術の伝来、そして外国人技術者の渡来が不可欠の条件となる。

大山誠一は、仏教の伝来とは第一義的には百済が有する中国の先進技術の技術移転の問題であって、百済としては何の見返りもなくそれを日本に与えることはできなかったと述べ、中国に隋が成立し、対外状況が大きく変化したため、日本の軍事援助に期待して先進技術を贈与するに至ったと論じている。[44]私は、そうした技術移転の問題が重要であることはその通りだと考えるが、仏舎利および僧の贈与、すなわち仏教自体の贈与も同様に外交的に重要な意味[45]を持っていたと考えている。

さて、この問題については、『日本書紀』敏達六年（五七七）十一月朔日条の「百済国王、付二還使大別王等一、献二経論若干巻、并律師・禅師・比丘尼・呪禁師・造仏工・造寺工六人一。遂安二置於難波大別王寺一」という記述について触れなければならない。この記事が何らかの事実を伝えるものならば、百済国王からの贈与は飛鳥寺創建に先立って大別王に付与して実施され、しかもそれらの物品、人材は「難波大別王寺」に安置せられたことになる。そうだとするなら、その寺は飛鳥寺に先立つ寺院ということになるし、外国人僧尼、技術者が飛鳥寺に先立って日本で活動していたということになる。しかし、大別王は他に初見のない系譜不明の人物で、その寺も詳細不明である。この記事はどう評価すればよいだろうか。

この記事に信憑性を認める大橋一章は、大別王は外交官で、その寺は仏教寺院というより外交官のオフィス的な施設であって、そこに僧も尼も工人も同宿させていたのではないかとする解釈を提示している。[46]しかし、この史料読解には積極的な論拠がなく、いささか無理があるように私は思う。他方、大山誠一は、大別王に該当する人物も寺も知られず、仏教の伝来さえ不確かな時代に律師や禅師というのも不自然であり、この記事も一連の仏教伝来関係記事を補強する創作の一つと見るべきだとの解釈を提示している(47)。

大橋一章、田中史生は、このときの造仏工、造寺工によって百済の先進的な技能、文化が日本に伝えられ、日本人工人が養成されていったとする論を説いているが(48)、この詳細不明の記事からそこまで立論できるかどうかははなはだ心もとない。私は、大別王なる詳細不明の人物が蘇我系の家臣であり、仏教の導入を課題に百済との外交交渉にあたっていた人物であって、その活動が飛鳥寺の歴史に付随して記録されていたという可能性も皆無ではないと憶測するが、しかし不明の部分があまりにも多く、この記事を史料として採用するのは現段階ではさし控えるべきであると考える。

蘇我馬子の重要性

さらにCであるが、この記事では、百済国は蘇我馬子を国家の外交の相手とし、蘇我馬子もそれに応じている。仏舎利や僧、技術者の贈与は、本来、相手国の君主に対してなされるべきであろうし、それに応じて寺院を創建するのも君主であるべきだろう。それがここでは蘇我馬子に対してなされている。この記述をストレートに読解するなら、蘇我馬子は少なくとも日本（倭国）の最高権力者として描かれていると言うべきだろうし、さらには君主として描かれているとするのが第一義的な読解になろう。一体ここの記述をどう読むのが妥当な読解になるのか。

『隋書倭国伝』は倭国の仏教について「仏法を敬す。百済に於いて仏経を求得し、始めて文字有り」と記しており、倭国の仏教が百済の仏教の系譜を引くものであったことが中国史料からも検証される。そして、国家間の外交の中で、仏教に関わる物品、人材が百済国王から倭国の代表者へと贈与された。日本側の仏教の受容（導入）と興隆の中心は蘇我氏であり、この記事ではそれは蘇我馬子であった。百済国からの国家的贈与に応じて馬子が建立した飛鳥寺は、仏教の導入と興隆を内外に宣言する記念碑的建築物としてそびえたった。これまでの学説でも、仏教は日本では蘇我氏を中心に受容、興隆されたと説かれてきたから、こうした理解はこれまでの見解の延長線上にあるのだが、しかし仏教の導入に蘇我氏がはたした役割の絶大なことはこれまで以上にもっと特筆されてしかるべきだと考える。では、蘇我馬子はどのような地位にあったのか。

三　飛鳥寺成立の歴史的意義

飛鳥寺の性格と蘇我馬子の地位

飛鳥寺はどのような寺院ととらえられるだろうか。かつて薗田香融は[49]、飛鳥寺について、「わが国最初の本格的寺院として知られる大伽藍であった」とし、その創建をめぐる諸説を検討して、「飛鳥寺がたとえ純然たる蘇我氏の氏寺であったとしても、蘇我氏の政治的地位を思えば、飛鳥寺創立の国家的意義は抹殺することができない」と述べ、「『国家仏教』の意味するところは多様であり、必ずしも明確ではないが、日本古代の国家仏教の起源を飛鳥寺の創立から論じ始めなければならない」と説いた。これは飛鳥寺の「国家的意義」を論じた画期的な見解であったが、ただ蘇我氏を代表的な豪族とし、飛鳥寺を「氏寺」概念の枠内で理解しようとしたため、その論はなお折衷的なものになっていた。

これに対し、大山誠一は、近年、拙論を参照、加味した上で、『日本書紀』の仏教伝来記事およびそれに続く一連の記事は歴史的事実を伝えるものとは評価できず、この崇峻元年（五八八）是歳条が「ほぼ確実に史実と言える最初の記事」であり、これこそが本当の仏教伝来であったと論じた。(50)大山はその議論とともに、蘇我馬子は家臣ではなく、倭国の王であり、飛鳥の地を本拠に蘇我王権が存在していたことを論じている。(51)大山のように考えるなら、飛鳥寺は君主によって建立された寺院となるから、その国家的意義はより明確に理解、説明することができるだろう。

他方、鈴木靖民は、飛鳥寺は「本格的な伽藍配置を有する古代日本で最初の仏教寺院である」とした。そして、従来、「飛鳥寺は蘇我氏の建てた氏寺であり、発願主である蘇我氏の権勢の大きさを示すものと考えられてきた」が、そうした理解は適切でなく、「単に豪族の氏寺に止まるものではない」とした。その上で、蘇我氏は「王権の核に深くかかわる存在で」あり、飛鳥寺は「王権の寺院」であって、それは「天皇を最上位に戴く王権構成者の和諧（調和）、一体化、すなわち秩序形成と不可分の関係」にあった仏教の思考、信仰に立脚して建立されたものであり、「蘇我氏主導の仏教興隆の中枢となる国家的役割を担」う寺院であると論じた。(52)この鈴木の理解は、従来説を前進させた見解になっているが、ただ、蘇我馬子を臣下とし、蘇我氏を有力豪族と位置づける『日本書紀』の記述を是認するため、なお折衷的な理解にとどまっている。鈴木の見解は薗田香融の見解を継承し、それを今日の研究水準から再論したものと位置づけられるだろう。

ここで平安時代に目を転じると、近年、上島享は、藤原道長が建立した法成寺は道長の個人的な信心に基づく私的な寺院と評価すべきではなく、「道長の王権」と密接に連動した寺院であり、その性格は後三条天皇の円宗寺や白河天皇の法勝寺に継承されていったと論じている。道長は天皇ではなかったが、時の最高権力者であり、法成寺は道長によって建立された「国王の寺」だったと上島は論じる。(53)

飛鳥寺の伽藍としての特質、また百済との外交の成果によって建立されたという成立の状況を参勘するなら、その国家的性格は否定しがたい。鈴木は、しかし、『日本書紀』が記す皇位継承記述と整合させる方途を求めて、「国家」概念よりも広い範囲の権力構造を含意する「王権」概念を援用して飛鳥寺の性格を論じた。そうした「王権」の概念構成からするなら、蘇我馬子が君主ではなくても、時の最高権力者であったなら、飛鳥寺を「王権の寺院」と位置づける立論は成り立つだろう。だが、本当にそうした折衷的な理解が妥当なのだろうか。

私は、この時代の日本の君主のあり方を考察するには、日本一国のみを対象にして考察するのでは十分ではなく、中国や朝鮮半島における君主のあり方と比較しながら、その影響関係をも含めて検討するという視角が必要になると考える。そこで、眼を同時代、六世紀の中国に転じるなら、北魏末期〜東魏・西魏時代の皇帝はしばしば傀儡であり、時の最高権力者が政治を動かした[54]。孝武帝や孝静帝を擁立した高歓、また孝武帝を迎え入れて権力を掌握した宇文泰などである。宇文泰はまもなく孝武帝を殺し、文帝をたてて魏は東西に分裂した。宇文泰の権力を継承して周（北周）を建国した宇文護は宇文泰の子の孝閔帝を皇帝に擁立したが、まもなくこれを殺害、次に明帝を擁立したが、これまた短期間で毒殺してしまい、武帝を擁立した。このようにめまぐるしく傀儡皇帝が立てられたが、ただ注意しておきたいのは、宇文氏が即位して北周が成立し、また高歓の子の高洋が即位して北斉が成立したように、権力の移動とともに新王朝が成立していることである。北周の末期には楊堅が幼帝の静帝を擁して権力を掌握したが、まもなく自ら即位して、新王朝の隋が成立している。これらの事例を参酌するなら、蘇我馬子が非君主の最高権力者であった可能性もあるが、君主であった可能性もまた否定できない。

百済と日本との外交の中で仏教が日本に導入されていったことを正面から見すえるなら、私は、飛鳥寺は「王権」の寺院というより、「国家」[55]の寺院と理解すべきだと考えるし、蘇我馬子の地位についても再考する必要があると考える。

『日本書紀』の皇位継承記述の相対化

蘇我馬子は、一般的理解では、『日本書紀』の記述にしたがって、君主とは別に大きな政治的権力を持つ存在であり、しばしば実質的な最高権力者であったと説かれてきた。また、蘇我蝦夷、入鹿についても、同様に『日本書紀』の記述にしたがって、君主とは別に大きな権力を持つ存在であり、実質的な最高権力者であったと説かれてきた。かつて戦前においては、『日本書紀』にしたがって、蝦夷、入鹿は「天皇」の正統的な権力を侵害する邪悪な権力者であり、のちに中大兄皇子、中臣鎌足ら政治的正義によって打倒されるべき存在だとされ、実際に乙巳の変によって誅滅せられたとする歴史的評価がなされてきた。

もちろん、そうした評価はかつてのものであって、『日本書紀』の勧善懲悪的な歴史叙述を鵜呑みにすることができないことについては、すでに津田左右吉が多岐にわたって指摘してきたし(56)、また戦後歴史学の大化改新論争の中で重層的な論議が積み重ねられてきた。しかしながら、二十一世紀を迎えた現在も、私たちはなお『日本書紀』が設定した枠組の内側でしか歴史的思考が展開できにくい状況にあり、諸先学による批判的研究が一巡したのちに、結局、『日本書紀』が規定した歴史世界に戻ってしまっているように思われてならない。特に考古学の分野では、『日本書紀』に関する批判的研究やその叙述の評価をめぐる論争を経験してこなかったためか、遺構をストレートに『日本書紀』の記述に結びつけて解釈しようとする傾向がぬぐいがたくあり、『日本書紀』の歴史世界に依拠して遺跡を説明することによって、その遺跡を権威化しようとする傾向が認められると言わざるをえない。

私たちは、今なお『日本書紀』にとらわれているのではないか。『日本書紀』は、よく知られているように、天皇家がアマテラスなる神の子孫であることを神話的に述べ、天皇家のみがこれまで君主を務めてきたし、これからも未来永劫にわたってアマテラスの子孫のみが君主たりうると主張している。しかし、『日本書紀』が書かれた養老四年

（七二〇）まで、天皇家以外の人物が君主としてこの国を統治したことがなかったというのは普通にはありえないことだろうし、天皇家が神の子孫だというのも歴史的事実ではない。いずれも政治的主張なのである。私は、『日本書紀』の記述を相対化して当該期の政治史を再考しなければならないと考える。それは神武天皇や欠史八代など、明らかに歴史的事実ではない記述が認められる『日本書紀』の前半部分についてのみ該当するというのではない。『日本書紀』の後半部分についても同様に批判的な読解が必要であり、継体以後の君主の地位継承についても再考する必要があるとしなければならないだろう。

『日本書紀』崇峻元年是歳条の評価

『日本書紀』崇峻元年是歳条はどのように評価されるだろうか。百済国から日本に対して仏舎利、僧、技術者たちが贈与されて飛鳥寺が創建されたとする記述は、

① 飛鳥寺が事実として建立されたことが発掘調査から検証されたこと。
② 飛鳥寺の文化、技術は、発掘調査の成果によるなら百済の寺院の系譜を引くものと理解して矛盾がないこと。
③ 当時の日本には寺院を建築する知識、技術が存在せず、寺院建立には専門的な知識、技術の伝来、外国人技術者の渡来が不可欠の条件になること。
④ 寺院の建立には仏舎利の埋納が望ましく、その贈与は寺院創建の一つの条件になること。
⑤ 当時の日本には本格的な僧が存在せず、寺院の維持、運営には外国人僧の渡来が不可欠の条件になること。
⑥ ③〜⑤の文物の贈与は、国家間の外交交渉の中で実現しうるものであること。

から考えて、歴史的事実を伝える記述と評価してよいと考える。日本への仏教の国家的伝来は、この崇峻元年是歳条

が述べる百済からの物品、人材の贈与、およびそれによる飛鳥寺の創建を中核に理解すべきだろう。私は、それは「伝来」という概念よりむしろ「贈与」という概念で理解すべきものと考える。

しかし、『日本書紀』の記述には問題もある。それは百済国が外交の相手とするのを蘇我馬子だと記すのに、その馬子を君主とはせず、彼の権力の形式を曖昧にしか記していないところにある。『日本書紀』では、馬子はまもなく崇峻を殺害したと記されているが、馬子は謀叛の扱いを受けるわけでもなく、政治過程が平然と進展していく。そうしたことは、同時代の中国史を参酌するに、蘇我馬子が実質的な最高権力者であったならありえないことではない。だが、仏教が国家間の外交の中で百済国から日本に贈与されたことを正当に評価するなら、蘇我馬子は実質的な最高権力者であるにとどまらず、形式的にも国家権力の中心にある君主であったと見る方が事態の全体を整合的に理解できると考える。私は、『日本書紀』の描く一血統的な皇位継承史観から一歩を踏み出し、崇峻ではなく、蘇我馬子が君主であったと推定したい。

『日本書紀』の読解と五三八年説の淵源

崇峻元年是歳条は、『日本書紀』の欽明十三年十月の仏教伝来記事から推古二年二月条の三宝興隆の詔の記述に至る一連の叙述の中で、唯一信憑性がある確実な記述と評価される。『日本書紀』の編纂作業が行なわれていた時、その編纂者たちのもとには、この話が仏教の国家的伝来に関する中核の史料として収集されたものと考えられるが、それは飛鳥寺の創建を描く記述であるところから判断して、もとは飛鳥寺で語られた歴史であったと推定される。だが、編纂者たちはそれにいくつもの創作史話——末法、廃仏、廃仏との戦い、三宝興隆など——を付加し、この記事の前後に配置して、仏教伝来に関する一連の話として改変、創作していった。

仏教伝来の年次を戊午年（五三八）とする説は、第Ⅴ章で述べたように、元興寺で語られた古伝とでも呼ぶべき説であった。飛鳥寺では、蘇我馬子の時代に百済国から仏舎利および僧、技術者たちが贈与されて飛鳥寺が建立されたという創建の歴史が語られていたが、さらにその上に、その前史として、蘇我稲目の時代に、百済王から蘇我稲目に仏教に関する文物が贈られて仏教が開始されたとする話が語られており、その年次が戊午年とされていたものと推論される。しかし、その歴史は、『日本書紀』の編纂者たちによって書き改められ、伝来の年次は末法に入る年（五五二）に改変され、(57)また文物の贈与も、百済王から蘇我稲目に対してではなく、百済王から欽明天皇に贈られ、欽明を経て蘇我稲目へと伝えられたように改変された。それでも、飛鳥寺（元興寺）では、寺の伝えとして、『日本書紀』完成後にも仏教伝来戊午年説が残存し、奈良時代中後期に元興寺の縁起が作成された時にはこの伝えが記述され、それが『顕戒論』など後の書物に伝えられていった。

仏教伝来戊午年説は、飛鳥寺および蘇我氏で語られた歴史で、『日本書紀』成立以前に存在していた言説だと考えられる。それは、飛鳥寺創建以前に、すでに稲目の時代に仏教が伝えられていたと述べる歴史であった。したがって、それは飛鳥寺創建にはじまる歴史の前に加上された言説という性格が色濃く、ただちに歴史的事実に基づく言説と評価することはむずかしい。馬子時代に先立って稲目時代に何らかの仏教の伝来、受容があったということは認めてもよいのかもしれないが、それが具体的にどのようなものであったのかは不明と言うよりなく、その最初の年次が戊午年だったのかどうかも、今日、検証することができない。戊午年（五三八）という年次は、歴史的事実かどうか検証不能の飛鳥寺の古伝と評価しておくのが適切だろう。

むすび

仏教の伝来については、国家的伝来と個別的伝来の両者について考察する必要があるが、緒論で述べたように、本書では、今日にいくつかの史料を伝える国家的伝来の問題について考察してきた。『日本書紀』は、仏教の伝来を欽明十三年（五五二）十月のこととして記し、一方、最澄『顕戒論』所引「元興縁起」などはこれを欽明朝の「戊午」年（五三八）のこととして述べている。しかし、前者の五五二年説は末法思想に依拠して設定された年次であって歴史的事実を伝えるものとは評価できない。また後者の戊午年説は飛鳥寺に伝えられた説と理解されるが、加上された言説である可能性があり、検証不能の古伝と評価するのが妥当である。

大山誠一は、『日本書紀』崇峻元年是歳条が記す、百済国から日本への物品、人材の贈与こそが真の仏教伝来であると論じた。私は、大山説は妥当であり、仏教の国家的伝来は百済国から日本の蘇我馬子への贈与によって成し遂げられたと考える。それは外交交渉の成果であり、その結果、日本には最初の本格的寺院である飛鳥寺が創建され、そこで百済からの渡来僧が活動を開始するところとなった。

『日本書紀』のこの記事以前の仏教関係の記述は、第Ⅰ章で述べたように、編纂段階で作成された記述と見るべきものであり、さもなくば飛鳥寺や金剛寺（坂田尼寺）で語られた言説で、それが合間に組み込まれる形になっている。前者は中国文献を参照して作文された創作史話にすぎず、後者は寺院で語られた説話的言説と評価すべきものである。また、「元興寺伽藍縁起幷流記資財帳」の記述がこれまでしばしば重視されてきたが、第Ⅲ章、第Ⅳ章で詳論したように、この史料は平安時代に作成された偽文書であり、これに依拠して初期仏教史を語るのは妥当ではない(58)。

飛鳥寺の創建以前にも、蘇我氏に、あるいは他の集団に仏教に関する何らかの文物、信仰の伝来があったのかもしれない。その可能性はあると考えるが、私はそれらはすべて、研究の現段階では、仏教の個別的伝来と評価すべきものだと考える。蘇我馬子の権力、そして飛鳥寺創建の「国家的意義」を正当に評価するなら、飛鳥寺の創建こそを仏教の国家的伝来と位置づけるべきであると私は考える。

飛鳥寺の成立の文化史上の意味はどのように評価されるだろうか。大橋一章は、仏教の伝来そして飛鳥寺の創建は「文明開化」であったと論じている(59)。私も仏教は文明として渡来したと考えるので(60)、この大橋の理解は妥当なものだと考える。ただ文明の「開化」というと、ただちに仏教が広く流通を開始したようなイメージをともなうが、そこの部分については若干の留保が必要だと思う。日本列島における寺院建立の様相を見ていくと、七世紀前期までは寺院の数は多くなく、地域的広がりも現在の奈良県、大阪府など特定の範囲に限って流通している。これに対し、七世紀後期になると、各地に急速に地方寺院が建立されていき、日本列島に仏教ブームとでも呼ぶような状況がうまれている。特に重要なのは地域社会に仏教が広まっていったことで、地方豪族の仏教が盛んとなり、さらには民衆の仏教も開始されるに至った。

六世紀末期〜七世紀前期の限定的な仏教の流通は、蘇我氏を君主とする政権が文明としての仏教を独占的に占有し、それを部分的にしか開放しなかったことによるのではないかと私は考えている。仏教は外交交渉の中で入手した権益であり、政治権力の中枢にある限定された層のみが享受しうる先進文明であった。それが広く開放されていくのは、この政権が乙巳の変によって滅ぼされ、新政権が樹立されて以後のことになると私は考えている。七世紀後期の仏教の急速な流通については、今後、そうした視角からも考察していく必要があるだろう。

本章の最後に、「仏教伝来」についての私見をまとめておきたい。「仏教伝来」とは、一般的には、五三八年あるいは五五二年に百済の聖明王が日本の欽明天皇に仏教に関わる物品を献上したとする出来事を指して「公伝」だと見なしてきた。しかしながら、私は、第一に、宗教の伝来とは、少しずつゆっくりと進展する個別的伝来をもって本来的な意味での伝来とするべきだと考える。したがって、それはある特定の年次の特定の出来事を指すような事象ではなく、世紀を単位に時間をかけて進展する文化現象を指すと考える。そうした意味での仏教の日本への伝来は、この時期の国際関係や文化交流の様相から判断して、主として朝鮮半島の仏教が日本にもたらされたと理解され、また仏法が東流する時間的地理的推移の情勢から推定して、おおむね六世紀を通じて仏教が日本に伝来したと理解してよいと考える。

第二に、仏教は、アジアの国々においてしばしば国家権力と結びつく形で興隆、流通をとげたから、国家間の外交と密接に連関する、仏教の国家的伝来もまた歴史上の重要事項とすべきである。これについては、本書の全体を通じて考察して私なりの理解を述べてきた。私見は、大山誠一の見解を継承して、六世紀末に百済国から蘇我馬子を中心とする日本国に対して仏舎利、僧、技術者が贈与され、それによって国家的寺院である飛鳥寺が建立されたことをもって、仏教の日本への国家的伝来だと理解するものである。

『日本書紀』には仏教の国家的伝来に関する一連の記事があり、それらは歴史教育を通じて私たちによく知られるものになっている。しかし、それら一連の記事は『日本書紀』編纂者による創作史話と評価すべきものであり、歴史的事実を伝える信憑性には欠け、歴史的事実として採用することはさし控えるべきだと私は考える。また、『日本書紀』には蘇我稲目と仏教との関連についての記述があり、その一部には飛鳥寺の古伝が形を変えて取り込まれている可能性があって注意を要する。だが、仮にそうだったとしても、それもまた説話的な古伝と評価すべきものであって、何らかの歴史的事実を伝えるものかどうかは研究の現段階では検証不能とすべきである。したがって、私は、六世紀末に百済国から日本国に対して仏舎利、僧、技術者が贈与され、それによって飛鳥寺が建立されたことをもって日本への仏教の国家的伝来と位置づけるべきだと結論することにしたい。

註

（1）辻善之助『日本仏教史　一上世篇』（岩波書店、一九四四年）。
（2）国史大辞典編集委員会編『国史大辞典』一（吉川弘文館、一九七九年）。
（3）『日本史広辞典』（山川出版社、一九九七年）。
（4）川崎庸之・笠原一男編『体系日本史叢書　宗教史』（山川出版社、一九六四年）。該当部分は川崎庸之執筆。
（5）家永三郎監修『日本仏教史Ｉ　古代篇』（法蔵館、一九六七年）。該当部分は堅田修執筆。
（6）速水侑『日本仏教史　古代』（吉川弘文館、一九八六年）。
（7）朝尾直弘他編『日本歴史大事典』１（小学館、二〇〇〇年）。
（8）小野正敏他編『歴史考古学大辞典』（吉川弘文館、二〇〇七年）。
（9）奈良国立文化財研究所『飛鳥寺発掘調査報告』一九五八年。
（10）飛鳥池遺跡出土木簡については、寺崎保広「飛鳥池遺跡とその木簡」（『古代日本の都城と木簡』吉川弘文館、二〇〇六年）、吉川真司「飛鳥池遺跡と飛鳥寺・大原第」（直木孝次郎・鈴木重治編『飛鳥池遺跡と亀形石―発掘の成果と遺跡に学ぶ―』ケイ・アイ・メディア、二〇〇一年）、同「飛鳥池木簡の再検討」（『木簡研究』二三、二〇〇一年）、市大樹「木簡からみた飛鳥池工房」（『飛鳥藤原木簡の研究』塙書房、二〇一〇年）など。
（11）大山誠一『天孫降臨の夢』（ＮＨＫブックス、二〇〇九年）、同「『日本書紀』の解明に向けて」（同編『日本書紀の謎と聖徳太子』平凡社、二〇一一年）。
（12）鈴木靖民「百済王興寺の舎利容器・荘厳具と飛鳥寺―飛鳥文化の源流―」（『東アジアの古代文化』一三六、二〇〇八年）、田中史生「百済王興寺と飛鳥寺と渡来人」（『東アジアの古代文化』一三六、二〇〇八年）、鈴木靖民編『古代東アジアの仏教と王権―王興寺から飛鳥寺へ―』（勉誠出版、二〇一〇年）。
（13）坪井清足『飛鳥の寺と国分寺』（岩波書店、一九八五年）。

(14)亀田修一『日韓古代瓦の研究』(吉川弘文館、二〇〇六年)、菱田哲郎「畿内の初期瓦生産と工人の動向」(『史林』六九―三、一九八六年)、花谷浩「寺の瓦作りと宮の瓦作り」(『考古学研究』四〇―二、一九九三年)、同「飛鳥寺・豊浦寺の創建瓦」(古代瓦研究会編『古代瓦研究』Ⅰ、奈良国立文化財研究所、二〇〇〇年)、李タウン「百済の瓦からみた飛鳥時代初期の瓦について」(帝塚山大学考古学研究所歴史考古学研究会・古代の土器研究会編『飛鳥・白鳳の瓦と土器―年代論―』帝塚山大学考古学研究所、一九九九年)、清水昭博「瓦の伝来―百済と日本の初期瓦生産体制の比較―」(奈良県立橿原考古学研究所『考古学論攷』二七、二〇〇四年)、同「古代日本と百済の造瓦技術交流」(『帝塚山大学考古学研究所研究報告』一三、二〇一一年)。

(15)千田剛道「〔高句麗〕寺院跡の発掘」(『仏教芸術』二〇七、一九九三年)。

(16)なお、奈良国立文化財研究所註(9)報告書は、清岩里廃寺の八角塔の基壇の直径が八二～八三尺と大きいことから、「たとえ塔であったにしても恐らく多層の塔ではなかった」ろうと推定し、村田次郎「中国の初期伽藍配置」(日本歴史考古学会編『日本歴史考古学論叢』吉川弘文館、一九六六年)は八角堂であったろうと推定し、最近の大橋一章「古代文化史のなかの飛鳥寺」(註(12)『古代東アジアの仏教と王権―王興寺から飛鳥寺へ―』所収)も八角円堂であったろうと推定している。

(17)張慶浩「近年の韓国古代寺院跡の発掘」(『仏教芸術』二〇七、一九九三年)、扶余郡『扶余文化財調査一〇〇年』二〇〇八年。

(18)佐川正敏「王興寺と飛鳥寺の伽藍配置・木塔心礎設置・舎利奉安形式の系譜」(註(12)『古代東アジアの仏教と王権―王興寺から飛鳥寺へ―』所収)も、百済の寺院は「一貫して一塔一金堂式であった」と述べている。

(19)張慶浩「弥勒寺跡の発掘」(『仏教芸術』二〇七、一九九三年)。

(20)金東賢「皇龍寺跡の発掘」(『仏教芸術』二〇七、一九九三年)。

(21)趙由典・南時鎮「芬皇寺跡の発掘」(『仏教芸術』二〇七、一九九三年)、張慶浩註(17)論文、国立慶州文化財研究所『芬皇寺』二〇〇六年。

(22)奈良国立文化財研究所註(9)報告書。

(23)坪井清足註(13)著書。定林寺址博物館『定林寺址博物館』二〇〇六年。

(24)国立慶州文化財研究所・国立慶州博物館『四天王寺』二〇〇九年。

(25) 奈良国立文化財研究所註(9)報告書、坪井清足註(13)著書。
(26) 佐川正敏註(18)論文。
(27) 佐川正敏註(18)論文。
(28) 国立扶余博物館『百済王興寺』二〇〇八年、金容民「王興寺跡と舎利器・荘厳具の発掘調査成果」(註(12)『古代東アジアの仏教と王権—王興寺から飛鳥寺へ—』所収)。
(29) 李漢祥「百済王興寺木塔址一括遺物の性格と意義」(『東アジアの古代文化』一三六、二〇〇八年)、同「金工史からみた百済王興寺の舎利荘厳具」(註(12)『古代東アジアの仏教と王権—王興寺から飛鳥寺へ—』所収)。
(30) 鈴木靖民註(12)論著。
(31) 佐川正敏註(18)論文。
(32) 田中史生「飛鳥寺建立と渡来工人・僧侶たち—和国における技能伝習の新局面—」(註(12)『古代東アジアの仏教と王権—王興寺から飛鳥寺へ—』所収)。
(33) 新川登亀男「古代朝鮮半島の舎利と舎利銘文—飛鳥寺再考の準備として—」(註(12)『古代東アジアの仏教と王権—王興寺から飛鳥寺へ—』所収)。
(34) 大橋一章『飛鳥の文明開化』(吉川弘文館、一九九七年)、同「飛鳥寺の発願と造営集団」「飛鳥寺の創立と本尊」(『奈良美術成立史論』中央公論美術出版社、二〇〇九年)。
(35) 大橋一章「古代文化史のなかの飛鳥寺」(註(12)『古代東アジアの仏教と王権—王興寺から飛鳥寺へ—』所収)。
(36) 国立文化財研究所(全羅北道)『弥勒寺址石塔　舎利荘厳』二〇〇九年。
(37) 瀬間正之「百済弥勒寺『金製舎利奉安記』」(青木周平先生追悼論文集刊行会編『青木周平先生追悼　古代文芸論叢』おうふう、二〇〇九年)、有働智奘「益山弥勒寺跡出土『金製舎利奉安記』について」(『注釈史と考証』一、二〇〇九年)、瀬間正之「新出百済仏教関係資料の再照明」(『上代文学』一〇四、二〇一〇年)、同「百済弥勒寺『金製舎利奉安記』と〈聖徳太子〉」(大山誠一編『日本書紀の謎と聖徳太子』平凡社、二〇一一年)。
(38) 清水昭博註(14)論文。
(39) 他に、善信尼らが受戒のために百済に派遣されたと記述する部分も注目されるが、これについては真偽未定とすべきであろう。この問題については、今後なお考えていきたい。
(40) 中国における舎利信仰の展開および国家との関係については、藤善真澄「中国舎利塔縁起」（大阪府立近つ飛鳥博物館『荘厳―飛鳥白鳳仏のインテリア―』二〇〇一年）、氣賀澤保規「中国法門寺をめぐる一考察」（『富山大学教養部紀要』人文社会科学篇、二三―一、一九九〇年）、同「唐法門寺咸通十四年舎利供養をめぐる一考察―あわせて法門寺『真身誌文』碑の検討―」（『駿台史学』九七、一九九六年）、肥田路美「舎利信仰と王権」（『死生学研究』一一、二〇〇九年）。
(41) 二葉憲香『古代仏教思想史研究』（永田文昌堂、一九六二年）第一編第三章「蘇我氏仏教の性格」。
(42) 建久七年（一一九六）の仏舎利出土を受けて、翌建久八年三月二十四日、東大寺尊勝院の弁暁は「本元興寺塔下堀出御舎利縁起」（草案、巻子本、三紙）を記した。弁暁は、そこで、出土した舎利は「百余粒」あったと述べ、それらは斎食の上に出現した舎利および百済国が献じた舎利であるとの解釈を示している。この縁起の影印は奈良国立文化財研究所註(9)報告書に、また写真は奈良国立文化財研究所飛鳥資料館『飛鳥寺』（飛鳥資料館図録第一五冊、一九八六年）に掲載されている。
(43)『日本書紀』で最初の日本の僧とされるのは鞍部多須那である。ただ、同書で彼の出家は、用明二年（五八七）のことと記され、同時に崇峻三年（五九〇）のこととしても記されている。その読解についての私見は本書第Ⅰ章参照。
(44) 大山誠一「『日本書紀』の解明に向けて」（同編『日本書紀の謎と聖徳太子』平凡社、二〇一一年）。
(45) アジアにおいて仏教をめぐる問題が外交上重要な意味を持っていたことについては、河上麻由子『古代アジア世界の対外交渉と仏教』（山川出版社、二〇一一年）。
(46) 大橋一章註(34)「飛鳥寺の発願と造営集団」。
(47) 大山誠一『天孫降臨の夢』（NHKブックス、二〇〇九年）。
(48) 大橋一章註(35)論文、田中史生註(32)論文。
(49) 薗田香融「国家仏教と社会生活」（『岩波講座日本歴史　古代4』岩波書店、一九七六年）。
(50) 大山誠一「仏教伝来年次について」（『アリーナ』七、二〇〇九年）、同『天孫降臨の夢』（NHKブックス、二〇〇九年）、同「『日本書紀』の解明に向けて」（同編『日本書紀の謎と聖徳太子』平凡社、二〇一一年）。
(51) 大山誠一編『聖徳太子の真実』（平凡社、二〇〇三年）、註(50)『天孫降臨の夢』、同「記紀の編纂と〈聖徳太子〉」（註(50)

『日本書紀の謎と聖徳太子』)。
(52) 鈴木靖民「王興寺から飛鳥寺へ—飛鳥文化の形成—」(註(12)『古代東アジアの仏教と王権—王興寺から飛鳥寺へ—』所収)。
(53) 上島享『日本中世社会の形成と王権』(名古屋大学出版会、二〇一〇年)。上島は、従来、法成寺は道長の往生を祈願する寺院とされてきたが、適切な理解ではなく、鎮護国家や諸国除災、六道衆生抜苦を祈願する「国王の寺」と理解すべきだと論じた。
(54) 宮崎市定『隋の煬帝』(中公文庫、一九八七年)、同『大唐帝国』(中公文庫、一九八九年)、氣賀澤保規『中国の歴史六 絢爛たる世界帝国 隋唐時代』(講談社、二〇〇五年)を参考にした。
(55) ここでいう国家とは、一君万民的な中央集権国家を念頭においているわけではない。「氏」を単位とする団体が、それぞれの家産制的秩序を基本的に保持したまま連合した部族連合国家的な姿を念頭においている。そうした形態は、乙巳の変の後も、理念はともかく、実態としては長く続いていったと推定している。
(56) 津田左右吉『日本古典の研究』上下(岩波書店、一九四八年、一九五〇年)。
(57) 松木裕美は、仏教伝来年次に複数の伝えがあるのは、百済の聖王(聖明王)の即位年次に複数の説があることに起因すると推測した。そして、聖王即位の実年代を求め、そこから仏教伝来の年次は五四八年と推定されると論じた。松木裕美「仏教公伝の年次について」(『東京女学館紀要』一、一九七八年)、同「欽明朝仏教公伝異説考」(『国学院雑誌』八〇、一九七九年)などである。しかし、私は、仏教伝来年次に複数の伝えがあるのは聖王の即位年の異説に起因するとは理解しない。本章で述べたように、飛鳥寺で唱えられた戊午年説は、『日本書紀』編者によって、末法思想に依拠して末法に入る年(五五二)に改変されたと推定される。
(58) 「元興寺伽藍縁起幷流記資財帳」の縁起本文および「塔覆盤銘(塔露盤銘)」に『日本書紀』崇峻元年是歳条に近似する記述があることは注目される。特に、後者には古風な用字・用語が見られるが、しかし、第Ⅳ章で述べたように、銘文の全体は後世に創作された偽銘にすぎず、何らかの古い記録を参照していたとしても、それが何かの「銘」であったのかどうかすら定かではない。これを史料として立論するには複雑な手続きが必要になるだろう。
(59) 大橋一章註(34)『飛鳥の文明開化』。

（60）　拙稿「日本仏教史の時期区分」（大隅和雄編『文化史の構想』吉川弘文館、二〇〇三年）。

付論　天寿国曼荼羅繡帳銘文の人名表記

【要旨】　天寿国曼荼羅繡帳の銘文の前段（系譜部分）には十一人の人名が見られる。それらのうち九人はその名が万葉仮名（字音仮名）で表記されているが、二人はそうなっておらず、万葉仮名表記と訓表記とが混在している。また、銘文の記載には「乃」や「之」の使用に不整合が見られ、さらに上代特殊仮名遣いの誤用が見られる。天寿国曼荼羅繡帳については、これまで、銘文が述べる通りに推古朝に作成されたものとする見解がある一方、成立年代を下げて理解する見解が唱えられてきた。本章では、人名表記を検討して、銘文は推古朝に書かれたものではなく、後世に作成された擬古文と見るのが妥当であると論じた。

【キーワード】　天寿国曼荼羅繡帳　万葉仮名　擬古文　信如　出現

天寿国曼荼羅繡帳とその銘

奈良県生駒郡斑鳩町の中宮寺が所蔵する天寿国曼荼羅繡帳(1)（以下「繡帳」と略称する）は、わが国最古の刺繡の遺品として、また聖徳太子に言及する飛鳥時代の歴史史料としてよく知られており、国宝に指定されている。繡帳は、今日ではごく一部の断簡しか残存しておらず、銘文が刺繡された亀甲文も一部しか残っていない(2)。それゆえ、繡帳の図様の全体像が当初どのようなものだったのかは不明とせざるをえないが、幸いなことに銘文は『上宮聖徳法王帝説』(3)に引用されており、今日その全文を知ることができる。以下に、まず銘文の白文と書き下し文を掲げよう。白文は、飯田瑞穂による銘文の復元案(4)にほぼ従い、一部私見を加えてある。書き下し文の方は、飯田の読解に加え、宮田俊彦による銘文の復元、読解(5)、および東野治之による読解(6)を参照し、一部私見を交えてある(7)。

〈白文〉

斯帰斯麻　宮治天下　天皇名阿　米久尓意　斯波留支　比里尓波　乃弥己等
娶巷奇大　臣名伊奈　米足尼女　名吉多斯　比弥乃弥　己等為大　后生名多
至波奈等　已比乃弥　己等妹名　等已弥居　加斯支移　比弥乃弥　己等復娶
大后弟名　乎阿尼乃　弥己等為　后生名孔　部間人公　主斯帰斯　麻天皇之
子名蕤奈　久羅乃布　等多麻斯　支乃弥己　等娶庶妹　名等已弥　居加斯支
移比弥乃　弥己等為　大后坐乎　沙多宮治　天下生名　尾治王多　至波奈等
已比乃弥　己等娶庶　妹名孔部　間人公主　為大后坐　瀆辺宮治　天下生名
等已刀弥　弥乃弥己　等娶尾治　大王之女　名多至波　奈大女郎　為后歳在
辛巳十二　月廿一癸　酉日入孔　部間人母　王崩明年　二月廿二　日甲戌夜

半太子崩　于時多至　波奈大女　郎悲哀嘆　息白畏天　皇前曰啓　之雖恐懐
心難止使　我大王与　母王如期　従遊痛酷　无比我大　王所告世　間虚仮唯
仏是真玩　味其法謂　我大王応　生於天寿　国之中而　彼国之形　眼所叵看
悕因図像　欲観大王　往生之状　天皇聞之　悽然告曰　有一我子　所啓誠以
為然勅諸　采女等造　繡帷二張　画者東漢　末賢高麗　加西溢又　漢奴加己
利令者椋　部秦久麻

〈書き下し文〉

斯帰斯麻《しきしま》宮に天下治めたまひし天皇、名は阿米久尓意斯波留支比里尓波乃弥己等《あめくにおしはるきひろにはのみこと》、巷奇《そが》大臣、名は伊奈米足尼《いなめのすくね》の女、名は吉多斯比弥《きたしひみ》乃弥己等を娶《めと》りて大后と為し、名は多至波奈等已比《たちばなとよひ》乃弥己等、妹《いも》名は等已弥居加斯支移比《とよみけかしきやひ》弥《み》乃弥己等を生む。復《また》、大后の弟、名は乎阿尼《おあね》乃弥己等を娶りて后と為し、名は孔部間人公主《あなほべのはしひとのひめみこ》を生む。斯帰斯麻天皇の子、名は蕤奈久羅乃布等多麻斯支《ぬなくらのふとたましき》乃弥己等、庶妹名は等已弥居加斯支移比弥乃弥己等を娶りて大后と為し、乎沙多《おさだ》宮に坐《ま》して天下治めたまひ、名は尾治王《おわりのみこ》を生む。多至波奈等已比乃弥己等、庶妹名は孔部間人公主を娶りて大后と為し、濆辺《いけべ》宮に坐して天下治めたまひ、名は等已刀弥弥《とよとみみ》乃弥己等を生む。尾治大王《おおきみ》の女、名は多至《たち》波《ば》奈大女郎《なのおおいらつめ》を娶りて后と為す。

歳は辛巳に在《やど》る十二月廿一癸酉日入、孔部間人母王《あなほべのはしひとのははのみこ》崩ず。明年二月廿二日甲戌夜半、太子崩ず。時に多至波奈大女郎、悲哀嘆息して天皇の前に畏み白して曰く、之を啓すは恐れありと雖も、懐《おも》ふ心止使《とど》め難し。我が大王と母王と、期するが如く従遊し、痛酷比《たぐい》无し。我が大王告《の》る所、「世間虚仮唯仏是真《せけんこけゆいぶつぜしん》」と。其の法を玩味《がんみ》するに謂《おも》へらく、我が大王、応に天寿国の中に生れてあるべし。而れども彼の国の形は眼に看叵《みがた》き所なり。悕《ねが》はくは図像に因りて、大王の往生の状を観むと欲すと。天皇之を聞き、悽然として告りて曰く、一りの我が子有り。啓す所誠に以て然りと為すと。諸の采女《うねめ》等に勅して、繍帷二張《しゅうのとばりふたはり》を造らしむ。画く者は東漢末賢《やまとのあやのまけん》、高麗加西溢《こまのかせい》、又漢奴加己利《あやのぬかこり》、令す者は椋部秦久麻《くらひとべのはたのくま》なり。

銘文は、その内容から、前段（最初から「為后」まで）と後段（「歳在辛巳十二月」から最後まで）とに二分して理解することができる。前段には系譜が記されているが、それは繍帳の主人公である「等已刀弥弥乃弥己等」（聖徳太子のこと）と「多至波奈大女郎」（聖徳太子の后）の二人に至る詳細な系譜となっている。後段には、この「繍帷」が作成されるに至った経緯が記され、これが何を描いたもので、誰によって造られたものであるのかが記されている。したがって、この銘文はかつて田中倉琅子が指摘したように(8)、全体として繍帳の縁起と見るべきものであるが、今は便宜、前段を系譜部分、後段を縁起部分と呼称して論を進めていくことにしたい。

銘文の後段によるなら、辛巳年（六二一）の十二月二十一癸酉に、「等已刀弥弥乃弥己等」の母の「孔部間人母王」が亡くなり、その翌年（六二二）の二月二十二日甲戌に「太子」（聖徳太子のこと）が亡くなった。太子の「后」である

図6　天寿国曼荼羅繍帳（中宮寺所蔵）

「多至波奈大女郎」は悲しみ嘆き、「大王」（聖徳太子のこと）は「天寿国」に生まれたに違いないから、その国の形を「図像」に描いて大王の「往生」の状況を観たいと願い出た。「天皇」（推古のこと）はこれを聞いてまことにもっともだとして、「采女」らに「繡帷二張」を造らせたという。この銘文に従うなら、天寿国曼荼羅繡帳は聖徳太子が天寿国に往生した姿を刺繡で描いたものであり、推古朝に橘大女郎らによって作成されたものだということになる。

しかしながら、繡帳およびその銘文の評価をめぐってはいくつかの見解が提出されていて、議論になっている。一つは、銘文の記すところをそのままに肯定して、繡帳を推古朝（飛鳥時代）の作品であるとし、銘文も推古朝の文章（推古朝遺文）だとする見解である。[9] 歴史教育の教科書をはじめ、一般に通行している学説である。これに対し、銘文の内容、表記は推古朝のものにふさわしくなく、後世の文章であって、繡帳自体も製作年代が下るとする見解がある。こちらの理解も、戦前からくり返し説かれてきた有力学説である。ではいつのものなのか。その真の成立年代をめぐっては、皇極二年（六四三）以降持統朝以前の成立とする説、[10] 天武朝以降の成立とする説、[11] 天武、持統朝の成立とする説、[12] 持統朝以降の成立とする説、[13] 文武朝以降の成立とする説、[14] 八世紀中頃の成立とする説、[15] 天平十九年（七四七）以降九世紀半ば以前の成立とする説[16]などがある。私も、銘文および繡帳は推古朝のものとは考えられず、推古朝に仮託して後世に製作されたものだと考えている。本章では、銘文の人名表記を検討して、この問題について考えてみたい。[17]

人名表記

銘文の前段には十一名の人物が登場するが、その表記は一見して古風なもので、万葉仮名（字音仮名）が用いられている。それらを表にまとめたので、ご参照願いたい。この十一人は、「多至波奈大女郎」を除いてはいずれも記紀に見える人物である。一方、「多至波奈大女郎」は、記紀には登場しないが、『上宮記』下巻注（『聖徳太子平氏伝雑勘

表　天寿国曼荼羅繡帳の人名表記と記紀

天寿国曼荼羅繡帳銘文	よみ(付，後世の漢風諡号)	古　事　記	日　本　書　紀
阿米久尓意斯波留支比里尓波乃弥己等	アメクニオシハルキヒロニハノミコト(欽明)	天国押波流岐広庭天皇	天国排開広庭天皇
巷奇大臣伊奈米足尼	ソガノオホオミイナメノスクネ	宗賀稲目宿禰大臣	蘇我稲目宿禰大臣
吉多斯比弥乃弥己等	キタシヒミノミコト	岐多斯比売	堅塩媛〈岐拖志〉
多至波奈等已比乃弥己等	タチバナトヨヒノミコト(用明)	橘豊日命	橘豊日尊
等已弥居加斯支移比弥乃弥己等	トヨミケカシキヤヒミノミコト(推古)	豊御気炊屋比売命	豊御食炊屋姫尊
乎阿尼乃弥己等	ヲアネノミコト	小兄比売	小 姉 君
孔部間人公主	アナ(ホ)ベハシヒトノヒメミコ	間人穴太部王	泥部穴穂部皇女，穴穂部間人皇女
蕤奈久羅乃布等多麻斯支乃弥己等	ヌナクラノフトダマシキノミコト(敏達)	沼名倉太玉敷命	訳語田停中倉太珠敷尊，停中倉太珠敷天皇
尾 治 王	ヲハリノミコ	小 張 王	尾張皇子
等已刀弥弥乃弥己等	トヨトミミノミコト	上宮厩戸豊聡耳命	厩戸皇子，厩戸豊聡耳皇子
多至波奈大女郎	タチバナノオホイラツメ	登場せず(法王帝説)	登場せず(法王帝説)

文』下巻第三所引)の「法大王」の系譜に「韋那部橘王」と、『上宮聖徳法王帝説』第一部に「位奈部橘王」というようにその名が見える。

繡帳銘文の人名表記については、早く、大矢透によって詳細な研究がなされた(18)。大矢は「推古朝遺文」という概念を提唱し、①伊予道後温湯碑文、②元興寺露盤銘、③法隆寺金堂薬師光背銘、④元興寺丈六光背銘、⑤法隆寺金堂釈迦仏光背銘、⑥天寿国曼荼羅繡帳銘、⑦法隆寺三尊仏光背銘、⑧上宮記逸文、⑨上宮太子系譜、の九つをその確実な遺例だとした。以後、「推古朝遺文」という概念は国語学、歴史学などの分野で定着し、研究が進められていった。しかしながら、今日の研究水準からするとこの概念は全面的に見直す必要がある。これら九点のそれぞれの成立年代に異論が提出されているからである。

天寿国曼荼羅繡帳銘文についても、銘文の干支が当時の暦と合致せず、後世の暦に基づいていること、「天皇」「公主」など推古朝のものとしてふさわしくない語が用いられていること、など多くの問題点がすでに指摘されている。本章では、従来、古風だとされてきた人名表記をあらためて検討し、本当に古風な表記と評価できるのかについて検証してみたい。

尾治王

銘文の人名を見渡してみると、全員が万葉仮名で記されているわけではなく、そう記されていない人物が混在していることに気づく。十一名のうち九名は万葉仮名表記であるが、二人はそうなっておらず、不整合が見られるのである。その一人は「尾治王（尾治大王）」で、彼の名は訓表記となっている。「尾治」は「ヲハリ」だから、繡帳銘文の用字に従うなら、ヲは「乎」、ハは「波」、リは「利」を用いて「乎波利」と記されねばならぬはずである。現に『上宮記』下巻注では、彼は「乎波利王」と記されている。しかし、繡帳銘文はそうなっておらず、他と不整合な訓表記がなされている。

他の史料に目を転じると、『古事記』では、「ヲハリ」は「尾張国」「尾張連」など多く「尾張」の文字が用いられ、「小張王」については「小張」の文字が用いられている。ただし、景行記のヤマトタケルの歌では、ヲハリに「袁波理」の文字が用いられている。『日本書紀』でもやはり「ヲハリ」には「尾張」の文字が用いられ、「尾張王」も「尾張」の文字が用いられている。こちらも景行紀のヤマトタケルの歌では、ヲハリに「烏波利」の文字が用いられている。『万葉集』も「ヲハリ」には「尾張」の文字が用いられている。『続日本紀』も「ヲハリ」はほとんどが「尾張」になっているが、二例だけ「尾治連若子麻呂」（大宝二年十一月丙子）、「尾治宿禰大隅」（天平宝字元年十二月壬子）のように、「尾治」の文字を用いた例が見られる。また、『播磨国風土記』（飾磨郡の条）にも「尾治連」、「山城国愛宕郡雲上里計帳」（正倉院文書、神亀三年）にも「尾治国鮎市郡」の用例が見られる。そうした中、『上宮聖徳法王帝説』第一部は、ヲハリ王を「尾治王」と記している。以上より、繡帳銘文の「尾治王」という表記は『上宮聖徳法王帝説』第一部ともっとも同一性が高いことが知られる。繡帳銘文と『上宮聖徳法王帝説』の関係については今後検討の必要があるだろう。

なお、「尾」を「ヲ」とよむのは訓読みだから、繡帳銘文の「尾」がわが国における訓仮名の初例であるとする見解が提起されたことがある。(19) しかし、沖森卓也も批判したように、(20) この説は成り立たないと思う。繡帳銘文の用字には多くの混乱、不整合が見られるが、ここの「尾治」もむしろそうした混乱、不整合の一つと評価すべきものだろう。

孔部間人公主

次に「孔部間人公主」という表記がまた問題である。まず「アナ」に万葉仮名を用いず、「孔」と表記するのは、やはりこの銘文の他の人名表記と不整合と言わなくてはならない。この銘文では「ア」は「阿」、「ナ」は「奈」の文字が用いられているから、「アナ」は「阿奈」と記されるべきである。さらに、「ホ」に該当する文字が記されていないことも問題である。「孔部」では「アナベ」にしかならず、アナホベとはならないように私は思う。

天寿国曼荼羅繡帳は、文永十一年（一二七四）、律宗の尼の信如によって世に「出現」した。(21) 信如は、ただちにその「写」なるものを製作して、翌建治元年（一二七五）に洛東の霊山寺釈迦堂にて完成披露を行なった。その時に定円によって作成された『太子曼荼羅講式』（醍醐寺所蔵）(22) を見ると、彼女の名は「孔部部」（「孔部部庭戸者苦域之母子」）と表記されている。定円は出現した繡帳の銘文の解読を担当した僧であるが、彼も「孔部」では「アナベ」にしかならないと考え、「部」の文字をもう一つ補って、これで「アナホベ」と読ませようと考えたのだろう。近代では、飯田瑞穂が「孔部間人」に「あなほのはしひと」と振り仮名を振っている。だが、そう読んだとしても、銘文の不備は明らかである。

また、ハシヒトもこの銘文の用字に従うなら、「ハ」は「波」、「シ」は「斯」、「ヒ」は「比」、「ト」は「等」（乙類）または「刀」（甲類）と記されねばならぬはずである。「ヒト」の「ト」は乙類だろうから、「間人」は「波斯比等」と記されねばならぬはずである。

さらに「公主」の語については、これまでも推古朝にふさわしい語ではなく、後世的な表現であるとの指摘がなされてきた。(23)ではいつにふさわしい表現なのか。野見山由佳は、「公主」の語は天平十九年（七四七）の「法隆寺伽藍縁起幷流記資財帳」に見え、『上宮聖徳法王帝説』第二部に見えることを指摘している。また「元興寺伽藍縁起幷流記資財帳」の「丈六光銘」にもこの語があり、さらに『日本後紀』『続日本後紀』『日本三代実録』『性霊集』『菅家文草』『東大寺要録』といった平安時代の史料に使用例が確認できるという。瀬間正之は、わが国での「公主」の語の使用例は『性霊集』『菅家文草』などむしろ平安時代に下ると指摘している。私は、「法隆寺伽藍縁起幷流記資財帳」の同時代性に疑問を感じており、(24)「公主」の語は『上宮聖徳法王帝説』や「元興寺伽藍縁起幷流記資財帳」と密接な関係のもとに用いられているのではないかと考えている。『上宮聖徳法王帝説』第二部は、家永三郎によれば、第一部より少し成立が遅れるものだという。(25)(補註1)「元興寺伽藍縁起幷流記資財帳」の理解については後述する。私は、「公主」の語は早く見て奈良時代の中頃以降、さらにはむしろ平安時代にふさわしい表現とすべきものと考える。

以上、「孔部間人公主」という表記は、他の人名表記と不整合であり、かつ誤脱、混乱が見られ、さらに後世的用語も使われている。これを推古朝の古風な表記とみなすことはできないと私は考える。

「乃」の使用の不整合

次に考えるべきは、「乃」の問題である。この銘文の人名表記では、「等已刀弥弥乃弥己等」のようにところどころに「乃」の文字が用いられている。だが、その使用には不整合が見られる。たとえば、敏達は、「蕤奈久羅乃布等多麻斯支乃弥己等」と記されている。これは「ヌナクラノフトダマシキノミコト」で、「ヌナクラ」と「フトダマシキ」

との間に「乃」の文字が用いられ、さらに「ミコト」との間にも「乃」の文字が用いられている。これに対して、用明は、「多至波奈等已比乃弥己等」と記されている。これは「タチバナトヨヒノミコト」で、「タチバナ」と「トヨヒ」との間に「乃」の文字はない。ただし、「ミコト」との間には「乃」の文字が用いられている。

そこで、あらためて銘文全体を見渡してみると、冒頭の「斯帰斯麻宮」のような音訓交用表記の場合、「宮」の前に「乃」の文字は用いられていない。[26]これは「多至波奈大女郎」なども同様で、「多至波奈」と「大女郎」との間に「乃」の文字は用いられていない。これらに対し、「等已刀弥弥乃弥己等」のように、「弥己等」につながる場合は、「乃」の文字が用いられている。この銘文は「ミコト」を表記する時、訓表記の「命」もしくは「尊」ではなく、「弥己等」と万葉仮名を用いている。そのため、その前に「乃」字を用いて「～乃弥己等」と記し、「～ノミコト」と読ませているのである。そう理解するなら、この銘文では、人名を表記するにあたり、「弥己等」のように万葉仮名で表記された言葉につながる時に「乃」の文字が用いられるのが原則であることが知られる。

ならば、「蕤奈久羅乃布等多麻斯支」のように、「蕤奈久羅」と「布等多麻斯支」とをつなぐ時に「乃」字が用いられるのはこの銘文の人名表記の原則にかなっているが、「多至波奈等已比」のように「多至波奈」と「等已比」とをつなぐ時に「乃」字が用いられないのは原則から外れているということになる。ただ、田中倉琅子が指摘したように、[27]古い書法では「漢字に書く時は『蕤奈久羅』の『乃』字を送らないのが通例である」と考えるなら、むしろ「多至波奈等已比」が書法にかなっていて、「蕤奈久羅乃布等多麻斯支」という書き方の方に不審があるとするべきなのかもしれない。だが、そうだとすると、今度は「弥己等」の前に「乃」の文字を記すのが正しい書法かどうかが問題になる。[28]

いずれにせよ、「蕤奈久羅乃布等多麻斯支」と「多至波奈等已比」の二つの人名表記に不整合が見られることは明らかである。このことは、先行研究も気づいていて、すでに宮田俊彦はこの不整合を指摘しているし、飯田瑞穂は銘文の書き下し文に振り仮名を振る際に、「たちばなのとよひのみこと」と「の」を補って読んでいる。(29) 私は銘文の作文者の能力の不足により、こうした不整合が生じたものと考えている。

「之」の使用の不整合

次に、「之」の使用にも不整合が見られる。田中倉琅子が指摘したように、この銘文では、「多至波奈大女郎」が「尾治大王之女」と記されるのに対し、「吉多斯比弥乃弥己等」は「伊奈米足尼女」と記されている。前者には「女」の前に「之」の文字が用いられているが、後者には用いられていない。これまた統一性を欠く不整合と言わなくてはならないだろう。田中によれば、ここは「之」の文字を用いるのが書法にかなった正しい書き方で、前者が正しく、後者には本来なら「女」の前に「之」の文字を用いねばならないという。(30) そこで銘文全体を見渡してみると、「蕤奈久羅乃布等多麻斯支」は「斯帰斯麻天皇之子」と記されていて、「子」の前に「之」の文字が用いられている。これは「尾治大王之女」の「之」と同じ用い方である。こうした用例に従うなら、このように「女」や「子」の前に「之」の文字を用いるのがこの銘文の書き方の原則となっていると言ってよいかもしれない。ただ、田中は指摘していないが、「乎阿尼乃弥己等」は「大后弟」と記されていて、「弟」の前に「之」の文字が用いられていない。この銘文の用字法に従うなら、ここも本来なら「之」の文字を用いなければならないように思う。いずれにせよ、「之」の文字の使用に不整合が見られることは、以上の用例から明らかである。

なお、こうした「乃」や「之」の文字の使用の不整合について、銘文の文字数を四百文字に整えるためのやむをえざる措置だったと理解することはできないと考える。なぜなら、たとえば、「蕤奈久羅乃布等多麻斯支」の「乃」を削除し、「伊奈米足尼女」に「之」を加えて「伊奈米足尼之女」とするなど、四百文字の範囲内でいくらでも整合性を増す作業が可能だからである。私は、「之」の文字の使用の不整合も、やはり銘文の作文者の能力不足によって生じたものだと考えている。

「等」の問題

次にこの銘文に用いられる万葉仮名の疑問点について、国語学の研究に導かれながら考えてみたい。この銘文では「ト」乙類に「等」の文字が用いられ、銘文前段（系譜部分）の全二百二十二文字中に計十五回も使用されている。しかしながら、沖森卓也によるなら、[31]ト乙類は七世紀中葉以前には「止」の文字が用いられるのが一般的であって、たとえば宮ノ森遺跡出土須恵器刻書でも「已止次止」のように「止」の文字が用いられており、「等」の文字が使用されるようになるのは時代が下って柿本人麻呂など七世紀末になるという。したがって、この銘文が「止」ではなく「等」の文字を用いているのは、推古朝の表記としては考えにくく、「帝説が現物の繡帳銘をそのまま引用しているとはにわかに認めがた」く、「繡帳銘の現物に『止』とあったものを、『等』を好字としてそれで書き改めたのではないかと推測される」と論じている。しかし、はたしてそうした推測が成り立つのかどうか、私にはむずかしいのではないかと思われる。

だが、それ以上に問題なのが、「蕤奈久羅乃布等多麻斯支」の「等」という表記である。これは上代特殊仮名遣いを誤っているからである。大野透によれば、「フト」の「ト」はト甲類だから「刀」の文字を用いなければならず、ト乙類の「等」を用いるのは誤用だという。[32]沖森も同様に、美称を表す「フト」の「ト」はト甲類であるから、「等」ではなく「刀」を用いなければならないと述べている。繡帳銘文でも、「等已刀弥弥乃弥己等」のように「等」と

「刀」とを使い分けた人名表記が見られるし、『上宮聖徳法王帝説』第一部でも彼は「怒那久良布刀多麻斯支天皇」と記されていて、正しく「刀」の文字が用いられている。そこで沖森は、「トの甲乙は記紀歌謡においても混乱が見られるが、固有名表記において上代特殊仮名遣いに違例が見られる点はやはり七世紀代の表記とは思われない」と述べ、『『布等』の表記は現物の厳密な引用ではなく、恐らく『止』を『等』に書き改めた際に、うっかり上代特殊仮名遣いを誤ったものではなかろうか」と論じている。トの甲乙を混同するようになるのは奈良時代中期以降のことになるという。(33)

沖森は、さらに銘文に「天皇」号が使用されていることもあわせ考えて、「帝説の本文が繡帳銘の現物そのものの忠実な引用であるとは言えないようである」と結論している。しかし、私はそのように推測する必要はないと考える。繡帳銘文を推古朝遺文だと考えれば、書写の過程での文字の書き改めや誤写を想定しなくてはならなくなるのかもしれない。しかし、銘文を後代のものと評価すれば、「等」の文字の使用は矛盾なく理解される。繡帳の亀甲文はわずかしか現存していないとはいえ、現存する文字は『上宮聖徳法王帝説』の引用文とほぼ一致する。わずかなミスは認められるが、しかし、大幅な改書や誤写は想定されにくい。とするなら、この銘文は、ト乙類に「等」の文字が用いられるようになる七世紀末以降、さらには「ト」の甲乙二類が混同されるようになる奈良時代中期以降に作文されたとすべきであろう。なお、沖森は、別著では、(34)「天寿国曼荼羅繡帳銘」には「天皇」号が用いられているから、天武朝以降の成立と見るべきだと述べている。(35)

「巷」の問題

次に「巷奇大臣名伊奈米足尼」の「巷」という文字について考えてみたい。この銘文は「ソガ」を「巷奇」と表記しているが、はたして「巷」を「ソ」と読むことができるのか、早く近世後期から多くの学者が疑義を呈してきた。狩谷棭斎は、『上宮聖徳法王帝説証註』において「巷」の文字について疑義を呈した。[36]これをうけて、伴信友は同書への書入れで、「巷」は「葱」の文字の誤ではないかと推定したが、黒河春村はこの推定には無理があると批判している。平子鐸嶺は「巷」の文字を用いる『元興寺縁起』の「露盤銘」を参照して説明を試みるが成功せず、大矢透は「楚」の誤りなるかなど二、三の可能性を想定したが結論に至らず、将来の研究の進展をまつと述べている。

以上の研究史は春日政治の高論に拠ったが、その春日は、「巷」の文字について「この字は絳韻匣母に属して玉篇・広韻ともに胡絳切、漢音コウ、呉音ゴウ、と読まれるべきものである。ソに用ゐらるべくも思はれない」とはっきりと述べている。その上で春日は、この文字はやはり何らか別の文字の誤りとしか理解できないと考え、もとは「麤」と記されていたものが「誤り変じたもの」ではないかと推定した。「麤」なら「蘇」と同韻であって、「ソ」音の万葉仮名に用いられうるという。[37]近年では、沖森が「巷」の文字は中古音がコウであってサ行の万葉仮名には適さないと論じ、大矢説や春日説を紹介するが、最終的には「詳しくは不明である」と述べている。[38]

以上、「巷」の文字を「ソ」と読むのは無理があり、どう理解したらよいか容易ではないが、私見では、やはり誤写説は成り立たないように思う。というのは、「ソガ」の「ソ」に「巷」の文字を用いた事例がこの銘文ばかりではなく、他にも複数見られるからである。それは『先代旧事本紀』「元興寺伽藍縁起并流記資財帳」『上宮記』下巻注の三者である。

まず、『先代旧事本紀』[39]には、巻三天神本紀に「巷宜物部」とあって、「ソガ」が「巷宜」と表記されている。では、『先代旧事本紀』はいつの書物なのか。同書の序には、これは推古天皇二十八年に天皇の勅を奉わった聖徳太子と蘇我馬子が撰定したものだと記されているが、この記述に対しては、近世初頭以来、多くの疑義が呈され、推古朝のものではなく、後世の書物であることが明らかにされてきた。その真の成立年代について、坂本太郎は弘仁十四年（八二三）以降承平三年（九三三）以前の成立と論じ[40]、阿部武彦もほぼこの説を踏襲している[41]。近年では鎌田純一によって、同書は延喜四年（九〇四）の『日本書紀』講書の頃には十巻本として成立していたと見られ、九世紀後期の成立だと論じられている[42]。しかりとするなら、同書の「巷宜」という表記は、推古朝の表記あるいはそれに準じる時代の表記ではなく、九世紀後期〜十世紀初頭の表記と理解しなければならない。

次に「元興寺伽藍縁起幷流記資財帳」はどうか。これは、平子鐸嶺が醍醐寺で発見して学界に紹介したもので[43]、醍醐寺に所蔵される「諸寺縁起集」全十八冊の第二冊目『元興寺縁起』に収められる四つの文章の第二番目にあたるものである。これには、冒頭、推古天皇生年一百の癸酉の歳に馬屋戸豊聡耳皇子が勅を受けて記したものだとあり、また末尾近くには天平十九年（七四七）二月十一日の年月日が記されている[44]。平子や彼の見解を継承した学者は、この文書を推古朝の内容を伝えるもの、あるいは天平の縁起だと理解した。しかし、この文書については早くから疑義が呈され、喜田貞吉は平安時代末期に作られた偽文書であると論じ[45]、福山敏男は奈良時代末期の成立であると論じた[46]。私も、近年、この文書を再検討し、これは最初は建興寺（豊浦寺）の縁起（その名称はおそらく『建興寺縁起』）として九世紀後期に作成され〈第一段階の成立〉、それが平安時代末期（十一世紀末以降十二世紀中頃以前）に改作され、付加、改変によって元興寺の縁起とされて、今見るものになった〈第二段階の成立〉との結論に達した[47]。

「元興寺伽藍縁起幷流記資財帳」には、「塔覆盤銘（塔露盤銘）」「丈六光銘」なる銘文が引用されている。そのうち前者には、「巷宜名伊奈米大臣」「巷宜名有明子大臣」とあって、「ソガ」の「ソ」に「巷」の文字が用いられ、後者には「巷奇名伊奈米大臣」「巷奇伊奈米大臣之子名有明子大臣」とあって、やはり「巷」の文字が用いられている。これらの銘文は、これまでしばしば推古朝遺文として取り扱われてきたが、私見では平安時代に作文された偽銘とすべきものである。二つの銘文を検討してみると、ともに第二段階の付加、改作時の表現、内容が含まれているから、その最終的な成立は縁起本文と同じく平安時代末期（十一世紀末以降十二世紀中頃以前）としなければならない。ただ、「丈六光銘」の方は、九世紀後期に建興寺の縁起として作成された第一段階で、何らかその原型となるものが成立していたと見ることができる。とするなら、「丈六光銘」の「巷奇」という表記は九世紀後期まで遡る可能性が高い。一方の「塔覆盤銘（塔露盤銘）」の方は改作段階での表現が多く、九世紀後期まで遡る文言がどの程度存在するのか、また仮に存在するとしてどの文言がそれに当たるのかははっきりとしない。こちらの銘の「巷宜」という表記は、「丈六光銘」の原型になった文章の表記を参照、借用し、それに若干手を入れて成立したものと見るべきだと思われる。以上、二つの銘文の「巷奇」「巷宜」は推古朝の表記とみなすことができず、平安時代の表記と見なければならないと考える。

では、『上宮記』下巻注はいかがであろうか。『聖徳太子平氏伝雑勘文』が引用する『上宮記』下巻注には「法大王」の系譜が記されているが、そこに「巷宜汗麻古大臣」「巷宜大野君名多利支弥」とあって、「巷宜」の表記が見える。では、『上宮記』下巻注は、どういうものなのか。『上宮記』は現存せず、わずかな逸文が知られるのみである。卜部兼方『釈日本紀』に引用されるもの[48]、法空『聖徳太子平氏伝雑勘文』下巻第三に引用されるもの（ただしそれは下巻の注）、さらに飯田瑞穂によるなら、『天寿国曼荼羅繍帳縁起勘点文』が引用する『或書』も『上宮記』ではないかという[49]。『上宮記』については、『聖徳太子平氏伝雑勘文』（一三一四年）に「凡上宮記三巻者、太子御作也。尤可二秘蔵一之。仁和寺殿平等院経蔵有レ之。以二関白御本一書了云々。但、注、後人撰云々」とあり、訓海『太子伝玉林抄』（一四四八年）の巻十九に「口伝云、上宮紀上中下三巻、御草也。注ハ他ノ作也」とある。ここから、『上宮記』が上中下の三巻だったこと、鎌倉時代までには聖徳太子作と考えられていたが、それは口伝によるものだったこと、さらに「注」は後人によるものと理解されていたことが知られる。おそらく、『上宮記』自身に聖徳太子作との記載は見られず、口伝でそう言い伝えられていたのだろう。

『上宮記』は、逸文から、神代紀、継体天皇、聖徳太子に触れていることがわかる。[50]同書は、書名から考えて聖徳太子に関する事柄を内容の中心とする書物と推察されるが、それに関連して『日本書紀』のいくつかの部分にも言及がなされていたと考えられる。であるなら、『日本書紀』成立以後に、それを踏まえて書かれた書物と見るよりなかろう。『上宮記』が史料に現れる最初は『日本書紀私記』丁本で、そこに『日本書紀』講書に備えるべき書として「先代旧事本紀、上宮記、古事記、大倭本紀、仮名日本紀等」のように見える。これが初見史料である。実は『先代旧事本紀』もこの頃の成立で、両書は同じ頃に、ともに『日本書紀』講書の参考書として史上に姿を見せている。次に『上宮記』が見えるのは源為憲『三宝絵』（九八四年）で、その中巻第一「聖徳太子」の末尾に「日本記、平氏撰聖徳太子伝、上宮記、諸楽右京薬師寺沙門景戒撰日本国現報善悪霊異記等に見えたり」とある。『日本書紀私記』丁本は、承平六年（九三六）の『日本書紀』講書の際の私記だから、[51]『上宮記』の成立はそれ以前のこととなる。おそらくは、この初見史料の少し前に成立したものと見るべきだろう。大山誠一は、『上宮記』は平安時代初期の成立だとしたが、[52]私も同意見で、『先代旧事本紀』とほぼ同時期、九世紀後期〜十世紀初頭の成立と判断してよいと思う。

では、その下巻の注はどうだろうか。現存する逸文は「法大王」（厩戸王のこと）の系譜であるが、それは彼の子孫に及ぶ系譜になっているから、推古朝に厩戸王自身が著しうるものではなく、後世のものであることは明白である。また、この系譜は厩戸王のことを「法大王」と記しているから、彼を聖人視するようになってから後の表現となっている。厩戸王の聖人化は『日本書紀』においてなされたとするべきだから、これは『日本書紀』以後にその「法大王」なる記述を踏まえて記された系譜ということになろう。『日本書紀』以後の成立とすべきだろう。それでは、『日本書紀』の「系図」一巻との関係はどうなろうか。この系譜は『日本書紀』とは登場する人物が合致せず、人名を表記する時の用字も大幅に異なっている。ならば、『日本書紀』と一体であったはずの「系図」一巻の記述そのものが用いられたとも考えられない。そもそも、『上宮記』下巻注とは、『上宮記』の注なのだから、普通に考えるなら、『上宮記』成立時に同時か、もしくは成立後に付された注としてよいと思う。『聖徳太子平氏伝雑勘文』も注は後人の作だと述べている。ならば、下巻の注は平安時代初期に『上宮記』が成立した時点もしくはそれ以後に付されたもので、その成立は『上宮記』と同時もしくは以後としなければならないだろう。しかりとするなら、『上宮記』下巻注の「巷宜」という表記は推古朝のものではなく、やはり平安時代のものと見ることになる。

以上、ソガの「ソ」に「巷」をあてる表記は、繡帳銘文以外に三史料に見られるが、それらはどれも推古朝のものとは言えず、平安時代成立の文献であった。これをどう理解するか。繡帳銘文の成立が一番早く、その「巷」の文字が他の三史料に影響を与え、「ソ」に「巷」をあてる表記が広がっていったと見ることはできないと思う。なぜなら、繡帳は奈良〜平安時代前期、世に全く知られておらず、その銘文が話題になったことがないからである。とするなら、「巷」の文字は、平安時代に過去の人名、特にソガ氏を古風に表記する際にあえて用いられた文字と考えられる。(補註2)

「弥」はミ

次に考えるべきは「弥」の問題である。この銘文の万葉仮名には、「弥」の文字がたくさん用いられ、銘文前段の系譜部分全二百二十二文字中に計十六回も用いられている。それらは「等已刀弥弥」「弥已等」のように「ミ」の万葉仮名として用いられている。だが、よく観察してみると問題もある。それは「等已弥居加斯支移比弥乃弥已等」「吉多斯比弥乃弥已等」という表記である。これらは「弥」を「ミ」と読むなら、「トヨミケカシキヤヒミノミコト」

「キタシヒミノミコト」となる。早く、大矢透はこの部分をそう読んでいる。(53)

だが、推古の和風謚号は、『古事記』には「豊御食炊屋比売命」と、『日本書紀』には「豊御食炊屋姫天皇」と記されており、「トヨミケカシキヤヒメ」と読まれている。このいわば常識に従うなら、繡帳銘文の「等已弥居加斯支移比弥乃弥己等」も「トヨミケカシキヤヒメノミコト」と読むことになる。飯田瑞穂や東野治之、また沖森卓也・佐藤信・矢嶋泉は、銘文に「とよみけかしきやひめ」と振り仮名を振っている。(54) 同様に、「吉多斯比弥乃弥己等」は、『古事記』には「岐多斯比売」と、『日本書紀』には「堅塩媛」と記されており、「キタシヒメ」と読まれている。飯田、東野、沖森・佐藤・矢嶋は、これに従って繡帳銘文の該当部分に「きたしひめのみこと」と振り仮名を振っている。

しかしながら、大野透は、この銘文の「比」はヒ甲類、「弥」はミ甲類にほかならず、「比弥」の「弥」のみがメ甲類に当たり、他の「弥」はミ甲類に当たるということはありえないとしている。一つの固有名表記において、一字母が二種の音仮名に両用された例はなく、「比弥」は「ヒミ」としなければならないという。(55) 同様に、小谷博泰も「同一の人名中にある『弥』字を、『メ』『ミ』両様に読ませるのは不自然である」から「ヒミ」と読むべきだと説いている。(56) 私も、両氏の説いたように、同一人名中の「弥」を「ミ」「メ」と別々に読むのは妥当ではないから、「トヨミケカシキヤヒミノミコト」「キタシヒミノミコト」と読むのがこの銘文の正しい読み方だと考える。

では、古くは、二人の名はこう読まれたと考えるべきなのだろうか。私はそうは考えない。推古朝においては「ミ」と「メ」の音は区別されていなかったとか、「ヒメ」(比売、姫、媛)は「ヒミ」と発音されていたとか考える必要はないと思う。大矢透は、この問題について、「元来ヒメのメは後代の如き真のエ韻ならで、イ韻に近き音なりしならん。若しメミ通用せしならんには、何れのメミに然るべき理なるに、さはなくてヒメの一語に限れるは、彌字に二音あるにはあらで当時ヒメのメにミの如く聴き做さるべき性質ありしに帰せざるべからず」と述べている。(57) しかし、それでは記紀、万葉などこれ以外の史料に見られる「ヒメ」の表記が説明できなくなってしまう。他方、沖森は「上代特殊仮名遣いにおける、ミ甲類音とメ甲類音の弁別に関する問題であって、渡来系の人々によって作り出された上代日本語の表記法が、それらを弁別しないというものであったことを示すものである。それは古代朝鮮語の母音体系にエに相当する音韻がなかったためで、上代日本語のエ段乙類音は弁別できたが、エ段甲類音とイ段甲類音は区別しにくかったことから、それらを弁別する表記法を持たなかったことによる。従って、『弥』は本来ミ甲類音であるが、メ甲類音にも当てられた」と述べる。[58] 古音、古韓音という理解である。しかし、本当にそうなのだろうか。それでは、大矢が述べた、何れの「メ」「ミ」にもそうなるはずなのに、そうではなく「ヒメ」の一語に限ってそうなっているということが説明できないのではないか。

これまで述べてきたように、この銘文の人名表記には多くの不整合や誤脱が見られた。「弥」字の使用も、そうした混乱の一つと理解すべきだろうと私は考える。実はヒメの「メ」に「弥」を用いる史料は他にもある。一つは「元興寺伽藍縁起幷流記資財帳」で、その「塔覆盤銘（塔露盤銘）」に「等已弥居加斯支夜比弥乃弥己等」とあり、また「丈六光銘」に「妹公主名止与弥挙奇斯岐移比弥天皇」という表記が見える。もう一つは、『上宮記』一云（『釈日本紀』巻十三所引）で、複数の人名の「ヒメ」が「比弥」と表記されている。ただ、同書では、「ヒメ」はまた「比売」とも表記されており、「比弥」と「比売」とが混雑して用いられている。すでに述べたように、「塔覆盤銘（塔露盤銘）」「丈六光銘」は、ともに推古朝遺文とは評価できず、平安時代に作成された偽銘である。また、『上宮記』も平安時代初期の成立で、その「一云」もおそらく同時点の成立とすべきであろう。とするなら、「ヒメ」の「メ」に「弥」の文字を当てる表記は、平安時代初期に何らかの誤認に基づいて開始されたものと見るべきであるように私は考える。

銘文は擬古文

以上検討してきたように、繡帳銘文の人名表記には、万葉仮名（字音仮名）表記と訓表記とが混在しており、また「乃」や「之」の使用に不整合が見られ、さらに用いられる万葉仮名に不審なところがあり、上代特殊仮名遣いの誤用も見られる。これらをどう評価すべきであろうか。

一つは、それでも繡帳銘文は推古朝遺文だとする理解である。銘文にはいくつかの問題点や不整合が見られるが、むしろ推古朝の言語表記とはそういうものであったとする考え方である。ただ、この理解をとるなら、推古朝には固有名の表記に万葉仮名（字音仮名）表記と訓表記と音訓交用表記の三者が混在して用いられていたということになるし、「乃」や「之」の使用に定まった原則はなく、一つの文の中に無原則に用いられたり用いられなかったりしていたということになる。また上代特殊仮名遣いは固有名の表記においても誤用されることがあったということになる。したがって、こうした理解をするなら、繡帳銘文を史料に推古朝の日本語表記を研究しても、一定の原則や傾向を導き出すことはむずかしく、一つの文の中にいろいろな表記があった、適宜多様な表記がなされていたという結論しか導き出せないことになる。

もう一つの理解は、繡帳銘文は後世のものだとするものである。一つの文の中に多様な表記が混在していることは同時代の文であることに強い疑念を懐かせる。固有名の表記の不整合や、「乃」や「之」の不整合な使用は同時代の文としてはありえないことではないのか。万葉仮名の不適切な使用や上代特殊仮名遣いの誤用は、後世の作文だからではないのか。そもそも万葉仮名の使用に重大な誤りがあるのではないか。そう見る理解である。この銘文がいかにも古風に見えるのは、人名表記が万葉仮名でなされているところにある。仮に万葉仮名による人名表記が古いものでも訓表記が新しいものだとすると、この銘文の人名表記には古い表記と新しい表記とが混在しているということになろう。ここで大切なことは、古い要素と新しい要素とが混在しているものは古いものではありえず、新しいものだということである。古いものに新しい要素が混入するのは不可能なことだが、新しいものに古い要素が混入するのは不可能ではない。新古混在するものは新しい時代の成立なのである。

先にも触れたように、この銘文についてはこれまでも多くの疑問点が指摘されてきた。中でも、干支が推古朝に用いられていた暦とは合致しないこと、「天皇」号が用いられていることはもっとも重要な疑問点である。これらをもあわせ考えるなら、繡帳銘文は推古朝のものではなく、後世に書かれたものだと結論するよりないと私は考える。

銘文には、繡帳は推古天皇の時代に多至波奈大女郎の発願によって作成されたものだと明記されている。だが、それが虚偽だとすると、この銘文は何なのか。銘文には一見して古風な趣がうかがえるが、それは銘文作者がこの文を推古朝のものであるように見せる創意、工夫だったと評価しなければならない。そうした古いもののように粧う文は「擬古文」と呼ばれるから、繡帳銘文は擬古文だとしなくてはならないだろう。「擬古文」というと、通常は近世に国学者などによって作成された文章で、古代に憧憬の念を懐いて作られた古代風（多くは中古風）の文を指すのが一般的かもしれない。これに対し、繡帳銘文は、歴史的事実とは異なる不実の縁起を推古朝に仮託して上古風の文体、用字で記したものだから、偽銘と言えば事足りるのかもしれないが、それが上古風の文体、用字をとっているところに大きな特色がある。そこで私はこれを擬古文の範疇に含めて理解したいと考える。

擬古文の成立年代の考え方

従来、繡帳銘文は推古朝のものではないにしても、古風な表記からして七世紀のものだろうとか、下っても八世紀までのものだろうなどと考えられてきた。しかし、銘文は自らを古風に粧った擬古文なのであるから、そうした判断は妥当ではない。もっと範囲を拡大して一から成立年代を再考する必要があると私は考える。

論理的に言えることは、天寿国曼荼羅繡帳が史上にはじめて登場する初見史料がその成立の下限となることである。では初見史料は何なのか。それは『上宮聖徳法王帝説』第三部で、そこには繡帳銘文が全文引用され、末尾に「法隆寺の蔵の繡帳二張」の「亀の背の上に縫い着つけられた文字」だと記されている。『上宮聖徳法王帝説』は、全体が五部からなっているが、第三部はその中でもっとも新しい部分で、家永三郎が指摘したように『聖徳太子伝暦』の記述を踏まえているから、その成立は『聖徳太子伝暦』以降のことになる。[59]一方、『上宮聖徳法王帝説』の古写本である知恩院本（法隆寺旧蔵）には、奥書に草名があり、「千夏」のものだと判断されている。千夏は十一世紀中頃の法隆寺僧であり、「千夏譲状」（一〇五〇年）があることが知られている。[60]ならば、『上宮聖徳法王帝説』第三部は『聖徳太子伝暦』以降、十一世紀中頃以前の成立ということになる。それが初見史料なのだから、繡帳および銘文の成立年代の下限は十一世紀中頃ということになる。

もちろん、これは下限にすぎないから、ここからただちに天寿国曼荼羅繡帳の成立年代が導き出せるというのではない。しかし、われわれは先入観を捨てて七世紀から十一世紀中頃までを視野に入れてその成立年代を考察しなくてはならないだろう。

残された課題

天寿国曼荼羅繡帳については、本章で検討した表記の問題以外にも考えなくてはならない論点が多々ある。一つは「天寿国」の問題である。「天寿国」なる国は仏典、仏書に所見がなく、未解明のまま今日に至っている。私は「天寿国」は无寿国の誤写ではないかと考えている。かつて常盤大定は、三井高公男爵家所蔵（現三井文庫所蔵）の敦煌写経の『華厳経』巻四十六の奥書（隋の開皇三年）に「天寿国」の語が見えることを指摘した。[61] しかし、近年、三井文庫所蔵敦煌写経の再調査が進展し、そのうちの多くが近代に製作された偽写本であることが明らかとなった。赤尾栄慶によると、この『華厳経』も二十世紀初頭に製作された偽写本で、さらに常盤が「天寿国」と釈読した文字は「无寿国」の誤読だという。[62] 私も写真で確認したが、奥書にはたしかに「无寿国」と記されている。繍帳銘文の「天寿国」も「无寿国」の誤写である可能性が高く、[63] だとするとそれは无量寿国すなわち阿弥陀如来の浄土ということになるだろう。とするなら、无寿国を描いたこの繍帳は、極楽浄土に「往生」した「太子」などを描いた「図像」ということになる。

もう一つは図様のさらなる解明である。現存の繍帳には下段左部分（F区）の上下に珠文帯が残存しており（下段右部分にも）、そこから繍帳は、中心を占める本体部分とそれを縁どるように配置された周縁部分からなっていたと推定されている。また下段左部分には蓮弁とおぼしきものが描かれており、聖徳太子が『勝鬘経』を講讃したとき長大な蓮弁が降りつもったという場面が描かれていることが指摘されている。[64] だとすると、周縁部分には聖徳太子の伝記の各場面がおそらく年代順に描かれていたということになるし、[65]『勝鬘経』講讃の場面は『聖徳太子伝暦』に依拠するものである可能性が高い。[66]（補註3） とするなら、周縁部分は、『聖徳太子伝暦』をふまえた聖徳太子絵伝になっていたのではないかと考えられる。

さらに考えなくてはならないのは、信如による「出現」（一二七四年）の理解である。彼女は「夢告」によって法隆寺の蔵に穴穂部間人皇后の忌日を記した曼荼羅があることを知って、苦労の末にそれを発見、入手したという。そして、それを中核に中宮寺を太子の母の寺として再興することに成功した。しかし、『提婆羅惹寺麻訶所生秘決（天王寺秘決）』（一二二七年）[67] には「中宮寺曼陀羅之銘文尓見」とあって、繍帳が信如以前から中宮寺に存在しており、他寺の僧にも知られていたことがわかる。また穴穂部間人皇后の忌日がわからなかったというのも、顕真『聖徳太子伝私記』に忌日が記されているところから考えて事実とは認められない。では事実はどうなのか。

天寿国曼荼羅繡帳についてはなお解明しなければならない論点が多々ある。今後それらに取り組み、その上で真の成立年代を明らかにしていきたいと考えている。

註

（1）この史料の名称を、私は、「天寿国曼荼羅繡帳」と呼ぶことにしたい。銘文には、聖徳太子が「天寿国」に往生した様子を図像にした「繡帷」であると記されている。また、初見史料である『上宮聖徳法王帝説』第三部には、法隆寺の蔵に在る「繡帳」だと記されている。二番目にこの史料が記される『提婆羅惹寺麻訶所生秘決（天王寺秘決）』には、「中宮寺曼陀羅」とある。その後の信如による「出現」以降は一般に「曼荼羅」「繡曼荼羅」「天寿国曼荼羅」などと呼ばれている。銘文の表現を重視すれば、この史料の名称は「天寿国繡帷」となる。だが、私は、これまでの慣例や、初見史料、再見史料以降の呼称を重視して、「天寿国曼荼羅繡帳」と呼ぶことにしたい。

（2）天寿国曼荼羅繡帳の写真としては、東京国立博物館『天寿国繡帳と聖徳太子像』図録（二〇〇六年）が詳細である。

（3）沖森卓也・佐藤信・矢嶋泉『上宮聖徳法王帝説　注釈と研究』（吉川弘文館、二〇〇五年）。

（4）飯田瑞穂「天寿国繡帳銘をめぐって」「天寿国繡帳銘の復元について」（同著作集一『聖徳太子伝の研究』吉川弘文館、二〇〇〇年）。

（5）宮田俊彦「天寿国繡帳銘成立私考」（『史学雑誌』四七―七、一九三六年）。

（6）東野治之「天寿国繡帳の図様と銘文」（『日本古代金石文の研究』岩波書店、二〇〇四年）。

（7）銘文の衍字をどの文字と見るかについては諸説があるが、現在は、諸写本を比較検討した飯田瑞穂説が多くの研究者から評価され、「十二月廿一日癸酉」の「日」を衍字と見る理解が有力となっている。ここでは飯田説に従って、白文、書き下し文を作成した。ただし、「往生」の「往」を「住」とする飯田説は採らず、『上宮聖徳法王帝説』に従って「往」とした。なお、「十二月廿一日癸酉」の「日」を衍字と見る理解は、すでに田中倉琅子「天寿国繡帳縁起文異本の断片」（『画説』四三、一九四〇年、岩波書店）に指摘がある。

(8) 田中倉琅子註(7)論文。
(9) 今日では、美術史の立場から、大橋一章『聖徳太子の鎮魂—天寿国繡帳残照—』(グラフ社、一九八七年)、同『天寿国繡帳の研究』(吉川弘文館、一九九五年)、大橋一章・谷口雅一『隠された聖徳太子の世界—復元・幻の天寿国—』(NHK出版、二〇〇二年)。系譜論の立場から、義江明子「『娶生』系譜にみる双方的親族関係—『天寿国繡帳銘』系譜—」(『日本古代系譜様式論』吉川弘文館、二〇〇〇年)。
(10) 宮田俊彦註(5)論文。
(11) 林幹彌「上代天皇の呼び名」(『史観』四五、一九五五年)、沖森卓也『日本古代の表記と文体』(吉川弘文館、二〇〇〇年)。
(12) 東野治之「天皇号の成立年代について」(『正倉院文書と木簡の研究』塙書房、一九七七年)、同「天寿国繡帳の図様と銘文」(『日本古代金石文の研究』岩波書店、二〇〇四年)。
(13) 金沢英之「天寿国繡帳銘の成立年代について」(『国語と国文学』七六—一一、二〇〇一年)。
(14) 瀬間正之「推古朝遺文の再検討」(『聖徳太子の真実』平凡社、二〇〇三年)。
(15) 大山誠一「天寿国繡帳銘の成立—天皇号の始用と関連して—」(『長屋王家木簡と金石文』吉川弘文館、一九九八年)。
(16) 野見山由佳「天寿国繡帳についての一考察」(『法政史学』六六、二〇〇六年)。
(17) 聖徳太子および聖徳太子信仰についての私見は、拙稿「近代歴史学と聖徳太子研究」(『古代仏教を読みなおす』吉川弘文館、二〇〇六年)。
(18) 大矢透執筆、国語調査委員会編纂『仮名源流考』(国定教科書共同販売所、一九一一年、のち勉誠社復刻、一九七〇年)。
(19) 川端善明「万葉仮名の成立と展相」(『文字』社会思想社、一九七五年)。
(20) 沖森卓也註(11)著書第一章「日本語表記の創造」。
(21) 私は、「天寿国曼荼羅繡帳」を理解する上で、この信如による「出現」の理解が大変重要だと考えている。これについては別に論じることにしたい。
(22) 太田博太郎ほか編『大和古寺大観』一(岩波書店、一九七七年)所収。なお、宮田俊彦註(5)論文に写真が一部掲載されている。

(23) 瀬間正之註(14)論文、野見山由佳註(16)論文。

(24) 岡田芳朗「『法隆寺伽藍縁起幷流記資財帳』について」(『女子美術大学紀要』二、一九六九年)、福山敏男「法隆寺伽藍縁起幷流記資財帳の研究」(『日本建築史研究　続編』墨水書房、一九七一年)、たなかしげひさ「聖徳太子建立七寺に関する新説」(聖徳太子研究会編『聖徳太子論集』一九七一年)、岡田芳朗「『法隆寺伽藍縁起幷流記資財帳』について」(『四天王寺』四七七、一九八〇年)。これら後年成立説に対しては、石上英一「法隆寺伽藍縁起幷流記資財帳の諸写本の伝来」「法隆寺伽藍縁起幷流記資財帳の伝来」(どちらも『古代荘園史料の基礎的研究　上』塙書房、一九九七年)が真作説の立場から反論を加えている。私は両説の是非は未だ決着していないと考えている。

(25) 家永三郎「上宮聖徳法王帝説」(家永三郎他校注『日本思想大系　聖徳太子集』解説、岩波書店、一九七五年)。

(26) 稲荷山古墳出土鉄剣銘文には「斯鬼宮」と、隅田八幡宮人物画像鏡銘文には「意柴沙加宮」と宮名が見える。どちらも「乃」に該当する文字は用いられていない。

(27) 田中倉琅子註(7)論文。

(28) なお、「元興寺伽藍縁起幷流記資財帳」所収の「塔覆盤銘(塔露盤銘)」では、「阿米久尓意斯波羅支比里尓波弥己等」のように、「弥己等」の前に「乃」を用いない人名表記と、「等已弥居加斯支夜比弥乃弥己等」「有麻移刀等已刀弥々乃弥己等」のように、「弥己等」の前に「乃」を用いる人名表記とが混在している。この史料については後述する。

(29) 宮田俊彦註(5)論文、飯田瑞穂註(4)論文。

(30) 田中倉琅子註(7)論文。

(31) 沖森卓也「『上宮聖徳法王帝説』の万葉仮名表記」(註(3)著書所収)。

(32) 大野透『万葉仮名の研究』(高山本店、新訂版、一九七七年)。

(33) 沖森卓也註(31)論文。

(34) 沖森卓也註(11)著書第一章「日本語表記の創造」、第二章「上代表記体の成立」。

(35) 私も「天皇」号が用いられているから、少なくとも天武持統朝以降の成立になると考えている。なお、天皇制度の成立についての私見は、「天皇制度の成立と日本国の誕生」註(17)拙著所収参照。

(36) 狩谷望之証註、平子尚補校『補校　上宮聖徳法王帝説証註』(丙午出版、一九一四年、のち花山信勝・家永三郎校訳『狩谷望之証註・平子尚補校　上宮聖徳法王帝説』岩波文庫、一九四一年）。
(37)春日政治「法王帝説攷考」（同著作集四『続国語叢考』勉誠社、一九八四年）。
(38)沖森卓也註(31)論文。
(39)鎌田純一校注『神道大系　古典編八　先代旧事本紀』（神道大系編纂会、一九八〇年）。
(40)坂本太郎『大化改新の研究』（同著作集六『大化改新』吉川弘文館、一九八八年）。
(41)阿部武彦「先代旧事本紀」（坂本太郎・黒板昌夫編『国史大系書目解題』吉川弘文館、一九七一年）。
(42)鎌田純一「解題」註(39)書所収。
(43)平子鐸嶺「有明大臣（ウマコノオホオミ）」（『学燈』一一―五、一九〇七年）、同「元興寺縁起に記された仏教伝来の年代」（『学燈』一一―七、一九〇七年）。
(44)「元興寺伽藍縁起幷流記資財帳」の複製本・活字本は、複製本A（古典保存会、一九二七年、山田孝雄解説）、複製本B（田中伝三郎発行、便利堂印刷、一九三〇年、黒板勝美解説）、藤田経世『校刊　美術史料』（寺院篇上巻、中央公論美術出版社、一九七二年）、桜井徳太郎校注『日本思想大系　寺社縁起』（岩波書店、一九七五年）など。
(45)喜田貞吉「醍醐寺本『諸寺縁起集』所収『元興寺縁起』について」（同著作集六『奈良時代の寺院』平凡社、一九八〇年）。
(46)福山敏男「飛鳥寺の創建」「豊浦寺の創建」（『日本建築史研究』墨水書房、一九六八年）。
(47)拙稿「『元興寺縁起』をめぐる諸問題―写本・研究史・問題点―」（本書第Ⅲ章）、同「元興寺伽藍縁起幷流記資財帳の研究」（本書第Ⅳ章）。
(48)田中卓「『上宮記』の校訂と解説」（同著作集二『日本国家の成立と諸氏族』国書刊行会、一九八六年）。
(49)飯田瑞穂「『天寿国曼荼羅繡帳縁起勘点文』について」（同著作集一『聖徳太子伝の研究』吉川弘文館、二〇〇〇年）。
(50)生田敦司「『上宮記』についての一考察」（龍谷大学国史学研究会『国史学研究』二四、二〇〇〇年）。
(51)『日本書紀私記』丁本については、北川和秀『日本書紀私記』（皆川寛一・山本信吉編『国史大系書目解題』下、吉川弘文館、二〇〇一年）。
(52)大山誠一「『上宮記』の成立」（『聖徳太子の真実』平凡社、二〇〇三年）。ただし、大山は、下巻注には『日本書紀』編纂段階で存在した系譜（草稿）が吸収されていると論じるが、私は注は本文と同時か本文成立後に付されたものと考えている。

注を付するに際して何らかの古い系譜が参照されている可能性があるとしても、どの部分がそれにあたるかは今日では検証不能であると考える。
(53) 大矢透註(17)著書。
(54) 飯田瑞穂註(4)論文、東野治之註(6)論文、沖森卓也・佐藤信・矢嶋泉註(3)著書。
(55) 大野透註(32)著書。
(56) 小谷博泰「金石文・木簡・文書の語彙」(『木簡と宣命の国語学的研究』和泉書院、一九八六年)。
(57) 大矢透註(18)著書。
(58) 沖森卓也註(31)論文。
(59) 家永三郎註(25)論文。
(60) 荻野三七彦「『法王帝説』書写年代に関する新史料」(『日本古文書学と中世文化史』吉川弘文館、一九九五年)、家永三郎『上宮聖徳法王帝説の研究』(三省堂、増訂版一九七〇年)。
(61) 常盤大定「天寿国について」(『支那仏教史の研究　第一』一九三八年、名著普及会、一九七九年再刊)。
(62) 赤尾栄慶「書誌学的観点から見た敦煌写本と偽写本をめぐる問題」(『仏教芸術』二七一、二〇〇三年)。
(63) 石田茂作「天寿国曼荼羅の復元に就いて」(『画説』四一、一九四〇年)が紹介するように、岩井大慧はすでにこうした説を述べている。
(64) 石田茂作『中宮寺大鏡　法起寺大鏡』(大塚功芸社、一九四〇年)、亀田孜他編『日本絵画館』一(講談社、一九七〇年)、東野治之註(6)論文。
(65) すでに、石田茂作註(63)論文、大橋一章註(9)著書がそうした説を述べている。
(66) 野見山由佳註(16)論文は、周縁部分は信如によって新しく追加された部分だと論じている。そうした推定が成り立つのかどうか、なお考えてみたい。
(67) 『天王寺秘決』(棚橋利光編『四天王寺古文書』一、清文堂出版、一九九六年)。
(補註1) 本章初出稿発表後、『上宮聖徳法王帝説』の成立年代について理解を深めた。本書第V章を参照されたい。

（補註2）　本章の初出稿発表後、「巷宜部」の表記が見える木簡があることを知った。飛鳥池遺跡北地区出土の「次評／上部五十戸巷宜部／刀由弥軍布廿斤」（『木簡研究』二一、一九九九年、奈良文化財研究所『木簡データベース』）という木簡である。ここの「巷宜部」をソガベとよむなら、ソガのソに「巷」をあてる表記が七世紀後期に存在していたことになる。とすると、『先代旧事本紀』などの平安時代に記された文献は、あえて古風な表記をしようとしてこの文字を用いたということになる。本章を本書に再録するにあたり本文を一部削除、変更し、この補註を加えた。

（補註3）　『提婆羅惹寺麻訶所生秘決（天王寺秘決）』の「一、勝鬘経講説之時、雨花事」に、「三日講説之間、雨㆓蓮華㆒文。法隆寺縁起云、蓮華長二三尺、溢㆓三四丈之地㆒文。聖霊院一切経供養雨花如㆓桃花㆒云々。微小歟」という記述が見える。ここから、すでに『法隆寺縁起』に、太子が『勝鬘経』を講説すると花の雨がふり、蓮華の長さは二、三尺ほどであったとする説話が記されていたことが知られる。この『法隆寺縁起』は散逸して現存せず、逸文しか知られないが、『提婆羅惹寺麻訶所生秘決（天王寺秘決）』の「一、法隆寺縁起事」に、「貞観十二年正月三日作㆑之。于㆑時上座豊操、小別当基豊、別当律師等作㆑之」とあり、貞観十二年（八七〇）の成立であることが知られる。したがって、『法隆寺縁起』の方が『聖徳太子伝暦』よりも成立が早い。天寿国曼荼羅繡帳は法隆寺系の作品であるから、直接的には、四天王寺系の太子伝である『聖徳太子伝暦』よりも、むしろこの『法隆寺縁起』に依拠してこの説話を図様に描いたと見るべきだと考えられる。この点について、本文の見解をここで補足しておきたい。ただし、法隆寺と四天王寺は互いに影響を与えあっており、『聖徳太子伝暦』は、法隆寺説をはじめ、広隆寺説、橘寺説などを吸収して、独自の論理でそれらを組みかえて記述を作っている。それは聖徳太子の一生を年代をおって絵伝に描いていくという信仰形態に大きな影響を与えた。したがって、天寿国曼荼羅繡帳は、『法隆寺縁起』のみならず、『聖徳太子伝暦』をもふまえて周縁部分の図様を構成している可能性が高い。聖徳太子信仰に関する四天王寺と法隆寺の関係についての私見は、拙稿「聖徳太子信仰の基調—四天王寺と法隆寺—」（吉田一彦編『変貌する聖徳太子』平凡社、二〇一一年）を参照されたい。

あとがき

「元興寺伽藍縁起幷流記資財帳」をはじめて通読した時、何とも納得しがたい奇妙な読後感におそわれた。この縁起は、冒頭、これは推古天皇の生年一百の癸酉の歳（六一三）に馬屋戸豊聡耳皇子（聖徳太子）が記したものであると語りはじめる。そしてしばらく読み進めていくと、欽明天皇七年の戊午の歳（五三八）、はじめて仏教が伝来した時に、若き推古が登場してきて欽明と会話をかわし、推古の宮で仏教がまつられることになったと話が進んでいく。

私は、しかし、そんなことがあるはずはないだろうと思った。私の中の常識的理解では、推古は五三八年にはまだ生まれておらず、その生まれてもいないはずの人物が話の主人公の一人になって登場し、その宮で仏教がまつられることになったとは一体どういうことなのか。天平十九年（七四七）に作成された縁起だというのに聖徳太子の作だといい、しかも推古の百歳の年に記されたというのはどういうことなのか。奈良時代の人々が、かりに近代人とは異なる、時間軸を超越したような歴史意識を持っていたとしても、これらの記述は意図的、作為的にすぎるのではないか。ここに記される話は歴史的事実からはほど遠い作り話にすぎず、天平年間に作成された縁起だというのも疑わしいのではないか。日頃接している『続日本紀』やら『令集解』といった古代史の史料とは全く異質の文書なのではないか。読んでそう感じた。私は、やがてこの「元興寺伽藍縁起幷流記資財帳」を何とか読解してみたいと考え、諸先学による研究史を追いかけ、願い出て写本を調査させていただき、その一行一行を反芻するように何度も読み返した。これは、いつ頃、どのような人物が、いかなる目的で作成したものなのか。

それと並行して、以前から読み進めてきた『日本書紀』の欽明紀〜推古紀の仏教関係記事をあらためて何度も読み返した。『日本書紀』はたやすい書物ではない。あちらでもこちらでも難解な記述にぶつかって考え込んでしまい、なかなか前に進むことができない。たとえば、物部守屋と中臣勝海の政策具申を受けた敏達天皇が「仏法を断つべし」という詔を発して廃仏が断行されたとあるが、そうするとたちまちのうちに天皇と守屋は「瘡」を患い、国に「瘡」を発して死ぬ者が満ちあふれ、ついに天皇はそのまま死去してしまったと記されている。仏罰が当たって死んでしまったというのである。私は、しかし、そんなことがあるはずはないだろうと思った。それにしても、廃仏を行なった天皇が仏罰に当たって死んだとするこの話はいささか極端な話になっているように思われるが、ではこの話はどのような思想に基づいて書かれたのか。また、『日本書紀』の一連の記事はいかなる構想のもとにどのような人物によって書かれたものなのか。私は、多くの躊躇をともないつつも、『日本書紀』という暗く波の荒い大海の中に引きずり込まれるように入り込んでいった。

本書は、仏教伝来およびそれに連関する課題について、これまで発表してきた論文に二、三の新稿を加えて一書にまとめたものである。既発表論文の再録にあたっては、重複、冗文を整理するとともに、表記、表現の統一、整理や註の様式の統一を行なった。初出時に、紙幅の関係から史料の名称のみを記して引用を省略したもののうちいくつかについては、史料の該当部分を引用、掲載するようにした。また、初出稿発表後に得た知見によって、論旨に関わる変更、追記が必要になった部分については、補註を付してその旨を記した。

これまで私は、勤務校をはじめいくつかの大学で、日本文化史、日本仏教史、日本宗教史といった講義を担当してきた。講義では、仏教伝来の問題は避けては通れないと考えて、必ず何らかの言及をするようにしてきたが、実際に仏教伝来の歴史をどう説明するかは簡単ではなく、毎回苦しみながら講義案を作ってきた。本書は、十数年以上にわたって考え続けてきたこの問題についての私なりの解答案であり、本書をもって私の仏教伝来論の現時点における確定版としたい。

仏教の伝来について最初に習ったのは小学生の時のことで、五三八年仏教伝来と教えられた。私が学んだ小学校の教室には、黒板の上に大きな横長の年表が貼り付けられてあり、そこには「五三八年仏教伝来」と大書されていた。私の場合、その後、中学でも高校でもこの説が繰り返し教えられた。ただ、最近の高校教科書をみると、そのほとんどに五三八年と五五二年の両説が併記されるようになっている。おそらくどちらの説にも確定できない部分があるため、教科書の著者は両説を併記しておこうと考えたのだろう。しかし、そのように確定できない部分があるのならもっと違った書き方にすればよいのではないかとも私は考えるが、そうはなっていない。私が小学生だった頃と同じように、今も「仏教伝来」という事項が営々と教えられている。それはなぜなのか。

歴史理論・史学史の佐藤正幸氏は、東アジアと西ヨーロッパでは年表に対する態度が大きく異なることに注目し、そこから東西の「歴史」が持つ意味の違いについて示唆に富む論を展開している。東アジアでは、年表は中国およびベトナム、朝鮮、日本などの中国周辺国家で早くから発達し、日本では明治以降もっぱら学生の学習参考用図書として隆盛していった。これに対し、西ヨーロッパでは、年表は十六世紀に誕生し、十八、十九世紀に発展したが、二十世紀後期になると関心は薄くなっていき、現在、書店ではほとんど市販されていないという。また研究や教育に既存の年表が使われることはほとんどなく、必要に応じて自分の研究テーマに関して自ら作成するものになっているという。年表の分析を通じて、佐藤氏は、東アジアでは歴史は規範の学問であるのに対し、西ヨーロッパでは歴史学は物事の新しい認識の方法を示す学問として成立、発展しており、認識のための学問という性格を持っていると論じた。氏によれば、歴史には「規範的歴史学」と「認識的歴史学」とがあり、日本など東アジアの歴史学は前者にあたるという〈佐藤正幸「視覚化された時間・共時化された時間」〈月本明男他編『歴史を問う　2歴史と時間』岩波書店、二〇〇二年〉)。

日本史研究者の中には、「規範的歴史学」などと言われるのは心外だという向きもあろう。もちろん、近代の日本史学にそうではない歴史学が部分的にではあれ存在してきたことは正当に評価しなければならない。だが、規範的歴史学になっていると指摘されて、なるほどと思いあたることが私にはいくつかある。私が習ってきた歴史の授業、そして今も初等中等教育で行なわれている歴史の授業。そこでは、生徒たちは試験前になると一生懸命年表の記載を暗記してそれを答案用紙に記述していく。「六四五年大化の改新」「一一九二年鎌倉幕府成立」というように。歴史は暗記科目であり、そこでは年号と歴史事項を一つ一つ憶えていく、つまり年表を記憶していく作業が熱心に実施されていく。「仏教伝来」も年表に記され、われわれはそれを骨身に染み込ませるようにして暗記してきた。しかし、本書で論じてきたように、五三八年に仏教が伝来したというのは事実かどうか不確かな寺院の古伝にすぎず、他方、五五二年に仏教が伝来したというのも『日本書紀』が作為的に設定した記述と評価すべきである。そうした事項を皆が暗記することの本当の意味はどこにあったのか。私たちは「歴史」をそうしたものと位置づける観念から脱却すべきなのではないか。

二十一世紀の日本史学はどうあるべきだろうか。近代歴史学は、本来、われわれの時間軸上の位置を正しく解析し、それに立脚して未来を展望、構想するという学問であろうと私は考える。それは人々に新しい認識の枠組を提示し、とらわれの心を自由にする、そうした力を持つ学問であると思う。私は、日本史学においては、今後、これまでの規範的な学問のあり方を内在的に批判し、その規範性を相対化していくような研究を進めていくことが肝要になるだろうと考えている。

本書が完成するまで、私は多くの先生、友人、同学の方々にめぐまれ、多大なる学恩を受けてきた。心より御礼申し上げる次第である。大学院生時代から教えを受けている大隅和雄先生とは最近では本と日本史を考える研究会でご一緒することが多く、その刺激的なご発言に接して、歴史とは何かについてあらためて考える機会をいただいている。薗田香融先生からは種々のご教示とともに温かい励ましの言葉を頂戴し、西口順子先生からは平安時代の寺院史を考える研究会などで多くのご教示をいただいている。そして、『日本書紀』を考える研究会などでご一緒する機会の多い大山誠一さんにあらためて御礼申し上げたい。「元興寺伽藍縁起并流記資財帳」にしても、『日本書紀』にしても、大山さんとの議論の中で問題を考え、アイデアを再構築し、自分なりの考えをまとめてきたように思う。増尾伸一郎さんもまじえた熱く率直な意見交換は私の大きな財産になっている。また、神仏習合についての研究会をともに行なっている脊古真哉さん、上島享さん、佐藤文子さんからも日々の意見交換や中国、韓国の実地調査などを通じて多くの刺激とご教示を頂戴している。他にもお世話になった先生、先輩、友人、後輩の方々が数多くいる。それらの方々に心より御礼申し上げる次第である。

なお、本研究は、日本学術振興会科学研究費補助金の交付を受けた研究課題「仏教東漸および中国思想の受容から見た聖徳太子信仰の成立と展開に関する多角的研究」（平成二十〜二十二年度、研究代表者大山誠一）、および同「東アジアにおける仏教と神信仰との融合から見た日本古代中世の神仏習合に関する研究」（平成二十一〜二十五年度、研究代表者吉田一彦）の研究成果の一部を含んでいる。刊行にあたっては、吉川弘文館編集部の石津輝真さん、並木隆さん、本郷書房の重田秀樹さんに大変お世話になった。心より感謝申し上げる次第である。

二〇一二年六月

吉田一彦

初出一覧

緒論　歴史研究と仏教――その意義と方法
新　稿

第一部　『日本書紀』仏教伝来記事の研究

Ⅰ　『日本書紀』仏教伝来記事と末法思想
名古屋市立大学大学院人間文化研究科『人間文化研究』七・九・十・一一・一三、二〇〇七～二〇一〇年

Ⅱ　道慈の文章
大山誠一編『聖徳太子の真実』平凡社、二〇〇三年

第二部　仏教伝来戊午年説の研究

Ⅲ　『元興寺縁起』をめぐる諸問題――写本・研究史・問題点
早稲田大学考古学会『古代』一一〇、二〇〇一年

Ⅳ　元興寺伽藍縁起幷流記資財帳の研究
名古屋市立大学人文社会学部『人文社会学部研究紀要』一五、二〇〇三年

Ⅴ　仏教伝来戊午年説の系譜――『上宮聖徳法王帝説』および『顕戒論』所引「元興縁起」をめぐって
新　稿

Ⅵ　飛鳥寺成立の歴史的意義——仏教の国家的伝来をめぐって
　新　稿
付論　天寿国曼荼羅繡帳銘文の人名表記
　中部大学国際人間学研究所『アリーナ』五、二〇〇八年

著者略歴

一九五五年　東京都に生まれる

一九八六年　上智大学大学院文学研究科博士後期課程満期退学

現在　名古屋市立大学特任教授、博士（文学、大阪大学）

〔主要編著書〕

『変貌する聖徳太子』（編著、平凡社、二〇一一年）

『民衆の古代史』（風媒社、二〇〇六年）

『古代仏教をよみなおす』（吉川弘文館、二〇〇六年）

『『日本書紀』の呪縛』（集英社、二〇一六年）

『日本宗教史』1・2・3・6（共編著、吉川弘文館、二〇二〇〜二一年）

『神仏融合の東アジア史』（編著、名古屋大学出版会、二〇二一年）

仏教伝来の研究

二〇一二年（平成二十四）九月一日　第一刷発行

二〇二三年（令和　五　）五月十日　第二刷発行

著者　吉《よし》田《だ》一《かず》彦《ひこ》

発行者　吉川道郎

発行所　株式会社　吉川弘文館

郵便番号一一三―〇〇三三

東京都文京区本郷七丁目二番八号

電話〇三―三八一三―九一五一〈代〉

振替口座〇〇一〇〇―五―二四四番

http://www.yoshikawa-k.co.jp/

印刷＝株式会社　理想社

製本＝誠製本株式会社

装幀＝山崎　登

ISBN978-4-642-02499-0

索　　引

1 「元興寺伽藍縁起幷流記資財帳」については，第Ⅲ章，第Ⅳ章の全体に論及があるため，この2章に関しては全頁を採録している．
2 万葉仮名（字音仮名）で表記される名については，原則として通行の人名表記をもって索引項目としている．

Ⅰ　典籍・文書・史料

ア　行

カ　行

サ　行

タ　行

ナ　行

ハ　行

マ　行

ヤ　行

ラ　行

II　主要人名

ア　行

カ　行

サ　行

マ　行

ヤ　行

ラ　行